飛田多喜雄先生に学ぶ

国語教育実践理論研究会
飛田多喜雄先生記念論文集編集委員会 編

溪水社

飛田多喜雄先生

はじめに

本書の企画は、故飛田多喜雄先生一三回忌御法要の折のご令息　飛田良文氏のおことばを契機とする。世代交代の中で直接御薫陶を受けた会員は減り、先生の生きたご業績を伝えるのは今であろうと、夏の研究集会の折の地区代表者会議で話し合った。各地区との合議の上、一昨年から企画が具体化され、総会の了承を得て益地憲一編集長の下に編集委員会を組織し、各地区で勉強会と執筆が進められた。

関係各位のご尽力で本書が成ったことは喜ばしい限りである。とりわけ、広島大学名誉教授・鳴門教育大学名誉教授　野地潤家先生には特別な寄稿をお願いしたにもかかわらずご快諾頂いた上に、いち早く玉稿を賜ったこと、そして、飛田良文氏のご尽力により、飛田多喜雄先生のご業績と思い出の部が充実したこと、に心より御礼を申し上げる。天上の飛田多喜雄先生は勿論、奥様や先輩諸氏も喜んで下さっていることと思う。

国語教育実践理論研究会の前身は「国語教育実践理論の会」である。略称KZRはそのまま引き継がれている。国語教育実践理論の会は一九六一（昭和三六）年に発足した。国語教育実践理論の会会誌『草の葉』第一〇〇号によれば、会員数は発足当時の名簿で四二名、一九七三（昭和四八）年一月に七〇名とある。（同四ページ）。この号の巻頭で飛田多喜雄先生は、「百号を祝して　『草の葉』の春」と題し、創設から足掛け一三年の歩みをふり返りつつ未来への思いを記して居られる。印象に残るのは、若い世代の情熱的な研究姿勢を歓迎し、それを厳しくまた温かく見守る先生の眼差しと研究への情熱であり、左に示す通りの本会への愛情である。

「人数は少なく、結びは堅く、研究は本格というのが、K・Z・Rの本領である。他の祖述や時流の迎合ではなく、不変の一道に情熱を傾けるのが私どもの信条であった。」（同一ページ）

一九九一（平成三）年二月八日に飛田多喜雄先生御逝去の報に接した直後は、先生のご健勝を当然視していた自分のうかつさを責め、また会の今後への不安を抱いた。それに応えるようにして、副会長の斎藤喜門氏と福田梅生氏が会員の意志を確認し、飛田先生の奥様ともご相談の上、新生KZR誕生を導いて下さった。一五〇名を数えた会員との合意に依る平和的解散に続く再生である。一九九二年八月、再出発は一〇〇名弱で始まる。飛田先生の幅広いご研究領域とご実績、そしてお人柄などを考慮し、その後をこれまで同様に進めるのは難しい点を合意し、新たな一歩を開始した。斎藤喜門新会長の下、「国語教育実践理論研究会」と改称。会誌『草の葉』はリーフレットの会報とし、『研究紀要』を発行。懸案の本会著書も新会長のご尽力により出版の運びとなった。

三年後の一九九五（平成七）年暮に第二代会長斎藤喜門氏を失い、新生KZRは再び危機を迎えた。飛田先生の「継続は力」「忍ぶ心」ということばを想起し、福田梅生副会長の下で会は一丸となった。一九九七（平成九）年、第三代会長に安藤修平氏が就任した。新会長の下で本部会制を地区制に変更し、会則を整備した。役員任期等を明文化し、運営近代化を進めた。新会則による任期満了にともない、二〇〇六（平成一八）年、力不足ながら第四代会長に筆者が選任され、今日に至っている。

新生後、著書三冊、研究紀要は別冊一巻を含め一九冊を刊行。会員数も現在一二〇名程に達している。大きな希望は、二〇―三〇歳代の若手の成長であり、それを支える四〇―五〇歳代の充実である。このパワーを背景に、本書の完成も実現したといえる。微力ながらも、飛田多喜雄先生とそこに参集された諸先輩のご遺志を引き継ぎ、国語教育実践理論研究会の健在を本書を以てご報告できる幸せをここに記し、各位に感謝申し上げる。（合掌）

二〇一〇年六月吉日

国語教育実践理論研究会　会長　澤本　和子

『飛田多喜雄先生に学ぶ』　目次

実践を中心に

地区活動を中心に

第Ⅱ部　資料編

飛田多喜雄先生に学ぶ

特別寄稿

国語教育史上の位置と業績

野地潤家
（広島大学名誉教授・鳴門教育大学名誉教授）

一

飛田多喜雄先生の〝人と業績〟については、「国語教育の歴史的研究と実践的探求」と題する論考・資料が『近代国語教育のあゆみⅢ――遺産と継承――』（火曜会編著、一九七九年一一月、新光閣刊）に収められている。そこでは、まず、飛田多喜雄先生の略歴と主要著作目録が掲げられ、ついで、「人と業績」と題して、大里正安・斉藤喜門両氏が左記のような組み立てで述べられた。

〔戦前の歩み〕〈昭和三～昭和二〇〉

一　道ひとすじに歩む国語教育の実践行者

二　国語教育者としての歩み

（1）市川小学校時代――実践への努力

・垣内先生との出会い――実践への課題を与えられる

・実践道を学ぶ——西原慶一先生との関係

（2）成蹊小時代——実践と理論の体系化へ

三　研究業績——その一

（1）垣内理論の実践的解明　『形象理会 読方教育の実践機構』〈昭和一一、啓文社刊〉

（2）話し方教育への先鞭をつける『国民学校話し方教育の実践形態』〈昭和一六、啓文社刊〉

〔戦後の歩み〕〈昭和二一～昭和五〇年代〉

四　研究業績——その二

（1）幼児言語教育の実践と提言

（2）国語教育推進の機関——雑誌「実践国語」の編集長

（3）実践理論の探求　〈『新しい国語教育の方法』昭和二五、西荻書店刊、『文学教育方法論』昭和三一、明治図書刊、『機能的読解指導』昭和三七、明治図書刊〉

（4）国語教育の歴史的研究

（5）後進の育成〈「国語教育実践理論の会」（略称、K・Z・R）〉

（6）文部省への協力

（上掲〈　〉内は、引用者による）

こうした構成に従ってなされた論述は、担当者（大里正安・斉藤喜門）によって、左のように結ばれている。

「このように、戦前・戦後を通じてその事績は広く多様で、その全容は把握しにくく、わずかのスペースでは説明し尽くせない。が、あえて一言で評すれば、偉大な実践理論の人であるといえよう。理論を吐く立場にある人に実践の場がなかったり、実践の機会に恵まれなかったりし、反対に実践の場にある人に理論が乏しかったりするのが一般であるが、その両面を兼ね備えたのが先生である。大正十一年、『国語の力』（引用者注、垣内松三著、不老閣刊）が世に出て、国語教育に初めて指導原理が生まれるが、それが国語教育実践に取り入れられるところから、戦後の混乱期を経て今日に至る。この国語教育の開花、結実、そして混乱、多様化の中を先頭を切って駆けて生き抜いておられる個体史を先生に見ることが出来るのである。」（同上書、一八一～一八二ページ）

二

著作目録に関しては、飛田多喜雄先生の喜寿を記念して、『飛田多喜雄先生略歴と著作目録（改訂版）』が喜寿記念会から刊行された（昭和五九年一一月一五日、光村教育図書刊）。

なお、飛田多喜雄先生には、随想集『ひとつの風《ふう》』（改編版）（昭和五九年一一月一五日、光村教育図書刊）があり、その中に、自伝「ひとつの風」が収録されている。そこでは、（1）から（53）まで、教育・国語教育に関する体験事実を主にして、それをめぐる生活事象にも思いを及ぼして述べられている。

斉藤喜門氏は、『国語教育研究大辞典』（昭和六三年国語教育研究所編、明治図書刊）に、「飛田多喜雄」の項を担当し、その業績について記述された（同上書、六九二～六九三ページ）。その中には、次のような一節がある。

「氏の国語教育上における理念は、垣内・西原の系譜において考えられる。また、小・中・高・大にわたる指導体験に基づき、実践第一義による実践理論の探究にその特質を見ることができる。国語教育史の開拓もその一環として位置づけられよう。なお、昭和五〇年ころからは「言語の教育としての立場を強調、その論述は広い視野に立つ偏りのないもので、そこが現場指導者からの信頼を得ているゆえんである。」（同上書、六九二ページ）

三

飛田多喜雄先生の主要業績は、『国語科教育方法論大系』(全一〇巻) として集成され、昭和五九年の五月、九月に明治図書から刊行された。全一〇巻には、すべて戦後に発表されたものが収められ、「大系」は、左のように構成された。

1『国語科教育の実践理論』／2『国語学力論と教材研究法』／3『表現教育の理論』／4『表現教育の方法』／5『理解教育の理論』／⑥『文学教育の方法論』／⑦『機能的読解指導の方法』／8『鑑賞指導の方法』／9『授業研究と指導技術』／10『国語科教育の実践史』(〇印は、単行本収録の巻を示す。)

これらのうち、第10巻『国語科教育の実践史』には、近代国語教育の史的展開に関する論考四編、国語科教育の問題史的探究に関する論考四編、国語教育における指導過程の史的考察に関する論考三編、計一一編が収録されている。巻末には、〈参考資料〉「中等国語教育の歴史的研究――明治期――」が収められている。

飛田多喜雄先生の研究は、視野が広く規模が大きく、国語教育のほぼ全領域を覆うものとなっているが、これらの歴史的研究に加えて、最も注目される業績は、『国語教育方法論史』(昭和四〇年三月、明治図書刊)・『続・国語教育方法論史』(昭和六三年四月、明治図書刊) の両著作である。前著『国語教育方法論史』では、国語科指導過程の歴史的考察がなされ、後者『続・国語教育方法論史』では、内実としては、戦後国語科授業論の歴史的考察が進められている。

前者『国語教育方法論史』は、「現在のところ、通史という形で約百年間を見通すことのできる代表的な書物である。」(中西一弘教授、『国語学大辞典』、昭和五五年六月、東京堂出版、三九二ページ) とされ、発刊以来版を重ねて、この方面の基本文献となっている。

後者『続・国語教育方法論史』は、「序論」のほか、「本論」が一四章から構成されている。
〈昭和二十年代前半の国語科授業の動向〉（第一章〜第五章）
〈昭和二十年代後半の授業論をめぐる問題点〉（第六章〜第八章）
〈昭和三十年代の授業論をめぐる問題点〉（第九章〜第十一章）
〈昭和四十年代の授業研究の動向〉（第十二章）
〈昭和五十年代の授業研究の動向〉（第十三章〜第十四章）
巻末には、〝付〟として、「昭和戦後期・国語教育史年表」（A５版、全体の三分の一、一一二ページ）が置かれている。

本書は、戦後国語科授業論史研究として、未開拓領域に鍬を入れられたものであり、この分野の貴重な先駆的業績である。

飛田多喜雄先生は、歴史研究の重さ、むずかしさを身をもって感じられつつ、歴史研究にうち込まれての感慨を、「改めてわれわれの先達の努力の偉大さと、歴史的認識の意義を知ったことは、わたしにとって望外の喜びであった。この小さな労作が踏み台となり、国語教育の方法の科学化をめざす人々の創造的刺戟とならばしあわせである。」（『国語教育方法論史』、四〇三ページ）と述べられた。

四

飛田多喜雄先生の生涯を通しての活動・活躍分野は、左のように見い出される。

Ⅰ　国語教育実践者としての実践歴とそれに即した研究業績（市川小一一年間、成蹊小八年間、成蹊中一六年間、成蹊高七年間）

Ⅱ　国語教育研究者としての教育・研究歴とそれに即した研究業績（成蹊大文学部講師・教授、東京女子大講師など）

Ⅲ　国語教育指導者としての活動歴とそれに即した実績（国語教育実践理論の会会長、全国大学国語教育学会理事・顧問、日本国語教育学会理事、文部省初等・中等指導者講座指導講師など）

Ⅳ　国語科教育課程創成、改善への協力者としての活動歴とそれに即した実績

Ⅴ　国語教育実践・研究の資料情報の産出確保と提供への活動歴とそれに即した実績（各種国語教科書の編修実績を含む）

飛田多喜雄先生の場合、国語教育実践者としての小・中・高・大にわたる、実践体験が中核をなし、国語教育研究者としての活動は、自らの実践体験に照らしつつ、広く実践のありかた（方法）を求めて営まれた。国語教育の実践者・研究者として終始され、まとめられたもの（成果）は、国語教育指導者としてなされた全国規模の活動と緊密に結ばれ、最大限に生かされていった。

飛田多喜雄先生は、戦後の国語科教育課程の創成、整備、改善・改訂の事にも、協力者として終始深くかかわられ、国語教育の実践・研究のための情報・資料の確保と提供、また国語科教科書の編修・著作にも長い年月携わられ、大きい寄与をされた。

飛田多喜雄先生が昭和期（一九二六～一九八八）国語教育界にあって、前後六三年間もたゆみなくつづけられた活動とそこに営々と築かれた業績は、にわかには類例を見いだしがたい、独自のめざましさを持っている。飛田多喜雄先生の巨大な業績は、単独、共同のいずれをも含めて、豊かな泉のように、長く汲み上げられ、生かされていくものと思われる。

五

飛田多喜雄先生は、昭和五二（一九七七）年一一月一五日、満七十歳を迎えられた。昭和五二年は、飛田多喜雄先生にとっては、教職生活五十年という区切りの年に当たっていた。この記念の年に、「国語教育実践理論の会」の皆様が飛田多喜雄先生のご論考をまとめられ、「国語教育論集」（昭和五三年七月七日、光村教育図書刊）として刊行された。本書は、十一章（Ⅰ～Ⅺ）三十九編の論考から構成されていた。

Ⅰ　解釈指導論（１～６）
Ⅱ　文学指導論（７～１０）
Ⅲ　詩の鑑賞指導論（１１～１３）
Ⅳ　読解・読書指導論（１４～１７）
Ⅴ　古典指導論（１８～１９）
Ⅵ　表現指導論（２０～２４）
Ⅶ　言語指導論（２５～２７）
Ⅷ　国語教材論（２８～２９）
Ⅸ　指導技術論（３０～３５）

おられる。

Ⅹ　国語教育をめぐる試論（36～37）

Ⅺ　国語教師論（38～39）

飛田多喜雄先生は、先生ならではの、先生だからこそと思わずにはいられない国語教師論を左のように述べておられる。

「国語の授業ほど教師の手腕が学習者に反映するものはないと同時に、その実力というか、人間的教養がじかに影響を与えるものはない。したがって、国語科教師には、できるだけ幅びろく、かつ底深い教養を積む努力をしてほしいと思う。

口にいうことは易く、現実には多少無理な注文かもしれないし能力に限界があることもわかるが、学識とか教養というものは、一挙に獲得できるものではなく、絶えざる不断の努力によって得られるものであるから、精進をこそ望みたい。「継続は力なり」だからである。そのためには、①前記の言語学、国語学、音声学、心理学などの理論書のほかに、言語文化に関する文献、とりわけ代表的な文芸作品をたくさん読み味わうこと。②また、児童生徒用の読み物に目を通すこと。この面の努力は思いのほか忘れられているが、読書指導の強調されている今日、ぜひ心がけてほしいことである。③さらに、人生の書というか、哲学、宗教、その他思索的なものも欲深く読んでもらいたい。無限の可能性をもつ子どもたち、直接、精神活動につながる言葉は、どんなに愛し、どんなにだいじにしても、過ぎることはない。それへの反照を思い、めいめいの向上のため不屈の研修と精進の態度を持つ人を、これからの国語科教師の人間像として期待したい。」（昭和四六年四月、「国語の教育」、国土社）

六

飛田多喜雄先生の告別式は、平成三（一九九一）年二月一〇日、東京都杉並区の妙法寺において、厳粛に、盛大に行われた。当日、私は、全国大学国語教育学会代表として、弔辞を捧げさせていただいた。

全国大学国語教育学会代表　野地　潤家

飛田多喜雄先生、先生は、いつも、国語教育の実践と研究に携っております私どもの先頭を歩まれました。先生は、屋久島の千年杉のように、みずみずしい若さ、すこやかさを持していらっしゃいました。たえず私どもの先頭に立ってくださっている先生が、急に遠くへ旅立たれることなど、全く思いがけないことで、こみ上げてくる悲嘆の情をどうすることもできません。

先生は、昭和三（一九二八）年三月、千葉師範学校をご卒業になられ、教職に就かれてから、小学校、中学校、高等学校、大学における教育にあたられるとともに、平成三（一九九一）年の今日まで、半世紀を超える年月、終始、国語教育の実践的研究を積み上げられました。はやく垣内松三先生に出会われ、つづいて、西原慶一先生に出会われた飛田多喜雄先生は、垣内・西原両先生に師事されることによって、国語教育の実践と研究に取り組む足場を築かれ、実践的研究に関して独自の業績を生み出されました。

先生のご業績は、昭和戦前期に、はやくも「形象理会読方教育の実践機構」を初めとする四冊の著書に結実せしめられ、戦後期における尨大なお仕事は、昭和五九（一九八四）年に明治図書から刊行されました著作集「国語教育方法論大系」全一〇巻に集大成されました。ほかに、名著のほまれ高い「国語教育方法論史」（一九六五）、「続・国語教育方法論史」（一九八七）があります。これらによりまして、国語教育学者としての飛田多喜雄先生のご業績は、国語教育の全領域を覆い、それぞれの領域ごとに、歴史的研究、理論的研究、実践的研究が、手がたく、しかも鋭く周密になされていることに改めて気づかされます。その研究業績は、質量ともに輝かしく、そこから今後多くのものを摂取し、さらに新しい国語教育への指針が数多く得られるものと存じます。

先生はまた、国語教育実践理論の会の創設者、会長として、国語教育実践研究所所長、国語教育研究所所長として、さらに、日本国語教育学会理事として、全国国語教育学会理事、後に顧問として、数多くの若手研究者、すぐれた指導者を育てられました。国語教育界への貢献の大きさには、まことに測り知れないものがございます。先生は常に全国各地の国語教育実践者の深い信頼を得られ、その指導にあらゆる労を惜しまれませんでした。

二〇世紀の国語教育の実践・研究に、常に先導的役割を果たされた先生としては、二〇世紀の国語教育を見直し、的確にとらえて、二十一世紀へ生かしていきたいと念願しておられました。先生のその念願を受け継ぎ、達成していくよう努めたいと存じます。

私個人としましては、昭和二七（一九五二）年、私家版としてまとめました、小著「話しことばの教育」を、当時編集長をなさっていた雑誌「実践国語」にねんごろにご紹介をいただきました。面識もなかった一地方在住者の書物を取り上げていただけたうれしさは、格別でした。また、昭和一六（一九四一）年に刊行になった、先生のご高著「国民学校話方教育の実践形態」をどうしても入手することができず、先生にその旨をおそるおそる直接申し上げましたところ、たまたま学会参加のため広島へ来られる令息良文様に託してくださいました。行き届いたお心くばりのうれしさは、今も忘れることができません。

六三年にものぼる長い年月、先生には、折あるごとに、私ども後進の者に至れりつくせりのご教導をたまわりました。わが国の国語教育の実践と研究に取り組み、先生の深く厚い学恩に少しでもおこたえすることができればと念じております。いつまでも私どもの行く手を照らしてくださることを信じ、あふれくる悲しみの情を抑えて、お別れの辞とさせていただきます。

七

飛田多喜雄先生は、平成三（一九九一）年二月八日、急逝された。翌四年、一周忌には、国語教育実践理論の会によって、『飛田多喜雄先生追悼集』が編まれ、霊前に捧げられた。この『追悼集』に令夫人飛田志げ子様が「死の別れ」と題する挽歌七一首を寄せていられる。

挽歌「死の別れ」は、

　小康を得たる時の間、見まわして君は言ひ出づ「寝ないのか、済まないね」

という歌に始まり、吐血しつつ、病床にあって病と闘われる、夫多喜雄氏の雄々しさと苦しみを五首に詠まれ、さらに、

　手を尽くす現代医療も及ばずて「苦しよ」と腕《もが》きこと切れにけり

と歌われている。入院された病院の院長は、飛田先生のかつての教え子であられ、医療面では救急の手を尽くされたが、ついに及ばなかった、無念の想いもこめて詠まれている。

　ひたすらに縋りし医術及ばざり「著述予定」は書き留めしまま
　紅葉の萌え立つ朝《あした》思はざる死の扉《と》は開く生きたかりけむ
　懸命の気力に生きし日々ならむ昨日《きそ》健やかにて卒然と逝く

多喜雄先生の急逝への嘆きは深く、背の君の安らかな最期の顔容について三種の歌が詠まれ、二月一〇日に行われた告別式（東京都杉並区、妙法寺）とその後のことどもについては、次のように詠まれている。

　出棺の刻《とき》より雨は降り出でて冷えまさるなり此の世の別離《わかれ》

「稀に見る大き頭骨」と隠坊の声あり我はせきあげて哭く
御葬《みはふり》に着たる喪服を畳みたり君亡きうつつ紛れなきかな
春の光まぶしき今日を家ごもり夫の衣類をひとり整理す

今生の別れにあって、思いがけなく「稀に見る大きな頭骨」と言われ、志げ子夫人は、「せきあげて哭く」と詠まれる。せきあげられたご心情が偲ばれる。

志げ子夫人は、夫の人生（一生《ひとよ》）を左のように詠んでおられる。

許されし命の限りは真摯にて君は成したり尺余の著作
幅広く厚みありたる一生《ひとよ》かも老の悲惨（孤愁）は知らず逝きたり
八十三歳の一生《ひとよ》に充つるその器量全く果せると妻我は思ふ

志げ子夫人は、追悼詠七十一首を掲げられ、そのおしまいに、左のように書き添えられた。

「『よく走りおほせたる者、夜の安きにつくこそよけれ』これを私たち二人の最期の言葉に選びましょうか。」

志げ子夫人の選ばれた、お二人にとっての〝最期の言葉〟には感嘆せずにはいられない。

（平成二一年一〇月二六日稿）

第Ⅰ部

理論を中心に

飛田多喜雄論

安藤　修平

本稿のねらい

国語教育研究に携わる者であれば、『国語教育方法論史』の著者である飛田多喜雄氏の名を知らぬ者はない。本稿は、氏の戦前戦後の業績に沿いつつ、その特質を明らかにしようとするものである。

第一章　戦前の業績——著作を中心にして

一　本章のねらい

飛田多喜雄氏の主要業績は『国語科教育方法論大系』全10巻（一九八四・明治図書）にまとめられている。しかし、これには戦後に発表されたものしか収められておらず、戦前の業績については知ることができない。そこで、本章は、氏の著作を中心として戦前の業績とその特質を明らかにしようとするものである。

二　飛田多喜雄氏の経歴

飛田多喜雄氏は、一九〇七（明40年）年、千葉県山武郡豊成村（現東金市）に生まれ、一九九一（平3年）年、83歳で没した。敗戦の時は36歳であった。氏の略歴については、（1）『飛田多喜雄先生略歴と著作目録』（飛田多喜雄先生古稀記念会編・私家版・一九七七）、（2）『飛田多喜雄先生略歴と著作目録（改訂版）』（飛田多喜雄先生喜寿記念会編・一九八四・光村教育図書）、（3）『飛田多喜雄先生略歴と著作目録（三訂版）』（国語教育実践理論研究会五十周年記念誌編集委員会編・私家版・二〇一〇・本書）、（4）「飛田多喜雄先生関係資料　1飛田多喜雄先生の略歴」（『国語教育研究所紀要3』所収飛田多喜雄先生の仕事・一九九二・明治図書）があるが、略歴そのものはスペースの都合で割愛せざるを得ない。なお、旧漢字は新漢字に改めた。

三　飛田多喜雄氏の業績

氏の生涯にわたる「国語科教育における業績」についてまとめたものには、次のものがある（ただし略歴と著作目録については既に記したので除く）。

（1）「国語教育の歴史的研究と実践的研究――飛田多喜雄の人と業績」（大里正安・齊藤喜門氏執筆）『近代国語教育のあゆみ3』（佐々木忠夫・田近洵一・原文・湊吉正他編／一九七九・新光閣書店）所収。

（2）「国語教育史上の位置と業績」（野地潤家氏執筆）『国語教育研究所紀要3「飛田多喜雄先生の仕事」』（一九九二・明治図書）所収。

（3）「先生の業績から」（安藤修平・澤本和子・花田修一執筆）『飛田多喜雄先生追悼集「先生の訓えに学ぶ」』（国

語教育実践理論の会編・一九九二・同会発行）所収。
（4）「飛田多喜雄『実践理論の方法的探究』——その思索と証言——」須田実著『戦後国語教育リーダーの功罪』（一九九五・明治図書）
がある。

まず、（1）の大里・齊藤氏は、「人と業績」と題し、次のようにまとめている（《　》内は安藤が補った）。

〔戦前の歩み〕《道ひとすじに歩んだ時代——昭3年〜20年》
一　道ひとすじに歩む国語教育の実践行者
二　国語教育者としての歩み　（1）市川小学校時代—実践への努力　・垣内先生との出会い—実践への課題を与えられる。　・実践道を学ぶ西原慶一先生との関係　（2）成蹊小時代—実践と理論の体系化へ
三　研究業績その一　（1）垣内理論の実践的解明『形象理会読方教育の実践機構』　（2）話し方教育への先鞭をつける『国民学校話方教育の実践形態』
〔戦後の歩み〕《思索と研究に没頭した時代——昭21年〜50年代》
四　研究業績その二　（1）幼児言語教育の実践と提言《『幼児の言語教育』、『ふしぎなてがみ』（童話集）『すいしょうのたま』（幼年文庫）、など》　（2）国語教育推進の機関雑誌「実践国語」の編集長　（3）実践理論の探究　《『新しい国語教育の方法』『文学教育方法論』『機能的読解指導』、など》　（4）国語教育の歴史的研究《『国語教育方法論史』など》　（5）後進の育成《国語教育実践理論の会を中心に》　（6）文部省への協力《26年版〜52年版の学習指導要領の編集に携わる。》
次に（2）で、野地潤家氏は、「国語教育史上の位置と業績」として、「飛田多喜雄先生の生涯を通しての活動・活躍分野」を5つ挙げている。

Ⅰ　国語教育実践者としての実践歴とそれに即した研究業績（市川小11年間、成蹊小8年間、成蹊中16年間、成蹊高7年間）

Ⅱ　国語教育研究者としての教育・研究歴とそれに即した研究業績（成蹊大文学部講師・教授、東京女子大講師など）

Ⅲ　国語教育指導者としての活動歴とそれに即した実績（国語教育実践理論の会会長、全国大学国語教育学会理事・顧問、日本国語教育学会理事、文部省初等・中等指導者講座指導講師など）

Ⅳ　国語教育課程創成、改善への協力者としての活動歴とそれに即した実績

Ⅴ　国語教育実践・研究の資料情報の産出確保と提供への活動歴とそれに即した実績（各種国語科教科書の編修実績を含む）

なお、（3）については、飛田多喜雄氏が主宰した会のものであるので省くこととする。これらの「まとめ」を見ても、また飛田多喜雄氏を知る者に尋ねても「幅広くかつ深い」ことは共通するところであるが、氏の後半の生きざまをいささか知る筆者（安藤）としてはまだまだ考察すべきことがあるということを指摘するに留め、後の機会に譲りたい。

四　飛田多喜雄氏の業績における「戦前」の位置

前述の野地氏の分析に従えば、戦前の業績は「国語教育実践者としての実践歴とそれに即した研究業績」となるが、ここでは、飛田氏にとって戦前の業績がどのような位置を占めるかをやや詳しくみていくこととする。

（1）市川小学校時代（一九二八（昭3）年4月～一九三九（昭14）年3月）

①時代の状況

飛田多喜雄氏が教員として千葉県の市川小学校に赴任したときは、我が国は不況の真っ只中にあった。そして、市川小時代は、満州事変、満州国建国、国際連盟脱退と国際社会からも自ら孤立を深め、五・一五事件、二・二六事件で象徴されるように戦争への道を驀進していた時代であった。戦争のための様々な法律や施策が着々と実施に移されていたのである。

②国語教育界の状況

一方、国語教育界はどのような状況であったか。まず垣内松三氏の『国語の力』が一九二二（大11）年に刊行され、「たちまち全国の初等教育界に迎えられ、天下を風靡し(1)」ていた。また、形象理論に立つ指導法の他に、行的認識による指導法、生活綴り方、調べる綴り方、生命の読み方教育、芦田式七変化など、それぞれの主義主張に基づく指導法が提唱されていた時代であった。

③市川小学校での状況

市川小学校での状況について、飛田多喜雄氏は、随想集『ひとつの風(2)』に思い出深く記しているが、要約すると次のようであった。

学級数五六、職員六〇名を超える大所帯であったが、二〇余名の国語研究部員は親切に協力してくれ、当時としては新味ある着想の「話し合い学習」をテーマに実践研究に励んだ。三年目には国語主任となり、部員の益々の協力によりひと頃とは違う学習の展開を見るようになり、県下に呼びかける公開研究会も開催したが、実践の鬼を自認していた国語研究部の面々が求めたのは日々の授業を支え、確信をもって指導できるようにするための国語科教育の基本原理であった。そして矢も楯もたまらず直接垣内松三氏を訪ね、教えを受けた。その後毎月のようにお宅を訪ねて不明な点や方法的解決の示唆を仰いだ。おかげで板書機構や学習帳の指導体系ができ、授業への自信もつき、やがて全校の公開授業を垣内松三先生に直接見ていただくことになった。「弓流し」の授業である。

また、実践人の生き方、国語教育実践のあり方を、厳しくしかも温かく導いて下さったのは西原慶一先生であった。特に、読み方教育だけでなく国語教育全般に目を向けなければならないこと、体系的な実践研究の方法をご教示いただいた。授業も度々見ていただき、また実践記録は先生のご好意で毎月「実践国語教育」誌上に掲載された。それを機縁にお宅に伺い国語教育問題と共に人間の生き方を学んだ。

学校では、いつの間にか「読方の実践研究」が学校ぐるみの研究課題となり、平均週に二回の校内研究授業が行われ、国語部はその間の時間を利用して読書会や教材研究会を開いたからその忙しさは大変なものであった。それでも文句や愚痴を言うものはなかった。教育の仕事に生き甲斐を感じ、みんな張り切っていて楽しかったのである。

④著作1『形象理会読方教育の実践機構』（A5判・447頁・昭和11年5月21日・啓文社）

前述のような状況のもと、初めての著作が生まれた。28歳であった。『ひとつの風』に「すべて西原慶一先生のご斡旋のたまものである。形象理論を理論的基礎として市川校での実践的な成果をまとめたものである。」とある。私（安藤）は、「この書の特徴の第一は、読み方教育の実践機構を明らかにする為に、国語教育の史的領域と現実的実践の領域と規範的な領域の三つから考察を進めているところである。特徴の第二は、実践的解明に特に力を入れているところである。それは目次に良く現れている。概略を示す。第一章　実践の力、第二章　読方教育の史的展望、第三章　形象の理会と読方教育（第一　文に於ける形象の機構、第二　文に於ける理会の機構、第三　文に於ける形象の理会）、第四章　読方教育の実践機構（第一　読方教育実践の諸問題、第二　読みの行的機能、第三　読み方教材の在り方、第四　解釈指導の実践過程、第五　読方学習手引の考察、第六　板書機構の実践、第七　学習ノートの実践形態、第八　学習指導の誘導法、第九　学年別指導体系、第十　読方教育の諸問題）」[3]と記した。

また、私（安藤）は、次のように記した。「各章の全体に対する割合を見ると、第一章＝四・〇％、第二章＝一五・七％、第三章＝一九・〇％、第四章＝六一・三％、となっており、第四章の実践にいかに厚みがあるか理解できよう。例えば、『第四章　読方教育の実践機構』の第四の解釈指導の実践過程の確かさ、第五から第七の学習の手引き・板書機構・学習ノートの実践性、そして第九の学年別指導体系の緻密さ、など『がっちりと組み立てられた実践形態は、もう風が暴れても、地が揺れてもくるひが来ないほど、手法の確かさと精しい心づかいがみえて居る。』と垣内松三氏がこの書の序で述べられたのもなるほどとうなずける。[3]」

⑤著作2『低学年読方教育要義』（A5判・477頁・昭和12年6月13日・啓文社）

この書の成立の事情も『ひとつの風』に詳しい。「私は昭和十二年の初めごろから病気になり、休職ということになった。病名は肺尖カタルであった。医者は過労のためという。なさけないことであった。（中略）生活も不如意なので、天気のよい日は縁側に出て、背中に太陽を浴びながら、授業を思い出しながら原稿を書いた。それが私にとっての第二著『低学年読方教育要義』である。その僅かな印税がわが家の生活の糧になったことは言うまでもない。

私（安藤）は「この書を手に取る人は、この書が右のような状況の中から生まれたとは到底考えることはできないであろう。第一著作を上回る大著であり、構想も極めてしっかりしており、筆力に勢いがあるからである。」「理論編は、第一章　低学年の国語教育（第一　低学年の国語教室、第二　低学年の国語教育特質、第三　低学年と生活　・合作・労作、第四　国語教育の基礎練習）、第二章　低学年国語教育の基本課題（第一　低学年児童の言語生活、第二　低学年国語指導者論、第三　低学年の国語教材）、第三章　低学年国語教育の問題展望（思惟的理会と行動的理会、第二　挿絵の教育的意義、第三　低学年の板書機構、第四　低学年誘導法の骨、第五　指導の手続き足場、第六　解釈指導の持続行為、第七　話方と聴方の指導理念、第八　国語教育に於ける童話の影響）、というように第一章から第三章までの118頁。実践編は、第四章　尋一国語教育の行的姿態（第一　尋一国語教育の実践根拠、第二　尋一国語教育の行的機能）、第五章　尋二国語教育の行的姿態（第一　尋二国語教育の実践根拠、第二　尋二国語教育の行的機能）の359頁。特に、第四・五章は、飛田多喜雄先生の『真実な実践の道』（476頁）そのものでありひとりひとりの児童に注ぐ厳しき愛に根ざした部分である。尋一の国語教育の特色・目標、そして指導過程（ここには第一著作の『第一次～第三次の実践過程』『学年別指導体系』が十分に生かされている）、教材研究と指導の実際について、教材の特質・児童の活動の特質から極めて具体的に述べられており、強い説得力がある。」と記した。(3)

⑥市川小時代のまとめ

この市川時代について飛田多喜雄氏は『ひとつの風』に次のように記している。「明けても暮れても忙しい日々ではあったが、私にとっては、かけがえのない精進の時代であった。理論ではなく、事実的体験として、教育者としての喜びも悲しみも味わうことができたからである。とりわけ、国語教育に対する興味とこの道を歩き続けようという情熱をかき立て、信念を植えつけてくれたのはこの時代である。それ以後今に至るまで、半世紀にも近い長い歳月をこの道一筋に歩いてこられたのもこの時代の体験的自覚が土台となっていたからである。（中略）私にとって市川生活は、国語教育の実践的究明という生涯の道を志向させた決定的な基盤であった。ありがたいことであった。」

（2）成蹊学園（戦前）時代〔一九三九（昭14）年～一九四五（昭20）年〕

①時代の状況

成蹊学園時代は、第二次大戦が勃発し、その翌年には生活綴方運動関係者が弾圧された。日独伊三国同盟締結、大政翼賛会結成、国民学校令、そして米・英に宣戦布告、太平洋戦争が始まった。そして全てが戦争遂行の為にあった時代であった。

②国語教育界の状況

国民学校令により、国語・修身・地理・歴史を総合して国民科とし、国民科国語は、読ミ方、綴リ方、書キ方、話シ方となった。第五期の国定教科書（アサヒ読本）使用開始。「コトバノオケイコ」「ヨミカタ」の1・2年用が発行された。「コトバノオケイコ」は話し言葉の画期的な教科書であったが国家的動乱の勢いに埋没し余り注目されずに消えた。全てが挙国一致の体制で教育・国語教育も皇国民の錬成一辺倒であった。

③成蹊学園での状況

飛田氏の『ひとつの風』によれば、当時の成蹊学園は「一学年二クラス十二学級で、一クラスの人員は男二十人、女十人。計三十名の編成で（中略）みんな上品できちんとおとなしくしている。保護者は今を時めく実業家・学者・文化人で、田舎出の、ひよっ子から抜け出たばかりの私は、いささか気押される思いであった。」また「一年から六年まで一人の担任が持ち上がりで、学級の教育はすべて担任一任ということであった。いわば三十名の六年間の教育責任を一身に背負わされたわけである。」

また、飛田氏の同僚の稲垣友美氏は「このころの成蹊初等学校は職員室があるわけではなく、定期的な職員会もありませんでした」「皇国民錬成教育に駆り立てられていた公立学校から転勤して来たのですから、この静かな茫洋とした学園の空気にはとまどうことばかりでした。」「全校ファッショを経験した者にとっては、理想の教育環境に映りました。[4]」と記している。

昭和17年4月からは日本大学高等師範部国漢科に入学。教室と夜学とで苦労したが、多くの学びを得た。戦時下の特別措置で修業年限が短縮され、昭和19年9月にめでたく卒業した。昭和19年12月、成蹊学園が空襲されるに及んで、ついに昭和20年1月、34名の児童とともに疎開生活に入った。食料事情が日毎に悪くなり、痛ましい日々であったと『ひとつの風』に記している。そして敗戦。

④著作3『愛児の為の正しい国語の教へ方』（A5判・324頁・昭和15年11月25日・研究社）

「この書は、お子さま方の国語の力を磨くためには、お誕生から入学前後迄に、母としてどれだけの手続きを尽くしたらよいかということに就き、熱心なお母さま方にお答へするつもりでまとめたものであります。」と序にそのねらいが書かれている。

第一章　国語と母の力、第二章　愛児の国語力をみつめる、第三章　国語力の貧困の家庭的原因、第四章　愛児を躾ける母の態度、第五章　話し言葉と書き言葉、第六章　正しい話し言葉の躾方手引き、第七章　やさしい文字言葉の教へ方、　第八章　学童を持つ母の心得。

また、巻末に『本書に対する御推薦の御言葉』が載せられている。その中の波多野完治氏は「（略）本書は所謂『おさらひのさせ方』式に功利一点張りをねらったものではなく、話し方の本質が、学校入学以降においてではなく、むしろ入学以前こそ大切であるとの見地から、又話し方が単に話す技術の修練に終始すべきものでなく、話す心がまへの方にこそ大切であるといふ見地から『話す生活』の指導をきはめて親切に具体的に説いてある。話し方の指導書といふよりも、むしろ話し方を通じて母と子の身の修め方を教へる本であると私は読みながら思った。時として思はず襟を正すやうな感じをもった。」と述べている。実に的確な評であり、筆者（安藤）も同感である。

なお、飛田氏は、昭和22年9月に『幼児の言語教育』（B6判・166頁・巌松堂）を出版しているが、その中に、この『愛児の為の正しい国語の教へ方』が生かされていることを付け加えておきたい。

⑤著作4『国民学校話方教育の実践形態』（B6判・270頁・昭和16年1月18日・啓文社）

書名にもあるように、この年国民学校令により、国語科は国民科国語となり、読ミ方・綴リ方・書キ方・話シ方の四分節となった。「然らば、その音声言語の教育はどのように為すべきであらうか。四分節の中の一節としての話し方教育の実態は何であらうか。話し言葉の教育はどんな秩序や体系を持つべきものであらうか。言葉を訓練する直接の指導目あては何であらうか。その機会や材料はどこに求むべきであらうか。」「本書は教育の場の中にある著者が、話し言葉をめぐる指導体系のあれを思ひこれを行ひつつ唯実証の中に生まれた信念を唯一の頼りに纏めたものである。」と「はしがき」に記している。目次を見よう。

第一章　日常言語風景、第二章　国語教育の新体制、第三章　話し方教育の新秩序、第四章　良い言葉の性格、第五章　話し方教育の基本条件、第六章　言葉の二面性と敬語、第七章　話し方教育の機会、第八章　話し方の指導法、第九章　聴き方指導の方法。

第八章の中身は、「一　朗読の指導・二『話し合い』による言葉の躾・三　生活の言語発表・四　童話の口頭発表・五　基本的口習い・六　其の場の言葉直し・七　学年別指導目あて」、となっている。

五十年を経たこの書であるが、音声言語指導の参考文献として十分役立つことは驚きである。

⑥著作5『国民学校国語修練の道』（A5判・423頁・昭和16年12月18日・啓文社）

この書のねらいは「はしがき」に「本書は国民学校に於ける国民科国語の修練過程を国語に依って国心を培うといふ立場から、機能的、統合的に組織立て、その具体的な実践方案を明らかにしようと企図したものである。」と述べている。

目次は次の通り。第一篇　国民科国語教育の性格、第一章　国語修練の道、第二章　国語教育の機能的性格、第三章　国語教育の基本課題、第四章　国語教育と言語文化、第二篇　国民科国語教育の実践、第一章　国語教育の出発、第二章　読み方修練の道、第三章　読み方教授過程、第四章　話し方修練の道、第五章　綴り方修練の道、第六章　書き方修練の道、第七章　実践の諸問題。

この書もこの期の出版物と同じく、皇国民錬成の時代要求が、国語科教育をどのように変えようとしていたか、小国民をどのように育成しようとしていたかを知る貴重な資料と言えそうだが、よく読んでみると、皇国民錬成とか国民精神の錬磨とかいった内容は、第一章が中心であって全体の五・六％に過ぎない。第二章以下は、飛田氏が常に求めつづけた「真の国語教育」の内容であり、緊迫したこの時代であってもその考え方は変わらなかったと言ってよい。

⑦著作6『国の子の家庭教育』（A5判・332頁・昭和17年7月7日・新潮社）

「本書は、育児の目あては国の子を育てるにあるといふこと、しかもそれは親の努力と丹精によってかなふものであることを述べたものであります。」と序で記している。目次は次の通り。第一章　子供と家庭教育、第二章　子供の生活素描、第三章　愛児の親たる道、第四章　国の子を躾ける目あて、第五章　国の子の道徳修練、第六章　子供の言語修練、第七章　子供と魂の開拓、第八章　研究する子供達、第九章　子供を強くする為に、第十章　その他の問題。

『ひとつの凧』には、「やはり当時の記録を資料にしたもので、私が言葉のしつけや家庭教育の問題に熱中していた時代であったと言えよう。」とある。また、「そのころは出版統制令により、あらゆる雑誌は廃刊または統合され」た。「当時の記録を見ると、『国民科国語指導のありかた』とか、『決戦下の家庭教育』などの題目で、自稿が発表されている。すべて錬成の教育思潮であった。」（『ひとつの凧』）と記している。「皇国民錬成」を掲げなければ執筆は不可能であった。「皇国民錬成教育に駆り立てられていた公立学校[4]」とは異なり、「全校ファッショ」もない理想の教育環境にあっても時代は飛田氏を呑み込んでいったのである。

⑧成蹊学園時代のまとめ

市川小学校で十分な実践力を身につけた飛田氏は、今度は成蹊学園という自由な世界を得た。新味ある独創的な実践を思う存分行える場を得、氏はその力を存分に発揮した。しかし戦争は氏をも巻き込んでいった。

五　本章のまとめ

以上、飛田多喜雄氏の戦前の業績について考察してきたが、次のようにまとめることができよう。

（1）飛田多喜雄氏の戦前の業績（市川小・成蹊学園ともに）は、その後の実践⇅研究活動の原点であると同時に生涯にわたる基盤を成していること。

（2）なぜ基盤を成すことになったか。それは、現場での実践⇅研究の体験が理想的な二重構造になっていたからである。つまり、公立の市川小での実践⇅研究の上に自分の創造性を十分に発揮できる成蹊学園での実践⇅研究があったことによる。どちらが欠けてもまた順序が逆でも機能しなかったであろう。

（3）従って、飛田多喜雄氏を論ずる場合、この戦前の業績を抜きにしてはならない。

（4）ただし、著作5と6について、時代の思潮との関わりを綿密に研究する必要性を感じているが、本稿ではこれを果たせなかった。後日を期したい。

第二章　戦後の業績――「国語教育指導者としての活動」を中心として

一　本章のねらい

本章では、「飛田多喜雄氏の業績」のうち、戦後について考察する。特に「国語教育推進の機関誌『実践国語』の編集」と「後進の育成――国語教育実践理論の会」に焦点を当て、飛田多喜雄氏にとってどのような意味をもっていたのか。業績という外的な点ではなく内的な問題について考察する。

二　月刊誌「実践国語」の復刊と編集

この月刊誌『実践国語』の編集については、『ひとつの風』[5]に氏の記述がある。以下それをもとに述べる。

(1) 動　機

「動機」については、「戦争、さらに敗戦という無残な体験にあたふたしながらも、言葉の教育への愛着というか、情熱の灯は消えなかった。というよりも、生活をめぐる状況が厳しくなればなるほど、私の国語教育愛育への度は強くなった。それだけに、かつて私が乏しい思索や実践を論考として発表し鍛えられた『実践国語教育』の存在がなつかしく思い出され、その再現がしきりに欲しくなった。お互いに実践の成果を発表し磨き合う場を作ることへの、ひそかな希求である」と明確に述べている。

(2) 経　緯

当時（昭和23年）は、国語教育に関する研究誌は皆無に等しく、西原慶一氏によって創刊（昭和9年）された『実践国語教育』は戦時下の出版統制によって昭和16年廃刊させられたままであった[6]。まず西原慶一氏の快諾と「あなたが編集長になって実践国語の精神を展開して欲しい」との言を得て、勇んで出版社を探したが引き受けてくれるところがなかった。ところが旧知の関瑞臣氏が「素人ではあるが思い切ってやってみましょう」と「穂波出版社」を新しく作りそこから出すことになった。

(3) 編集準備

飛田多喜雄氏の『自伝　実践国語教育史（二）』[7]には、昭和23年10月1日の条に「実践国語編集委員長となる」、同24年2月25日の条に『実践国語』第一巻第一号編集を完了す」とあるからこの間が編集の準備期間である。まず「雑誌名は『実践国語』とし、佐藤茂・中村万三・小山玄夫が編集メンバー」。特色として、「実践研究を第一義とする」「毎巻主題号でつらぬく」「新鮮な論考と連載を載せる」「実践に役立つ学年別国語教室欄を設ける」「毎月の『巻頭言』と『実践国語言』は編集長が執筆する」など皆で智恵をしぼった。

（4）発刊とその後

苦労の末、やっと復刊第1号が発刊されたのは昭和24年4月。Ａ5判64頁。特集主題は、混迷していた「国語の単元学習」であった。「他に類書も無かったためか、好評であり現場的反応も強く、約五千部は出たよう」である。この時、氏は成蹊中学校教諭で42歳であった。「実践国語」を復刊して間もなく、氏は「混迷している敗戦日本の国語教育の方向を、一日も早く本来の在るべき姿に立ち直させる一助にも」と「実践国語夏季大会」（昭和24年7月25日から27日、東京都氷川小）」を開催した。「雑誌を通しての同志的結合も強くなり、ぜひ宿泊を共にして現下の国語実践の問題をじっくり語り合いたいという要望が全国に強くなった」のが開催の理由である。以下、第四回の昭和29年まで箱根乗風台で開催。百名を超える仲間が「子どもひとりひとりに国語の力を」と熱っぽく語り合った（以降は西原氏が主催）。

飛田多喜雄氏が編集長として実際に手がけたのは、昭和30年2月号まで足かけ7年。65号に及んだ。「企画・編集・原稿依頼・割りつけ・校正、すべて自力である。当時は、他に全国的な国語教育に関する雑誌が無かったので、それに対する責任感と自負、そこへ無償のよき協力者と自らの若さがあったから、今にして知る歴史的意義のある仕事を果たすことができたのだと思う」と述懐している。

編集長を降りた経緯については、氏の最終編集となった第16巻第173号の「編集長を辞するにあたって」に、「研究実践のために私自身の時間が欲しいからである。生来乏しい才能の私は、この七年編集に追われ、おろかさを更に大きくしてしまった」との文言が見える。しかし、氏を近くの位置で観て来た私には、これは表向きの理由でしかないと思える。なぜなら、氏は自ら求めた仕事をこのような理由で降りるはずは絶対にないからである。『ひとつの風』にも、この「編集長を辞するにあたって」を引用しているが、引用の前に「後のために紹介しておくことにする」とわざわざ断っているところが却ってその通りではないと思わせる。恐らく、真実を記すことによって恩ある人を傷つけることになることを慮ったからであろう。氏はそういう人であった。

(5) 氏にとっての意義

「実践研究を第一義と」し「お互いに実践の成果を発表し磨き合う場を作る」ことは氏の希求通りに進んだ。氏は編集の仕事に全力を投入することによって、ますます「実践」の大切さと「磨き合う」ことの尊さを確信していった。

また、氏は全体の編集の他、「巻頭言」と「実践国語言」で毎月直接読者に語りかけた。氏はこのことについて「少なからず心を労した。前者は、本誌の目であり主張であって、当時の国語教育界の動向にかかわる批判的見解や進むべき方向への示唆が望まれており、後者は、同志に呼びかける案内的助言であり、情報の窓であって、ともに教育・国語教育人として歩いていく身内的な語らいが要望されていたからである」と述べている。

「国語教育界の動向にかかわる批判的見解や進むべき方向」を「巻頭言」として発信するには、まず的確な情報が必要であるが、それは、他に国語教育関係の雑誌がなかったのだから、主として「実践国語」の毎号の編集を通しての入手であったろう。そして自分自身がどんなに賛成であっても必ず批判的見解をぶつけて熟考し「これでよし！」と自らが納得した上での執筆であったはずである。だから「少なからず心を労した」のである。

氏のこうしたストラテジーは、若い時からのものであった。なぜなら、氏の『形象理会読方教育の実践機構』(28歳の著作）の「序文」にそれが見えるからである。垣内氏は「序文」で「飛田氏は永い間、一意実践の道を求め、専念それを修める「教」を思ひて、この書に於ける『実践機構』が組み立てられるに至るまで、積んでは崩し、崩しては積み、それがしっくりするまで一分の手もゆるめられなかった。この書に見える、がっちりと組み立てられた実践形態は、もう風が暴れても、地が揺れても、くるひが来ないほど、手法の確かさと精しい心づかいが見えて居る。これが若干の書物を読んだり、小手さきの器用でできるものではない。文字の底から、実践の力が盛り上がってくるやうに感じられるのは、やはりその奥底に真実が潜められて居るからである」と評している。

ここまでなら「若い時のこと」と片付けることもできようが、『ひとつの風』（6）の「初めての著作」の項で、この「序文」を引用した後、飛田氏自身が「もちろん若輩微力な私が、そのお言葉に価するものでないことは自覚していたが、「そのように努めよ」という今後のお諭しと拝し、自らの研修の目あてとしたことは言うまでもない。とりわけ『真実』ということばが心を打ち、私の「誠実」と「真実」という生涯の信条となってしまったのである」と記しているから（勿論、生きの姿もその通りであった）生涯のものであったと見てよい。

三　「国語教育実践理論の会」（略称ＫＺＲ）の創設

「国語教育実践理論の会」の創設と進展については『ＫＺＲ「草の葉」30周年記念特集号[8]』に詳細な記述がある。以下これの記述を引用しつつ考察する。

(1) 動　機

創設の動機については、記念号の巻頭に飛田氏の「創設の趣旨とその使命――思い出ふうに」がある。文中に「この機会に当時の実情の一端を回想ふうに書きとめ、一つには本会存立の意義理会のため、いま一つには、本会の継承発展に資する史的事実の文献資料ということで繁を厭わず書き誌しておくことにする」とあるから、この文章は、単なる思い出ではなく「文献資料」的な取り扱いが可能である。

氏は、動機について「思うに、国語愛、実践国語への情熱がなお私なりにあったからと言いたいところだが、それよりも、私の信頼する実践者同志の叱咤にも似た心からの励ましと嘱望が原動力であったというのが真相に近い」「少人数で、会の名称そのままに『実践の徹底』と『条理の純化』いわば実践第一義の行為国語と、それを支え裏付ける納得の行く原理的論拠の動力的統一としての国語実践理論の構築を求めて発足したのであった」と明確に述べている。

(2) 経緯と準備

経緯と準備については、同じ記念号の「K・Z・R　三十年の歩み」と題する齊藤喜門氏（当時副会長）の一文がある。それによれば、「設立準備」は、「36・1・2飛田先生宅に新年祝賀に集まったものが会設立の決意を語り合い、前途を祝して乾杯」「1・22七委員（飛田多喜雄・相原永一・齊藤喜門・佐藤茂・中村万三・馬場正男・飛田文雄）の初顔合わせ。趣旨、中央委員会の組織について話し合う」（中略）「1・29案内文（趣旨をうたい、会員勧誘のためのもの）作成、会の名称（略称も同時）決定、会員の人選」「2・25案内状発送、回答用ハガキ同封」「4・14『草の葉』第1号印刷（ガリ刷り）、発送。七人でガリを切り、刷り上げ、封筒を書き、封入し、発送する。これは72号まで続けられた」とある。文字通りの手作り研究会であったことがわかる。

(3) 目的と信条

「目的・信条」についても齊藤氏の「K・Z・R　三十年の歩み」に次のように記されている。

◇目的　研究と協力とによって、会員相互の人間的教養を深めながら、国語教育における実践理論と、方法体系を確立する。

◇信条

（1）実践の場に立つ者が、主体性を持って研究する。（主体性）

（2）研究方法は、あくまで科学的・実践的にする。（科学性・実践性）

（3）研究活動は、計画的・継続的にする。（計画性・継続性）

（4）集団の力を結集し、同志的に研究する。（協力性）

（5）会員はもちろん、研究分野においても地域の広がりをもつ。（地域性）

（6）どこの出版社からも金銭的援助を受けない。（独立性）

「会員相互の人間的教養を深めながら」という文言が入っているところが、氏の生涯の信条となった『誠実』と『真実』に対応していると言えよう。単に主体的に実践していればよいのではない。

（4）発会とその後

第1回の夏期研究会は、「読む学習指導の実践と理論」をテーマに、昭和36年8月20日から23日、成蹊箱根寮にて開催された（以降一年も欠かすこと無く続けられ、第30回は、「国語科言語事項の指導」（継続4年目）がテーマ。長野県茅野市の東京学芸大附属小金井寮「一宇荘」で開催され、同時に創立30周年記念式を挙げた）。

同志的研究を重視して会員を50名に限定して発足したが、次第に会員も増加し、平成2年には一四〇余名となった。さらには地域性を重視して昭和55年には「太宰府研修会」（九州乗風会）、58年「手稲ランド研修会」（札幌はまなす会）、以下、犬山市（昭61・名古屋さきの会）、那覇市（昭63・星砂の会）と続いた。「それぞれの地域メンバーの自発性による郷土に密着した研修の会が次々開かれたのである」

氏はまた「然し、時の流れの過程では、会の機構、主題、月例会、全国集会、場所、機関誌『草の葉』の編集などをめぐって、それこそ有為転変、いろいろ変動もあり苦労もあった。然もなおそれらを克服して今や、地味ではあるが、己がじし大きく育ちながら幾許かの研究成果を世に問い」30周年までに7冊の研究著作（いずれも明治図書より刊行）を公にした。「斯道にその存在を認められ、さらに無限の発展性と可能性を内にこめて、何とか30周年を迎えることができたことは、当事者としてうれしい限りである。すべてこれは（中略）全国の会員諸氏の、不変の信頼と不屈の精進が支えとなっているおかげである。よく私は人に、〝協力は力なり〟〝継続は力なり〟〝信頼は力なり〟ということを口にしたが、今、実論の会（安藤注、国語教育実践理論の会のこと）をその生きた実証として誇りに思っている」と述べている。会の設立の際、考えに考えた「目的」や「信条」が30年も守り続けられてきたことへの確信が「実証」と「誇り」という言葉に現れている。

しかし、平成3年2月8日、30周年記念式の終了を待っていたかのように氏は突然逝去された。「実践、実践、実践のみ」という最期の言葉を残された。(9・10)

（5）氏にとっての意義

飛田氏の業績の中に「文部省への協力」「国語教育課程創成、改善への協力者としての活動歴とそれに即した実績」がある。氏は、26年版、33年版、44年版（以上中学校）、52年版（小学校）学習指導要領に関わった得難い人である。

須田氏も「（文部省の文教施策）協力に当たっては、その時代その時代における国語教育の現実的な社会の要請は何かを思索し、その対応を考え、一方では新しい来るべき社会の変化を展望し、学習指導要領の改訂に先駆的発想をもって当たったと言える。なお、国語科授業の基本的性格や役割、本来的機能などの原理的な問題をふまえ、授業の成立条件（教師・学習者・教材など）とか、授業の構成要因（授業形態・授業過程・学習活動の方法など）評価に至るまで、実践の体験と思索を通して協力した経緯をもつ」（前掲書）と述べている。

つまり飛田氏は、いつもいつも「その時代その時代における国語教育の現実的な社会の要請は何かを思索し、その対応を考え、一方では新しい来るべき社会の変化を展望し」（須田氏前掲書）続けてきたのであった。別の言葉で言えば、常に「自己変革」を迫られ、その都度それをなし遂げていった希有の人なのである。一般的に、高齢になればこの「自己変革」は難しいと言われているが、氏は80歳を超えてもなお「自己変革」を続けられたのである。

ではなぜ、「自己変革」が可能であったのか。

一つには、外的な条件、つまり国の施策をどうするかといった極めて重い課題を背負い、しかも必ず新しい方向を出さねばならないという「環境」の中にいつも在ったということ。そしてそれが、38歳（文部省ローマ字協議会専門委員）から70歳まで続いていった。

二つには、氏の「歴史研究」の成果がある。氏は「先人・先輩の残した厚みのある歴史的事実から、数々の貴重な生きの姿、精神的な糧というものを獲得できます。と同時に、現在の有り様がはっきりし、これから何をなすべきかの新しい課題が、それなりにわかってくるのではないかと思うからです。過去の世界に旅しながら現代の世界を見すえる、そして未来のあるべき姿というものを予見しようとするわけです。そのために私どもは、いわゆる国際化、情報化時代、価値観の多様化といわれますけれども、それに対応して、それも単なる対応ではなく賢く対応していきたいと思います。そのために歴史的な探究という努力をしなければいけない[11]」と「歴史研究」の重要性を訴えている。特に傍線部分（傍線は安藤）が「自己変革」の源泉であることがわかる。「歴史研究」の重要性の指摘は生涯変わらなかった。

三つには、『実践国語』で、信頼する同志と「実践の成果を発表し磨き合い」、また「巻頭言」「実践国語言」の執筆を通して「批判的見解や進むべき方向」を毎月発信したこと。このことはつねに先端的情報を収集し自らのこれまでの考え方に照らしていく作業が必要になる。その連続が、氏に「自己変革」を迫ったのである。これは、41歳から48歳まで続けられる。

四つには、「国語教育実践理論の会」の主宰者として、若い実践者を指導し続けたこと。会員一人一人に対して適切な指導を行い、すぐれた人材を育て上げたことは氏の並外れた指導力、というよりは「人間力」によるものである。と同時に、若い実践者を指導することそのことが実は「自己変革」に直接結びついていたと考えたい。常に新しく瑞々しい氏のエネルギーは、KZRの実践者と共に精進する中から得たものでなかったか。そのために氏は心の扉を常に開いておく必要があった。その故であろう。氏は「私の考え方もひとつの考えとして受け取って」としばしば言われた。つまり氏の考え方を押しつけたことは一度もなかった。氏は、会員個々の「草の葉の形の多様性、変化の妙、草の葉の単純性、新鮮な美、草の葉の香の特殊性その自然な魅力[12]」を喜び、「我 その内より甘露をとりぬ[13]」ということであったと確信する。甘露をとることによって「自己変革」を遂げていったのである。53歳から83歳までの「実践第一義」「一道精進」を標榜し主宰した愛するKZRこそ氏の「自己変革」にとってかけがえのないものであった。

なお、氏は頼まれて各地を「講演」に赴かれたが、筆者(=安藤)の調査によれば、昭和22年から昭和63年まででで三四二回に及ぶ。このことも「自己変革」に関わることと思うが、残念ながら余裕がない。回数のみを紹介して筆を置きたい。

四　本章のまとめ

(1) 戦後の氏の業績のうち、「国語教育指導者としての活動」に絞ってみると、①「文部省への協力」「国語教育課程創成、改善への協力者としての活動。②月刊誌『実践国語』の編集。③「国語教育実践理論の会」の創設と進展、が挙げられる。

（2）それらの活動の特質は、その時代における国語教育の社会的要請を見極め、説得性・普遍性に満ちた発言や提案を一貫して行ったことである。

（3）また一方では、常にこれからの新しい国語科を展望し、これも説得性・普遍性に満ちた発言や提案を行ったことである。

（4）これの為には、常に「自己変革」が求められるが、氏にとっての「自己変革」の「源泉」は、①外的条件、即ちそうせざるを得ない「環境」に在ったということ、②自ら求めた歴史研究の成果、③「実践国語」の編集、④「KZR」での指導、であったと考えられる。

注

（1）『国語教育研究大辞典』「国語の力」の項、執筆石井庄司（一九八八・明治図書）

（2）『随想 ひとつの風』（国語教育実践理論の会編・一九七八・古稀記念・非売品）

（3）『飛田多喜雄先生追悼集』（国語教育実践理論の会編・一九九二・同会発行）

（4）『国語教育論集』（飛田多喜雄・一九七八・古稀記念・光村図書・非売品）

（5）随筆集『ひとつの風』（改編版）は、本稿第I章の注2『随想　ひとつの風』の改編版である。飛田多喜雄氏の喜寿を記念して「国語教育実践理論の会」により刊行されたものである。同会の機関誌『草の葉』に飛田氏が「ひとつの風」と題して、時に応じての所感を述べたもの。

（6）「国語教育関係雑誌年表I（明治～昭和20年）」（作成・安藤修平）『国語教育研究大辞典』（一九八八・明治図書）付録。

（7）『自伝　実践国語教育史（一）』は、飛田多喜雄氏のノート。氏の発表した論考、著作、講演、公職などの任命、その他を記録したものである。（一）は昭和4年から昭和36年まで。なお（二）は昭和37年から昭和64年までのものが記録されている。16㎝×21㎝。

（8）『KZR「草の葉」30周年記念特集号』（国語教育実践理論の会編集・一九八九、一二、一）

（9）飛田多喜雄会長の死去に伴い、協議の末、いったんこの「国語教育実践理論の会」を閉じ、直ちに新しい「国語教育実践理論研究会」を設立した。KZRの略称はそのまま使用することとしたが、会員は新たに募集した。その結果、約70名が新会員となり規約を新たにし組織も改めた。会長に齊藤喜門氏を選出。その後、一九九五年一二月、齊藤氏の逝去により、副会長福田梅生氏が会長を代行。一九九八年八月、安藤修平が会長に選出された。さらに二〇〇六年八月、新会長澤本和子を選出。現在に至っている。

（10）飛田良文「父を思う」／飛田志げ子、葬送歌71首「死の別れ」（決然と今際《いまは》のきはの君の声『……実践……実践のみ』）『飛田多喜雄先生追悼集「先生の訓えに学ぶ」』（国語教育実践理論の会編／一九九二・同会）

（11）『講話　教育随想2　折にふれて感じたこと思ったこと　私の歩いてきた国語教育の軌跡をめぐって――』第28回KZR沖縄集会での講話を文字にしたもの。（一九八九、四、二五・蒼丘書林）

（12）KZR会報「草の葉」第1号巻頭言（昭和36年4月）

（13）『飛田多喜雄先生追悼集』「KZR『草の葉』連載　「ひとつの風」から」（国語教育実践理論の会編集・一九九二、二、八、非売品）

国語教育実践理論の会

「作文・表現指導」研究活動の足跡

巳野欣一

一　はじめに

本稿の目的は、本会が飛田多喜雄先生の御指導のもと一九六四（昭和三九）年以後行ってきた作文・表現指導の研究活動の概要をまず理解し、検討し、本年度から開始する新しい研究テーマである「言語活動を支える書くことの学習（仮）」の実践的研究活動の開発進展に資することにある。

本会の研究活動のテーマに作文指導が取り上げられたのは、

1．テーマ「作文指導過程の確立をめざして」　一九六四（昭和三九）年から一九六六（昭和四一）年まで
　KZR夏期研究集会　第四、五、六回　成蹊大箱根寮

2．テーマ「国語科における表現指導」　一九七七（昭和五二）年から一九七九（昭和五四）年まで
　KZR夏期研究集会　第一七、一八、一九回　成蹊大箱根寮

の二回である。（この稿では便宜上前者を第一次研究活動、後者を第二次研究活動と呼んでおく。）

本会の創立三十周年記念に発行の会報「草の葉」三十周年記念特集号（記念行事委員会代表増田信一編・平成二年一二月一日）に斎藤喜門副会長執筆の「K・Z・R三十年の歩み」が掲載されている。その中の「各年次の概

要」によってまず第一次三か年の研究活動をみておきたい。

二　第一次研究活動の内容

年	夏期研究集会並びに著書	草の葉	社会・国語教育会	特記事項
'64（39）年度	第四回　8／6～8／9　成蹊大箱根寮 研究テーマ　「作文指導過程」の確立をめざして 参加者　二四名　発表者　一三名 まとめ　研究記録「作文指導過程の確立を目指して」30ページ（12月）	34号～44号	・全国小中学力調査 ・林進治「一読主義読解の方法」 ・国研「分類語彙表」 ・オリンピック開催	○笠文七氏読売教育特別賞受賞 ○草の葉39・40号に作文指導過程を飛田・斉藤・佐藤・相原の四氏私案発表
'65（40）年度	第五回　8／9～8／12　成蹊大箱根寮 研究テーマ　前年継続(2) 参加者　一八名（一六名） まとめ　研究紀要(2)「作文の指導過程確立のために」50ページ（12月）	45号～55号	・小―社理、中―社国理数英の学力調査 ・時枝誠記「改稿国語教育の方法」 ・輿水実「国語科の基本的指導過程」 ・垣内松三「石叫ばん」の碑建立(高山市)	○佐藤茂氏日本作文の会全国文集コンクールで特選受賞 ○高橋安子氏「友情の作文」指導で厚生大臣賞受賞 ○飛田先生「国語教育方法論史」発刊
年度	第六回　8／5～8／8　成蹊大箱根寮 研究テーマ　前年継続(3) 参加者　一六名（一一名）	号	・西尾実「ことばの教育と文学の教育」 ・読書指導論出始める	○福岡支部「乗風会」結成 ○作文の時間の特設についてのアンケート本部から出る―まとめ―57号

‘66（41）	まとめ　研究紀要⑶「作文指導過程の確立を目指して」36ページ（12月） 特集「作文における各形態の意義・特質」8ページ（5月）	56号～65	・児言研「一読総合法入門」 ・建国記念日決定	○作文的人間の形成のアンケート第二の提案―まとめ58号 ○作文の評価と処理についてのアンケート―第三の提案―まとめ59号 ○作文の指導過程決定―63号に発表

この活動の推進に当たった花田修一研究部長が同書に「研究テーマと紀要・著書一覧表」の作成とともに、刊行した研究紀要および著書それぞれの内容や成立事情など必要事項の解説を記述している。何しろ研究活動が展開されてから既に五十年以上を経過し、この間に社会情勢も教育界の動向も本会の構成メンバーも変化している。当時の活動内容を正しく理解するために増田・斎藤・花田各氏の残された貴重な記録を必要に応じて引用紹介しつつ事実を確認していきたい。

第一次研究活動三か年の内容に関する気づきで特に注目した点について触れてみよう。

（1）①　第四回一年次に研究活動が開始されているが研究テーマを「作文指導過程の確立をめざして」としている。作文制作そのものがきわめて総合的な言語活動であり、内容、形式、方法など複雑な要素に支えられている。従って作文指導研究の内容を広範多岐にわたる。また、本会の会員の構成が、各地に分散し、年一回の集会に実践を持ち寄り発表協議するという体制での個人研究が基本になるので簡単に相談や修正は不能で、不安でもある。どうしてもテーマや研究課題の限定、焦点化が望ましく、時には細分化の可能なものでありたい。この意味で「指導過程の確立」にしぼった設定は適切である。

②　第一年次に早速、作文指導経験のきわめて豊かな飛田・斉藤・佐藤・相原の四氏が指導過程の私案を発表（「草の葉」三九・四十号）している。初心者への示範となり、研究推進にも有効と思われる。

③　第三年次にアンケート「作文時間の特設・作文的人間の形成・作文の評価と処理」を実施している。

（２）第五回二年次にはこれまでの成果を次の「紀要⑵」にまとめている。

研究紀要⑵「作文指導過程確立のために」（一九六五（昭和四〇）年一二月・五〇ページ）

「第五回ＫＺＲ箱根集会の発表・討議をまとめたものである。まえがきに、『最近、輿水実氏の提唱にかかわる基本的指導過程の、活動を中心にした作文の基本的指導過程は注目される』と飛田先生は述べておられる。そして、ＫＺＲ方式の指導過程として、次のような案が提示された。」（三二ページ）

ＫＺＲ方式の作文の指導過程（案）

1．目標の設定（何のために）――表現意欲、目標
2．主題の決定（何を）――着想、主題の焦点化
3．材料の選定（どんな材料で）――主題と材料
4．構想の組成（どういう構成で）――組立て、力点
5．叙述の展開（どう書き表し）――用語、文法
6．推考の操作（どうなおし）――加除訂正、清書
7．反省と評価（どうふりかえり）――自己・相互評価
8．処理の作業（どう生かし）――生活的適応、活用
9．練習と発展（どう習うか）――スキル練習、文話

（引用者注）①上掲の「ＫＺＲ方式の（案）」の2．から7．までは従来からの通常の作文作成の手順と認められる。1．目標（表現の必要、目的の自覚と捉える）、8．処理の作業――生活的適応、活用は、飛田先生御提唱の「機能的表現指導」の理念の具体化と見られる。

②9．に「練習と発展」を設け、学習したスキル（作文技能）の練習学習による習熟の機会としている。発展学習で応用的な運用能力の育成が期待される。「文話」は指導者が学習者に対して作文のために必要な心得や知識などを話す活動である。現在は使われないが歴史的には重要であった。その価値を再認識し「文話教材」の整備も望まれる。

「なお、研究内容とその執筆は次のとおりである。

(1) 手紙文の指導について（内藤省孝）
(2) 作文における記録・報告の指導（斉藤喜門）
(3) 見学記録文における構想の指導（福田梅生）
(4) 取材メモを生かした記録報告の指導（西村正三）
(5) 感想文の指導（生駒正美）
(6) 論説文・その主題決定について（中村万三）
(7) わたしの作文指導（有定稔雄）
(8) 児童詩の指導過程・題材の選択（佐藤茂）
(9) 生活文の指導過程（相原永一）
(10) 構想指導について（岡本博行）
(11) 構想指導について（平沢昭二）
(12) 機能的作文教育の方法的基礎（飛田多喜雄）
(13) 作文の指導過程の中の「処理」（矢口龍彦）
(14) 作文の処理について（目黒梯一）

☆作品の共同討議　①動物になりたい（高橋安子）②十四才のころは（笠文七）③日記の中の詩（佐藤茂）

この紀要で目を引くのは、「作品の共同討議」である。それぞれの児童・生徒作文をどのようにみるか、評価するか、共同で討議することによって、作文を見る目が教師にも育つ。KZRならではの研究である。これからの研究にもぜひ復活させたいと思う。」（三三～三四ページ）

この時点で個人の研究課題も明確になり、全体構成も整備されつつある。(12)飛田先生自ら会員の立場で参加されている。

（3）第六回三年次には次の「紀要(3)」をまとめている。

研究紀要(3)「作文指導過程の確立を目ざして」（一九六六（昭和四一）年一二月・三六ページ）

「この紀要(3)は、第六回KZR箱根集会の研究を基底として一二月二六日付で発行されている。『この国の先達が開拓してきた自己表現の作文と生活に適応するコミュニケーション作文の両者の意義を認め、その長所をともに生かそうとすることに努めた』と、その「はじめに」に飛田先生が記述されている。研究の主たる内容と執筆者は次のとおりである。

(1) 創作（物語文）と構想指導（福田梅生）
(2) 生活文の指導過程と実践研究（相原永一）
(3) 物語についての感想指導（生駒正美）
(4) 日記の評価と処理（佐藤茂）
(5) 報告・記録文の取材指導（笠文七）
(6) 研究報告指導上の問題点（斉藤喜門）
(7) 論説文の構想指導（金子秀俊）
(8) 論説的思考の問題（中村万三）
(9) 教科書教材と補充教材（矢口仁）
(10) 作文教育史年表から学ぶもの（大橋多喜男）
(11) 文集「海から山から」「友だち」（高橋安子）

作文に関する研究のまとめとして編集された本紀要には、ずっしりとした実践報告がなされ、作文指導の質の高さが感じられる。このまとめが、後にKZR著書第一号の基底となるわけである。」（三四〜三五ページ）

本会の作文教育についての立場を飛田先生が「はじめに」に明記されている。即ち、わが国の伝統的な自己表現の作文に属する(1)創作(2)生活文(4)日記(11)文集と、コミュニケーション作文に属する(5)報告・記録文(6)研究報告(7)論説文(8)論説的思考が扱われている。三年次にある特集「作文における各形態の意義・特質」の教室実践による究明の報告ということである。これらを含めた集大成が次の著書に連なる。

（4）飛田多喜雄編著

『表現能力を伸ばす新作文指導法の開発』（一九六九（昭和四四）年　明治図書）

「一九六九（昭和四四）年九月、飛田多喜雄編著で出版された、わがKZR著書の処女作品である。以後、三年〜四年間の研究を整理し、再構成しては出版するというのがKZRの方式となった。」

はじめに

第Ⅰ章　これからの作文教育
第一節　新指導要領の方向　A　目標の明確化　B　内容の基本化　C　方法の主体化
第二節　作文指導の史的考察　A　作文指導の変遷　B　史的事実からみた作文教育の方向
第三節　作文指導の方法的過程　A　作文指導過程の問題点　B　作文指導の基本過程
第Ⅱ章　形態による作文指導の方法
第一節　生活文の指導
第二節　日記の指導
第三節　詩の指導
第四節　感想文の指導
第五節　論説文の指導
第六節　記録・報告文の指導過程
第七節　手紙文の指導
第八節　創作の指導
第Ⅲ章　強調点をふまえた指導研究
第一節　目標に力点をおいた指導事例
第二節　主題に力点をおいた指導事例
第三節　材料に力点をおいた指導事例
第四節　構想に力点をおいた指導事例
第五節　記述に力点をおいた指導事例
第六節　推考に力点をおいた指導事例
第七節　反省と評価に力点をおいた指導事例
第八節　処理に力点をおいた指導事例
第九節　作文の基礎練習

（三六～三七ページ）

本書の構成を大別すると第Ⅰ章が指導理論編、第Ⅱ・Ⅲ章が実践指導編になる。第Ⅱ章は文章の種類形態別、第Ⅲ章は作文制作過程の展開となっている。全体によく整理された先導啓発的な研究書と言えよう。

三　第二次研究活動の内容

年	夏期研究集会並びに著書	草の葉	社会・国語教育会	特記事項
‘77（52）年度	第一七回　8/6~8/9　成蹊大箱根寮 研究テーマ「国語科における表現指導」 参加者　四六名（二四名） 発表討議に一人40分ようやく確保 まとめ　「草の葉」118号	116号～119号	・国立大学入試センター発足 ・言語教育としての国語教育叫び出される ・滑川道夫「日本作文綴方教育史」明治編 ・文部省小・中学習指導要領告示	○札幌支部「はまなす会」結成 ○斉藤喜門氏文部大臣賞受賞 ○飛田会長古稀祝賀会を雅叙園で開催会員全国から集う（11・19）
‘78（53）年度	第一八回　8/4~8/7　成蹊大箱根寮 研究テーマ　前年継続(2) 参加者　四九名（二五名） 発表時間確保に苦しむ まとめ　「草の葉」122号 ◇飛田会長の随筆集「ひとつの風」288ページKZRで自費出版	120号～124号	・文部省高等学校学習指導要領告示 ・国研「児童の表現力と作文」 ・小・中学校指導書―文部省 ・到達度目標の研究	○斉藤喜門氏博報賞受賞 ○増田信一氏読書科学研究奨励賞受賞 ○飛田会長「国語教育論集」出版頒布 ○斉藤喜門氏「ノート・レポート学習」発刊 ○名古屋支部「ささの会」、沖縄支部「星砂の会」結成

‘79（54）年度
第一九回　8/4～8/7　成蹊大箱根寮 研究テーマ　前年継続(3) 参加者　三五名（二〇名） まとめ　「草の葉」126号 ◇著作　学力をつける「国語科指導技術の開発」238ページ　明治図書刊
125号～128号
・中央教育審議会「生涯教育について」の中間報告 ・「常用漢字表」中間発表 ・「ゆとりある教育」の研究盛ん。
○「近代国語教育のあゆみ3」新光閣より発刊。飛田先生の記事掲載。 ○斉藤氏前著で全国大学国語教育学会賞受賞。

第一次の研究活動から約十年を経過し、一九七七（昭和五二）年から一九七九（昭和五四）年まで三か年第二次の研究活動が「国語科における表現指導」をテーマに行われた。同じ昭和五二年には小学校・中学校学習指導要領の改訂告示があり、国語科の教科構成が「表現・理解・言語事項」の二領域一事項に改まり、言語の教育の立場に立ち表現力を高める指導がいっそう重視されてきた。本部委員の協議と久保田勝蔵研究主任の強力な推進により、研究題目の提示と本部委員の役割分担が次のように発表されている。

一　指導計画についての研究（斉藤）
・年間計画の立て方
・単元の構成

二　表現教材の研究（久保田）
・話しことばの教材
・作文の教材

三　指導過程についての研究（増田）
・表現の指導過程
・音声を主とする表現の指導過程
・文章表現を主とする表現の指導過程（福田）

四　指導方法についての研究
㈠態度について（金沢）
・意欲
㈡能力について（内藤・田村・花田）
・話題・題材―・構成・構想
・主題　・話し方・記述
・事柄・材料　・推敲
・要点・用件　・朗読
㈢類型・形態について（澤本）
（例）・話をする　・感想を記述する
・説明する　・感動を表現する
・意見を述べる　（児童詩など）
（佐藤・大西）

㈣入門期の指導（菊野・田中）
（例）低学年の表現指導
五　関連指導について（千葉・沖本・佐々木）
㈠理解（聞くこと・読むこと）との関連
㈡音声表現と文章表現との関連
㈢言語事項との関連
六　練習学習についての研究
七　その他
・海外子女の表現指導（生駒・中村）
・「生きたことば」の実践と理論
――言語教育徹底のために――
（「草の葉」、一二〇号53・5・20）

右の研究題目を見ると「表現」の中に文章表現と音声表現を組み込み、各領域相互及び言語事項との関連指導の検討が新たな課題となっている。第一七、一八、一九回の研究集会の成果を二年後の一九八一（昭和五六）年九月に次の著書にまとめ世に問うている。

飛田多喜雄編　『書く意欲・書く力を重視した表現指導法の開発』（二五六ページ　明治図書）

まえがき（飛田多喜雄）
序章　これからの表現指導
一　言語教育としての表現指導
二　「表現」の考え方による指導方途（飛田多喜雄）
Ⅰ章　年間指導計画の作成と単元の構成
一　小学校における年間指導計画の作成と単元の構成（福田梅生）
二　中学校における年間指導計画の作成と単元の構成（斉藤喜門）
Ⅱ章　表現教材の研究
一　文章表現を主とする教材（金沢文教）
二　音声表現を主とする教材（楢崎伊平）
Ⅲ章　表現の指導過程
一　文章表現を主とする指導過程（増田信一）
二　音声表現を主とする指導過程（儀間朝善）
Ⅳ章　表現指導の実際

二　表現と理解との関連指導を（吉江正二）
三　表現指導への提言（植西耕一）
四　文章表現力に直結する読みとりの指導を（違谷隆雄）
あとがき（ひだ・たきお）

「一九八一（昭和五六）年九月、飛田多喜雄編で出版された、KZR五冊めの著作である。序章の「これからの表現指導」で、飛田先生は「人間能力の主要な一面である言語表現力の果たす生活的・社会形成的機能をはじめ、人間陶冶にかかわる形成的自覚の機能、文化形成にかかわる創造的機能等の再確認と言語教育としての表現指導を強調された。」（四二ページ）

新しい教科構成により、言語の教育の立場をふまえ、文章表現、音声表現を対象に年間計画、単元構成、教材、指導過程、指導の展開の細部、関連指導、練習学習、発展学習など表現指導全般にわたって必要にして充分な内容を整理し提案している。三〇年ほど前の成立とはいえ学んでほしい著作である。終わりの第V章には先輩の西村正三（札幌）吉江正二（富山）植西耕一（奈良）違谷隆雄（徳島）四氏が示唆に富んだ提言を寄せておられる。

四　飛田多喜雄先生の機能的作文教育の提唱

飛田多喜雄先生は、わが国の一世紀におよぶ作文教育思潮を整理され、作文教育の動向を次のように示される。
・表現を通して、内容的価値による人間形成や生活指導をすることに重点をおく作文教育思潮
・生活に必要な表現能力に重点をおく作文教育思潮
・両者の折衷、あるいは、その総合、統一の観点に立つ作文教育思潮

この三つの動向のうち、「現在は、第三の立場に向かいつつあるのではあるまいか」ととらえ、現下の作文教

育のねらいは「すべての子供たちに、経験したこと、感じたこと、考えたことをまとめ、また、人に伝えるために、目的や場に応じて正しく的確に文章に表現する態度や技能を身につけさせて、それぞれの人間形成に資し、言語生活の向上を図る」ことにあるとされる。これによると現代のあるべき作文教育観として、従来からのさまざまな主義、思潮にとらわれることなく客観公正な立場に立つ見識を示されている。また育成すべき作文力を「学習者一人ひとりの言語による表現力を手堅く育成すること、取り分け、目的や必要に応じて適切に表現する作文力を確実に身につけさせることは、斯道の不変の課題であり当事者の宿願でもあった。何故なら、生活表現、伝達表現、自己表現を含め、望ましい作文力は、生活の必要を満たすだけではなく、あらゆる学習の基礎、文化形成の基礎、人間形成の基礎であるとともに、生涯学習の基礎としても掛け替えのない大事な機能を持っているからである。」と現在の家庭生活、学校生活、社会生活に適応する作文力の育成は当然のこととして、さらには将来の活きる力を見通した広用転移力にもつながる作文基礎力をも視野に入れておられる。

ところで、今日の教育現場での作文・表現指導の具体的な実践状況は如何であろうか。実践の片寄りや落差や迷いはないだろうか。これらへの対応、改善の方途は……。先生に昭和四一年の次の御提言がある。

「実際の作文指導については、『いわゆる作文教師といわれる熱心な指導者の教室は別として、一般的には、低調、混迷の批判を免れることはできない。作文活動を、特殊な才能の持ち主や異常な体験の範囲に止めず、万人のものとするためには、これまでの成果に学ぶとともに、未来の呼びかけに答える改善の方途を探究しなければなるまい』とし、機能的作文教育の必要を提唱され、次の五項目をあげられる。

(1) ことばの機能（認識的・伝達的・表現的）を目的活動に即して生かす指導である。とくに「書くことによって伝える」「書くことによって考える」という二つの作用を重視する。

(2) 作文の生活機能をだいじにする。書くことの生活的意義を重く見、価値ある言語生活の実現をめざす作文教育である。

(3) 機能的目標の達成をめがける。「……のために」という生活的価値目標と、表現行為の必要な能力的目標（指導事項）を孤立させることなく、実際活動の中で統一的、関連的に達成しようとする作文教育である。

(4) 機能的主題を活動の中心とする。作文活動は、子どもたちの実態に即し、興味と必要に裏づけられた、生活に密着した価値ある主題、題材を中核にしなくてはならない。単なる課題や、その場限りの思いつきの賦課的主題でなく、子どもたちが、真に必要とし書きたいと思うものを選択させ、それを作文活動の中心にすえたいという考えである。

(5) 機能的な場の設定を重視する。ことばの学習は、ことばが実際に使用され、働いている場面に即して行われることが、最も効果的であり自然である。ことばの機能をふまえ、それをよりどころとして、主体的、創造的に価値ある経験をさせ、その過程を通して必要な能力を習得させ人間形成をはかる立場である。

（日本作文教育研究会編『作文教育』第二集　特集「書くことの場の研究」所収論文「『書くことの場』を重視する必要」（昭和四一年四月　謙光社）

というように現代のめざすべき作文教育の方向とあり方を明快に示唆されている。」

〈注〉この項の飛田先生の言説の引用は、次の書にいただいた「序」によるものである。

○飛田多喜雄序　奈良国語教育実践研究会編「課題条件法による作文指導」〈小学校編・中学校編〉（編集　巳野欣一　一九九〇（平成二）年　明治図書）

以上に記した飛田先生の御教示と、先学の精進の足跡をふまえ、さらに新たな課題への研鑽を御期待したい。

◇飛田多喜雄先生「作文指導・表現指導」に関わる文献紹介

1〈国語科教育方法論大系〉一九八四（昭和五九）年　明治図書

3　表現教育の理論　　4　表現指導の方法
10　国語科教育の実践史
第三章　一　近代作文教育の略史　二　戦後の作文教育の流れ

2　飛田多喜雄著『国語教育方法論史』一九六五（昭和四〇）年　明治図書
第三章　言語教育期の指導法と批判的考察　1第三期・言語生活時代
三　国語教育方法の開拓と科学化　4国語学習指導法の開拓
(2)「作文教育」と「生活綴方」・「作文教育」の指導法・「生活綴方」の復興と指導法

3　飛田多喜雄著『続・国語教育方法論史』一九八八（昭和六三）年　明治図書
第五章　国語授業における感性・生活性の恢復
三　表現指導をめぐる生活観の増幅
第八章　国語科授業改善への二つの試論
二　標準語教育の実践的提案と批判
1　音声言語教育の台頭　2　標準語教育の実践的試論

4　飛田多喜雄著　国語教育実践理論の会編『国語教育論集』一九七八（昭和五三）年　光村図書出版　所収
Ⅵ　表現指導論
作品と推敲・添削の実践根拠　表現指導と個性　作品指導の個別化
作文における話しことばの指導　話し合いの進め方

5　飛田多喜雄・大熊五郎著『文章表現の理論と方法』一九七五（昭和五〇）年　明治図書
第一部　文章表現の本質（飛田多喜雄）　第二部　文章表現のプロセス
第三部　文章表現のジャンル（大熊五郎）

6　飛田多喜雄編「新国語科表現力指導法」明治図書
　1　表現の基本学習　2　表現の練習学習　3　表現の発展学習

7　飛田多喜雄・小林一仁編「最新中学校国語科指導法講座」明治図書
　第2巻　表現(1)　話しことばの指導　第3巻　表現(2)　作文・書写の指導

KZRにおける「第一次国語科教材研究」の展開

澤本和子

一　はじめに

KZRとは、国語教育実践理論の会、及び、国語教育実践理論研究会の略称である。本会の研究史をふり返ると、教材研究がテーマになったのは二度ある。但しそれ以前に、「文学教育における教材研究・指導過程」のテーマで一九六八年の第八回研究集会を実施している。（会誌『草の葉』一〇〇号　一九七三年四月）以下では前回の「教材研究」を「第一次教材研究」期とし、今回を「第二次教材研究」期とする。前者は一九八二（昭和五七）年秋に始まり一九八六（昭和六一）年の研究集会を以て終了する。一九八二年一月発行の国語教育実践理論の会会誌『草の葉』第一三九号の第二三回札幌大会予告で、これが記載されている。（二八p…以下、ページをpと略す。）当時の『草の葉』は今の会報とは異なり、印刷所で印刷・製本した会報を兼ねた研究誌であった。

第一次教材研究では、本会会員が一丸となって飛田多喜雄先生の教材研究論を勉強させて頂き、先生から温かくも厳しくご指導を頂いた。それまでは会員各自の取組みを尊重し、飛田多喜雄先生の論を前面に掲げた実践研究の手法はとらなかったと先輩に聞いていた。しかし第一次教材研究では、会員からの強い要望を受けて飛田先生もご自身の論を提示して下さり、その膝下で研究を進めることができたのである。当時の会の運営は会長の飛田先生の下、東京の本部会（現むさし野会）が担っていた。このリーダーシップは、斎藤喜門・生駒正美両氏の名コンビに成蹊関係等々の古参の重鎮の外、お茶大附属・学芸大附属校等の強者たち（福田梅生、増田信一、花田修一、千葉正康、内藤省孝、田村貞司、小坂茜、田中美也子、益地憲一、田中延男の各氏等）が加わり、層の厚い研究集団であった。その成果が飛田多喜雄・国語教育実践理論の会著『誰にもできる国語科教材研究法の開発』（明治図書　一九九〇年）である。先生はそこで、教材研究と指導研究の違いを明確にし、教材研究の重要性を再提起された。

第二次教材研究は二〇〇六（平成一八）年秋に始まり二〇〇九（平成二一）年八月で終了した。「子どもの読みから始める教材研究法の開発」のテーマでさらなる前進を期して開始した。この時には往時の会員も少なく、世代交代の課題を負っての出発であった。そして気付いたのは、飛田先生を直接存じ上げる者がごく一部に過ぎず、その御著書に触れた経験者も少ないという現実だった。そこで新世代の会員の協力も得て、すでに絶版だった前掲書や『機能的読解指導』の書を出版社に依頼して増刷し、勉強会を進めた。すでに飛田先生の御論考の歴史的・今日的意義をご教示頂く機会を、飛火野会会長の巳野欣一氏を中心に設定して頂いてきたことは、本会にとり幸いだった。改めて御礼申し上げる。巳野欣一著「読みの学習指導―継承と創造―」（研究紀要二一号　二〇〇四年七月　一一―二四ｐ…講話記録、編集部）、「これまでの読みの学習から学ぼう―機能的読解指導の再評価―」（研究紀要別冊　二〇〇九年三月　二七―三一ｐ）は、現会員の必読文献である。

世代交代の中で、飛田多喜雄先生の提起された問題の重要性を実感する経験が何度もある。新卒だけでなく若い教師たちが、きちんとした教材研究法を学んで授業に生かす機会を得ていないことを他の場所でも見聞した。教材研究法の研修は、本会だけでなく広くこの国の教師成長システムに位置づけて展開する必要がある。これと同時に、一九八〇年代以降の教師教育研究・授業研究等の展開から、新たな視点からの教材研究をめぐる問題の再検討の必要性も認識した。実践過程での教師による「行為の中の省察 reflection in action」に関わる反省的教材研究の問題である。これは研究紀要一七号（一一―二〇p）、一八号（九―一六p）で筆者が提起した。

以下では、まず二で飛田多喜雄先生の教材研究論を略述し、先生のご研究の不易の部分を提示する。会員諸兄姉には、併せて第二次教材研究の著書発行に向けて、この内容の確認と自己の知見の照合を促したい。続けて三では、第一次教材研究を中心に一九八〇年代のKZR研究小史を述べる。会誌『草の葉』に拠りつつ、往時の本会の研究の水準と質を確認する。当時の研究の隆盛の中で育てて頂いた一人に筆者も位置づくものといえるが、それを史料を踏まえて証したい。さらにはそれを通じて、今後も本会が若い世代を鍛え、育てる研究の場として機能し、深い人間理解と、終生にわたる人間的な絆を結ぶ場として機能することを確認できたらと願う。

二　飛田多喜雄先生の教材研究論

前出の飛田多喜雄先生の教材研究論は前掲書については、本会研究紀要一八号の次の論考がある。益地憲一著「『教材研究』にかかわる用語の整理」（一七―二〇p）、米田猛著「教材研究の一視点」（二一―二四p）である。飛田先生の先の御論考の元となったのが、全国大学国語教育学会編『講座　国語教育の改造Ⅱ』（明治図書　一九六八年）の「教材研究法の確立」（六九―八八p）とされる。これは飛田多喜雄・野地潤家監修『国語教育基本論文集成二四国語教育方法論（二）教材研究方法論』（明治図書　一九九三年）に再録されている。ここで先生は、「教材とは、学習者に有効な学習経験をさせ、必要な能力や価値を得させるために選択された具体的な陶冶材である。」と定義する。（国語教育基本論文集成二四。七八p。以下の引用は前掲書による。）ここでのお考えが重要と考えるので、概要を表1にまとめた。省略部分も多い。詳細は同書を確認してほしい。

表１　飛田多喜雄氏の教材研究方法論…全体構造図（二〇一〇年…澤本和子）

◎教材研究の具体的な観点
　１　学習者の実態の面から考えること　　２　学習指導の目標の面から考えること
　３　学習指導の内容の面から考えること　　４　学習指導の計画の面から考えること
　５　学習指導の方法の面から考えること

◎教材研究の諸アプローチ
　１　教材の歴史的研究
　２　教材の比較的研究
　３　教材の対象的研究
　①教材の編成的（構成的）研究　　編成的研究方法上の留意点
　　ｉ　表現的（形式的）価値からみて適当かどうか　　ii　精神的（内容的）価値からみて適当かどうか
　　iii　能力的（経験的）価値からみて適当かどうか
　②教材の基礎的（素材的）研究
　　ｉ　表現面（言表的価値）に力点をおいた研究
　　　用字・用語、表現形態・文体、音声的な面、構成的な面、語法・文法的な面、などに留意
　　ii　内容的価値に力点をおいた研究　　観点…人間形成に役立つ精神的・感化的価値があるかどうか
　　iii　能力的価値に力点をおいた研究　　教材のどういう箇所が、どういう能力を啓発するのに適切か
　　　　イ　知的（理解）能力　　ロ　技能能力　　ハ　態度能力
　③教材の指導的研究
　　ｉ　学習者の実態の面から考える

イ　学習者の能力や発達段階　ロ　学習者の必要や興味・関心　ハ　学習者の反応の予想
ii　学習指導の実態の面から考える
イ　価値目標―（話題、題材などから）　ロ　能力目標―（中心的な能力を）
iii　学習指導の内容の面から考える
イ　知識・理解の面―（発音・文字・語句・表記・文法など）
ロ　スキルの面―（指導すべき技能）
ハ　態度の面―（指導すべき態度）
iv　学習指導の計画の面から考える
イ　時間―（総時間や時間配分）　ロ　展開―（導入、展開、整理、発展など）
v　学習指導の方法の面から考える
イ　指導の形態―（話し合い、グループ、一斉形態など）
ロ　指導の過程―（展開の順序や手順）
ハ　指導の技術―（発問、板書、ノート、作業など）
ニ　他教科との関連

※飛田多喜雄著「教材研究法の確立」『講座　国語教育の改造Ⅱ』明治図書　一九六八年
飛田多喜雄・野地潤家監修『国語教育基本論文集成二四　国語教育方法論（1）教材研究方法論』再録（明治図書　一九九三年　七八―九八ページ）…以上はここから引用した。

飛田多喜雄先生の教材研究方法論は分かりやすく、体系的・鳥瞰的にまとめられている。先生はこの構造を三系列（歴史的・比較的・対象的教材研究）、三類別（編成的・基礎的・指導的教材研究）、三観点（内容価値・言表的・

能力的観点）とし、これに基づく教材研究を重視された。（『草の葉』一四六号「講演　国語教材研究と作品研究」一九八四年一〇月。六ｐ）

表１に引いた前掲書に戻る。まず定義である。「教材研究とは、そうした価値体である教材を、学習指導が効果的になされるように、実践的な教育的交渉の場に焦点をおきながら、事前にあらゆる角度から総合的・分析的に研究して陶冶価値の所在をみきわめ、教材そのものの性格を決定することである。広い意味での学習者を想定して研究を進めることが教材研究の特色である。そこに、単なる作品研究や文章研究などのちがいがある。」（七九ｐ）その上で、先生は国語科の特質を踏まえた教材研究の必要性を次のように述べる。

「国語科を形式教科というのは、言語そのものの機能や能力をめがける教科だからである。もちろん、どんな言語教材でも、何らかの話題・題材を中心にし、内容を持っている。（中略）それらの話題・題材や内容を言語という契機、ことばという過程を通して表現し理解するという、言語化・言語的契機と離れないところに国語科、または国語教材の特殊性がある。したがって、その教材のあり方を研究し性格をつきとめなければ価値ある教材として指導に生かすことができないのである。（中略）表現の様式や構造、叙述の進め方、用語やいいまわしが問題になるのは、そのこと自身が国語教材のだいじな要素だからである。教材研究にあたっては、こうした国語教材の特質をはっきり認識しておく必要がある。」（八〇ｐ）

こうした基本的で重要な教材研究論を、一九八二年秋に始まった第一次教材研究で、飛田先生は会員の求めに応じて指導して下さった。次節ではこの取組みを中心に研究経過を略述し、その内容と水準やそこから明らかにされた課題等を資料に拠り述べることとする。なお、この詳細は旧ＫＺＲ会誌『草の葉』を参照してほしい。

三　ＫＺＲの国語科教育研究を教材研究の視点からふり返る
――一九八〇年代を中心に――

（1）ＫＺＲ国語科教育研究小史――一九八〇年代を中心にして――

表2は、筆者が入会した一九七三年以降のＫＺＲの研究テーマを、旬刊研究誌『草の葉』（一〇〇号―一五四号一九七三年四月―一九八六年一〇月）をたどり整理したものである。なお一〇〇号では記念特集を組んでおり、そこに福田梅生著「研究と成果」として、創設後の研究が一覧表にまとめられている。（五―六ｐ）これに拠れば、第一回研究集会は一九六一（昭和三六）年八月二〇日から二三日まで箱根成蹊寮で、「読む学習指導の実践と理論」のテーマで開催された。テーマは学習指導要領改訂や社会の動向、子どもの実態等を踏まえて、本部会で討議したものを支部にはかり、総会で決定していた。

表2　ＫＺＲの研究テーマ…一九七三年―一九九〇年（表示年は研究集会開催年次による）

一九七三年	国語科における読書指導（三年目、最終年度）
一九七四年―一九七六年	国語科指導技術の開発
一九七七年―一九七九年	国語科における表現指導の研究
一九八〇年―一九八二年	国語科における理解指導の開発――言語事項をふまえて――
一九八三年―一九八六年	国語科における教材研究
一九八七年―一九九〇年	国語科言語事項の指導

それ以前の記録も確認したが、第一次教材研究まではおよそ三年以内のスパンで研究を継続し、それを著書等にまとめて次のテーマへと展開した。「教材研究」と「言語事項」の研究は四年間をとり、研究の深化・充実をはかっている。また、「教材研究」の研究開始後の一九八四年には、飛田多喜雄先生の『国語科教育方法論大系』(明治図書)全十巻の刊行が始まり、本部会ではその輪読会も実施した。ふり返れば、喜寿を迎えられる先生は気を益々充実されて、私共を導いて下さったのである。一九七六年の会則を一九八四年に続き八六年にも改正し、副会長制を開始。斎藤喜門副会長が誕生した。八六年一〇月刊『草の葉』一五四号には、飛田多喜雄先生の「斎藤喜門副会長の就任を喜ぶ」(四五ｐ)が掲載されている。この間にも支部活動を活性化し会の体制を整え、博報賞受賞(八四年)などＫＺＲの存在を社会に示したのである。

一　教材研究の基本的なあり方
　1　教材研究の今日的課題
　2　教材研究のあり方
　(ねらい・態度・内容など)
二　国語科教材研究の問題
　1　過去の研究状況
　2　現在の研究状況
　3　今日的問題点
三　教材研究方法の探究
　1　歴史的研究
　2　比較的研究
　3　対象的研究
　(1)編成的研究
　(2)基礎的研究
　(3)対象的研究
　　①実態の面から　他⑤まで
　4　教材研究過程
四　観点別による研究
　1　内容価値を中心とした研究
　2　言表を中心とした研究
　3　能力を中心とした研究
五　形態に即した教材研究
　1　理解
　(1)文学教材
　(2)非文学教材
　2　表現
　(1)作文教材
　(2)話す教材
　3　言語
　(1)漢字学習教材　他(4)まで
六　力点を押さえた教材研究
七　代表的(共通的)教材の実践的研究

教材研究の研究計画初年度案は、一九八三年六月に『草の葉』一四一号に提示されている。(三〇―三一p)その主な項目は以下の通りである。研究初年度の案内としての提案だが、実によく考えられている。このように水準の高い初年度本部提案は、これだけではない。一九七七年七月、一一七号の久保田勝蔵氏による「国語科における表現指導の研究」(一八―一九p)、一九八〇年三月、一二八号の内藤省孝氏による「今後の研究テーマ・方向(国語科における理解指導の開発)」(二六―二七p)等は行き届いた提案であり、今見ても参考になる点が多い。遡れば一九七一年の『草の葉』九〇号では、斎藤喜門氏が「文学教材の研究方法」で「第三次教材化」として「反省的研究」をすでに位置づけている。自らの不明を恥じるばかりである。

第一次教材研究の研究内容だが、一九八三年一二月『草の葉』一四三号には、清田淳子著「私の教材研究『朝のリレー』」(八―一一p)を掲載。論文の構成は次の通りである。「一 教材設定についての考察 1 内容的な観点から 2 言表的な観点から 二 指導目標 三 指導計画 四 指導上の留意点 五 教材の解釈(表…①原文②内容についての分析③形式についての分析④生徒の反応例・第一次の感想より) 六 実践後の教材解釈―生徒のつまずきの箇所と正しい理解への手だて」この研究では五の一覧表と六の再設計案を評価したい。特に六は今回の教材研究の取組みで問題となった反省的教材研究の実践報告が一部なされており、再設計案(redesigning)も提示されている。

他の論考を見ると、一九八四年三月一四四号の矢口龍彦著「説明的文章の『教材構成表』」(四―七p)、同年六月一四五号の小坂茜著「私の教材研究『言葉と事実』」(四―七p)、一九六〇年六月一四九号の同著「『ことばと文化』教材研究」(四―七p)等がある。小坂氏の「言葉と事実」の項目は以下の通りである。「一 基礎的研究 A価値的観点から 1 人間性の育成にかかわる陶冶価値 2 話題・題材の選定 B言表的観点から 1 形態 2 言語形式 3 レトリック 4 意味構造 C能力的観点から 1 理解に関する能力と態度 2 表現に関する能力と態度 3 言語事項に関する知識・理解・態度 4 反応の予想と方法化 二 指導的研究

（略…本文のママ）」（四―七ｐ）限られた紙幅での記述だが、研究の深さが了解出来る。興味深いのは「反応の予想と方法化」で、既述の教材研究を生かした対応案を示した点である。このつなぎ部分の研究の深化こそが、教材研究と学習指導計画、そして教育実践を結ぶ鍵であり、研究の進展を示すものと考える。

なお、研究集会ごとの研究部提案と研究発表の総括記録等には、当時の研究推進役の田中延男氏や花田修一氏等の手になる興味深い内容が記されている。例えば、巳野欣一氏の提案を受けた表現領域教材研究の必要性、教材研究の範囲の問題、とりわけ指導的研究と指導研究の異同、さらには益地憲一氏の詩（中学校）と澤本の説明文（小学校）等の研究成果を踏まえた、編成的研究の重要性とその実践研究の蓄積が共通課題となった点である。（一九八四年一〇月一四六号四―六ｐ。一九八五年一〇月一五〇号四―五ｐ。一九八六年六月一五三号四―六ｐ　他）

(2) まとめにかえて

以上、十分ではないが紙幅も尽きた。とはいえこの記念論集に執筆の機会を与えて頂いたことに感謝したい。自分たちを育ててくれたＫＺＲの歴史とその背景、そして自己の教師成長の軌跡等をふり返り、不十分ながらも記すことができたことを有難く思う。第二次教材研究の取組みを終えるにあたり、第一次教材研究の歴史を整理し確認したいという強い思いがあった。また、それを次の世代に伝えるのは自分たちの仕事と考えていた。

書庫で眠っていた会誌『草の葉』を取り出して読みふけるうちに古い記憶が蘇る。三五年以上の歳月の重さに思い至る。と同時に、当時は気付かなかった会のシステムや指導者の方々の運営の御苦労を、「そういうことだったのか」と了解することも多かった。第一次教材研究の時期は、飛田多喜雄先生の喜寿を記念する『国語科教育方法論大系』刊行の時期とも重なり、その出版記念会（一九八五年四月二日　如水会館）や、喜寿をお祝いする会（一九八四年一一月一八日　雅叙園）、ＫＺＲの博報賞受賞（同年一一月九日）などが続いた。先生を中心に会員の意欲が高まった時期であり、それが質の高い研究を私たち若輩にも促してくれたのであろうと思い至る。今、若

い世代にバトンを渡すにあたり、これを胸に刻んで取組みたい。（合掌）

飛田多喜雄先生の学力論

植西浩一

一　はじめに

本稿では、飛田多喜雄先生の学力論について、ア『国語科教育方法論大系2　国語学力論と教材研究法』[1]第一部第一章〜第四章所収の諸論考、イ先生ご執筆の『国語教育研究大辞典』[2]の「国語学力」の項目、およびウ「箱根・教育随想3　新しい国語学力の考え方」[3]を分析対象として検討を加えていく。アは、昭和五二年七月の学習指導要領改訂をふまえてのご執筆であり、イも、この学習指導要領による教育課程の時期のもの、ウは、平成元年版学習指導要領が告示された年のものである。もとより先生の膨大な業績の中の限られた時期のものについての言及であるが、その学力論の特質のいくつかとそこから学ぶべき点について考察を加え、今日的な意義を見出すことを通して、私たちの明日の実践・研究にいささかでも生かせるよう拙い論を進めたい。

二　情意（態度）に対する言及

飛田多喜雄先生は、学力観を述べるにあたっては、これまでの「一般的通念」や「史的展望」をふまえて慎重かつ周到に論を展開されている。情意（態度）について言及されるにあたっても、細やかな配慮がなされている。イにおいては、「一般的通念となっている学力論について触れておく」と断った上で、「学力」および「国語学力」についての概念規定にふれた後、次のように言われる。

この国語学力（能力）の構成因子としての内実を類別してみると、言語知識に係わる「知的能力」と表現・理解の技能に係わる「技能能力」と「態度能力」に振り分けることができる。問題は「態度」であるが、これまで一般常識としては、能力と態度を別のものとして使い分けている場合が多かった。学習指導要領でも一応区別している。これは態度を重視していることの反映と考えるのが妥当であろう。

ここで、留意したいのは、「一般常識としては」という限定および、「一応区別している」という言い回しである。辞典という媒体の特性をふまえ、偏りのない記述をすることに心を砕かれてのことであるが、言外に先生ご自身のお考えがあることが推察される。(4)

三　情意力としての態度を加えた統一的な学力観

その飛田先生のお考えが示されているのが、アおよびウである。

アに所収の「国語科教育のめざす学力」(5)において、飛田先生は、学力を「学校教育が目標とするところの学習によって得られる望ましい能力」と概念規定した上で、「国語学力の概念については、広義に、能力と共に態度を加えて考えるのが現実的だと思う。」とし、「能力の向上・能力指導の強化を望めば望むほど、態度の形成がクローズアップされてくる。」と言われる。

さらに「いずれにしても、言語（国語）に関する技能能力と知的能力を含めた国語能力に、情意力としての態度を加えた統一的な力を広義の国語学力とするのが現実に合っているという私の基本的な考え方である。」と述べられている。

国語学力を「言語（国語）に関する技能能力と知的能力」に限定せず、「情意力」を加えて「統一的」にとらえようという主張である。「情意」に「力」をつけた「情意力」という用語を用い、情意を学力として明確に位置づけられている点も注目される。

飛田多喜雄先生は、ここで、技能および知識に情意力としての態度を加えた統一的な学力観を示されているのである。

四　情意（態度）についての具体的解明

また、ウでは、「態度＝態度能力（情意的な力）」という見出しを掲げられ、次のように言われる。

現在の学習指導要領では「能力」と「態度」を分けて使っていますが、前には国語科で育成すべき内容として知識・技能・態度を広義に「能力」として用いていたこともあります。ここでは、広い意味での態度能力としてお話してみることに致します。

ここでも、「態度能力」という言葉を用いられていることに着目しておく必要があろう。「態度」が「能力」として把握されているのである。

その上で、飛田先生は、「体験的自得」として、態度を「外面的態度」と「内面的態度」に分け、「内面的態度」の例示として、次の三点を上げておられる。

① 自主的に進んで自己表現をしようとする態度。
② 文章（論説文など）を批判的に読もうとする態度。
③ めいめいの意見を述べ合って自他ともに向上しようとする態度。

情意（態度）について、より具体的な説明がなされているのである。

さらにこのご講話の結びで先生は、『自己教育力』の根底となる学力としての性格」として、「端的に申せば」「① 主体的に学ぶ意志・能力・態度の育成」「② 何を、どのように学ぶか、学習の仕方を身につけさせること。」にあるとし、ここでも情意（態度）の重要性を強調されている。その上で、先生はさらに、「国語科としての心構え」として、次のような事柄を示されている。

① すべての国語の学習を、これまでのように受動的でなく、自ら問題を持って、わがこととして自力で主体的に学ぶ意欲の喚起を図ること。

② 表現・理解各領域（読み、書き、話し、聞く）の学習につき、自力でできるように学び方を身につけさせること。

③ 「ひとり学び」「予習・復習」を含め、各教科の自力的な学び方を習得するように努めること。言わば、学習の仕方についての能力の育成を図ること。

五 「新しい学力観」を超えて

以上のように、飛田多喜雄先生は、学力に対する「一般的通念」に配慮し、「史的展望」をふまえつつ、また、長く国語科の学習指導要領改訂の中心的役割を担ってこられた経験から、学習指導要領の記述にも十分に目を配りつつ、情意（態度）についてのご自身のお考えを示されている。それは、「態度重視」からさらに一歩踏みだし、「情意力としての態度」を学力と措定し、「外面的態度」と「内面的態度」の内実に目を向けながら、これらの形成を「自己教育力」を培うための重要な学力育成の営みとする見方・考え方であった。

それは、昭和五二年の学習指導要領改訂の理論的基盤を示すと同時にその先を見すえ、「新しい学力観」提唱のさきがけとなる論を展開し、国語科における「新しい学力観」の理論的支柱となるとともに、さらにそれを超えて今日の学力観・学力論にも多くの示唆を与えるものである。

例えば、PISA調査の結果から、読解力低下が問題視され、受動的な意味合いの強かったこれまでのわが国の読解観を転換し、PISA型読解力を育成することの必要性が、様々な場で叫ばれているが、これとても、「すべての国語の学習を、これまでのように受動的でなく、自ら問題を持って、わがこととして自力で主体的に学ぶ意欲の喚起を図ること。」という飛田多喜雄先生の言われる「国語科としての心構え」の延長上にくるものでしかない。

逆にまた、今日、学力低下が叫ばれる中で、ともすれば短絡的な知識・技能の獲得に走る傾向がある中で、そのような学力観・学力論の問題点を考える上でも、飛田先生の学力論は、あらためて読み直すべき価値のある提言に満ちているといえよう。

六　基礎・基本についての考え方

以上、情意（態度）のとらえ方に焦点をあてて飛田多喜雄先生の学力論をみてきたが、さらに若干の点について、飛田先生の学力論の特色をみておきたい。

国語科の基礎・基本について、先生は、ア所収の「基礎学力の育成——言語の教育としての立場から——」[6]において、「言語事項だけでなく、表現能力の基礎となる事項、理解能力の基礎となる事項の習得も大事な要因として加えるべきであると思う。」と述べられている。また、ウにおいても「言語の教育としての立場」を「言語事項だけの指導強化と受け止めている」ことを危惧し、「基本的能力全体の強調」の大切さを示されている。

これらにあるように、先生は、国語科の基礎・基本を言語事項に限定する考え方に対して、「技能能力の基礎的なものを」[7]培うことの重要性を指摘されている。技能教科としての国語科の特質をおさえた立言である。

七　国語科における人間形成

国語科における人間形成の問題についても、飛田多喜雄先生は、重要な指摘をされている。ア所収の「国語科における基礎・基本の考え方」[8]において、先生は、「国語科における人間形成とはどういうことを指すかという点」について「従来、というより現在でも疑義や誤解が無いわけではない。」とし、次のように言われる。

> 国語科教育では、国語能力の育成を第一義とすることと、それ自体が人間形成であることの自覚と、併せて、教材の内容的価値よっ《ママ》て人間形成に資すること、の二面の意義を十分理解して欲しいということである。

「国語能力の育成」が「第一義」であり、「それ自体が人間形成である」ことをおさえた上で「教材の内容的価値」による人間形成の重要性についても指摘されているのである。今日、国語科教育が「言語の教育」であることは、各学校現場に浸透しつつあると言ってよいであろう。しかし、言語技能の育成が強調されるあまり、教材内容そのものがもつ内容的価値の重要性が忘れられることがある。あるいは、逆に、文学教材の学習等では、実際の授業の中のやりとりにおいては、もっぱら内容的価値が問題にされているにも関わらず、学習目標等にはそれがまったく示されていないこともある。先生のご指摘は、このような状況に警鐘を鳴らすものであると言ってよいであろう。

八　終わりに

以上、飛田多喜雄先生の遺されたテクストにそって、先生の学力論の特色をとらえるための若干の考察を試みた。本稿でふれた事柄の他にも、「能力」と「活動」の問題、「思考力」の問題、「創造性」の問題等、詳しく検討を加えてご論考から学び、今日の国語科授業実践に生かすべき点は、数多い。また、教材研究法へのご提言や評価論と結んで、先生の学力論について考えることも必要である。さらに、広岡亮蔵氏等の教育学からの発言、輿水実氏また時枝誠記氏等の国語教育研究者の発言との比較検討を通して、飛田多喜雄先生の学力論に考察を加え、史的に位置づけることも求められる。今後の課題とし、他日を期したい。

注

(1) 飛田多喜雄　一九八四、五　明治図書
(2) 国語教育研究所編　一九八八　明治図書
(3) 第二九回KZR（国語教育実践理論の会）箱根集会　一九八九、八、二　箱根成蹊寮での録音　文字化は安藤修平・塩野潔による。一九九〇、五
(4) 先生はこれに加えて、「国語学力としての思考力を加える考え方」、「内容的価値の獲得に係わる素地能力の働き、認識力を国語学力（能力）とする考え方」も紹介されている。
(5)『新国語科教育講座』第一巻　明治図書　一九七九、五　所収　引用は前掲アによる。
(6)「初等教育資料」№三七五　文部省小学校教育課　一九七九、五　所収　引用は前掲アによる。
(7) 前掲「初等教育資料」№三七五
(8)『国語科基礎・基本の体系的指導』　明治図書　一九八三　所収　引用は前掲アによる。

語句指導・語彙指導を再考する

米田　猛

飛田多喜雄先生の語句指導に関する御論考のうち、ＫＺＲでの御講演（昭和五三年八月）を収録した『国語科教育方法論大系９　授業研究と指導技術』の「第七章　力のつく語句指導の手立て」を対象に語句（語彙）指導についての学びを記す。

一　「言語事項」指導に対する飛田多喜雄先生のお考え

「言語事項」の指導に関する飛田多喜雄先生の言及のうち、「『「言語事項」』に関する実践指導の効率化の問題」（『教育科学国語教育』No.343　一九八五年二月）には、次のような御指摘がある。

このところ、国語科における「言語事項」の指導研究が稍手薄のように思われるが、どうであろうか。（中略）もともと私ども人間の言語活動は、言語事項に関する知識・理解と、運用のための技能なしには展開しない。学校教育における国語科の表現・理解の学習も、すべて言語の機能、さらに言えば常に言語事項のどの項目かの働きによって支持され展開しているわけである。その意味では、国語科の学習はすべて言語事項に支えられており、その本質的な意味での言語の学習をしていることにもなる。

「人間の言語活動」を支える「言語事項に関する知識・理解」と「運用のための技能」は、車の両輪とも言うべきものであること、「国語科の学習はすべて言語事項に支えられている」ということの御指摘は、非常に重要なものである。なぜなら、「言語事項」に対する現場での受け止め方がそうではないからである。すなわち、言語事項の指導は、言語事項に関する知識・理解が言語運用と機能的に結びついていないこと、したがって、取り立て的に指導することでよしとしていることなどが問題点として指摘できる。

本稿で取り上げる語句指導・語彙指導に関しても、難語句調べや短文づくりの指導はよく行われるが、それが表現活動や理解活動と機能的な関連を持たないで孤立したり、「語彙指導」の観点を持たないために、ある語句が他の語句とどのような関係で位置付けられているかがとらえられず、単独の語句として指導するにとどまる事例も多い。そして、何よりも語句が人間の思考や感情と密接な結びつきがあることを意識しない事例に接するとき、本稿で取り上げる飛田多喜雄先生からの学びは、大きな意味をもつ。

二　語句指導・語彙指導の基本的な考え方と指導の原則

前述の「第七章　力のつく語句指導の手立て」という論文は、「一　語句指導の重要性と実態」「二　有効な語句指導の手立て」の二節から成る。

(1)「語句指導」と「語彙指導」

「語句」と「語彙」が異なることは、日本語学（国語学）の世界では当然のこととされている。ちなみに『国語学大辞典』（一九八〇　東京堂出版）では、「語彙」という見出し項目はあるが、「語句」というのはない。飛田多喜雄先生は「語句とは普通の場合、語及びそれに準ずる句のことである。」とされ、「語彙とは、児童語彙、表現語彙、学習語彙などと言われているように、あるまとまった語の集まりであり、特定の集団の保有している語集、類別して集めた語の総体である」とされている。そして、「勿論、厳密には語句は語句、語彙は語彙の問題として使い分けなければならないことは言うまでもない」とされている。

（2）人間の思考・感情と語句・語彙

語句・語彙の指導を単に言葉だけの問題とせずに、人間の思考・感情と密接なつながりがあることについて、飛田多喜雄先生は、次のように述べられている。

> 語句・語彙は日常の言語生活をはじめ表現・理解の言語行動に欠くことのできない大事な働きをしているものであり、その上、私ども人間の思考作用や思想形成に極めて密接なかかわりをもっていることを十分に心得ていなければならない。その意味で私は、人間における語句・語彙の貧弱は思想の貧弱とさえ思っている。

同時に引用されているデューイ・渡辺実氏の言とともに、味わうべき言葉である。

（3）歴史的に見た「語句指導」の問題点

国語科教育における「語句指導」を歴史的に見たときの問題点の一例として、飛田多喜雄先生は「センテンス・メソッド」に対する誤解を取り上げておられる。「センテンス・メソッド」では、文字語句の叙述面も重視されたはずとしながらも、実際の指導面では、

> 全体的直観に始まり、その仮説の吟味が意味内容や思想・感情の穿《せん》さくに片寄り、文字語句の表現面での扱いが副次的になされてしまったのである。全文を通読して初発の感想をまとめるために語句が障害排除の対象となったり、中心語句として特定の語句だけが大事にされたり、また、新出語句だけが終末の練習対象に

なったりして、叙述面は内容探究の周辺的なものに軽く考えられたのである。と指摘されている。その後、飛田多喜雄先生は「言語教育としての国語教育」という見地から次の提起をされている。

① 自他ともに言語生活（活動）における語句・語彙の機能の重要性を再認識し、
② 具体的な表現活動や理解活動を通じて、適時的、体験的に語句の意味や運用力を得させ、さらに語句語彙意識をたかめるために、
③ 有効かつ適切な原則や技術を取り入れ、取り立て指導の個別化、徹底化によって確かな語句語彙力の強化に努めること。（傍線引用者）

特に、傍線部は特に重要な御指摘であり、次に筆者なりの理解を示すことにする。

①の「語句・語彙の機能の重要性を再認識」について……要は「語句・語彙」の機能は、人間の精神活動の根本であるということである。そのときどきに表現者の思考や感情を百パーセント再現しうる語句というものは存在し得ないと考えられるが、できうる限り百パーセントに近づけるためには、語句の力（「語句量の増加」と「語句の質——知っておくべき語句——の充実」）が求められる。また、「語彙的観点」から、ある語句とある語句との差異や共通点が見きわめられる力が必要である。

一方で、「語句が人間の思考や感情を豊かにする」という機能があることも自覚しておかなければならない。もやもやした思考や感情をある語句によって意識化させるという機能である。そのことは、思考や感情の網の目を細かくすることであり、思考や感情をより豊かに正確にするということにも連なる機能である。

②の「具体的な表現活動や理解活動を通じて」について……このことは、学習指導要領においても以前から述べられているが、実践段階では十分とは言えない状況である。むしろ、表現活動に資する表現能力として、理解活動に資する理解能力として語句の力が機能しなければならないのである。しかし、実践の現場では、取り立て

指導をしてお茶を濁す程度の指導で、表現活動、理解活動と関連させた指導は多くはない。それには、次のような指導者側の意識の問題が大きい。

○ 日本語の語句の数は無限であり、指導する語句の範囲が定まらない。出現した語句だけを指導しても効果が上がらないのではないか。
○ 語句というものは自然習得されるものであり、特に指導の必要性を感じない。
○ 語句の指導に時間を費やしていると、内容や文章構成などにかける時間が減少してしまう。
○ 語彙的発想がないため、語句を単独でとらえてしまい、周辺の関連語句との関係においてとらえることができない。

これらはすべて指導者側の誤解や勉強不足に基づくものであり、語句・語彙を意識した理解指導・表現指導の必要性を強く訴えておきたいと思う。

③の「有効かつ適切な原則や技術」については後述するので、「取り立て指導の個別化、徹底化」について……「取り立て指導」としては、次の二つの側面から考える必要があろう。一つは個々の語句について、理解語句にとどめるのか、表現語句にまで高めるのかという問題、一つは個々の語句を体系的に整理するとき（つまり、「語彙」として語句のまとまりをとらえるとき）の整理の観点をどう教えるかという問題である。

（4）飛田多喜雄先生の「有効な語句指導の手だて」の御提案

語句・語彙指導の適切有効な指導法の考案のために、飛田多喜雄先生は、次の三点を指摘されている。

① 語句・語彙指導の実態調査
② 先進の考案した一般的原則や実践的、技術的方途の摂取
③ 各人の創見に基づく手立ての実践的工夫

①の「語句・語彙指導の実態調査」に関して、「理解語句・語彙」と「使用語句・語彙」との両面にわたり、次のような調査の「観点」「対象」「方法」を示されている。

ア　あらかじめ調査語彙を選定し用意しておいて対象に当たり、一々たずねる方法。

イ　対象の会話から拾う方法。

ウ　特定の、あるいは継続的に作文によって調べる方法。

エ　特定の語の提示や設問などの刺激による自由連想語の書き出しによる方法。

オ　一定の題を提出して、それに属する語を書き出させる方法。

また、すでに発表されている語句・語彙に関する調査例として、十三種類の具体的な資料名を示され、そのほかにも八種あるとされている。飛田多喜雄先生が示された資料以外の調査例として、管見によれば次のようなものがある。

○　『小学校国語科における学習語彙の調査』（財）中央教育研究所、研究報告第11冊、一九七八）

○　国立国語研究所『幼児・児童の概念形成と言語』（一九八二　東京書籍）

○　『学習基本語彙』（財）中央教育研究所、研究報告第25冊、一九八四）

○　国立国語研究所『日本語教育のための基本語彙調査』（一九八四　秀英出版）

○　『小・中学生の作文の用語調査』（財）日本児童教育振興財団、一九八五）

○　神戸大学教育学部語彙指導研究会『教育基本語彙の体系化とその指導方法の究明』（一九八五）

○　『学習基本語彙の選定に関する研究Ⅰ――語の熟知度による語彙の実態――』（財）教育調査研究所、研究紀要第35号、一九八五）

○　国立国語研究所『児童の作文使用語彙』（一九八九　東京書籍）

○　国立国語研究所『教育基本語彙の基本的研究――教育基本語彙データベースの作成――』（二〇〇一　明

治書院）

○　国立国語研究所『分類語彙表―増補改訂版』（二〇〇四　大日本図書）

○　国立国語研究所『教育基本語彙の基本的研究――増補改訂版――』（二〇〇九　明治書院）

なお、次の資料は、一九一九年（大正八年）～一九九八年（平成十年）の八十年間に作成された、基本語彙、基礎語彙の語彙表を掲げる研究文献約二〇〇編を調査し、その概要を示したもので、語句・語彙指導の簡便な資料一覧として有益である。

○　国立国語研究所『日本語基本語彙――文献解題と研究――』（二〇〇〇　明治書院）

②の「先進の考案した一般的原則や実践的、技術的方途の摂取」に関して、飛田多喜雄先生は、

○　内容事項について、学校段階や学年段階に即応してその系統性を具体的に確認しておくことが大切である。

○　語句の重要性を再確認し、方法的にも指導の中心に据え、全活動を通じ、常時的に指導するとか、意図的な取り立て指導を考える必要がある。

○　望ましい語句指導の類別としては、「A　学習活動を通しての機能的な学習指導」、「B　必要な事項を取り立ててのドリル的な語句指導」がある。

の留意点を示され、さらに、「語句指導の一般的原則」を次の六点に整理されている。

ア　語句指導における場の原則……生きた言語活動の場面の中で機能的に語句を身に付けさせるという原則。表現・理解の言語文脈の中で、それにかかわる語句の意味、用法、類義語などを即座に、自然な形で扱うのが効果的。

イ　語句指導における表現の原則……語句を使用するとき、当事者に意識的に使わせることで指導効果をあげる。

ウ　語句指導における反復の原則……語句の練習や活用などを繰り返すことによって、不確かなものを確かにしていくのが効果的である。

エ　語句指導における類推の原則……ある一つのことばから類推して語句の拡充を図ろうとするもので、連想語、類義語などを想起させたり増幅させたりするものである。

オ　語句指導における比較の原則……語句を比較対照させることによって、それらの意味や概念を確かにさせたり語句の拡充を図ったりするやり方である。

カ　語句指導における具体の原則……場の原則とも通じるもので、すべて語句指導を具体的な行動や活動（経験）を通して意味や概念をつかませたり活用させたりすることである。

これらのうち、エ・オは語句指導から語彙指導への発想転換を示すものである。すなわち、語句を単独でとらえることから、語句を他の語句との意味的関係、用法的関係でとらえることへの転換である。ア・イ・カについても、語彙的発想で指導を展開することが、語句の力を育成する有効な方法である。

③の「各人の創見に基づく手立ての実践的工夫」に関して、飛田多喜雄先生は、次の三点を指摘しておられる。

○　表現・理解の学習指導を通じ、意識的に不断の機会を利用し適時適切な語句指導をすること。
○　語句指導に関しては、常に語句意の二面性に留意してその徹底を図ること。
○　学習主体の語句力として身につくよう、活用自在なまでに練習（形式的・応用的練習作業）をさせること。

（傍線筆者）

ここで御指摘の「表現・理解の学習指導を通じ」は、前述一般原則のア・イと関係するものである。「読み」の場合、「主体的に文章中の新語や難しいと思われる語句の読み方や意味を自力で調べ、共同学習で文脈に即した読み方や意味を確かめ、終末で練習作業する方法」を主にすべきとの飛田多喜雄先生の御示唆がある。問題は、どの語句をその対象とするかということで、ここに「教育基本語彙」の選定の重要性が指摘されるわけである。

また、「語句意の二面性」について飛田多喜雄先生は、「その語句の辞書的意味と文脈に即した意味のこと」であるとされている。そして「語句意の辞書的、一般的、抽象的な面と、臨時的、特殊的、具体的な面の周到な手堅い指導がなされていない」との苦言もある。ここで注意すべきは「辞書的な意味」と「文脈上の意味」とが、全く別物のつながりのない関係にはなり得ないということである。つまり、「文脈上の意味」は必ず「辞書的な意味」から派生したものであり、その関係を別個のものとして指導することは、語句の力を付けることにはならないことを意識することが必要である。

三　新設された「伝統的な言語文化と国語の特質に関する事項」の指導への期待

新学習指導要領では、従前の「言語事項」にかかわり、「伝統的な言語文化と国語の特質に関する事項」が新設された。特に、小学校第一学年及び第二学年、第三学年及び第四学年の次の指導事項は、低学年のうちから、語句・語彙と人間の思想・感情との関係、語句を語彙的視点からとらえることを重視したものといえる。

〔伝統的な言語文化と国語の特質に関する事項〕

イ言葉の特徴やきまりに関する事項の「言葉の働きや特徴に関する事項」

第一学年及び第二学年……(ア)言葉には、事物の内容を表す働きや、経験したことを伝える働きがあることに気付くこと。

(ウ)言葉には、意味による語句のまとまりがあることに気付くこと。

第三学年及び第四学年……(ア)言葉には、考えたことや思ったことを表す働きがあることに気付くこと。

これらの指導事項には、語句・語彙の本質的な問題と、語句を語彙的発想でとらえようとする意図が伺える。

語句指導・語彙指導が難語句や新出語句の指導で済ませるような時代はとうに過ぎ去った。筆者は、語句指導・

語彙指導こそ、「言語の教育としての立場」を標榜するこれからの国語科教育の重要な部分を占めるのではないかと考える。

ここに紹介した飛田多喜雄先生のお考えはその基礎とも言うべき内容である。自分の語句指導・語彙指導がここに示された内容と比較してどうなのかを仔細に検討する必要がある。

説明的文章ジャンル確立のための実用的文章の史的役割について

——飛田多喜雄の「実用的文章」観を中心に——

長崎　秀昭

一　研究の目的　　説明的文章と実用的文章の関係性

現在国語科教育「読むこと」の領域で一般に説明的文章と呼ばれる文章ジャンルは、説明文、説明的な文章などと呼ばれることがある。それらが指し示す概念は同じ場合もあるし、微妙に違う場合もある。しかし、説明的文章が、文学的文章に対して論理的な表現から成り立っている文章の総称であるという認識は概ね一致するところであろう。平成一〇年版及び平成二〇年版小学校学習指導要領には、国語科の「内容の取り扱い」に「第2の各学年の内容の『C読むこと』の教材については、説明的な文章や文学的な文章などの文章形態を調和的に取り扱うこと。」とある。[1] この記述からも、国語科教育における文章は、主にこの二種類に象徴されていると見ることができる。

しかし、昭和二二年度『学習指導要領　国語編（試案）』、二六年版『小学校学習指導要領国語科編（試案）』には、「説明的文章」という用語は見られなかった。むしろ「実用的な文章」「実用文」（以下「実用的文章」と呼ぶ）という用語の方が多く使われている。また、当時「実用的な各種の文章」には「文学以外のもの」とする定義も見られた。[2] これは、文学的文章と対峙的に用いられている現在の説明的文章の範囲に近い。

一体、戦後、説明的文章の呼称と文章形態に対する認識が現在のように統一されてきたのは、どのような経緯によるものなのか。稿者は、実用的文章の特質が明確かつ限定的になってきたことが、説明的文章の概念を焦点化し、その教材的価値を高めたと考える。そこで、説明的文章ジャンル確立の経緯を解明するために、小学校国語科を中心に、実用的文章との関係性に着目しながら説明的文章の概念及び用語の変遷について探求する。

二　学習指導要領における説明的文章と実用的文章

戦後、説明的文章と実用的文章の関係はいかなるものであったのか。

『学習指導要領国語科編（試案）』昭和二二年版では、小学校四、五、六年「読み方」の領域において「読み方学習の材料」が表現様式によって分類されている。[3]

（1）　詩情表現のむれ。　童謡・童詩・抒情詩・叙事詩・和歌・俳句など。
（2）　思索・記録のむれ。　手紙・日記・記録・報告・論文・随筆など。
（3）　物語のむれ。　童話・ぐう話・伝説・伝記・小説など。
（4）　演劇一般のむれ。　脚本・シナリオ・よびかけ・詩劇・謡曲・狂言など。

これによれば、文学的文章以外のものが「（2）思索・記録のむれ」に分類される。このうち「手紙・日記」は、「書くこと」の領域で「手紙とか、日記とかいう実用文」[4]とあるので、実用的文章と判断される。これらが「論文」などとともに一つの分類としてくくられていることから、論理的な特質により文章を区別する意識は薄いことがわかる。

『小学校学習指導要領国語科編（試案）』二六年版では、「読むこと」に関して、「科学的な説明文」が一箇所出現する。一方、領域「書くこと」の指導事項には、「ゲームの解説や作業計画などについての説明文を書くこと[5]」など二箇所に「説明文」が現れる。このように、同じ「説明文」に関しても、論理的な文章と実用的な文章の区別はついていない。さらに、同義語として「科学読み物」に類する語句が四箇所出現している。これらのことから類推すると、読む教材についての用語の統一はなされていないと考えられる。

また「第三章　国語科学習指導の計画」には、主に「書くこと」の指導事項に関して、用語「実用文」二箇所、「実用的な文」一箇所、「実用的な文章」一箇所、「実用的な作文」一箇所が出現する。これは、国語科の目標にある「12　さまざまな形式の実用的作文や創作的作文をつくることができる。[6]」に準拠したものと思われる。そのほか、解説部分にも「実用」に関する指導への示唆が多く見られるが、書くことに限定されている。ただし、「実用」という言葉が直接用いられてはいないが、読む内容として「手紙」「日記」等が例示されているので、実際には実用的な文章を読むことが内容として求められている。

これらのことから、昭和二〇年代は、文学的文章以外の読む活動が重視され始めた時期として特筆すべき点はあるが、小学校学習指導要領に限れば、論理的な特性を持った文章の総称はまだ確定していなかったと考えられる。

昭和三三年版『小学校学習指導要領』には、第二学年「読むこと」の指導事項に対する活動例に「説明的な文章」という用語が初出する。[7]

（2）　次の各項目に掲げる活動を通して、上記の事項を指導する。

ア　身のまわりの書き物を読む。

イ　児童の日常生活に取材したものを読む。

ウ　知識や情報を与える説明的な文章を読む。

エ　経験を広め心情を豊かにする童話、説話、詩などを読む。

これらの活動例は、「児童の日常生活に取材したもの」「知識や情報を与えるもの」「経験を広め、心情を豊かにするもの」の系列の順序で提示されている。内容からは、およそ実用的文章、説明的文章、文学的文章に当たるものと考えられる。この二学年の例では、アとイが「児童の日常生活に取材したもの」に当たる。ここに昭和二〇年代のような混在はなく、説明的文章が実用的文章と明確に区分されている。根本今朝男は、用語「説明的な文章」を論理的な文章全体を総括する呼称だとする。[8] しかし、第二学年だけの使用は不自然であり、第三学年は同系列の活動が「説明、解説を読む」とある。従って、「説明的な文章」については、飛田多喜雄の「説明的な要素を含んだ文章」「やがて純然とした説明文に至る入門段階」[9] という位置づけが妥当であると考えられる。同学習指導要領作成に当たった輿水実も、第二学年のこの部分の解説として、資料の性格としての「知識や情報を与える説明的な文章」の形態に「説明文」という例示をしている。[10] これらのことは、当時「説明文」の方がむしろ一般的な呼称であったことを示している。

また、飛田が「国語教育方法論史」で当時の典型的な実践事例として挙げている単元に「金魚のかいかた」がある。[11] その内容は明らかに実用的文章である。しかし、その資料には「説明的な文章」という解説がなされている。[12] しかも、学習指導要領には「説明」の活動例が指示されている第三学年の実践例である。このように昭和三〇年代前半は文部省の資料においても、「説明的な文章」「説明（文）」や実用的文章に関する概念や用語は未整理であったのである。

『小学校学習指導要領』四三年版では、第二学年と第三学年の「内容の取り扱い」で示す事項に「説明的な文章を読む」という活動が提示されている。[13] また、第四、五、六学年では同系列の活動が「説明、報道などを読む」となっている。この事実も「説明的な文章」の位置づけに関する飛田の見解を支持するものである。

また、昭和四十三年版の改訂において、各学年の言語活動例は、「内容」から「内容の取り扱い」にまとめて一つの事項として示されることになった。順序は、文学的文章、説明的文章、実用的文章になる。項立てや順序と関連づけると、実用的文章の位置づけは後退したことになる。そのバランスの変化は、説明的文章ジャンルの範囲を拡張することにもつながったと考えられる。
昭和五二年版、平成元年版『小学校学習指導要領』には、「説明文」「説明的文章」「説明的な文章」「実用文」「実用的文章」という用語は見あたらない。[14]
前述したとおり平成一〇年版、平成二〇年版では、「説明的な文章」が論理的な文章の総称として使われている。これは、一般的に使われている「説明的文章」とほぼ同じ意味である。学習指導要領では用語の統一性から「説明的な文章」を使ったと考えられるが、昭和三三年版と比べると意味が変わっている。

三　説明文から説明的文章へ

では、いつ頃「説明的文章」への呼称の変化が起きたのか。

『教育科学　国語教育』[15]誌では、昭和三五年の創刊から昭和四六年までに九回の説明的文章に関する特集をしている。全体として、「説明文」から「説明的文章」へ移行している。しかし、昭和四〇年は「説明的文章」、昭和四一年には「説明文」と逆転しており、用語が一定しない様子が窺える。「実用的文章」に関する特集はない。

なお「説明文」という用語については、戦前から見られたという渋谷孝の指摘がある。[16]

号数	西暦	昭和	月	特集
22	一九六〇	35	11	説明文の読解指導
68	一九六四	39	7	説明文の指導過程
75	一九六五	40	2	説明的文章の読解ではなにを指導するか
87	一九六六	41	2	説明文指導の導入で全文通読が必要か

116	一九六八	43	6	説明的文章の読み方指導
121	一九六八	43	11	説明的文章における指導事項の精選
132	一九六九	44	10	説明的文章の教材分析の視点
141	一九七〇	45	7	説明的文章の指導過程の考え方
152	一九七一	46	6	説明的文章を正確に読み取る技能

小田迪夫は、「一九六〇年代以降、説明的文章の読みの指導は、論理的文章の読解力と、その読解による思考力、認識力の形成をめざすようになり[17]」と、説明的文章指導の転換点にあたる時期について言及している。『教育科学　国語教育』誌の用語の変遷からは、小田の指摘するように一九六〇年代後半に、総称としての用語「説明的文章」へ移行していったことを読みとることができる。この一九六〇年代（昭和三五年～四五年頃）に、新しい指導方法として、名称とともに説明的文章が論理を中心としたものに傾斜していった可能性は高い。用語が確定するということは、その概念が確定するということでもあるからである。

四　「説明的文章」「実用的文章」の特性の違い

このように時系列的にとらえていくと、説明文が説明的文章に変わっていく時期に、実用的文章は国語科教育の表舞台から次第に撤退していったかのように見える。では「実用的文章」と「説明的文章」とでは、何が違っていたのか。飛田は「このような（実用的文章を　注長崎）読む経験は、小説や随筆などを読んで楽しむ経験とは違う。また、何か必要にせまられて説明文や解説文を読む場合ともちがう[18]」とその違いを強調する。そこで、飛田の論考により両者の特性を比較してみる[19]。

	説明的文章の特質	実用的文章の特質
内容上の観点から	1 科学的・社会的な題材が多い。 2 知的な題材が多い 3 事象、事理など実証的な題材が多い。	1 行事、できごとなど社会的・生活的な題材が多い。 2 知人・友人・家族など人事に関する題材が多い。 3 観察、研究、実験などの科学的題材が多い。 4 日常的な実務生活の題材が多い。
表現上の観点から	1 事理、根拠などを説き、相手に明らかにわからせようとする説明的機能が支配的要素となっている。 2 多くの場合、叙述が論理的構造をもって展開している。 3 主として、理性的認識によって理解に達することをめがけている。 4 説明する事柄（事象）と相手への心遣いが叙述に表れている	1 ことがらや用件を相手に知らせようとする通達的機能が支配的要素 となっている。 2 主として、現実的認識によって理解に達することをめがけている。 3 行為化とか生活的反応を予想した相手への心づかいが叙述にあらわれている場合が多い。 4 通信、記録、報告など、それぞれ形態的特質をそなえている。 5 生活的・実用的な目的性が、具体的な叙述としてそれぞれの作品の中に強調され、また大きな部面を占めている。

この比較からわかる「説明的文章」と「実用的文章」の顕著な違いは、日常的・応用的であるかどうかということである。すなわち説明的文章が説明の過程における論理的な読み方に主眼を置くものであるとすると、実用的文章は目的実現のために通達の内容と形式に重点をおくものである。この特質の相違は、読む対象としての説明的文章の特徴を際立たせる要因となる。

五　実用的文章の位置づけ

飛田は、実用的文章を、説明的文章との関係においてどのように位置づけていたのだろうか。

昭和三七年に刊行された『機能的読解指導』では、文章のジャンルに応じて「第四章　説明的文章の読解指導方法」「第五章　文学的文章の鑑賞指導方法」「第六章　実用的文章の読解指導方法」と章立している。この分類は、昭和三三年版小学校学習指導要領による系列に準じたものと思われる。飛田は、この三つのジャンルを章立てのように並立的にとらえていたのであろうか。それとも、それぞれ重点化や構造化が図られていたのだろうか。その一つ説明的文章の範囲を、飛田は次のように規定する。[20]

一般に説明文という場合、広義には解説文を含めて用い、狭義には、説明文と解説文を区別した場合の説明文を考える。（中略）ここで言う説明的文章は、もっと広い意味に使用する。学習指導要領の知識・情報を与える文章の系列には「知識・情報を与える簡単な文章」「説明的な文章」「説明」「解説」「報道」「論説」「評論」などが挙げられているが、主として論理的構造をもち、説明的機能を含み、理性的認識にうったえる文章を総称して説明的文章と言っておく。

昭和三七年の時点で、総称としての「説明的文章」の呼称が明確に定義されている。それに対して「実用的文章」は、次のように規定される。[21]

これまでは、論理的・説明的文章と文学的文章について述べてきたが、これは、主として理性的認識と感性的認識の観点でふり分けてきた。この点からすれば、実用的（生活的）文章は、非文学つまり理性的認識の分野に入るので、わざわざとりあげる必要もない。それをとくに実用的と分けたのは、社会的交渉の手段としての通達的機能、実際生活に役立つ社会的機能ということに重点をおいて分類した便宜的なものである。

飛田の考える言葉の三つの機能（表現的機能―文学的機能、伝達的機能―社会的機能、叙述的機能―認識的機能）から考えると、この分類には納得できる。言語の機能の抽出は教材性の具体化でもあったからである。

ただし、文章形態による分類からすると、三者の関係に違いが見出しにくい。この場合、単純に三者並列というより、文学的文章に対して、説明的文章と実用的文章が対峙しており、実用的文章は説明的文章の「生活的応用」面を担っていたと考えることができる。それは、説明的文章が論理性に傾斜する際に欠乏するであろうと予想される伝達機能を補完するものであったのである。ただし、逆に「伝達」を中核に据えると、手紙、日記など必ずしも説明的文章に含まれないものも扱う必要が生じる。「実用的文章」が一時求心力を失ったのは、説明的文章の論理性に当たるような、伝達性という中核的概念が多様な文章形態と対照しにくかったためであると考えられる。

このような位置づけは、主因として時代の要請ということがあったのであろうが、非文学という過渡的なジャンルから説明的文章や実用的文章が教材として脱却することをも意図していたと考えられる。飛田自身も、後に、自著『機能的読解指導』について、次のように述懐している。[22]

第五章の実用的文章の読解指導方法は、説明的教材と文学的教材に大きく振り分けられている現在から見ると、余りなじまない分類かもしれないが、これは当時の学習指導要領（昭和三三年版 注長崎）の「活動」にア記録、報告などを読む。イ説明、論説などを読む。ウ詩歌、随筆、物語、伝記、小説、脚本などを読むと三系列に示されていたことの対応で、そのころ普通に使われていた教材分類であった。非文学教材（余り適当な用い方ではない）の語が多用されていた際、それを目的的に「実用」と「説明」に分けていたのである。感性的と理性的、論理性と創造性にとらわれず、現在でも実用的観点からの教材研究や方法的考察をすることも決して無意義ではあるまいと思う。

飛田は、昭和五二年版小学校学習指導要領の改訂に協力者として参加している。その民間解説本[23]でも、理解領域における文章に「文学的文章、説明的文章、実用的文章等」という文章形態の観点を用いている。それまでは、「読むこと」領域では、実用的文章の「生活的適応」の特性を十分生かし切れない状況があった。しかし、この改訂では、国語科の領域が表現・理解に変わった。理解・表現領域において関連指導的に扱われることで、説明的文章と実用的文章が実質的に機能する環境が整えられていったのである。

六　説明的文章の自律性

渋谷は、飛田と上甲幹一共同執筆による説明的文章に関する論文「あかりの歴史」（昭和三四年）に対して「戦後の一九四五（昭和二〇）年以後、昭和三四年までの間に、この論文に質、量ともに匹敵するものが管見による限り、見ることができなかった」と高い評価を与えている。[24] ここに説明的文章の教材性を言葉の論理に焦点化する視点を見出したのである。説明の論理を読み手との関係性においてとらえる視点はそれまでみられないものであった。しかし、渋谷は「あかりの歴史」の論考において、学習者の語彙抵抗に対する語句の説明と、内容に深入りしすぎて、本来の国語能力の育成がおろそかにならないようにという留意点との不整合について鋭い指摘をしている。[25] この指摘からもわかるように、渋谷も、実用的文章との対比を通して説明的文章の特性を解明していくという手法を取った。その過程で、実用的知識の伝達を旨とする文章を「説明書き」とし、「説明的文章」と区別している。その上でさらに、説明的文章の特性を「自律性」の問題として厳密に抽出しようとしたのである。[26]

説明的文書の読解に当たって、実用的知識を求めること自体はまちがったことではないから、実用重視の立場を強引に否定することは妥当ではない。ただ、大事なことは、執筆者は、ひとつの立場を持って、問題を取り上げながら問題相互を全体的なまとまりの中に位置づけなければならない。（中略）だから、教材論においては、取り上げられた個々の事柄や素材が、全体的に、どのような位置を保って（どのような意味をもって）まとまりを作っているかという立場から検討しなければならない。それは、説明的文章の世界の自律性の問題になるのである。

3　説明書きはある対象のための文章であり、具体的な、実用的知識を提供するものである。そして、その対象における行為が完了すれば、その説明書きの用途は達せられたことになる。（中略）説明書きはただ一通りの、正確で客観的な読みとりが行われなければならない。百人一色の読みが必要である。

4　説明的文章は、ある対象についての文章であり、何かの対象に関する行為のための実用的知識を提供するものではない。

従って、事柄や事実や問題についての思想もしくは情報が、ものを通して語られているのであって、読み手は、その文章を読むこと自体に目的がある。従って説明的文章は、自律的世界を形成していると言える。だから、情報を正確に読み取ることという名目のもとに、ただ一通りの読み取りを求めることは無理なことである。（後略）

渋谷は、説明的文章が、執筆者の思索を軸に構成された構造的な媒材として自律することを期待した。「説明的」という語句の含む曖昧さを逆手にとって、文章の自律性による振幅としたのである。実用的文章には、そのような振幅が原則的には存在しにくいはずだからである。このように、渋谷は説明的文章の特性を厳密に規定していった。飛田のように実用的文章と説明的文章のバランスをとる方法とは対称的である。しかし、両者は、説明的文章と実用的文章（さらには文学的文章）を対比させ、相対的な関係からそれぞれの特質を明らかにするという点では共通している。飛田は、それぞれの極の存在を示し、渋谷はその極の距離の大きさを示したのである。

七　まとめと今後の課題

説明的文章の特性の明確化とジャンルの確立は、文学的文章との区分からさらに実用的文章との対比によって可能になった。実用的文章という用語が多くは見られなくなり、当初は見られなかった説明的文章という用語が一般に使われるようになったことは、用語の入れ替えと見ることができる。しかし、それらは直接の入れ替えではない。実用的文章は、特質上説明的要素をもつため、「説明文」との区分が曖昧であった。そのため、両者の混用があったと見られる。その「説明」の意味が限定されることによって、「説明文」周辺の文章形態の一部に「説明的な文章」などの用語が使用された。そして、結果として「説明文」がその特性を説明性から論理性に特化する過程で「説明的文章」に入れ替わっていったのである。

渋谷は、その説明性を説明書きという形で分離する方向を取った。飛田は、その説明性に伝達機能を加えて利用する立場を取った。そして、長く実用的文章読解指導の意義を肯定的にとらえてきたのである。

平成二〇年版小学校学習指導要領では、「読むこと」の領域において、例えば、言語活動例に「記録や報告の文章、図鑑や事典などを読んで利用すること。」「記録や報告の文章を読んでまとめたものを読み合うこと。」（第三学年及び第四学年…傍線長崎）など読む対象としての文章の形態が挙げられることとなった。[27] 記録や報告は、以前の学習指導要領で実用的文章に分類されたものである。今回の学習指導要領の改訂では、基礎的・基本的な知識、技能の習得から「活用」に結びつけることに主眼が置かれている。時代は再び、文章における実用面の必要を認識するに至ったのである。

また、岸学は、認知心理学における文章理解の見地から「説明文」に関する提言を行っている。[28] 岸は、説明的文章を、「宣言的説明文」「手続き的説明文」に分類する。「伝達される知識は宣言的（概念的）知識と手続き的知識とに区分されており、両者は理解の様相が大きく異なることが示されて」いるからである。そこで国語教育においては、「手続き的説明文」教材の割合が少ないことを指摘している。「手続き的説明文」とは、マニュアルなどを指し、例えば、書かれている説明を読んで何かを作るという種類のものが挙げられる。これは、一部の実用的文章と同じ教育的機能をもつと考えられる。この指摘も、実用的文章の教育的価値を見直す契機となる。

飛田の立場は、決して古いものではなかった。しかし、新しさゆえに時代におもねったものでもなかった。時間を超越した普遍的な立場に立って国語教育を見通していたからこそ、貫くことのできた立場である。今後は、その知見を基に説明的文章の実用面の具体的な指導内容、方法についてさらに探求することが課題である。

注

(1) 文部省『小学校学習指導要領』東洋館出版　一九九六年　一八頁、文部科学省『小学校学習指導要領』東洋館出版　二〇〇九年　二九頁
(2) 輿水実『国語科用語事典』明治図書　一九七〇年　一六四頁
(3) 文部省『学習指導要領国語科編』大蔵省印刷局　一九四七年　七二頁
(4) 同書　六八頁
(5) 文部省『小学校学習指導要領国語科編』大蔵省印刷局　一九五一年　一五八頁
(6) 同書　一九頁
(7) 文部省『小学校学習指導要領（昭和三三年）』大蔵省印刷局　一九五八年　一一頁
(8) 根本今朝男「説明的な文章の類型と特徴」『教育科学国語教育』22号　明治図書　一九六〇年（本稿は『国語教育基本論文集第14巻』五六頁を参照）
(9) 飛田多喜雄『機能的読解指導』明治図書　一九六二年　一〇二頁

(10) 輿水実・中沢政雄『小学校　学習指導要領の展開　国語科編』明治図書　一九六〇年　八八頁
(11) 飛田多喜雄『国語教育方法論史』明治図書　一九六五年　三七五頁
(12) 文部省『小学校指導資料Ⅰ　読むことの学習指導』光風出版　一九六〇年　九三頁
(13) 文部省『小学校学習指導要領』大蔵省印刷局　一九六八年　一一、一五頁
(14) 文部省『小学校学習指導要領』大蔵省印刷局　一九七七年、文部省『小学校学習指導要領』大蔵省印刷局　一九八九年
(15)『教育科学　国語教育』明治図書　第一号〜一五二号　一九六五年〜一九七一年
(16) 渋谷孝『説明的文章の指導過程論』明治図書　一九七三年　一〇頁
(17) 小田迪夫「説明文教材化の歴史」『国語教育研究大辞典』国語教育研究所　明治図書　一九九一年　五五六頁
(18) 飛田多喜雄「実用的文章の読解指導――中学校――」『中学教育』小学館　一九五九年（本稿は『国語科教育方法論体系第5巻　理解教育の理論』一五五頁を参照）
(19) 前掲書『機能的読解指導』一〇一、二〇四頁
(20) 前掲書『機能的読解指導』一〇一頁
(21) 前掲書『機能的読解指導』二〇三頁
(22) 飛田多喜雄『国語科教育方法論体系第7巻　機能的読解指導の方法』明治図書　一九八四年　二六五頁
(23) 飛田多喜雄・清水茂夫・藤原宏『小学校　学習指導要領の展開　国語科編』明治図書　一九七七年　七九頁
(24) 渋谷孝「解説」『国語教育基本論文集　第十四巻』明治図書　一九九四年　四五七頁
(25) 渋谷孝『説明的文章の教材研究論』明治図書　一九八〇年　七六頁
(26) 同書『説明的文章の教材研究論』一〇三頁、一三三頁
(27) 前掲書『小学校学習指導要領』二〇〇九年　二三頁
(28) 岸　学『説明文理解の心理学』北大路書房　二〇〇四年　一四五頁

初期「実践国語」の考察

河合章男

本稿は、飛田多喜雄編集によって昭和二四年四月より刊行された雑誌「実践国語」について、その初期の姿を概観し、資料価値を確認するとともに、その時期の飛田の業績の一端を明らかにしようとするものである。

一　「実践国語」の概略

「実践国語」は、戦後国語教育の黎明期から確立期にかけて、著名な国語教育学者、国文学者、優れた実践家の論を掲載し、全国に大きな影響を与えた教育雑誌である。昭和九年四月から一六年三月まで、飛田が師と仰ぐ西原慶一によって刊行された「実践国語教育」（啓文社書店、のち修文館刊）を復刊した形となっている。[1]本稿は、二六年刊行分までを考察の対象とする。参照したのは、国立国会図書館蔵、千葉県総合教育センター蔵、俳句図書館鳴弦文庫蔵の三つのコレクションである。

体裁は、Ａ5版縦書きで、上下二段組を標準とし、巻頭言は一段組、また作文事例など三段組のページもある。号数を追っていくと、まず巻号に確認すべき点が見いだされる。昭和二四年四月号が第一巻第一号であり、二六年三月号が二巻一二号なのだが、二六年五月号は、一二巻一三二号と記載されているのである。[2]これは、戦前の西原の「実践国語」が、第八巻三号まで出しているため、その巻数を引き継ぐことをこの時期に決め、戦前の八巻分に、二四年からの三巻分を加えて一一巻とし、この年からを一二巻としたのである。刊行の途中で、継続の意思をさらに強くしたのであろう。なお、第二巻一二号（三月号）巻末の「あとがき」には「第三巻を発行しようとしている」と記されているから、通巻に直すという決定は急に決められたことと推察される。

第一巻第二号巻末には「実践国語研究会申しあわせ」が掲載されており、刊行の意図や活動の様子を知ることができる。そこには、まず「目標」として、「民主主義的な立場から、実践的に国語と文化をあたらしく創造しようとする教育実践者の集団である」と書かれており、戦後の新しい時代状況の中での意気込みが読みとれる。また「事業」として、「（一）国語と文化の純化と向上に関する理論的、実際的研究　（二）学校教育、特に国語教育の研究と実践　（三）社会教育、特に言語文化の研究と実践　（四）関係教師用、一般用、児童用図書の発行企画　（五）月刊雑誌「実践国語」の発行　（六）研究会講習会の開催　（七）同種団体との連絡協力」という幅広い内容が盛り込まれており、発起者たちの意欲と志の高さを伺い知ることができる。

「組織」の項には、「（一）本部を東京都むさしの市吉祥寺八八五（武蔵野局区内）西原慶一方実践国語研究所におく」「（六）「実践国語」の編集事務は東京都むさしの市吉祥寺一八七（武蔵野局区内）飛田多喜雄方実践国語編集所で行う」とあり、武蔵野市を拠点とする国語教育の活動の息吹を感じることが出来る。さらに、「本部委員」として、次の十四名の名が記されている（役職等は、他の記事に記されたものを抜いて書き加えた）。

泉節二、小川俊一郎（杉並区立和田中学校長）、小川由季（盈進学園教諭）、上飯坂好実（杉並第四小学校長）、小川玄夫（編集・日本女子大附小教諭）、佐藤茂（編集・成蹊学園教諭）、清水晴男、田尾一一、滑川道夫（成蹊学園小学部主事）、中村万三（編集・盈進学園）、西原慶一（委員長・日本女子大学附小主事）、野島秀義（新宿区立落合中学校長）、野村純三（成蹊学園教諭）、長谷健、馬場正雄、飛田多喜雄（編集長・成蹊中学校教諭）、飛田隆（成蹊高等学校教授）、輿田準一（作家・詩人）

西原は、垣内松三の影響を強く受けた国語教育者で、戦前には成蹊学園に勤務し、そこに飛田多喜雄を呼んだ人である。飛田隆もまた成蹊高等学校の教授であったことを考えれば、この雑誌の源流を、垣内松三の理念をもとにした成蹊学園の実践に求めることができるだろう。ただし、右の本部委員を見ても分かるように、このときすでにその実践は、全国に開かれたネットワークを形成しようとしていたのである。

二　第一巻一号の内容

まず、復刊第一号となる、昭和二四年四月一日刊行の第一巻一号の内容を概観する。

各号の特集は、「主題」という用語で言い表されており、一号の「主題」は「国語の単元学習」である。とびらには、「実践の春」と題された「復刊のことば」が置かれている。「実践は、いきた人格を日々に建設するとともに、客観性のある教育科学を刻々に建設する」とあり、教育者の育成と教育科学の確立の二つを目指していたことが分かる。また、「「実践国語」は一同人雑誌ではない。天下の公器である」という記述も見られ、全国の実践をつなぐ開かれたメディアを目指していたことが分かる。なお、戦前の「実践国語研究」第一巻第一号の西原による巻頭言も、「実践の春」というタイトルで書かれている。

巻頭の論文は、西原慶一による「ことばのはたらく指導計画」で、デューイの『民主主義と教育』をもとに、全教科、学校生活、家庭や社会生活で「ゆたかな言語経験をさせる」ことの必要が説かれ、その実践のための二十二の「作業の類」が示されており、経験主義に基づく学習活動を、いかに体系的に実践化するかに腐心している時期であることが分かる。

次に、飛田隆が、「単元学習の基本問題」と題して、「単元」を、「教材単元」と「経験単元」に分け、さらに「教材単元」を、「伝統的教材単元」と「機能的教材単元」に分けて考察している。すでにこの時期から、教科以外の言語経験の重要性をとらえつつ、国語科で扱うべき内容を明確化しようとする枠組みが形成されており、また、言語活動の中で、明瞭な学習内容を獲得させせようとする考えもはっきりと打ち出されている。「単元学習」という潮流の中で、ただ単に活動させればよいということではなく、その活動によって学習内容を身につけさせることが重要だという認識が明確に示されている。

復刊を祝う「実践国語によせることば」という欄には、当時の国立国語研究所長であった西尾実、同所員の輿水実、東京高師教授の石井庄司が短文を寄せている。また、垣内松三、石森延男のエッセイ、中村草田男の俳句なども配されており、本誌が、幅広い読者を想定していたことが伺われる。こうした多様な編集も、戦前の「実践国語教育」を踏襲したものである。ちなみに戦前版の創刊号には、中塚一碧楼の俳句が掲載されているが、草田男も一碧楼も、それぞれの時代の先端を歩む革新的な俳句の作り手であり、そうしたところにも、この雑誌の意気込みが象徴的に表れているというべきであろう。(3)

三　第二号以降の内容

次に、第一巻三号以降の編集の推移を概観するため、各号の主題と巻頭言の表題を一覧で示し、後にいくつかの注目すべき点について記述する。(4)

昭和24年（一九四九）

		〈主題〉	**〈巻頭言〉**
5月	第1巻2号	表現指導の実践	なし
6月	第1巻3号	国語学習と指導過程	明日の国語教育、建設のために
7月	第1巻4号	国語学習の評価	明日の国語教育、建設のために

8月	第1巻5号	国語レクリエーション	文化の新風
9月	第1巻6号	児童詩の指導	使命の自覚
10月	第1巻7号	文集の経営	実践人の発言
11月	第1巻8号	検定教科書の批判	新教科書を育てよ
12月	第1巻9号	実践記録号	こどもの言葉は常に新しい
昭和25年（一九五〇）			
1・2月	第1巻10号	国語の単元指導	国語教育の新しい課題
3月号	第1巻11号	国語指導目標はどうあるべきか	提言　経験や習慣から科学へ
4月号	第2巻1号	新しい指導計画と提案に対する批判	有効な調査研究を
5月号	第2巻2号	単元学習とはなしことば	話し言葉はこれでよいか
6月号	第2巻3号	国語学習指導と資料	資料の研究を開始しよう
7月号	第2巻4号	新しい国語評価の方法	指導する者される者
8月号	第2巻5号	未確認	
9月号	第2巻6号	教師の読みもの子どもの読みもの	健全な読書生活を
10月号	第2巻7号	中学校における国語カリキュラムの編成	中学校の国語教育
11月号	第2巻8号	少年少女の作品研究	こどもの表現活動はこれでよいか
12月号	第2巻9号	聞くこと・話すことの学習指導法	新しいことばのしつけ
昭和26年（一九五一）			
1月号	第2巻10号	検定国語教科書の批判と実践（一）	実践の新風
2月号	第2巻11号	検定国語教科書の批判と実践（二）	たしかな実践
3月号	第2巻12号	新しい国語学習指導にはどんな研究問題があるか	実践の前進

5月号	第12巻132号	国語学習指導の展開	実践者の勇断を
6月号	第12巻133号	新しい作文指導のために	作る喜びを
7月号	第12巻134号	国語科における評価の方法	検討を要する評価法
8月号	第12巻135号	問題の作文図書とその批判	批評者の態度
9月号	第12巻136号	文字力低下を救うために	なぜ文字力は低下したか
10月号	第12巻137号	文学教育の実践問題	国語科における文学活動
11月号	第12巻138号	文法教育の方法	文法学習指導の実践体系を
12月号	第12巻139号	実践技術の問題	一九五一の足あと

第一巻二号の主題は「表現指導の実践」であるが、巻頭には西尾実による「言語表現の基本問題」が置かれており、この問題を根源から考え直そうとする意図が読みとれる。西尾の論は、「ことばは、からだで言い、からだで聞くものだ」、「文は、からだで書き、からだで読むものだ」という主張に始まっており、姿勢、呼吸の重要性なども説かれている。これは、八〇年代以降一般的になった認知科学に基づく身体論とも重なる内容であって、現在においても啓蒙的な意味を持つ先駆的な論として注目に値する。またこの号には、山下正雄（東京第一師範教諭）による「放送教育のもとめるもの」なども掲載されており、編集者の目配りの広さが感じられる。

第一巻三号の巻頭論文は、倉澤栄吉による「国語の評価」である。後に、単元学習推進の中核を担う倉澤が、戦後教育の早い時期に、評価論を展開しているというのも注目すべきことである。倉澤の論は、カリキュラムや学習の評価はもとより、指導者の評価から言語環境の評価にまで言及している。

第一巻五号の「国語レクリエーション」とは、国語教育による文化の創造を言ったもので、文学の読書指導を取り上げた特集である。巻頭言「文化の新風」で飛田は、「現実そのものを引上げる迫力ある実践」と「清新な言語文化の新風」を求めている。

第一巻八号「検定教科書の批判」の巻頭言「新教科書を育てよ」で、飛田は、この号の主題に即した主張を具体的に展開している。これ以前の号では、飛田の巻頭言は、かなり理念的、抽象的な記述の仕方であったが、この号を境に、主題に即した具体的なものへと変わっていく。

第一二巻一三二号の巻頭言「実践者の勇断を」において、飛田は、「経験の組織化をはかるのである」と述べているが、このひと言に、この時期の「実践国語」という雑誌の、もっとも重要な理念が込められていると言えよう。単に言語経験を重ねるというだけでは、子どもの言葉の力を伸ばすことはできないが、「知的系統ということにしばられて経験無視の強制であつてもならない」、ということなのである。「実践国語」は、言語経験を系統化していくことがカリキュラムだという考えに貫かれている。

第一二巻一三五号の「問題の作文図書とその批判」というのは、当時、相継いで刊行され、話題となった『山芋』『父の口笛』『山びこ学校』『新しい綴り方教室』の四冊をめぐる論争である。学習成果を著作として刊行した無着成恭らと、それを批判する側の双方の論が掲載されており、教育史の資料として重要な文献となっている。

第一二巻一三六号の巻頭言「なぜ文字力は低下したか」は、この年のもっとも大きな話題であった学力論争に焦点を当てていて、昭和二六年という戦後教育の節目の年を知るための貴重な資料となっている。

四　「実践国語」の資料価値

「実践国語」の復刊は、飛田が四十二歳となる年の仕事であり、研究者としての展望と方法論を確立していく上で、大きな意味を持った作業であったと考えられる。この年飛田は、『ことばあそび』（二葉書店）、『すいしょうのたま』（二葉書店）、『ふしぎなてがみ』（泰光堂）などを精力的に刊行しているが、いずれも子ども向けの読み物である。しかし、翌二六年には、『新しい国語教育の方法』（西荻書店）、『国語教育講座　八・九』（刀江書院）

を刊行し、戦後教育における自らの方法論を打ち出すに至っている。この重要な時期に、先進的な理論と、全国の実践をまとめる立場にいたということの意味は大きかったであろう。

いうまでもなく雑誌の編集は、単に原稿をページに割り振るという作業ではない。まず、状況をつかみ、問題の核心をテーマとして言語化し、それを具体化する数本の記事の概要を定め、効果的な書き手を捜して原稿を依頼する。次に、届いた原稿の表記を整え、内容の事実確認をし、幾分かの手を加え、個々の原稿がもっとも効果的になるよう、配置やレイアウトを決めていくのである。それは、情報の流れを生み出し、その方向を定めていく作業であり、そのことによって読者に状況を把握させ、明日のために何を知り、何を考えなければならないかを示唆していくという仕事なのである。

「実践国語」は、間違いなく状況をつかみ、時代の問題の核心を洗い出し、国語教育というフィールドに、問題意識のトレンドを作り出そうとしている。そして、その方法の多くは、戦前の「実践国語教育」を踏襲したものであった。つまり、若き飛田は、編集の方法を西原から学び、継承したのである。

だが、飛田がそこで得たものは、雑誌の編集という一分野に止まる叡智ではなかったはずである。時代の潮流から全国の実践の様子、学会の理論的対立点など、国語教育というシーンのあらゆる側面を把握できる立場に、飛田は立っていたのである。編集者飛田がそこで獲得した叡智は、そのまま研究者飛田多喜雄の叡智に結びついたと考えられる。研究もまた、情報を収集し、整理し、新たな意味をそこに見いだしていく作業なのである。

「実践国語」は、戦後の国語教育を牽引した雑誌であるとともに、飛田多喜雄という研究者の方法論を形成した場でもあった。この二つの意味で、「実践国語」は、戦後教育史の第一級の資料であり、さらに注目される必要があると考える。

注

（1）『実践国語教育』の奥付には「編集兼発行者　生地龍太郎」と記されているが、第一巻一号の編集後記には西原慶一の署名がある。一九八一年、一九八二年に、教育出版センターより復刻版が刊行されている。

（2）昭和二六年四月号は欠号と考えられる。

（3）中村草田男（本名、中村清一郎）も、昭和八年から三十三年間、成蹊学園に勤務している。

（4）昭和二七年以降の主題、及び巻頭言については、本書三五八頁「「実践国語」の考察」に記す。

『続・国語教育方法論史』の考察
――「昭和戦後期・国語教育史年表」を中心に――

益地憲一

一　本稿のねらい

昭和六二年、飛田多喜雄先生は、その二年前の昭和六〇年四月号から一年間にわたり雑誌『教育科学　国語教育』に連載された「戦後国語科授業論史」を底本とする単行本『続・国語教育方法論史』の上梓に向けて執筆活動を続けておられた。筆者は当時鳴門教育大学大学院で修士論文「大正期における読み方教授論の研究――友納友次郎の場合を中心に――」をまとめ、歴史研究入り口に立ったばかりであった。飛田先生はその学びを確かなものとさせようと思われたのであろうか、著書に付ける「昭和戦後期・国語教育史年表」作成の手伝いをするように言われた。本稿はその年表作りを手伝う中で学んだ、実証的な歴史研究の大切さと、先生がよく言われた「実践第一義」の具体なありようなどの一端を紹介し、それを支える実践資料の記録保存の大切さとともに、単なる歴史的事実の羅列として見過ごされがちな教育史年表のもつ意義を伝えることにある。

二　『続・国語教育方法論史』の成立と貫く姿勢

『続・国語教育方法論史』の「まえがき」には、「最初から表題を目指しての書き下ろしで無いことについて内心では忸怩たるものが無いわけではない」（二ぺ）と断った上で、「戦後国語科授業論史」を『続・国語教育方法論史』の書名で上梓した理由として次の二つを挙げている。

まず、底本となった「戦後国語科授業論史」とすでに上梓されている『国語教育方法論史』との係わりについて、「もともと授業とは、学校という導きと学びの場において、教師と学習者の交渉によって行われる目標実現の計画的な営みであり探究過程であるから、その構成や機能の条理および展開や操作の方途等の究明や実践的工夫の問題は、そのまま教育における方法論に直結すると言っても過言ではないと思う。この事理は、国語教育においても同様である。」と述べ、「私は、「国語科授業論史」の考察に際しては、単に形式や技術の面だけでなく、その由って立つ教育・国語教育思潮や表現・理解、言語・文学、カリキュラム、学習方式など広く言語教育観等にも触れることに努めた。このことが方法論の史的理解にも役立つと考えたからである。」と両者の共通することを示している。ここには、飛田先生が一貫して大切にされていた「実践第一義」の考え方とそれに基づき展開される個々の授業実践における具体的な営みや工夫を重視すること、そして、それと教育の方法論とは相即不離の関係であるとする考え方が示されている。

次に、二つめの理由として前著『国語教育方法論史』において「すでに戦後二十年間の方法論史としての概要は論述されているので」「爾後二十年余の史的変遷」を「方法論史的考察という観点から、同四十年年代では第十二章『科学的な国語授業研究の進展』、同五十年年代以降では第十三章『授業研究論の飛躍的な進展』、第十四章『21世紀を志向した授業研究の課題』として補訂及び新たな書き下ろしの論考を加え、出来るだけ標題の意図への接近と補強に努めた」(二ぺ)ことを挙げて「続編」とすることの妥当性を示している。

次いで、「史的考察についての所思」として「資料蒐集の困難性と先行文献の不足」に言及している。このことは、中西一弘氏の「現在のところ、通史という形で約百年間を見通すことのできる代表的な書物である。[1]」という言葉に代表されるように高く評価されている前著『国語教育方法論史』以来一貫して乗り越えなければならない歴史研究には不可避の問題であった。『国語教育方法論史』の「まえがき」の中で、その書を「世に問う理由」として「国語教育方法の科学化のために、まず、歴史的事実を理解し、先達の足跡に触れ、学ぶ心に立って現実を認識しようとする」(一〜二ぺ)と述べた飛田多喜雄先生は、その考察にあたるこころがまえとして、「方法の考察では、できるだけ資料を忠実に紹介し、その特色と思われる点の指摘につとめた。とくに、方法課程の例証だけでなく、その背景となっている言語観、国語教育観、教育思想、時代相など、いわば思想性の把握に意を用いた。このことは、いわゆる方法課程なるものが、単なる教師の思いつきや小手先の教授技術ではなく、教育・国語教育の底深い思想性と不可分の関係にあるという見解に基づく。」と述べ、根拠資料の充実とそこから見えてくる教育思潮につながる方法課程の重みを強調した上で、自らの批判的考察に対する批判等を想定し、「それだけに、本文の例証では客観性の保持につとめたつもりである。」と繰り返し述べている。

本書に対しては、すでに野地潤家先生が論考「国語教育史上の位置と業績[2]」において「本書は、戦後国語科授業論史研究として、未開拓領域に鍬を入れられたものであり、この分野の貴重な先駆的業績である。」と位置づけられている。その先駆性とともに、本書の優れた点は、『国語教育方法論史』以来の論述の公平さや充実した実践資料や提言が生み出す内容の信頼性と新鮮みにある。しばしば取り上げられる「教育技術の法則化」を「史的価値の高い[3]」提唱と運動として取り上げ、批判的見解にとどまらずその充実に向けた実践的提案を具体的に示していることなどは、それら先駆性や公平性などの好例と言えよう。

『文学教育の方法論』の「まえがき(初版)」に次のような文言がある。

方法論的考察や実践的工夫はあまりなされていないのはどういう理由によるのであろうか。文学論、作家論、作品批評が活発である割合に、文学に対する基本的な問題が不問に附されているのはなぜであろうか。私は、方法論に対する実践人の発言がもっと盛んになるべきだと考えている。個人的自由意志とか自然習得の放任ではなく、もっと意図的な教育的配慮がなさるべきではあるまいか。本書はその意味における実践的発言の書ということも考えた。したがって文学教育に対する新鋭や革新的な意見をのべるつもりはない。誰でも考え、誰でもできる当たり前の方法を中道に立って述べることに努めた。実践者の態度はそうあるべきだと思ったからである。万人のための易行道をということが本書第一の力点である。（六ペ）

ここに書かれていることは実践人としての飛田多喜雄先生の生涯を貫く姿勢である。実践人の奮起を促す思いと方法論を大切にする思いが先の「教育技術の法則化」をいち早く認めたことにつながったのかもしれない。

こうした実践・実証性を重んじる飛田先生の姿勢は、歴史研究にとどまらず、その幅広い研究と指導の全体を貫く基本的姿勢である。例えば、須田実氏は飛田先生の「教材研究論」に関する論考の中で、[4]「実践・実証的な根拠に基づく不変と変化の論考にこそ飛田先生の真摯な追究力のすばらしさがあるのではないだろうか。」と述べているが、その「実践・実証的な根拠に基づく不変と変化の論考」を生み出し支えた最大の基盤は先生自身の小学校・大学中学校・高等学校・大学という実践人としての経験であったことは疑うまでもないことである。さらにそれをより鮮明にしたのは『国語教育方法論史』『続・国語教育方法論史』に代表される歴史研究であり、そのことによって培われた教育をとらえる歴史観であったように思える。以下、『続・国語教育方法論史』の「昭和戦後期・国語教育史年表」を中心に考察をしてみたい。

三 「昭和戦後期・国語教育史年表」の項目と内容

『続・国語教育方法論史』に収められた「昭和戦後期・国語教育史年表」は昭和一九年から同六一年までの四十三年間を一二一ページに収めており、同書の三分の一にあたる。『国語教育方法論史』の「国語教育史年表」が明治元年から昭和三九年までの九十七年間を四五ページにまとめていることと比べると、戦後期後半の出版数の増加等を考慮しても、両書の量的相違は顕著である。ちなみに「国語教育史年表」の最後の五年間（昭和三五〜三九年）の「主なる国語教育関係図書」欄に載せられた書籍は、全集なども一冊と数えると、六十五冊であり、「昭和戦後期・国語教育史年表」では百五十四冊であった。

量的な違いは大きいものの、これら二つの年表の形式・コンセプトは共通している。最初から年表中心の単行本として作成されたものを除けば、書物の付録として付けられた簡単な年表は、一般に書名や事項を羅列しただけのものが多い。それに比べ飛田多喜雄先生の二つの年表は、時代背景や教育思潮をふまえた時代の流れの中で教育方法論や授業論の姿をとらえることで、いつの時代にも不変の実践的成果と、時代による教育に対する要請に応じてきた変化の跡を示し、次の時代への提言を凝縮した形で示しているように思われる。それはこれら二つの年表に盛られた項目と分量が、他の多くの類書とは異なり、それらの要請に応えうる内容となっているからである。一般に見受けられる年表の項目は、「暦年」「教育に関する一般事項」「主な図書」程度の項目分けで事項が羅列され、数十年以上の期間を一〇ページにも満たないスペースに押し込んでいるものが大半である。

教育史年表に関して、先生の『随想集　ひとつの風（改編版）』（昭和五九年一二月一五日刊）に収められた「歴史研究志向の契機」と題する文章の中に次のような記述がある。

いざとなるとこの方面の研究の資料があまり無いので、不安ながらも自分としての研究の構想を立てたのである。まず、①明治初年からおよそ百年にわたる（当時は九十四年めであった。）国語教育の問題史として考察すること。②できるだけ資料を集め、史的事実を明確かつ大事に記述すること。③史的事実の記述だけでなく、時期区分ごとに自分としての所見を述べておくことを研究の心組みとし、早速、上質のグラフ用紙を模造紙の大きさに張《ママ》りつけ、近代国語教育史年表（というより見通しをつける資料表である）を「暦年」、「国語教育に関する法規や一般事項」、「教育・国語教育の問題史的区分」、「思潮の変遷」、「主なる国語教育関係書」、「教科書の時代区分と教科書」、「参考事項」等の欄で作成したのである。

後になって考えると、この「参考事項」欄が一番大きな役割を果たしたように思う。ここには私の手元にある資料図書名を書き入れ、あとは、研究を進める上での問題点や気づきを全部ここに記入したからである。この表作りは昭和三十六年の九月から十二月までかかったのである。（同上書・一〇三ぺ～一〇四ぺ）

これは『国語教育方法論史』成立の契機となった「教育科学　国語教育」誌への連載〈講座・指導過程の歴史的分析〉（昭和三七年五月号～三九年一二月号）執筆の苦労に触れられた文章の一部である。歴史的研究に取り組む具体的な構想や様子が示されており興味深い。

まず、一段落目の前半は以後の歴史研究を貫く姿勢が示されている。続いて後半では「近代国語教育史年表」が著書執筆過程における「見通しを付ける資料表」として位置づけられ、その七項目の記入欄が紹介されている。七項目の記入欄は、最後の「参考事項」欄以外は著書の年表の内容としてそのまま生かされており、見通しの的確さを見て取ることができる。さらに第二段落では、著書の年表では削除された「参考事項」欄の有用性を示しつつ、研究を進める上での主体的取り組みと地道な基礎作りの重要性を示している。当然のことではあるが、年表といっても事項・資料を時系列に沿って並べることと、確かな問題意識と選択基準に基づいて作り上げるのではそのできあがったものの意味するところは違う。研究の推進力となる「参考事項」欄に記入された内容は、執筆時に顕在的あるいは潜在的な確信となって本文の論述に取り入れられるとともに、年表にも確かさを与えることとは間違いのないことであろう。『国語教育方法論史』における年表の構成を踏襲した『続・国語教育方法論史』の「昭和戦後期・国語教育史年表」もその作成時には同様の手順を踏むことになる。

筆者自身、当時は「友納友次郎研究」の一環としてその年表を作成し終えたばかりであったが、それは一個人の活動経歴と研究業績を順次並べていくことで形を整えていくことができたものである。そのねらいは、作成を通して帰納的に特徴や傾向などをとらえていくことにあった。それに比べると、この「昭和戦後期・国語教育史年表」は、本文と相まって我が国戦後国語教育の生成発展の歩みを提示していくものであり、いかなる事項や資料を取り上げるかは比較にならぬ程の評価能力・鑑識眼を必要とする作業であった。「年表」と「年譜」の違いについて考えさせられたものである。

飛田先生は前著『国語教育方法論史』では時代区分に苦労したと述べられているが、本書においてはそうしたこともなく、「教育・国語教育の問題史的区分」、「思潮の変遷」などにその慧眼が発揮され、それに基づく「主なる国語教育関係書」の選択なども積み重ねてこられた豊かな経験と資料で簡単に乗り越えられたのではなかろうか。筆者が書き出していった書名のいくらかが、それは一割にも満たなかったが、できあがった年表から除かれていた事実からもそのように思えた。

なお、せっかくの機会を与えられながら、筆者は、「教育・国語教育の問題史的区分」や「思潮の変遷」などについて、実際にその部分の内容につながる考えを十分に提案をすることができなかったように思う。その学びの未熟さが残念であった。

四　「昭和戦後期・国語教育史年表」作成のための資料

ここでは年表の下書き作成に活用した主な資料を紹介する。

①「戦後・国語教育史年表――法規・学習指導要領等――」（成蹊大学文学部・昭和五七年度国語科教育法資料4）表紙＋本文B4プリント4枚折り込み（昭和二〇年から昭和五七年まで／項目欄は「暦年」「月・日」「事項」「備考」）

②「戦後国語教育の問題史的展望」（「新」の朱書き）（昭和六〇年七月二六日　東京都研国語研修講座資料2）B4プリント1枚（項目の目次的羅列…大項目のみ→一　経験主義・統合主義の国語教育／二　能力主義の国語教育／三　系統学習と国語教育／四　基礎学力の充実と国語教育／五　創造性開発の国語教育／六　言語の教育の立場強調の国語教育【昭和五二年ごろから】）

③同右（「旧」の朱書き）　※②と比べ大項目の六の内容の「達成目標と評価規準」「国語科授業研究」の欠落B4プリント1枚

④「国語教育指導法の歴史的考察」（国語科教育法資料1）B4プリント1枚
内容「I　明治・対象・昭和にわたる教育思潮」・「II　国語教育指導法の変遷」「III　代表的読解指導過程」

⑤「戦後国語教育文献集覧」（飛田隆『戦後国語教育史　下』（昭和五八年八月五日・教育出版センター刊）（二七七〜四七二ページ分）昭和二〇年（一九四五年）〜昭和五〇年（一九七五年）の文献集覧

⑥「展望　国語教育」・「文献・刊行図書一覧」（国立国語研究所編『国語年鑑』昭和三〇年〜六〇年）

⑦「教育科学　国語教育」（一九五九年三月　通巻第1号〜臨時増刊も含み昭和六二年八月号まで）

目次による論考の検索・選択を中心に活用。

⑧小学校用・中学校用教科用図書一覧

⑨「戦後国語教育の問題史的展望」（昭和六〇年八月　KZR第二十五回研究集会講話資料3）　②と同内容

⑩「全国大学国語教育学会・研究発表テーマ発表者」（第六六回（一九八四年）～六八回（一九八五年七月）の三回にわたる「歴史研究」の二十四の発表のテーマ・発表者・所属が一覧表にまとめられたB5の用紙1枚

⑪「国語教育主要文献」（国語学会編『国語学大辞典』（昭和五五年九月・東京堂出版刊）一〇六一～一〇六五ぺ）ページ）

⑫『国語教育方法論史』の「国語教育史年表」（明治元（一八九八年）～昭和三九年（一九六四）年　全四五ページ）　昭和一九年～三九年までは一六ページ。コピーし、手書きで修正追加をしたもの一部。

⑬『近代国語教育論大系』（含む別巻・続巻）（光村図書）にかかわる収録候補著作等に関する先生自身の評価メモなどの資料／例えば、「（戦後）「文学教育論」の展開」案には昭和五四年刊行の高森邦明著『近代国語教育史』までを視野に収めている。発行年別・著者別「国語教育主要文献一覧」など（昭和二二年～四三年）

以上①から⑬までは飛田多喜雄先生から直接お借りしたか、指示されて入手した資料である。その他、『近代国語教育論史』（石井庄司・昭和五八年一二月・教育出版センター刊）や『国語教育史資料　第6巻　年表』（東京法令）、『近代日本総合年表』（岩波書店）、教育学関係の資料など、多くのものを参考にしたが、詳細は割愛しておく。

こうした資料を並べてみるだけでも、ぼんやりとではあるけれども教育史の輪郭は見えてくる。しかし、それらの資料を読み込み、それを自分のものとしていくことはやはり大変なことには違いない。

小さな窓からのぞき見るような経験ではあったが、実際に年表作りの観点や手法などを学ぶことができた。そして年表を読むことは、国語教育の動向を知ることはむろんだが、取り上げられた書名などの背後にあることを理解することでもあるし、作り手の問題意識や価値観までをとらえることであるといった当たり前のことにも気がついた。そして、何よりも研究者としての飛田多喜雄先生の豊かで緻密な研究の深奥をうかがい知ることができたことは幸せであった。

五　史的研究のすすめ

「教育科学　国語教育」一九八三年三月号（三一四号）の「寄贈研究誌から問題をひろう　国語教育の史的事実から何を学ぶか」の中で飛田多喜雄先生は「史的研究をする場合」「私は次のようなことに留意して考察することにしている。その一つは、史的事実にかかわる不変の意義（価値）と変化の意義（価値）についてであり、二つには、その史的事実がどういう考えのもとにという理念（精神的立場）を、どのように具体化したかという実際（方法的技法）の在り方についてである。」（同上書・一〇二ぺ）と述べておられる。そして、それは「確たる目的意識や切実な必要感から、ある観点のもとに適切な資料に接し、時代的背景をふまえて提唱し、考察され、実証された史的事実を冷静かつ厳密に考察し、現在の時点から何を摂取し活用すべきかを明らかにする研究である。言わば、現在及びこれからの国語教育実践の改善向上に役立てるための史的考察ということである。」（同上書一〇一ぺ）とも書いておられる。さまざまなところで史的研究の意義や心構えなどを説いておられるが、こうしたわかりやすく明確なめあてに導かれながら国語教育の史的研究を始めてみてはどうであろうか。

注

（1）『国語学大辞典』（昭和五五年九月・東京堂出版刊）所収　同上書三九二ぺ

（2）『国語教育研究所紀要3　論理的に表現する力を伸ばす作文指導』（一九九二年五月・明治図書刊）所収　同上書七七ぺ

（3）第十四章の「一　注目に値する「教育技術の法則化」の提唱と運動」を参照。

（4）『国語教育研究所紀要3　論理的に表現する力を伸ばす作文指導』（一九九二年五月・明治図書刊）所収　「五　教材研究論」九五ぺ

「子どもの実態」の把握についての一考察

相原貴史

一　はじめに

子どもにとって望ましい学習を考えるとき、その出発点となるのが「子どもの実態」の把握である。指導案や指導計画ばかりでなく、カリキュラムを作成するときも「子どもの実態」に基づいて起案されなければ、子どもにとって望ましい学習を生み出すことはできない。もし、教科書に示された内容のみにとらわれ、「子どもの実態」の把握を軽視した知識・技能の教え込みが行われたりすればどうなるであろう。子どもの多くが指導者の決めた記憶・習練の道を進むことだけを学習ととらえたり、子どもの内に育つべき思考力や意欲、関心の育成が行われないまま学校生活を過ごしてしまったりするという危険性が考えられるのではないだろうか。

「子どもの実態」を把握することの必要性は、誰しもが感じるところである。しかし、どのような面を「子どもの実態」として把握するべきかについてはあまり言及されていない。指導案の書き方について示されたものの中から児童の実態について記された部分を見ると、「取り組みへの意欲、課題など」(某県教育センター)、「クラスの人数、男女の構成比、授業のキー・パーソンとなる生徒について説明、学校の学力レベル」(某参考書)、「本単元の教材に関する、興味や関心、意欲に関する実態」「学習で必要とされる、既習の言語能力に関する実態」「本単元に関わる知識・理解・技能・表現・言語事項に関する実態」(某公立小学校の校内研究資料)などの記述が見いだされた。「子どもの実態」を何のためにとらえようとしているのか、その核となるべき考え方がバラバラであることがわかる。

一般的に、「子どもの実態」としては、その時点での子どもの「興味・関心、意欲」や「能力」に着目することが多い。これらは、子どもにとって望ましい学習を計画・準備していくためには欠かせない情報である。しかし、何を核として「子どもの実態」を把握すべきかが定かでないため、曖昧なとらえ方が起きてしまうのではないかと考える。

子どもにとって望ましい学習とは、子どもの内に育まれる思考力や意欲・関心などに基づいた知識・技能が育成されることだと考える。それは、子どもの生涯を見通した上で、自立した学習者の育成を目指すということでもある。そのために、「子どもの実態」を把握するとは、何をどのようにとらえ、どのように指導に活かされていくことを求めて行うのか、その核を明らかにする必要があると考える。

二　「子どもの実態」をとらえることの目途

飛田多喜雄氏は、KZRの著書「誰にでもできる国語科教材研究法の開発」(一九九〇)で、教材の「最小限度必要な本質的条件」として「題材内容が学習者にとって興味あるもの」であることを第一に挙げている。それは、子どもを「同時代に生きる異時代人」という認識を持ってとらえていることに起因すると考えられる。

小学生が社会で活躍を始めるのは、小学校卒業後ほぼ十年経ってからである。つまり、次の時代の担い手と言える。その小学生が与えられる教材は、今の時代の中で教師として活躍する者が選択したものである。教師は、その教材の教育的価値を見いだし、子どもによかれと思う指導の中で用いていく。しかし、その教材によって学び、そこで得た喜びや知識・技能、さらなる学びへの意欲によって培われた子どもの能力が、本当の意味で開花し活かされるのは次の時代ということになる。

飛田多喜雄氏が、子どもを「同時代を生きる異時代人」と認識する必要を示したのは、教師が今の時代の観念や価値観だけで子どもに指導をすることのないようにという提唱だととらえられる。子どもの将来を見通し、本当の意味で子どもにとって価値のある教育を目指すことが不可欠である。その意味で、教材に必要な条件の第一として「題材内容が学習者にとって興味あるもの」を挙げられている意図をとらえなければならないのである。

「興味あるもの」を見いだすということは、子どもに迎合することではない。次の時代を生きる子どもが学ぶ価値のあるものとしてとらえ、それを学んだことに喜びと成就感が持てることを願っての選択である。子どもが、学んだことを自分にとっての新たな発見とか目を開かされるものと感じることができれば、それは新たな発見や開眼を求める学習に向かう原動力になると考えられる。身の回りのことに対しても学びの対象とするような姿勢が育まれることだとも言える。さらに、子どもにとっての価値ある学びを通して、学んだことに喜びが感じられるような成果や評価が得られれば、自分が学習するということに対する自信を持たせることになると考えられる。それは、学習に対する意欲を生み出すだけでなく、アイデンティティーを確立することにもなるとも言えるのである。

飛田多喜雄氏は同著で、子どもに「目的のある学習活動」を「自分ごととして主体的かつ意欲的に取り組むように仕向ける」必要を述べている。それは、子どもが学習活動を行うということが、子どもにとって自分の問題を解決することと同等な主体的・意欲的な活動にならなければならないということである。

子どもの多くは「勉強は先生に教えてもらうもの」という認識を持っていると推察される。教職を目指す大学生であっても、その出だしはそれまでの何年間かの学習生活で身につけた「教えてもらうのを待つ」という姿勢を強く示すからである。これは、学習そのものを「自分ごと」として意識するということが、子どもにとってかなり難しいことなっていることを示しているとも言える。

飛田多喜雄氏が、子どもが学習活動を「自分ごと」としてとらえて進めるようにすることの必要性を示したのも、その難しさを充分認識していたからだと推察できる。その意味でも、子どもにとって「興味あるもの」を教材として見いだすことの必要性を第一に述べたのだと考えられる。それは、単に子どもの「興味あるもの」を推測するのではなく、目の前の子どもが教師自身とは違う環境や価値観の中で生きる者であるという認識に立った上での、子どもの今の姿の正しい把握の必要性を示している。それゆえに、子どもを「異時代人」として認識し、子どもの中に秘めたものにまで目を向けて把握することも求めているととらえられる。

ここに、飛田多喜雄氏の子どもを正しく見取ることへの深い思いが感得される。「子どもの実態」をしっかり見取ることが、子ども自身に「自分ごと」としての学習を成立させることとなり、それが子どもの生涯の生活の支えになるということを見据えていたととらえられるのである。

三　とらえたい「子どもの実態」の核

「子どもの実態」をとらえるというとき、子どもが学習活動を「自分ごと」として行うことを目途と考えると、どこに視点を据えるかが問題となる。子どもが、どのような内容や活動に興味・関心・意欲を持つのかを明らかにすることが大切であるのは言うまでもない。しかし、それは表面的・感覚的なものにとどまってしまう危険性もはらんでいる。故に、子どもの学びに対する興味・関心や意欲が何に起因して生まれてくるのかにまで掘り下げてとらえる必要があると考える。

子どもが学び思考の第一歩を踏み出すのは、「ものの名前を表すことば」の存在を知ることに始まると言われている。養育者が喜びを持って見ているものを自分も見るという「視線の共有」（岡本　一九八二）を通して、一緒に見ていたものが見えなくなっても、喜びを共有するために「ものの名前を表すことば」を用いるようになる。このことによって、子どものことばの知識は爆発的に増加すると見られている。このことから、子ども・養育者・ものの「三項関係」（岡本　一九八二）の成立が、ことばの獲得の原動力になっていると言うことができる。

この「三項関係」の基盤となる、子どもと養育者を結ぶものは「愛着」である。子どもにとっての「愛着対象」（岡本　二〇〇五）は、「子どもと相互に相手の心をもっともよく「読み取り」合う人」、「子どもの行動を「意味づけ」てくれる人」、「安定基地」として「子どもが未知の状況に踏みこんでゆくときの不安を和らげ、勇気を補給してくれる人」である。この三つの要素を満たすものが、子どもにとっての「愛着対象」となり、子どもの学びに活力を与える存在になると言える。そのように考えると、教師が子どもに対して学校においてのこの「愛着対象」のような存在に近づければ、子どもの学びを活性化させることができると考えられるのである。

教師が教室において子どもと「三項関係」を結ぶ存在となると考えると、「もの」にあたる存在は教材ということになる。教師は、子どもと教材を結ぶための「愛着対象」としての存在となるということである。そこで、次に教師がそのような役割を果たすためには、どのような配慮や準備に心がけなければならないのかについて考えてみる。

まず、「子どもと相互に相手の心をもっともよく「読み取り」合う人」として教師が成すべきことは、子どもの表現しようとしていることの理解である。ことばだけでなく、表情や身振りなどからもそこに含まれる意図を推察することが求められる。このために、日常的に子どもがことばや体で表現したことが、どのような思いや欲求の現れなのかを把握しておくことが求められる。さらに、子どもについての（資料や保護者の話、本人との対話等を通した）情報収集も必要である。教師との共有の経験が多くなれば、それからの推察も可能となると考えられる。

次に、「子どもの行動を「意味づけ」てくれる人」として教師が成すべきことは、子どもが活動した結果に対する評価である。子どもが表現したり行動したりした結果が、課題解決にどのような意味があるか。共に活動している集団にとってどのような価値があるのか。どのような発展の足がかりとなるのか。などを明らかにすることである。その集団にとって新しい見方や考え方であったり、その子どものそれまでにはなかった努力であったりすることなどを、本人だけでなく周りの者にも伝えることも大切である。そのためには、以前の似た活動での経験において、何がどこまでできていたのかなどを把握しておくことも求められる。さらに、子どもの活動の意義を位置づけるために、活動を成立させる基礎能力の分析や、成果をとらえる視点の分析を細かく行っておくという準備も求められるのである。

最後の、「安定基地」として「子どもが未知の状況に踏みこんでゆくときの不安を和らげ、勇気を補給してくれる人」として教師が成すべきことは、効力感を与えることである。子どもがこれから行う活動が、どの程度の努力によって成就するのかを明らかにすることである。また、子どものそれまでの経験と結びつけつつ、活動の結果がどのような喜びや進歩に結びつくのかを想起できるようにすることである。このためには、それまでの子どもの経験から、個々の努力の様子や成果の程度などを分析的に把握する必要がある。そして、どのような経験を想起させることが、子どもの効力感を生んだり、先行オーガナイザーとなったりするのかを見いだしていくのである。

「三項関係」を結ぶ存在としての教師の成すべきことの考察から、教師が学習に備えての「子どもの実態」として把握すべき二つの核を見いだすことができる。

一つ目は、教材が表すものやことばに対する子どものイメージの把握である。教材に示された絵を見たり、ことばを聞いたりしたときに、子どもが何をイメージしてどのように表現するのかの多様な予測である。これによって、子どもが学習中につぶやいたり身振りで表したりした思いをとらえ、学習に効果的に導くことが可能になると考えられる。

二つ目は、子どもの活動経験の把握である。その内の一つは、子どもの経験の種類であり、もう一つが経験の成果である。

経験の種類の把握は、これから行おうとする学習活動や教材にかかわることで、子どもがどのような経験を持っているかを明らかにすることである。これは、子どもが活動を予測して効力感を持ったり、見通しを持ったりすることができるようにすることを支えるための実態把握となる。

経験の成果の把握は、これから行おうとする学習活動に類することで、子どもがどんな経験を持っており、それがどのような結果を生み出していたかを明らかにすることである。それを、学習活動の中で子どもが表現したことと関係づけ、子どもに自分の成長や新たな成果を感得できるような評価を与える。そのための実態把握である。

四　おわりに

飛田多喜雄氏は、「学習」は子どもに「自己更新をはからせること」であり、「指導」は「有効な経験ができるように」「案内助言」すること（一九五七）と示している。子どもが「自己更新」という高みに到達するには、そこに至るまでの活力や勇気を与えてくれる「愛着対象」による、子どもの正しい理解に基づいた適切な応答や導きが必要である。それが「案内助言」として求められているのである。その「案内助言」のためには、子どもの新たな経験を位置づける基盤となるそれまでの経験の理解が求められる。それが「子どもの実態」として把握されるべきことである。

つまり、子どものそれまでの経験から見いだされる「ことばに対するイメージ」「活動に対する効力感」「成果に応じた評価」として推察できる最良のものを用意することが、子どもを「自己更新」に導くためにの「子どもの実態」を把握するということになると言えるのである。

国語科教師論に学ぶ――不屈の研修と精進で実践理論の確立をめざして――

花田修一

師父と仰ぎ、二十六歳の夏から二十五年間にわたり直接ご指導をいただいた飛田多喜雄先生のご逝去から十九年が経った。そして、先生が会祖として立ち上げられた国語教育実践理論研究会（ＫＺＲ）が、二〇一〇年八月の大会で、第五十回を迎えるという。この記念すべき年に、このような研究論文集が刊行されることを心から嬉しく思うものである。ＫＺＲ会長の澤本和子氏と編集代表の益地憲一氏からのご依頼により、「国語科教師論に学ぶ――不屈の研修と精進で実践理論の確立をめざして――」と題して記すこととした。小稿が、これからの国語教育実践理論の確立をめざす若い同志のみなさんに少しでもお役に立てば幸せである。また、そのことを会祖飛田多喜雄先生もどんなにかお喜びのことであろうと強く思うものである。

一　飛田先生二十代〜三十代の国語科教師論に学ぶ

一九三六（昭和一一）年、「よき国語教育の指導者」としての「人間的修練」を次のように書かれた。

一、よく文をよむ人であれ。
一、よく文を綴る人であれ。
一、よく話す人であれ。
一、よくきく人であれ。
一、よく書く人であれ。

よき師にはよき子が出来る。己に文を綴る事が出来なくて、更に己に上品なる言語生活が出来なくて、それで果して教育が可能であらうか。此の意味に於いて出来るだけよき修練を積んでほしい。

この当時、先生は、千葉県市川尋常高等小学校訓導であり、若い国語科主任として活躍されていた。多くの校内・外での公開授業研究を経験され、最初の著作として世に問われたのが、『形象理会読方教育の実践機構』であった。先生、二十八歳の初夏である。「弓流し」「陶工柿右衛門」などの授業を通して「板書機構」「問いと答え」などの提案は、垣内松三が「序文」で述べたように「手法の確かさと精しい心づかひが見えて居る」貴重な実践の記録書となっている。よき師と同僚に恵まれた先生は、自覚的実践者として、教育・国語教育の本道を歩き始められたのであった。

このような二十代から三十代にかけての小学校訓導としての実践から生まれたのが、上記の「国語科教師論」である。今から七十四年前の提言であるが、いずれの「人間的修練」も今日に通じる不変の教師論といえよう。今日的に言えば、「よく文をよむ人」とは「よき読書人」、「よく文を綴る人」とは「よき書き手」、「よく話す人」とは「よき話し手」、「よくきく人」とは「よき聞き手」、「よく書く人」とは「よき書字家」という意味であろう。現在の国語科教育は、「話すこと・聞くこと」「書くこと」「読むこと」「伝統的な言語文化と国語の特質に関する事項」といった領域や事項などで内容が構成されている。これらの内容は、国語科教師が、具体的な授業を通して児童生徒一人ひとりに確かな国語力として身につけさせているのである。その指導の大前提として、いや指導を通しつつ、指導を終えても、国語科教師自身が、「話すこと・聞くこと」「書くこと」「読むこと」「伝統的な言語文化と国語の特質に関する事項」の知識や技能や能力などを身につけていくことが必要となる。このことが、飛田先生が言われた「よき国語教育の指導者」としての「人間的修練」にほかならないと思う。また、「よき師にはよき子が出来る」というのは事実でもあるが、反面教師ということも現実にはある。児童生徒を教える教師に「文を綴る事」や「上品な言語生活」ができないのに「教育が可能であらうか」という問いかけは、真実であるがゆえに厳しいものがある。このことは、飛田先生ご自身が「よき修練」を積んでおられたからにほかならない。「人間的修練」は、言葉の修練とともに国語教師にとって生涯にわたって修業を続けていかなければならない使命だと自戒の念をこめて感得するものである。

飛田多喜雄先生の七十四年前の国語科教師論は、今日においても不変・普遍の真理である。

二　飛田先生四十代～五十代の国語科教師論に学ぶ

一九五四（昭和二九）年、「国語教師として望ましい性格」として次のように提言された。

A　人間的な観点から
（1）ひろく豊かな教養を持っていること。
（2）自主性・積極性・合理性を持っていること。
B　教育的な観点から

（1）教育愛の精神に徹していること。
（2）教育的使命の自覚に立っていること。
C　国語教育の観点から
（1）国語愛の精神を持っていること。
（2）コトバに対する自覚のはっきりしていること。
（3）国語知識の充実していること。
（4）豊かな創造力を持っていること。

この当時、先生は、私立成蹊中学校の教諭であった。一九三九（昭和一四）年、西原慶一に招かれて成蹊小学校に転勤された先生は、十年後の一九四七（昭和二二）年、成蹊中学校に移られた。そして、一九四九（昭和二四）年、西原の後継者として復刻誌『実践国語』の編集長となられ、全国の実践者や研究者とともに、戦後の国語教育の実践と理論のあるべき方向について熱く語り合われたのである。先生、四十二歳の早春である。一九五四（昭和二九）年、日本国語教育学会の理事となられた先生は、同年九月二三日、「経験主義か能力主義か」という論題で、時枝誠記、倉澤栄吉氏らと討論に参加されたのであった。

このような三十代から四十代にかけての教育実践や全国的な同志との交流などから生まれたのが、上記の「国語科教師論」である。五十六年前の提言であるが、いずれの「国語教師として望ましい性格」も今日にも通じる不変の教師論と言えるであろう。「人間的な観点」というのは、今日「人間力」と言われる観点である。「ひろく豊かな教養」「自主性・積極性・合理性」などは、現在においても教師に必要な資質や能力と言える。現代の教育に対する深い認識やあるべき教師像の探求などについて自主的・意欲的に学ぶこと、それは教師自身の自己学習力や自己教育力にほかならない。そのためには、学内・外のさまざまな研修会（学会・研究会・セミナー・講習会など）に積極的に参加したり、各種の教育雑誌や単行本や新書本などを読んだりすることである。ＫＺＲへの参加も自らの「人間力」を育むのに格好の研究会であろう。また、「教育的な観点」で述べられた「教育愛の精神に徹していること」や「教育的使命の自覚に立っていること」などは、半世紀を経た今日でも不変・普遍の真理である。国語教師に限らず、児童生徒に直接かかわる学校教師にとっては、「教育愛」や「教育的使命」がその根源になくては教育という仕事はできない。まさに「師魂」ともいうべき教育への熱い思いなくしては、人を育てることはできない。さらに先生は、「国語教育の観点」から「国語愛の精神」「コトバに対する自覚」「国語知識の充実」「豊かな創造力」の四点を挙げられた。これらの内容は、いずれもが国語科教師にとって必要な条件であることは、論を待たないであろう。先生は、生前よく次のように繰り返し発言された。

言葉を愛し、子どもを愛す国語人になろう。
どんな些細な言葉でも、
子どもたち一人ひとりの、魂のそよぎを聞きとるつもりで、
言葉による心のふれあいを、自他ともにだいじにしましょう。

さらに、「言葉こそは心の小径であり、私ども人間にとって、かけがえのない精神的血液であり、いのちであると思うからです」とも述べられた。先生の根底にある国語科教師観が、上記のような提言として生まれたのである。

三　飛田先生六十代〜八十代の国語科教師論に学ぶ

一九七一（昭和四六）年、「国語教師――いかに生きるか」という論考で次のように結ばれた。

無限の可能性をもつ子どもたち、直接、精神活動につながる言葉は、どんなに愛し、どんなにだいじにしても、過ぎることはない。それへの反照を思い、めいめいの向上のため不屈の研修と精進の態度を持つ人を、これからの国語科教師の人間像として期待したい。

この当時、先生は、成蹊大学文学部教授になっておられた。六十四歳である。成蹊中学校から成蹊高等学校に移られたのが一九六三（昭和三八）年。成蹊高等学校から同大学に移られたのが、一九七〇（昭和四五）年である。あの名著『国語教育方法論史』が刊行されたのが、一九六五（昭和四〇）年。先生、六十歳の春である。同書で第六回垣内松三賞を受賞されたが、以後、国語教育実践者や研究者にとって基本図書として読み継がれているのはご承知のとおりである。「向上のため不屈の研修と精進の態度を持つ人」を期待すると言われた先生は、国語科の「よい授業の性格」を次のように提言されたのである。

国語教室という小さな世界は、学習者一人ひとりの個性を見つめつつ国民の共通の言語である国語の基礎的・基本的な能力を育成する生きた具体的な学習指導の場である。したがって、ここで展開する授業は、指導者と学習者の導きと学びの複雑な緊張関係を調整し統一する両者の深い信頼感と、価値ある話題・題材を契機とする学習指導の生きた循環の中で、確かなことば学びが為されているという指導現実が基本条件となっていなければならない。ここによい授業のだいじな性格がある。

先生が言われる「指導者と学習者の導きと学びの複雑な緊張関係を調整し統一する両者の深い信頼感」という授業観は、今日においても不変・普遍のものである。授業というのは、小学校・中学校・高等学校・大学においても快い「緊張関係」に包まれて営まれるものだからである。過度の緊張感や緩和感ではよい授業は生まれてこない。指導のねらい（学習の目標）を明確に提示し、指導者も学習者も共有し、その目標の実現に向けて、学び合い高め合う過程においてこそ、確かで豊かな国語力が身についていくものである。そこには、学習者と指導者の「深い信頼感」と学習者に寄せる指導者の温かい愛情が流れていなければならない。

生前先生は、先達の国語教育実践や理論などを学ぶ際の心構えとして、「歴史的考察に当たっては、その時代的背景や生きた状況を十分に究明し理解すること。時代における意義、役割を見極め、現代の時点から摂取、批判し、今後に生かすという謙虚な態度が望ましい」と何度も熱く語られた。一九八七（昭和六三）年に著された『続・国語教育方法論史』には、前大著『国語教育方法論史』と同じように、公正かつ厳密な資料を基に戦後の実践や思潮などを鋭く批判し、二一世紀を展望した考察をされているのである。先生八十歳の傘寿の年である。その四年前の一九八三（昭和五九）年に、『国語科教育方法論大系』（全十巻）が刊行されたが、それには、戦後の論考が集大成されている。その年に先生の喜寿祝賀会が雅叙園で開催された。また翌年には、著作集の出版記念会が如水会館で開かれ、全国から実践者や研究者が祝宴に参集した。その際、同著作集で「石井賞」（全国大学国語教育学会賞）を受賞され、先生が敬愛する石井庄司も出席。そして、次のような方々からのお祝いのスピーチがあった。一部ここに引用し、先生の「国語科教師論」の補説としたい。（敬称・敬体略）

○ 石井　庄司

理想的な国語教育学者だ。奥様の内助の功。爽やかに積んで尺余や著書なれる。

○林　大　飛田多喜雄先生の窓は丸く大きく開いている、朗らかに開いている。大きな塔を建てた。
○平山　輝男　国語教育の理論の探求と実践にひたすら精神を打ち込んだ真摯な姿に心打たれる。
○西原　春夫　父親の代からお世話になっている。著作集に完全にお手上げ。心から敬服する。
○新井益太郎　立志伝中の人。八面六臂の活躍。驚嘆すべき業績。平明な文章。心の安らぎを覚える。
○金田一春彦　研鑽に著述に七十有五年君が齢は今盛りなり。益々のご活躍を期待する。
○野元　菊雄　爽やかな若さに敬意。積極的な人生を歩む。良文君は孝心が厚い。
○倉澤　栄吉　おおらかでゆとりがあり、寛容で柔軟。心の深さ、奥行きの深さに感銘する。
○高井　有一　絶えず前進。鞭打たれる思い。先生によって私が生かされている。

先生を他者がどう感じていたか。祝宴の席といえども、まさに「国語科教師論」として先生を語るにふさわしい一流の方々の金言だと思っている。これらのスピーチに対して、先生は次のような謝辞を述べられた。そのキーワードを紹介したい。（敬体略）

○私は大変果報者。ありがたく胸がつまる思い。
○私を励ましてくれた祖母の道歌——踏まれても根強く忍べ道芝のやがて花咲く春は来ぬべし。
○ご縁をだいじにして生きていきたい。
○生きていてよかった。生きていることはよいことだ。勇気が湧いた。
○これからも目的を持って、私らしくさわやかに生き続けていきたい。

この謝辞のどれをとっても、先生自身の「国語科教師論」の根底をなす言葉が実感として伝わってくるのである。今から二十六年前のことである。

以上、先生の二十代から八十代までの業績を通して「国語科教師論に学ぶ――不屈の研修と精進で実践理論の確立をめざして――」という私なりの考えを述べてきた。

ところで、先生の成蹊小学校時代の教え子の一人である作家の高井有一は、次のように証言した。表記などは原文のまま一部引用する。

小学校時代に教はった先生は、此方が年を取るに従って、気のおけない叔父さんみたいな感じになる、という話をよく聞く。老いて進歩の止まった先生に、教へ子が追ひ付き、或いは追ひ越すのである。ところが、飛田先生の場合は、さういふ事は起こらない。先生は歩みを止めず、不肖の教へ子は、常に先生の背を見てゐなくてはならない。うつかりすれば、それすら見喪ふであらう。これは、当の教へ子には、かなり辛い話であるが、それよりも、今になってまだ先生に教へられる事のあるのを歓ぶべきなのだらう。刺戟や緊張のない人間関係は、たとへ暢気で楽しくても、大した価値はないのに決つてゐる。

卒業して何十年も経ったというのに、教え子に「先生は歩みを止めず、不肖の教へ子は、常に先生の背を見てゐなくてはならない」「刺戟や緊張のない人間関係は、たとへ暢気で楽しくても、大した価値はないのに決つてゐる」などといった教え子の言葉には、先生の「国語科教師」としての生き方が如実に表出されているといえよう。作家としての鋭い観察眼や教師観には、どきりとさせられるものがある。

先生は、師と仰ぐ垣内松三の「静かに思い、慎ましく行う」と西原慶一の「一道精進」を信条としながら、八四年の生涯を生き続けられた。先生は、老若男女、一人ひとりとのご縁をだいじにされながら、目的と希望に満ちた毎日を過ごされた。小学校から中学校、中学校から高等学校、そして大学という国語科教師の経験を経て、明治・大正・昭和・平成と教育・国語教育の本道を歩まれた。まさに、生涯学習力・自己教育力のあるべき「国語教育者」の手本として私たちに証明をされたのであった。

本稿をＰＣに打ち込みながら、先生に初めてお目にかかった一九六七（昭和四二）年八月八日の成蹊箱根寮での第七回ＫＺＲ全国夏期研究集会のことを思い出している。先生は、次のように語りかけられた。

遠いところをよく来てくれたね。君のことは、笠文七さんから聞いているよ。一緒に勉強していこう。（二泊三日の熱い、深い「文学教育の研究」を終えて）また、来年もお会いしましょう。それまで大いに研修に励んでください。言葉を愛し、子どもを愛し、教育・国語教育の道をともに進みましょう。ホイットマンの詩にいう大道を歩きましょう。言葉の教育は終わりのない創造の仕事なのですから……。

当時、先生は六十二歳で成蹊高等学校に勤務。私は二十六歳で福岡市立東住吉中学校四年目の国語教師であった。先生がご存命なら、今年百三歳になられる。

＊　主たる引用文献及び参考文献

○　飛田多喜雄『国語教育方法論史』『国語教育論集』『国語科教育方法論大系』『ひとつの風』（改訂版）
○　国語教育実践理論の会『ＫＺＲ　草の葉　三〇周年記念特集号』『飛田多喜雄先生追悼集』
○　花田修一「実践的理論の確立を求めた整序人と呼びたい」日本国語教育学会『月刊国語教育研究』
○　花田修一「実践と理論の具現者　哀悼　飛田多喜雄先生――その略歴と業績をしのびつつ――」全国大学国語教育学会『国語科教育　第三八集』

読書指導・総合学習・そして教師としての成長を

増田信一

一　飛田先生と知己になるまで

停年を過ぎて家にいることが多くなり、辞書を引くことが多くなった。若い頃は一つの言葉についてじっくり考える時間がとれなかったが、毎日、辞典を開くことによって、日本語の奥の深さに驚いている。改めて、日本語の豊かさに感動している。今回、この原稿を書くにあたり、飛田多喜雄先生に「知己」という言葉を使うことが恐れ多いのではなかろうかという思いと、この言葉を他の言葉に変えたのではわが意を尽くせないという意識があり、そのために何度も辞書を眺めた。

私が東京学芸大学附属大泉中学校に赴任した時、国語科の研究室で机を並べた相原永一氏は学校劇の分野で有名な方であった。私も中学・高校と学校劇をやってきたので、二人とも授業があいているときには互いの演劇論を戦わせた。相原氏は国語教育実践理論の会（通称ＫＺＲ）の熱心な会員で、彼の紹介で私もこの会に入会させていただいた。

この会は国語教育の現場人の集まりで、中心となっているのは国語科教育実践界の第一人者である飛田先生であった。飛田先生は成蹊大学の国語教育の教授で、会員の中で最長老であった。お茶の水女子大学附属中学校の斉藤喜門先生がまとめ役を買っておられた。会員は四十人ばかり、月例会が東京の吉祥寺の飛田先生のお宅の一室で開かれていた。年一回の箱根での全国大会では真夜中まで議論の花が咲き、貴重な時間を二学期以降の授業に生かそうとして、先輩たちの発言に耳を傾けるのである。深夜の小グループの討論は翌日の全体会で報告され、長老たちの助言が付くという形式が年を追うごとに進化していった。KZRの研究会で力を身につけた人たちは、新しい指導者として活躍するようになっていったし、彼らの紹介状をもって、箱根の山を登ってくる若者も出てくるようになった。

私は、飛田先生のお宅での月例会に毎月できるだけ早く伺って、他の人たちの話の切れ目に飛田先生に質問をしてみたいものだと思い、どういう話題が会員たちの関心を集めているのか探った。

学校で子どもたちに作文を書かせ、それを読み比べさせていくうちに、戦前も戦後も生活文ばかりが多いことが目につき始めた。なんでも書きさえすればそれで終わりで、書いた作文を検討したり、手を加えたりすることには関心がないので、指導になりにくいという事実がはっきりした。そこで、これでは子どもたちは飽きてしまい、思考力が成長しないので、学級ごとに課題を決めて、お互いに自分と他人との相違点をえぐり出してみたが、ある程度は実施できるが、それ以上は進まないのはなぜなのか、この問題を飛田先生にうかがってみたかったのである。

二　授業の主役は子どもたちだ

昭和一〇年代までの教員たちはその大部分が、二十年間にわたる日本と中国の戦争から太平洋戦争にかけて、大部分が戦争にかり出された。反対することができず、反対しても強制的に戦地にかり出された。戦争末期になると、制海権や制空権を敵に奪われて、日本の港から戦地へ兵隊を満載した輸送船は敵の潜水艦に沈没させられて、戦わずして死んでしまった例が多かった。そういう極悪な状況の中で生かされてきた出征兵士たちの精神状態は異常にならざるを得なかったのである。

終戦の時、小学六年生だった私は、玉音放送（天皇陛下の生の声によるラジオ放送）を聞くこととなった。（お昼に隣組の組長さんの家に各戸から一名ずつ集められて、陛下の放送を聞くのだという回覧板が回ってきた。父は二年前から海軍へ応召させられており、母は幼い弟と妹の子守のために出席できないので私が出席した。）時間がくると、「（陛下がおいでになる）東京のほうに正座して、陛下の放送をご清聴ください。」という合図に合わせて座りなおした。放送が終わってしばらくはざわつきが続いたが、三〜五人のグループができ、代表格の人が「やっぱり駄目だったか。」や「一致団結して決戦にそなえよう」などのつぶやきが出、散会した。「敗戦だ」ということは小学六年生でも分かることなのに、大人たちがそれをわからないとはひどい。こんなことでは負けて当然だと私は感じた。

終戦まで自分の手や棒で子どもたちを殴り続ける機械と化していた担任教師が、終戦後は無表情なモルモットに変化し、目の前で子どもたちが悪いことをしていても、ヘラヘラ笑顔を作っているだけに変身してしまったことを、私は記憶している。こういう教員として不適格な者たちに対して再教育もしないでそのまま教員を続けさせていたところに、戦後の学校教育の欠点があったのである。

1　やる気を起こさせる手立て

それでも、終戦直後の民主主義授業では、発達に合わせた授業が工夫され、子どもたちは生き生きと活躍した。しかし、最近はＰＩＳＡの学習テストの亜流に毒され、地に着かない授業が多くなっている。こんなことでは、学習塾に後塵を拝することになってしまう。

大正時代の自由主義の総合学習を見習って、自分たちの住んでいる地域の再開発に直面する生きた課題に対して、「問題点の発掘」などをさせたいものである。「地域の方言」「街の看板のあり方」「会議の話型（話し合いの仕方を決めた型）」などについての意見を出し合わせるのもよいだろう。地域の人々とどう協力していったらよいか、まだ、地域の問題として、具体化していない種々の問題に対して、どのように踏み込んだらいいのか、なども子どもに考えさせたい。国語科という教科は地域の問題に有形無形にかみ合っていかなければならないのである。

2 劇化学習は子どもたちのやる気を起こさせる

戦後の昭和二〇年代のなにもない時代には、現代で言うところの「総合学習」が人気があった。平成一〇年代には復活しかけたが、学力低下の汚名を着せられて、「ごっこあそび」や「生活劇」などは瀕死の危機に立たされている。

先日、大田区の区民ホール「アプリコ」で私立の清明学園初等学校の一・二年生が「げんきもりもりいただきます」を楽しく演じてくれた。自分たちで話し合ってまとめあげていった台本を演じる、これこそが真の学力伸張ではなかろうか。小学校低学年で、暗記させられた役に立たない知識を丸暗記させる愚行は反省して、改めなくてはならない。これに類することは教科書や行事にもあるはずである。なんでも「せまい学力観」にとらわれないようにしたいものである。

三　国語科における読書指導

戦前も学校図書館的な機能をもった学校は各地にあったが、学校名を冠した「〇〇文庫」と呼ばれるものであった。学校図書館法が成立したのは、戦後の一九五三（昭和二八）年のことであり、その頃は戦前の文庫の延長に過ぎなかった。司書教諭が学校図書館法の改正によって配置されるようになったのは、二〇〇三年からである。

しかし、その司書教諭は定員増ではなく、教科の授業をしたり、学級担任も持ったりで、その負担は軽くなかった。二〇〇三年のＰＩＳＡの学力調査の結果が発表されて、日本の国語学力が低下していることが報道されてから、国語科の読みの授業で学力を向上させるにはどうしたらよいかということが、国語科の話題となった。学力テストを受けた子どもたちに、「どういうところが困ったのか？」と質問すると、「何を聞かれているのか理解できない」という答えが第一に返ってきた。記述式の問題の出来が極端に悪いのはこのためである。日本の学力テストにおいても、算数の成績が振るわない子たちは設問そのものを理解できなくて、長文の問題そのものに挑戦することをあきらめてしまう者が続出した。

このことを小学校の教師たちに質問すると、「確かにその通りだ。特に、高学年では算数の授業を削ってでも、教材文の選び方・読書教材の選択法などを指導して設問の意味しているところを分かりやすく理解する仕方の習得に力を入れるようにしたらよい」という答えが返ってくる。要は、設問のような短文を正しく読めているか否か、それを結ぶ論理力が身についているかが大切なのだ。国語科のテストで長文の小説のねちねちした文章が子どもたちに嫌われ苦手とされる理由は、この点の解決がなされていないからである。小学校の中学年から高学年にかけて、長文の文学文や外国の翻訳文を取り上げるより前にもっと短い文章を重視してほしいものである。

マンガの文章（会話文や地の文）が単純明解を心がけているのもこの辺を見込んでのことではないだろうか。マンガが子どもたちの読書量の約半数を占めているのに、読書感想文コンクールの中に漫画を除外するものがあるのは大問題である。

国語科の読書指導がクローズアップされるようになったのは、昭和四三年版の学習指導要領からで、「読解指導と読書指導とは車の両輪だ」ともてはやされるようになり、国語科でも子どもの興味や関心を意識した教材作りが始まった。このこと自体は間違っていない。

ところが、昭和五二年版学習指導要領では、「読書指導」という用語を退けて、「基礎基本」を最重視し、それ以後の学習指導要領もそれに習っているが、果たしてそれでよいのであろうか。基礎基本も大切ではあるが、豊かな「人格形成」をそれ以上に大切にしたい。そのためには豊かな読書環境を作って、お互いの読書経験を交流し合って、視野を広げていきたいものである。ところが、日本の公共図書館は西欧諸国と比較すると、極めて立ち遅れている。その原因の最たるものは、生涯のうちで最も多く本を読んでいるのは小学二年生であり、その他の年代のものはほとんど読書していないという実態である。教師が読み聞かせを自分の読書として加算してよいのか否かである。

最近は図書購入費も増え、司書教諭や学校司書の働きなども加味され、総合的な読書力の向上に対する切り口が工夫されつつある。読書指導の実を上げるためには、教師自身の読書力の向上、読書体験を語って聞かせることも欠かせないポイントになる。

学校の授業時間の中の読書活動という以上は、読書目標をしっかりさせて、本の内容と取り組んでほしいものである。読書感想文の内容を分析しても、これが感想文と言えるのかと疑問をもつ例は多い。「自己と対決させていく姿がうかがえて好ましい」という程度のものであってほしいという願いをもちたいものである。学力テストの点数が下がった責任を子どもたちに押し付けるのではなく、もっと良い指導法を開発することのほうこそ大切なのではないだろうか。国家の文教政策の中核がこんなに揺れ動くのは困ったことである。翻弄されない「読書指導」をめざしてほしい。

四　国語教育研究の環境で育つ

私をKZRに導いてくれた相原氏がバンコックの日本人学校の校長に赴任した。そこで多忙を極めた挙句、ガンの病状が悪化し、気のついた時には手遅れになり、死んでしまった。KZRの創始者のひとりの死は、本会のメンバー全員に「健やかに生きようではないか」と呼びかけているのだと私は考えたい。

私が飛田先生と最後に直接お会いしたのは、全国大学国語教育学会の年次大会が和歌山で開かれた時である。昼間のうちは、いくつかの分科会を回りながら研究の流れの動向を探るのに終始した。これまでは、中学校の教員の立場から参加したが、これからは、大学人の立場から発言しなければならないと自戒しながらの半日であった。夕暮れになる頃から全体の懇親会が始まり、席を回りながら旧交を温めた。

八時頃からKZRの人たちの第二次懇親会が始まった。我々の努力の成果が上がって、関西のKZRの仲間たちは二十人近くに達していたから、この二次会も盛会であった。それが終わってから、KZRの会員だけの反省会を展開した。数的にもKZRの存在は評価されるようになったのだから、もっとシビアな発言をすべきだという挨拶が二、三の長老からあった後、あちこちで乾杯が始まった。それが終わって、自室へ帰る時、飛田先生が私のところへ近寄ってこられ、小声で話しかけた。

「増田君、君が偉くなったのは、君だけの力ではないことを忘れてはいけないよ。仲間たちの協力があったからだよ。」

この言葉を聞いて、私はなんで改まってこんな難しいことをおっしゃるのかなと思った。飛田先生はさらに続けて、

「自分だけだと思ったらいけないよ。」

と繰り返された。先生のおっしゃったことばが数カ月の間、頭から離れなかった。

実践を中心に

豊かに想像し、筋道立てて書く能力をはぐくむ指導の一試み

――「お話を作る」（森のなかま）――

佐田壽子

一　はじめに

新学習指導要領が示され、国語科においては論理的思考力や想像力などをはぐくんでいくことが重要視された。これから伝える必要のあることを筋道立てて考え、それを相手と目的にしたがって適切に表現していくことは、これからを生きぬく子どもたちにとって必要不可欠な能力である。とりわけ、小学校低学年段階においては、豊かに想像したり筋道立てて考えたりしながら書いたり話したりすることを通して、表現することの喜びを感得できるようにし、確かに表現できる能力や態度を培っていくことが強く望まれている。学習指導要領「第一節第一学年及び第二学年」の言語活動例に本研究対象となる事項が挙げられている所以もこれにあると捉える。なお、ここではぐくまれた想像力や思考力は、物事を正しく認識したり適切に判断したりしていく力と深くかかわりながら新たな発想や思考を想像する礎となっていく。また、その過程で、自他の考えのよさに気付いていくなど、自尊感情を高めるとともに、人とのかかわりを広げ深めることにもつながる。

二　飛田多喜雄先生のご教授と本研究主題

本研究の礎となったのは、『国語科教育方法論大系４表現指導の方法』（飛田多喜雄著・一九八四　明治図書）である。特にご教授いただいたご論考の一節を引用させていただく。

第九章　一　作文指導の困難性

（前略）望ましい成果を挙げることができないのは、何故か、その根本の原因についてあれこれ考えてみると、幾つかの問題点を指摘できるように思う。その一つは、有効な作文の指導法が十分に開発されていないということである。（中略）能力の育成という観点に立ち、しかも、作文に不得意な教師も含め、誰にでもできる効率的な指導方法となると、必ずしも「これなら」という指導の方法や過程、手続きなどが十分に考案されていなかったように思う。（後略）

第十章　一　ことばの機能と表現

（前略）言語的外化作用（文字言語・音声言語を含む）が表現者の内面精神、思考、意思、感情などの内なるものに秩序を与えたりはっきりさせたりするということから、音声的な発表行為の前にメモしたり文章化してみること、作文行為のために書こうとすることを音声化してみる、口で話してみることが、それぞれ、より安定したより明確な表現に役立つということである。両者は相補的な関係であることは言うまでもない。（中略）少なくとも「書く前に話してみる。」「書くように話してみる。」ことは、作文指導の目的や条件によっては、かなり大事な方法上の問題であり、新生面ではないかと思う。

　話す場合でも書く場合でも、外化作用の前に思考の心的活動が行われることは前に述べた通りであるが、いざ作文をするという場合、⑴話すつもりで書くという心がまえを持つこと、⑵書く前に実際に話してみる、という二点を、作文指導法の新しい力点とすることは、作文そのものを上達させ、作文に対する消極的な先入観を排除するとともに、また、副次的ではあるが、話し言葉の態度や技能を養うためにも効果がある。従来、とかく見過ごされてきた平凡なことであるが、話すことの活用による作文指導の強化は、これからの大事な実践的観点であると言える。（後略）

　これらを踏まえ、本研究においては次の事項をポイントとした。

（1）課題条件法によって書くようにしたこと
　課題条件法による作文指導は、巳野欣一先生のご理論に基づき、先生が編集され、飛田多喜雄先生が序をご執筆になった著書『課題条件法による作文指導』（一九九〇）においてすでに明らかになっている有効な作文指導の方法である。飛田先生は、「本書が目指すものは、学び手に適切な課題と条件を与えて、それに合致する文章を自分ごととして意欲的に書かせ、その活動を通して、必要な作文力（文章表現の能力・態度）を手堅く身につけさせる実践方途の提示にあると言えよう。」と述べられている。ここで身に付けた書く技能や態度は、次の書く活動へ転移し、さらにそれを確かなものとすることが期待できる。
（2）音声表現化してから文字化することを重視したこと
　想像したことを音声化することは、自己の思考を確かにして発信することであり、そのことへの喜びが即実感できるものでもある。また、他者の発言を聞くことは、それ自体楽しく興味をそそられるものであるばかりでなく、相互の発言を関係づけるなど論理的思考力を培うものともなっていく。また、音声言語はその特質上、非言語をともなう。この期の子どもたちの身体ごとの発言は話し手にとっても聞き手にとっても表現への意欲を高めるとともに、言葉で豊かに想像することにつながる。なお、ここでのポイントは根拠を挙げるということである。根拠は書く材料となる。さらに、それを挙げること自体、論理的思考力を培うことにつながっていく。

三　研究の構想

次ページに示す

四　実　践（対象学年　小学校二年）

（1）課題「お話を作る」（森のなかま）〈特設〉

（2）目標

① 想像して書く喜びを味わうことができるようにする。

② 絵から想像し、それをもとに筋道立てて書くことができるようにする。

（3）主な課題条件

① 目的　楽しいお話を作って家の人に読んでもらう。　② 立場　森の動物になったつもりで書く。

③ 相手　家の人　④ 内容　絵をもとに想像して書く。　⑤ 構成　絵をつないで、筋道を立てる。

⑥ 叙述　気持ちを表す言葉や会話を適切に入れる。　⑦ 分量　八〇〇字程度

（4）指導計画（全四時間）

第一次　絵をもとに想像したことを話し合い、話の大体を考える。　一時間

〔研究の構想〕

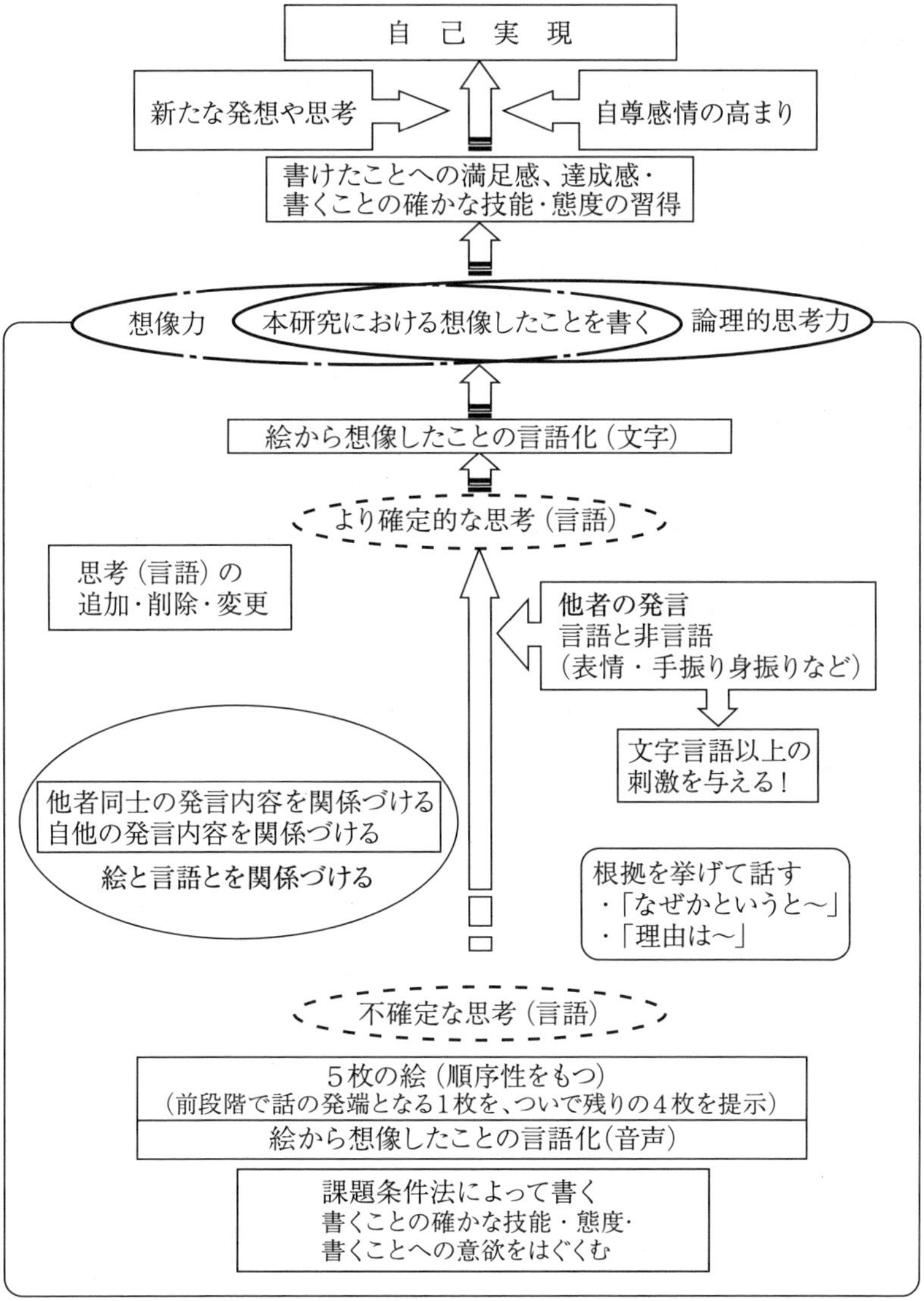
自己実現
新たな発想や思考
自尊感情の高まり
書けたことへの満足感、達成感・
書くことの確かな技能・態度の習得
想像力
本研究における想像したことを書く
論理的思考力
絵から想像したことの言語化（文字）
より確定的な思考（言語）
思考（言語）の
追加・削除・変更
他者の発言
言語と非言語
（表情・手振り身振りなど）
文字言語以上の
刺激を与える！
他者同士の発言内容を関係づける
自他の発言内容を関係づける
絵と言語とを関係づける
根拠を挙げて話す
・「なぜかというと～」
・「理由は～」
不確定な思考（言語）
５枚の絵（順序性をもつ）
（前段階で話の発端となる１枚を、ついで残りの４枚を提示）
絵から想像したことの言語化（音声）
課題条件法によって書く
書くことの確かな技能・態度・
書くことへの意欲をはぐくむ

第二次　登場人物に名前をつけ、場面ごとの絵に吹き出しを書き、会話を入れる。　一時間
第三次　お話の下書きをする。　一時間
第四次　書いたお話を読み返し、間違いを正して清書する。　一時間

（5）提示した絵

絵として『森のピアノ』（いわむら　かずお）「ひさかたチャイルド」から次に示す五枚を提示した。

その根拠は、森の中が舞台となり、主人公の女の子と動物とが切り株や木の葉などを楽器として演奏をはじめるというほのぼのとした話であること、話の展開が簡単でしかも明確な順序性があること、絵の中に文がなく（絵の枠外に一文〈二十字以内〉が示されている程度）であり、想像力をはたらかせて読み進めることを意図しているかのようであることなどである。子どもの興味関心を高める内容であるばかりでなく、表現技能・態度育成という観点からも有効である。なお、目標達成を意図して指導者が選び、切り絵として提示した。

①

②

③

④

⑤

（6）授業記録

ここでは、研究主題と密接に関連する第一次について記す。指導のポイントは次のとおりである。

①絵に集中できるようにし、絵をもとにして作文を書くことに意欲をもてるようにする。

②絵をもとに個々が言葉を媒体としてそれぞれを関係づけながら想像できるようにする。

③個々が想像したことを話し合うことによって交流し、自己の想像したことを再認識したり、追加したり、削除したり　変更したりできるようにする。

［ねらい］　絵をもとに話の大体を考えることができる。

［展開］

①書く相手と目的を示す。

T　今日からの国語の時間は、絵を見てお話を作ってもらおうと思います。そして、それを本にして家の人に読んでもらおうと思います。みなさんが、本を作ってもって帰ったら、お家の人、どんなに喜ばれるでしょう。

②絵から想像したことを話し合う。

ア　場面が捉えやすいように、一枚目の絵を提示し、場所、登場人物等についての話し合いから始める。

T　この絵は、みなさんに作ってもらうお話のいちばんはじめのところの絵です。この絵をじーっと見つめてください。みなさんの心の中には、どんなことが浮かんできましたか。

C　夕方頃、女の子が木を見つめています。

C　木と木の間に女の子がトコトコ歩いていきました。空には、夕焼けがいっぱい広がっています。女の子のすぐ前には、切り株があります。女の子は、その切り株の方をじっと見つめています。（以後の発言は略）

イ　絵本の順に五枚の絵を黒板に提示し、話の順序を示す。絵と絵とを関係づけて想像すること、自由に想像すること、書く意欲を高めることなどを意図して、いちばん好きな絵について話すという活動を設定した。

T　みなさんは、どの絵のところがいちばん好きですか。

（以前の発言は略）C　ぼくは、二番目の絵が好きです。どうしてかと言うと、その切り株のオルガンで何かをひいていて、りすとかが、「この音なんだろう。」と思って寄っているからです。（以後の発言は略）

C　わたしも五番目の絵が好きです。りすやうさぎやかえるとかの動物が来ていて、ピアノを弾いている女の子はなにかうきうきしているみたいだからです。（以後の発言は略）

ウ　話の順序をおさえること、絵の場面同士を関係づけることを意図して五枚の絵を続けた話をさせる。また、話すことへの意欲を高めることや話の内容を聞き取ること、聞き取ったことと自己の想像内容とを関係づけることなどをねらって、発言の後で、指導者がその内容や方法について賞賛したり、発言内容のよかったところを他の子どもに発表させたりする。

T　今、みんなの好きなところを言ってもらいましたね。今度は、この絵を見て、絵の順番にお話をしてもらおうと思います。

（以前の発言は略）C　ある日、女の子が山のてっぺんに歩いてきました。すると、その前に切り株のピアノがありました。「わあ、わたし、一度ピアノを弾いてみたかったの。」女の子がピアノを弾いていると、たぬきやうさぎさんがテコテコとやってきて、目をかがやかせながらきいていました。すると、どうしたことでしょう。動物たちが森の中に入っていってしまいました。女の子が弾き続けていると、ねずみが葉っぱの楽器をもってやってきました。そして、次々に動物たちが楽器をもってやってきました。女の子は、にっこり笑いながらピアノを弾きました。

T　今の話を聞いているとね、とっても上手だなっていうところがあったんだけれど、みんなはどうでしたか。

C　わたしは、四番と五番のところの動物たちは、次々に集まって来ましたというところが上手だったと思います。なぜかというと、次にだったら今度は一人、また、一人だけ来たと言って、また、次と言って、いっぱい

言わなあかんからです。　（以後の発言は略）

五　課　題

（1）「話すこと・聞くこと」の技能育成を想定しつつ、日々の授業を展開することが肝要である。とりわけ、根拠を挙げて話すことを習慣化したい。

（2）低学年では、言葉から絵というプロセスも実践したい。

【参考文献】

『課題条件法による作文指導』飛田多喜雄序　奈良県国語教育実践研究会編一九九〇　明治図書

拙書『小学校国語科学習指導の探究』　渓水社　一九九九

【作品例】

すばらしい一日

ある日のことです。一人の女の子が山へやってきました。空は、夕焼けで雲がぽっとうかんでいます。ゆき子が、木と木の間からそっと顔を出しました。

「あっ。」

ゆき子が言いました。

「こんなところにピアノがある。わあ、わたし、一どピアノをひいてみたかったの。」

ゆき子がうれしそうに目をかがやかせました。

「ポロロロロン。」

「ピラポロピン。」

と、ゆき子がピアノのけんばん一つ一つに、おもいをよせながらゆびさきでひきます。ゆき子のひく音は、だれよりもうつくしく、だれよりもすばらしく、ひけばひくほど心がひかってきます。そのめずらしい音をきいた山のどうぶつたちは、テコテコとかけ足でやってきました。ゆき子がそっと目をひからせました。するとどうでしょう。ゆき子の目の前でどうぶつたちが心があつくなるほど、目をかがやかせながらきいているのです。ゆき子は、ますますうれしくなって、ピアノをひきつづけました。

「音楽ってこんなに楽しいとはまるでしらなかったわ。」

ゆき子がそうつぶやきながら目をとじました。

「ドレミファソ。」

ゆき子の音は、森ぜんたいにひびきわたっていきます。

そのときです。どうぶつたちが、「ぴょん。」とはねながらいってしまいました。ゆき子はぱっと目をあけて、大声でさけびました。

「まって!」 〈中略〉

しばらくしました。いつのまにか、ねずみのちゅうすけくんがゆき子の顔をそっと見つめています。ゆき子は、ねずみを見てほっとしています。いっぺんにゆき子の顔色がかわりました。

「よかった。にげていったんじゃなかったのね。」

「そうさ。ぼくたち、ゆき子ちゃんのピアノの音があまりにもきれいで、だまって立っていられなかったんだ。」

「あらそうだったの。」

「それより、そのチェロとーってもすてきよ。さあ、みんなでがっそうしましょ。」

ゆき子は、ぱっと立ち上がり、大声をあげながらさけびました。

りすは、

「パラペラパー。」

ねずみは、

「キューキューキキキ。」

うさぎは、

「ポンポロロン。」

たぬきは、

「ポンポンポポポ。」

かえるは、

「ケロゲロケロゲロ。」

小とりは、

「ピ、ピ、ピピピ。」

ゆき子も
「ポロロロパリリリペラポラピン。」

きょうは森の大がっそう。

きょうはみんなの音楽会。

みんなの気もちが一つになった、音楽会。

からだにリズムを刻み言語感覚を育てる学習

阿部藤子

一　絵本を用いて創作を楽しむ

これまで小学校低学年を担任するとよく行ってきたことに、絵本を教材として教室に持ち込み、絵本の魅力を国語の学習に生かした指導がある。特に多いのが、リズミカルで子どもたちが口ずさみたくなるようなお話やことば遊びの絵本である。教室で何回もみんなで口ずさみ、子どもたちは体を揺すりながら暗唱してしまう。いかにも心地よい、楽しいという表情をしている。繰り返し口ずさむことやそのリズムに乗せて自分の表現を作ってみることを学習させてきたが、それは漠然とそういう経験が子どもの感性や言語感覚を磨くのだろうと考えていた。

このたび、自分の実践を振り返り、それを位置づけることで、今後の実践にも生かしていきたいと考える。

二　ことばとからだ、リズム

正高信男（二〇〇一）は、乳幼児期の子どもが、大人のことばかけへの反応の研究の中で、目や指など体でことばや音に反応し、ことばを獲得していくことを明らかにしている。また、ウォルターJ・オング（一九九一）は、文字を持たない民族では音声によるコミュニケーションが行われるが、それは、繰り返しやリズム感のある表現を多用するなど身体感覚と密接に結びついた表現の特徴があると述べている。

低学年の子どもが、繰り返しのお話を好んで読んだり、我々教師が経験的に、リズム感のある歌や詩を暗唱させたりすることは、実は子どものことばの習得や広がりと密接な関わりがあるのではないかと考える。特に、繰り返しそのような経験を積むことが、目には見えにくいが、言語感覚を磨くことにつながっているのではないかと考える。

本研究会でかつて飛田多喜雄先生のご指導のもと、「言語事項」についての研究が行われていた。その中で「言語感覚」をどう磨くかという実践研究も行われていた。益地憲一氏、橋本和顕氏らの実践には、生活経験の中から題材を取り上げ、子どもたちがことばに敏感に向き合い深めあう学習が組織されていた。

本稿では近年、著者がことば遊びや物語などの絵本を題材に、子どもたちが読み味わい、それをもとに創作につなげて言語感覚を育てる実践を行ったうちの、一つの実践を紹介し考察したい。

三　実践

想像をふくらませて創作する

「きょだいなきょだいな」（長谷川摂子作・降矢なな絵　福音館書店こどものとも）より

絵本「きょだいなきょだいな」は、「あったとさ　あったとさ　ひろい　のっぱら　どまんなか」という語りかけから始まり、広い野原で百人の子どもたちが空想の世界で遊ぶ様々な場面をリズムにのせて語っていく物語である。広い野原に「きょだいな」ピアノがあったり、「きょだいな」トイレットペーパーが転がっていたり、発想は奇想天外で、読み手である子どもたちには笑いを誘い、身近なものなら何でもこの原っぱに持ち込んで、百人の子どもたちのように遊べたらどんなふうに遊ぶかな、と空想をふくらませる楽しさがある。

まず、身の回りにあるもので「きょだいな」大きさになって野原に転がっていたらどうか、と発想をもっところから学習を始める。次にリズムに合ったことばを選んでお話を作り、各自の思い描いた空想の場面を話したり聞き合いながらことばを選んでいく。ともに声に出し、体にフィットする言い方、ことばを友達といっしょに探していく時間を取りたいと考える。また、「自分だったら違うことばを使う」「この言い方がすてき」というようなことばにこだわりを持たせ、友達との感覚の違い、表現の多様さに気づく場にしたいと考える。

(1)目　標

① 絵本「きょだいな　きょだいな」に描かれた原っぱの様子を想像し楽しむ。
② 「きょだいな」世界に空想をふくらませお話作りをする。
③ 友達のお話を理解し、作ったお話を味わい楽しむ。

(2)学習指導計画（十四時間扱い・本時8／14）

① 「大きくなる話」からいろいろなおはなしを読む。　（二時間）
・「大きなキャベツ」（読み聞かせ）・「ぐるんぱのようちえん」・「大きな木がほしい」
・「ジャックと豆の木」
② 絵　本「きょだいなきょだいな」を読み、学習の見通しを持つ。　（二時間）
・「きょだいなきょだいな」を大型絵本で読み聞かせをする。
・「きょだいなきょだいな」を音読、暗唱する。

・「きょだいなきょだいな」のおもしろいところを話し合う。
・学習の目あてを持つ。
＊おはなしづくりをしよう。　＊スーパービッグブックを作ろう。
③　お話を作る。（三時間）
・野原にあったら変なもの、それが巨大になったらどうかを思い描く。
・クラスの四十人がその場にいたとしたらというつもりで考える。
・前に学習した擬態語・擬音語を取り入れ、お話のリズムも考える。
④　ファミリー（席の近い四人組）内で紹介し合う。（本時）（二時間）
⑤　各自の本作りとスーパービッグブック（全判画用紙大）を作り、発表会を行う。
＊絵を描くなどは「なかま」（生活科）の時間に行う（五時間）

(3) 本時の学習
①　本時の目標
・自分が作ったお話を友達に伝える。
・友達のお話を聞いてどんな話か理解する。
②　本時の学習の流れ
・「きょだいなきょだいな」を暗唱する
・スクリーンに二〜三人の絵を大きく映しながら紹介の仕方を例示する。
各自が作ったお話には、簡単な絵を描かせた。その絵を大型スクリーンに映すことで、実際にその大きさをイメージし、そこにいる四十人の子どもたちの大きさと比べて可視化できるようにした。

本時で提示したS子の「きょだいなアイスクリーム」O男の「きょだいなケーキ」は、大きなアイスクリームやケーキに自分たちが滑っていたり乗っかっていたりする絵を描いていて、自分をその世界に投じて想像できていることが伺えた。これらの例にふれることで、そうだ、そんなに大きいんだ、自分があいうふうにあの中に入るんだ、と理解することができたのではないかと考えている。

・作ったお話をファミリー内で紹介し合いながら感想や意見を述べあう。

友達のお話の良いところ、アドバイスを述べポストイットに書いて渡す。

他の「○○があったとさ」を考えたり、同じ「○○があったとさ」でもその後の四十人の様子を変えることも考える。

・学習の振り返りをする。

・次時の見通しを持つ。

各自で本作りをすること

各自一つの作品を出し合い四十ページのスーパービッグブックを作ること

(4) 考察

① 児童の学習の様子から

☆お話作りを楽しむことについて　　奇想天外なおもしろさにどれだけ迫れるか

H子は「あったとさ　あったとさ　ひろいのっぱら　どまん中　きょだいな木が　あったとさ　こどもが四十人やってきて　みんなで木のぼりするするすー　みんなで木のぼり　たのしいな」という作品を作った。リズムに合わせてことばを連ねるのに懸命だったようである。この学習材のもつ奇想天外なおもしろさにまで想像のイメージがふくらんでいないが、リズムに合わせて創作することはできている。この児童には、「リズムに合わせられたね。他にも、本当ならあり得ないものがあったらどうかなって考えてたくさん作ってみよう」と投げかけた。

また、T児は教師のアドバイスを元に練り直しておもしろい作品を作った。最初に考えたのは、「あったとさ　あったとさ　ひろいのっぱら　どまん中　きょだいなえびが　あったとさ　こどもが四十人やってきて　ぜんぶえびをたべたとさ　いっぱいたべすぎて　おなかがぱんくしたとさ」であった。教師は、「えびは子どもよりずっと大きいんでしょ。どんなことしたい？　生きていたらどんな動きをするかな」と巨大なえびが目の前にいたらどんな様子か想像してみようという気持ちでアドバイスをした。そこで、T児は、「子どもが百人やってきて　えびのひげにぶらさがった　そしたら　えびが　目をさまし　のしのしどすどす　おってきた　みんな　きゃきゃとにげたとさ」と作品を書き換えてもってきた。原作の「きょだいなきょだいな」にあるように、その巨大なものに子どもたちが大勢で関わってとんでもないことが起こるという仕掛けにのせてお話をふくらませたのであろう。

かなりの児童は、最初に作った作品は、H子のように巨大な何かで遊ぶ、それを食べるというお話が多かった。教師が一人一人にポストイットでアドバイスを送り、その巨大なものに子どもたちが何かしたらこうなった、という出来事を考え、大きいからこそおもしろいことが起こるというふうに想像をふくらませる時間をとった。あまりしつこく書き換えを求めると創作の意欲を失いかねないので、あくまでも、児童がお話の中で自分も四十人の中の一人として、巨大なものと楽しむことを優先させたいと考えた。

☆友達と交流すること

次は、あるファミリーのやりとりである。

＊J児「きょだいなラーメン」をめぐって

あったとさ　あったとさ
ひろいのっぱら　どまんなか
きょだいなラーメン　あったとさ
こどもが四十人やってきて
ラーメンの中に入ったら
つゆがあつくて　やけどした
おはしをもってきて　たべたとさ

K児：おもしろい。
S児：やけどしてお箸持って来られるの？
K児：「おはしをもってきて食べたとさ」のリズムがいい。
N児：「めんをつるつる食べたとさ」とかにしてもいいんじゃない？

このファミリーでは、作品についてのやりとりがあり、こうしたらというアイディアを出す発言も出ている。しかし、一年生段階では友達の作品をまず理解し想像することで精一杯であろう。さらにそれにコメントするのは難しいようである。「よいところ」「アドバイス」という観点でポストイットにコメントを書いて作者である友達に渡すことにしたが、この観点も案外難しい。お友達のお話（作品）についてお話しよう、という程度でよいのではないかと考えた。まず、相手を理解できることが第一歩だと感じた。

物語、詩、ことば遊びなどたくさんの作品に触れると同時に、本実践のように、それらを真似したり生かしたりしながら子どもたちが自らの表現を作る活動を経ることを大切にしたいと考える。さらに、その学年なりに友達との相互交流の場を持たせ、表現の違いやおもしろさを感じ取る時間と手だてを工夫していく必要を感じている。

〈参考文献〉
「子どもはことばをからだで覚える」正高信男　中公新書　二〇〇一
「声の文化と文字の文化」ウォルターＪ・オング　藤原書店　一九九一

詩の教育についての飛田多喜雄先生のお考え

清水　左知子

はじめに

乗風台の飛田多喜雄先生は、三十人発表したとしても、それが、幼稚なものでも、理屈が多く地に足がついていなくても、また、かなり先進的な国語教育の方法であっても、理論実践的にも優れていても、どんな場合でも、直ちに理解され、的確に指導されました。優れているからといって安住してはいけないという教え、幼稚な発表でもよい所があるとおしゃってくださいました。

どんな発表にしても、勇気をくださり、更に、これからどうしていくかという指針を示してくださいました。

頭の中の引出しが多く、それを適所に出してこられるだけでなく、柔軟な頭脳を持ち、受け入れることができる方でした。

私の場合、とにかく、幼稚な発表でした。「子ども達が、日本語のよい使い手になるには、いい詩を教えればいいのではないか」という勘みたいなものを基に詩を集め、実践するだけの、飛田多喜雄先生をはじめ、全国の国語教育の大家を目の前にして、理論も実践も幼稚な発表をさせていただいたのです。

他の先生方は、あまりにも貧弱な私の発表に呆れ顔で、だれも何もおっしゃらない中、飛田多喜雄先生だけは、噛んで含めるように、私に足りない所やほんの少しのよいところを見つけて、ご指導くださいました。

三年ぐらい、おっしゃっていることの真意がよく分かりませんでした。でも、四年目ぐらいから少しずつ分かってきました。五年目ぐらいに「そらの音」という子どもに読ませたい詩を六百編ほど集めた本を自費出版しました。その時、飛田多喜雄先生に「お言葉」を寄せていただいたのです。

このお言葉は、詩の指導の本質を、余すことなく描いていらっしゃいます。

また、中身が、素晴らしいだけではなく、文体がとても美しいのです。読んでいくうちにとてもいい気分になってしまうような文体です。名文を読むと、頭に容易に入るだけでなく、気分がよくなるものですが、先生の文章がまさにそれでした。

その中身ですが、まず、子ども達の言葉の力を育てるために、詩の指導はとっても大切であるということを述べていらっしゃいます。次に、詩の見方、そして指導者の心得が続きます。その底に、弟子の仕事をじっと見守り見通す優しさ、そして、弟子を育てる厳しさが流れています。飛田多喜雄先生は、単に詩を教えることを述べておられるだけでなく、教師としての姿勢も教えてくださっているのです。

これは、教師育てについての飛田多喜雄先生の大切なメッセージだと思います。

私の本は、今、手元に一冊しか残っていません。この本がいつか埋もれてなくなってしまったら、この尊いメッセージは、消えてしまう事でしょう。そこで、これをそのまま、この本に載せていただくことにしました。

ご子息様の飛田良文先生にその旨申しあげましたら、快く承諾してくださいましたので、一部を載せていただきます。

飛田多喜雄先生のおことば

（前略）

……そう言えば私も詩が好きです。半世紀余も前に小学校で学んだ詩を今でも幾篇か覚えています。青年教師のころ、講談社の『少女倶楽部』という雑誌で「和歌」(五島美代子選)、「俳句」(星野立子選)という大先達とご一緒に私が「詩」の選をしていたことなど懐かしい思い出です。現代も小・中・高等学校の国語教科書の編集に係わっていますが、詩教材の選定には、特に心配りをしております。清水さんも引用されておりますように、「詩はことばの華」です。作者の鋭い直感と感受性と想像力を根にして生まれた美しいことばの芸術です。さらに言えば、詩には洗練された詩的言語としての形象性と、短いことばにこめられた意味としての思想性及び快いリズムとしての韻律性など、他の文学作品には見られない機能を特質として含んでおります。従って、いい詩を読み味わい鑑賞体験を積みますと、読み手の感性や想像力を触発し、ことばの感覚を浄化し、内なる人間の精神を啓発し豊にしてくれます。詩による導きを大事にする理由はそこにあると思います。

と申しましても私は、子どもたちに対して詩の難しい説明や過ぎた細かな分析が必要だとは思っていません。子どもたちには、よい詩をたくさん読ませたり、口にのせてリズムを味わわせたりすることが好ましいと考えています。好きな詩を読んで暗誦したり、みんなで同誦したりすることもよいと思います。そうした自由かつ自然な詩的体験をすることによって、子どもは子どもなりに、めいめいの感受性や触覚を柔軟にはたらかせ、明るい清新な想像力を広げていきます。こうして、詩によって発芽した新鮮な感動や生活感情は、子どもたちの可能性を無限に拡充してくれるのです。ですから、詩を読むことが楽しくなるように、いい詩をたくさん与える工夫が必要になりましょう。

清水さんは、ご自身の体験的自覚と信念から、また、教えの本質に基づく広やかな立場から、「詩の指導」と「詩による指導」の統一的な導きを意図され、その実現のために、優れた価値ある適切な詩を選び、実証し、整序してこの教材集としての詩の本を編成されたのだと思います。流石だとしみじみ感服しました。しかし、実際には、大変な仕事であり、容易い作業ではありません。恐らく子どもを愛する心と詩を愛好する心的態度が、清水さんの弛まぬ努力の支えになっていたのでしょう。とくに私の心を惹いたことは、ご自身の「はじめに」の中に「この詩集は、子どもたちが、詩が好きになってくれることを願って編みました。また、教室に、いつも詩が満ちていることを願って作りました」と述べておられるように、詩心が学級生活に充満していることを願いつつ、日ごろは模造紙に書いて、朝の会に読ませ、子どもたちの心の育ち方や言語感覚のみがかれている事実の実践的返照の集積だということです。このことは、授業を実際に見られた多くの先生方の感想に、「子どもたちが、とても楽しそうで生き生きしていた」「一つ一つの言葉に鋭く反応していた」等とあることでもわかります。

いま一つ特色として注目した点は、詩の資料の選択と配列が、教育的観点から、周到であり、本格だということです。この詩の本に収録されている詩は低学年・中学年・高学年それぞれ百五十編ということですが、その蒐集の経緯につき、三十年来の長期間にわたり、六十余冊の詩集に当たったとあります。中でも六項目のフィルターにかけたという着想は、誰にも実践可能な指導の事例とともに正に実践的自覚から生まれた考案であり、卓見だと思います。

本書の誕生は、誰よりも手にする子どもたちが幸せであり、その成長を願う親たちの喜びとなりましょう。さらには同じ教育の道を歩まれる実践的指導者にも多分の教育的利益を与えるものと私は確信している次第です。

一九八六年六月一日

国語教育実践理論の会会長
成蹊大学文学部教授
飛田　多喜雄

「これまで」の正確な理解が「これから」を生み出すこと

岡田一伸

はじめに

私は、平成十三年よりKZRに入会させていただきました。ですから、直接飛田多喜雄先生に教えをいただいたことはありません。そんな私がこのような機会をいただきましたのは、先生のご著書であります『続・国語教育方法論史』を通してたくさんのご示唆をいただいたからだと考えています。記念論文集という趣旨から言えば、現在の自分の考え方があり、その中に飛田多喜雄先生から学んだことがどう支えてくださっているかを書くべきところだと思います。しかしながら、今の自分には、ご著書を通して学ばせていただいたこと、そしてその学びが「これから」の自分をどう支えてくださると考えているかを書かせていただくことさえも力量を超えたことであると自覚しております。ご容赦いただけますと幸いです。

一　実践の新しさとは何か

飛田多喜雄先生は、序論「授業論史考察の意義と立場」の中で、なぜ国語科授業論史を取り上げようと思われたのかについて、以下の三点を挙げておられます。

〈1〉学校教育における「授業」の教育的機能の重要性に対する発見的確認ということ。
〈2〉今日の向上進歩した「授業」に至るまでの研究経緯（少なくても戦後）を究明し、今後の授業改造に資するということ。
〈3〉「授業」の研究に視点をおいた史的事実や問題点及び資料の所在を可能な限り明らかにしておくということ。

中でも（二）の解説の中で、その意図について述べられているところが、私にとって心に残る飛田先生のお言葉として忘れられないものとなっています。少し長くなりますが、引用させていただきます。

授業が学校教育の核心として重視され、授業をめぐる研究活動が目を見張るほど意欲的かつ価値的になされているという事実は、ある年いきなり生起したとか、ある時期に一挙に出来上がったという性格のものではない。終戦直後の口に言えぬほどの不如意の生活を基盤とし、新教育の名の下に不慣れな生活主義、経験主義に立つ単元学習の国語授業とどう取り組み、どういう実践的工夫や問題を解決しながら、少しでも前進した単元学習、系統学習などの実践的消長をたどったのか、すべて授業と密着した問題である。そうした経緯の連続、生成・発展としての今日の授業観であり、それに基づく研究成果である。したがって言うところの私の意図は、国語科の授業論や授業研究に視点を置いた史的考察の必要性の強調と、多少ともそれに寄与する具体的なアプローチへの自覚と自戒ということである。

現在私たちが「新しい」実践として考えたり、目にしたりしているものは、本当に新しいのでしょうか。もし、新しいとすれば、どのような点において新しいのでしょうか。

飛田先生は、国語科授業論史を考察される上での立場として四点を挙げられています。その第二は、「授業形態、授業過程、授業操作（技術）という観点から望ましい授業への要請や問題的指摘への研究成果の見極め」というものです。「今自分が取り組んでいる問題意識は、国語科の授業研究という観点から見てどこに位置づいているのか。」こうした基本的な知識の無い中で、自分が取り組んできたことの無いものや見聞きしたことの無いものを「新しい」と安易に結論付けてよいわけがありません。

これまでに脈々と取り組み続けられてきた先達の歴史を学び、できるだけ正確に理解した上で、今の自分の問題意識をもう一度見つめ直すこと。国語科授業作りに僅かながらでも携わる者として、大切なことであると考えました。そして、自分の後輩にもそう伝えなければならないものだと考えました。

二　学ばせていただいた「これまで」

この項では、ご著書の各章から一部引用させていただきながら、自分が何を学び得たと考えたのかについて書かせていただこうと思います。

（1）第一章　新教育の出発と国語授業

ところで「単元」「単元学習」の問題が一般に注目されるようになったのは前記の学習指導要領の公表といっしょであった。それも社会科の単元を中心にである。と言うことは、単元を教育目標を達成するための学習作業の一まとまり、学習活動（経験）の組織のことと考えると、何を統一の根拠とするかが問題になるが、その場合、学習者の当面する問題の解決を中心としてまとめる経験単元が設定される。無論、問題解決のためには、さまざまな経験や作業が計画され実践活動が展開されることは言うまでもない。言わばそれは、問題解決学習に代表される方式であり、こ

こに経験重視の単元学習が有効な近代的手法として登場したわけである。（二一　単元学習の模索と問題点　より）

現在当たり前のように使っている「単元（学習）」「問題解決学習」といった学習指導の方法が日本においてどのような形で取り入れられたのかを知ることができたのは、この章の内容からでした。「単元」とはもともと何を意味する言葉で、どのように学習指導方法として位置づいてきたのかがとても理解しやすく解説されています。さらに、単元の特質についての記述には、大きく四つの方式として整理され当時から以降の実践上の課題が理解できます。

（1）教材単元（伝統的）の立場から、国語教科書を教師本位に順次教え込む旧来の教授方式。
（2）教材単元（機能的）の立場から、教科書教材を中心としながら学習者の主体性や自発的な活動を重視する新しい指導方式。
（3）経験単元（言語的）の立場から、言語生活に係わる学習者の課題を中心にした問題解決に取り組みながら、その過程を通して言語能力を育成する学習の方式。
（4）経験単元（生活的）の立場から、学習者が当面し、自ら選んだ生活的問題解決を中核（コア）としながら、その経験の発展を目指す学習活動の方式。

（2）第二章　初期の単元学習論と国語の授業

一　学校における教育課程がどのように移り変わることがあっても、国語の学習と指導をゆるがせにしてよいような時代は永遠にこない。これは、国語は、樹木における樹液であり、人間における血液であるからである。（中略）

同時にまた、教師のまじめな実践と、調査と、研究とによってのみ、将来の国語の学習指導要領に、ほんとうの意味での成長と進歩と、発展が期待される。（小学校学習指導要領国語科編（試案）文部省　はしがき　より）

「伏せたコップに水は入らないのである」……学習者の意欲なくして、言語の教育が成立するはずのないことは誰しもが納得するところだと思います。その思いを端的に表したこの表現は忘れることができません。

（3）第四章　経験志向の授業論と実践的前進

この立場では学習者の要求が軽んじられているので、いきおい記憶を強い、理解の無理強いになり易い。教材の系統にとらわれて楽しく学ぶという積極的な意欲がそがれ易い。また、別の欠点としては、各教科がそれぞれの領域に固執して、孤立となり、断片的になり易い。はなればなれの抽象的な知的要素と間接経験のため、学習者の立場から統一性がなく混乱をおこさせる。（中略）伏せたコップに水は入らないのであるから、新教育において学習者の生活基盤が強くとりあげられるよになったのも当然である。（1　伝統的教科カリキュラム論　より）

この文章は、昭和二六年改訂版国語（試案）の特色を解説される中で、「今後の参考のため」として引用されているものです。当時の現場の要望や問題点に対する改訂版の周到な配慮が見られるという位置付けをされています。ここに書かれた「国語は樹木における樹液であり、人間における血液である」という部分は、当時の文部省がいかに国語科を通しての学びに期待を寄せていたかが伝わってきます。そして、その精神は、平成二三年度全面実施される新しい学習指導要領にも再び大切にされようとしています。

(1) 過去の遺産をふまえ、進歩に適応する独創的な方法的考案であること。(2) 学習者の主体的自己活動や作業化を促進する方途であること。(3) 地域性や発達段階に即応した適用範囲の広いものであること。(4) だれにも実践可能で、それをやれば所期の成果が挙がるという平易かつ効率的な方法であること。以上の指導技術の一般的法則性という私の提唱を端的に言えば、日々の学習指導が、出たところ勝負の思いつきや無力の操作にならないことを意図し、我々の先達が長い歳月にわたり(歴史的な観点から)広い範囲の中で(全国的な観点から)個人的に苦労して工夫し案出した指導技術を、その場限りで埋没したり散逸させたりせず、手を尽くして優れた技術を収集し精選して、表現・理解・言語事項の各領域にわたり、必要事項ごとに(中略)いくつかの事例を組織的に整序し、指導者個々人が、誰でも、何時でも、何処でも、活用自在に使用できる資料をサンプルとして集成しておくということである。従って現場の指導者は、前記のような具備条件を心得とし、その「指導技術集」を有力な参考として、それからヒントを得、自らの力で、当面した指導の目標、教材の性格、学習者の実態を勘案して独自性のある指導技術を実践的に工夫考案して授業展開に役立てるのである。この場合、あくまで当事者による指導技術の相違ある考案がねらいである。何故なら、授業は、教材や実態などをふまえ、指導者の確たる導きのねらいや方法など、一連の過程の中で総合的な働きとして展開するものであり、いろいろな指導技術が組み合わされ駆使されて連続的、関連的に機能する性格を持つものだからである。

(一 注目に値する「教育技術の法則化」の提唱と運動 より)

この部分は、二一世紀を志向した授業研究の課題として取り上げられた「教育技術の法則化」運動につき国語科の授業論にかかわる問題として書かれた文章です。一般的な法則性を持つ指導技術の確立を意図されて、四つの観点から一般的な法則性をもつために必要な条件を明示されています。その条件も重要な意味をもつものと考えますが、そのこと以上に私の心に残ったのは、「授業」について書かれた最後の文章です。一般的な法則性をもっと考えられる指導技術は、「そこからヒントを得、自らの力で、当面した指導の目標、教材の性格、学習者の実態を勘案して（後略）」…あくまでヒントなのです。主体は「自らの力で実践的に工夫考案して授業展開に役立てる」私たち教師自身であるはずだという飛田多喜雄先生の言葉は忘れてはいけないと心に刻んでいます。

三　「これから」に向かうエネルギー

> 二一世紀の教育とか、教育新世紀と言っても、無から有とか、木に竹を接ぐという変則はあり得ないのであって、すべて現在の生きた連続であるという事実を忘れてはなるまい。
> （二　単元学習の課題と国語科授業論　より）

私は、日々の学校生活を共にしている子どもたちを、よりよい未来を築く担い手として育てることを強く願います。子どもたちに確かで豊かな言葉の力を育てるためには、指導者である自分が決して独りよがりに陥ることのないように常に自分を見つめ直していく強い意志をもちたいと心の底から願わずにはいられません。そのときに、これまでのお会いしたことのない先輩方が営々と努力されてきた「言葉の道」を知り、これからのよりよい実践のために活かし、結んでいくことの大切さを飛田多喜雄先生のご著書から学ばせていただいたと思っております。そして、その学びの重みこそが、自分の「これから」の実践を生み出すエネルギーとなることを改めて感じているところです。

国語の力とロゴス・パトス・エトス

――「国語科教育方法論大系5　理解教育の理論」を読んで――

貴戸紀彦

はじめに

私は、昭和六三年（一九八八年）の第二八回国語教育実践理論の会沖縄集会にオブザーバーとして参加、次年度柏大会から正式入会させていただいて、現在を迎えている。初めて飛田多喜雄先生にお会いしたのは、日本の最南である沖縄に最北の北海道からもっと学びたいという一心で出かけた時のことであり、日本の広さや国語教育を志す方々の熱い思いと自分とはあまりにかけ離れた存在の方々との出会いに入会してよいのか迷ったことを思い出す。その時、「はまなす会として推薦しているのだからこれからだよ。」と言ってくださった先輩や「よくきましたね。来年は実践を持っていらっしゃい。」と声をかけてくださった飛田多喜雄先生の笑顔が背中を押してくださった。それから二十余年、学ぶことがいつでも今でもおもしろいと感じるのは、飛田多喜雄先生との出会いと、会の名前は変わっても実践理論の創造に重きをおく本会の気概に触れているからだと実感している。

平成四年に発刊された「飛田多喜雄先生追悼集」に、その沖縄大会時の飛田多喜雄先生のご講話が掲載されている。当時は、半分もわかってはいなかった内容が、時を重ね実践を重ねるごとに頭に流れ込み心に染みてくる。

ここでは、沖縄大会の四年前の昭和五九年（一九八四年）に発刊された「国語科教育方法論大系5　理解教育の理論」を元に、沖縄大会のご講和と絡めて、現在も鮮やかに色彩を放つご論考について、述べさせていただくこととする。

一　実践理論と不変

私は、大学では数学を専攻し、教育現場について、国語科教育の大切さと奥の深さ、そしておもしろさに出会った。

そして、日本語である言語の学習にも、他教科同様に、国語科教育として、国語も一人一人が「わかる」過程の科学的な解明が重要だと考え、今も志向している。そして、飛田多喜雄先生にご教示いただいたように自分の実践原理を見出すべく実践を重ね書物を紐解くごとに、実は自分の創り出したと思っていることは、過去にも確かに存在し、先達が志向し試行してきた国語科教育の変遷と歴史の学びなおしであると実感する。

過去の先人の実践理論の中に、時代が変わり世の中が移ろっても、「国語」「わかる」「つかう」という実践原理は、表現する言葉や接近の仕方は違っても、不変に追究されてきた。実は、勉強不足のために、知らずに闇雲に実践し、迷走の実践の中から、自分の実践理論を発見したと思っていただけだということに何度も気付かされた。

飛田多喜雄先生は、第二十八回沖縄集会のご講話の話題として、「昔」と「今」と——史的事実に学ぶ心を挙げられた。

◆歴史的事実に学ぶ

歴史を学ぶことの意義として、

○木下杢太郎氏「過去は決して過ぎ去ったものではなく背中の方に廻った未来だと考えることができます。」伊藤整氏「現代に生きているだけでは現代を知ることができない。歴史を知り、現代を歴史的に把握することによってのみ、私たちは現代を自覚的に生きることができる。現代を自覚的に生きるということは主体的に生きるということである。」文芸評論家の言「私たちに基準として君臨する資格と権利を持つものは過去のみ。もし、過去を否定すると、基準提出の資格と権利は万人共通となる。漸進主義は基準を過去におくが、革命的急進主義は基準を自分におく。それは、基準の否定になる。」を例示し、

「現代を生きているだけでは現代を知ることはできない。歴史を知り、現代を歴史的に把握すること。」の重要性を説かれた。特に、「時間的通時性」として、歴史に目を向け、過去に旅することを挙げられている。

○先人・先輩の残した厚みのある歴史的事実から、数々の貴重な生きの姿、精神的な糧を獲得できる。同時に、現在の有り様がはっきりし、これから何をなすべきかの新しい課題が、わかってくる。過去の世界に旅をしながら現代の世界を見すえる、そして未来のあるべき姿を予見すること　歴史的探求（探し求めること　探究…見極める）の努力を。

しかし、実は、自分で発見したという思いを持つことは大切なのだとも思わせてくださっている。

○直接間接を問わず、それぞれの実体験がきわめて大切な機能を果たす。体験をすることによって知見を拡充し、考えを深め、素養を増幅し、一人ひとり心身の生きざまを豊かにすることができる。これは、学び手の「わかる」過程でも重要であり、飛田多喜雄先生はご自身の体験と、会員のこれまでとこれからの経験と重ね、学びの手立てを述べられている。

また、「変化」と「不変」と　流れの中で知るものとして次のようにも述べられた。

◆不変の意義と価値

○「今はあるが昔はない、昔はあったが今はない」という古の文物や生きざまにかかわる変化の価値を的確に知り、古今を問わず問題にされ、求められ、大事に考えられてきた時間の中で消滅しない変わらない価値、不変の

価値を解明すること。生死、愛、自然美などである。と人間の不変の心情について触れられている。

更に、本会の命名にもかかわるお話として、

○「元来実践は、原理を根基とする。原理なき実践といふものがありとすれば、それは妄動である。（みだりの動きである。）事実に即して法則を求め、法則を認めて事実に徴し常に鍛錬を志向することが実践の意義である。実践と原理を継ぐ作用は、内部主義的意識即ち体験・認識・信念であって、三者その一をも欠くことができない。」理論家は裏づけを、実践家はその拠りどころを持つように努めましょう。と、実践原理の追究を説かれている。

二　理解・理会とロゴス・パトス・エトス

前述のご講話の中にあるように、「飛田多喜雄先生追悼集」も「国語科教育方法論大系5　理解教育の理論」も二十余年も前の本であるが、国語科教育の歴史を知り、変化と不変の価値を知るうえで貴重であり、曖昧になっている語義規定についても辞典として学ぶことが多い。

飛田多喜雄先生は、理論的探究と実践は自らの生涯の仕事であり、小・中・高・大の講師として教育現場を経験してきた変化と不変の価値にかかわる私見の集積であると述べられている。特に、第一部　理解指導の実践的基本論　第一章　言語理解の本質的機能では、1「わかる」という機能について、文学教材の教材研究を基礎に、一事象　内容として記述されている事柄のあり方、2情調　情景や心情などを思わせるような作品の雰囲気・気分・情緒・調子やリズム感、3主題　その作品を通して表現しようとする問題・中心的思想、4構想　構…組み立て、想…主題にかかわる考えのまとまり・想念、5描写、6形象　に分類して教材研究することの重要性に触れている。

ここでは、「理解教育の理論」の中で展開されている、「わかる」と言うことについて、「理解と理会」の違い

を取り上げさせていただくことによって、少しは自分の実践原理の入り口を表したいと考える。

私は、現在は使われなくなってしまった「理会」という概念について、最近関心をもっている説得の論理との共通性を見出し、歴史的探究として、アリストテレスの修辞学との関係について考察することとした。

本書では、理解は、「物事の道筋やわけを考えて正しく知ること。わかること。」であり、理会とは、「辞書的には、物事がよくわかること。深い道理を悟ること。物事の事理を会得すること。」で、「自分の心に納得がいく、もっと内部から深く意味がわかる」ように主観性の強い「心情的了解」「全体的な了解」を指す。さらに、理会とは、「感性的な表現を通して、自我がその表現を自ら追体験して、その全容をとらえること。対象の世界に自らの体験を投入し、対象の蔵するものを表現を通して把握することといってもよい。」と述べられている。

つまり、理会とは、体験的に了解する、内面から意味がわかる、理由がわかって納得する、深く人間的に意味を会得するというように主観性の色彩の深いわかり方、共感的なわかり方なのである。

ところで、アリストテレスは、修辞学で、説得の要素としてロゴス（logos）・パトス（patos）・エトス（etos）を挙げた。ロゴスとは、論理でありロジック（logic）の語源である。パトスとは、感情や情熱などを表し共感（empathy）などの語源ともなっている。エトスとは、信頼や権威を表し倫理（ethics）の語源ともなっている。ロゴスは論理…筋道や理由、パトスは感情や情的共感、エトスは信念・信条ととらえることができる。

すると、理解はロゴスの段階の言語表現の理解とパトスである情念のほとばしりを読み取ることによってなされると考えられる。一方、理会はロゴスである論理とパトスである情感の入った言語表現の複合体であり、エトスの深い人間的な信念や信条、人柄に基づいた全身的な了解によると考えられる。深く理会することは、ロゴス・パトス・エトスが連鎖する相乗効果があって成り立つと考えられる。三者は、どれも切り離しがたく相互に螺旋的に人を動かすからである。

飛田多喜雄先生との出会いやあまり長いとは言えないご指導いただくことができた時間がかけがえのない至宝

に思えるのは、飛田多喜雄先生の知と情がかもし出す人間的で崇高な魅力を肌で感じることができたからなのではないかと思う。

それまで歩んでこられた実践の確かさと豊かさであるロゴス、「一道実践を」と傾けられてきた情熱であるパトス、そして、触れ合った者の誰もが、安心感と次への意欲を引き出すお人柄であるエトスに感化されたからであり、私もその一人であると思う。私の心に灯をともし、実践への情熱をたぎらせてくださった二十年以上も前の鮮烈な出会いの感慨は、今も変わらず私を突き動かすのである。

三　国語と認識

飛田多喜雄先生は、理論的なことにはあえて触れず、認識論を表に出さずに、実践を通してその裏にある理論を各自が学ぶことを意図されていたように感じる。

しかし、本書では、「認識の考察」として、国語科教育の中での二つの傾向を挙げ、「言語機能にかかわる認識の問題」、「ことばが対象的世界としての事物を認識させる働き」から、四つの機能…認識的機能、伝達的機能、創造的機能、思考の機能に分類・言及している。

ここでは、飛田多喜雄先生の言語の「四つの機能」から、私が自分なりに整理したことについて述べさせていただくこととする。

私は、常々、言語の機能について、二つに、大別して考えることにしている。

一つは、自分の考えを創る働き…認識的機能・創造的機能・思考的機能であり、もう一つは、物ごとを伝え合う働き…伝達的機能である。「自分の考えを創る働き」は、物事を認識し、思考を育て、自分の認識を形成していく働きである。「物ごとを伝え合う働き」は、文化の伝達やコミュニケーションの機能といえるであろう。

「自分の考えを創る働き」にしても「物ごとを伝え合う働き」にしても、広く言語の機能としてとらえられるが、私たちが使用する言語、日本の母語は日本語である。日本は、国名のついた言語の日本語を、国の言語「国語」として使っている。

飛田多喜雄先生は、次のように述べられている。

○国語科と人間形成の関連について、国語科の固有の任務であることばの教育、国民の共通の言語である国語そのものの教育をするという観点から、確かな言語理解力の基本を学習者ひとりひとりに手堅く身につけさせ、学習者のひとりひとりの国語能力を育成することは、それがそのまま人間形成であり人間精神の教育である。

日本語の特徴を他の言語と比較すると、他者に対する尊敬や謙譲が表現されたり、一つの事柄を表す言葉が多様に存在したりするなど、長所を多く持ち、日本の文化を創り出してきたのである。

また、飛田多喜雄先生は、学習指導要領の作成や改訂にも深くかかわりを持ち、そのご功績が現在の学習指導要領にも反映されていることを考えると、新学習指導要領の改訂でも、「国語の力が日本人の豊かな人間性や創造性に密接に関係しており、具体的な言語活動を身につけ駆使することによって発揮される国語の力が、国際社会で生きる日本の人々に必要であることが強調されている。」ことは、前述の国語の機能からもわかる。

学習においても、実生活においても、国語によって考え、国語によって伝え、国語によってわかり合うなどの国語の力がより一層重要になってきているわけである。その実現のために、私は、実践の切り込み口を、次のように考えている。

その観点とは、「豊かなかかわり」によって、「確かな国語の力」をはぐくむ授業を創造することである。国語を駆使する確かな国語の力と豊かなかかわりは、心の成長とも呼応して、螺旋的に相乗的に成される。

よって、「豊かなかかわり」を、三つの観点から具体化して考えている。

それは、「言葉を通して行う自己内対話による自分とのかかわり」、「言語活動を楽しみながら行う国語科単元や教材とのかかわり」、「言葉を駆使して高め合う指導者や仲間とのかかわり」である。

中心となるのは、「自分とのかかわり」の自己内対話である。誰もが、日本語で考え、日本語で自分と対話している。言葉で考え、言葉を選び、言葉を組み立てるなど、言葉で自問自答しながら自分の思考を深めている。その過程に、外界とのかかわりがあり、「単元や教材」であったり、「指導者や仲間とのかかわり」であったりする。言葉をもう一度とらえ直し吟味するなどの「外界とのかかわり」によって、日本語を学ぶよさや面白さを知り、外界とのかかわりの中で、自己内対話が進み、かかわりの中でよき国語の担い手としての自分の存在を意識していくものと考えている。

日本語は、表現される内容が豊かな言語であるが、それは難解であることをも含んでいる。日本語を確かに身につけていくためには、外界とのかかわりが不可欠であり、すべての教科・生活場面で意図的に駆使する場を設け、誰もが外界に対して意識して遣うことによって身についていくものと考える。

「少年の日の思い出」の読みの指導について
――意見の交流を通して読みを深める――

川畑　恵子

一　読むことの指導について

飛田多喜雄先生は、文学的文章の指導過程における計画的な読解（鑑賞）指導について、「〔読解（鑑賞）指導の第二次段階〕」として、「意図的な読解（鑑賞）指導は、児童生徒のよりよき文学体験を成り立たせるための学習指導である。」と述べておられる。（飛田多喜雄著『国語科教育方法論大系7　機能的読解指導の方法』明治図書　一九八四）　また、読解指導について、方法論的な観点から、「読解指導における創造性を開発する手だて」の必要性とその具体的指導内容として、「①創造性の育成は、言語（国語）を通じて学習者の全人的発達をめがけるものであること。②創造性の育成は、才能のある特定の児童・生徒ではなく、すべての学習者に、自分で考え自分で作る能力の開発をめがけるものであること。③創造性の育成は、文章を書く、創作する、ということに限定せず、言語活動全体にわたる創造性をめがけるものであること。（中略）具体的な読解指導の過程において、学習者ひとりひとりの創造的思考を促し、創造性を開発するために、どのような手だてが必要か、ここに照明をあてた実践的くふうがほしい。」と提唱されている。（飛田多喜雄著・国語教育実践理論の会編『国語教育論集』光村図書出版　一九七八）　このことを受け、意見の交流を通して読みを深める活動を中心にすえ、手引きを利用したグループ学習による精読の学習指導を組み立てた。

二　実践における指導の重点と研究の視点について

（1）指導の重点

○読みの交流の場を設定し、学習者の主体的な読みの姿勢を育てる。
○意見の交流を通して学び合うことにより、読みを深めさせる。

ねらい　○学習者中心の授業づくり
○読みの目的・動機の明確化
◇物事を知る。…読書を通じて、作品の中で作者と体験を共有し、本の中の世界を知る。虚構のおもしろさを楽しむ。人物や情景のおもしろさを楽しむ。人物や情景のおもしろさを楽しむ。人物・もの・ことの関係を読み解く。
◇他者を知る。…書き手が表現を通じて書き表したいことを推測する。意見の交流により、お互いの考えを知る。他者の読みの視点に気づき、他者から学ぶ。
◇自己を育てる。…作品と出会い、共感や反発などのなかから、自己の姿を客観視する。意見の交流により、他者の読みの視点や考えを知り、自己の考えを深める。

（2）読みの学習指導の工夫

一人ひとりの読みが深まる学習活動の工夫として、意見の交流の場を設定する。この場合、時間ごとの学習のねらいに応じて、二人、四人、学級全体と、人数の使い分けをし、形態に変化を持たせて、読みが深まるように工夫する。

三　指導の実際

（1）教材　「少年の日の思い出」

（2）学習目標　○登場人物の行動や情景の描写の工夫に着目して読み、「僕」の心情を考える。

○仲間の意見と自分の意見を交流するなかで学び合い、自己の考えを深める。

（3）学習計画（全七時間）

第一時　全文を通読し、初発の感想を書く。

第二時　全体の構想と冒頭の部分をとらえ、展開や構成の工夫について考える。

第三時　回想の部分の前半を読み、登場人物の性格や心情をとらえる。

第四時　回想の部分の後半について、疑問に思ったことを出し合い、考えを書く。

第五時　「僕」があやまちを犯したときの心情を読み取り、意見を交換する中で読みを深める。

第六時　母への告白、エーミールへの謝罪、収集した自分のちょうの標本を押しつぶしてしまう場面の「僕」の心情を読み取り、考えを伝え合う。

第七時　初発の感想と学習後の感想を比較し、新たに気づいたことや考えが深まったことなど、自分の読みの変化についてまとめ、学習を振り返る。

（4）評価規準　○「僕」の心の動きや行動の意味について考え、自分の意見が持てたか。

○ちょうの描写や場面の様子、登場人物の心の動きなど、工夫された表現に着目することによって、心情をより深く読み取れたか。

○意見の交流を通して自分の読みが変化したことを確かめることができたか。

（5）第五時の学習の実際

①本時の学習目標　○クジャクヤママユを盗み、つぶしてしまった「僕」の気持ちについて、仲間の意見と自分の意見とを交流し、自己の「読み」を深める。

②学習の流れ

〈1〉本時の学習内容と学習目標を確認する。

〈2〉本文を読み、隣席の学習者とともに「僕」の気持ちの変化をたどる。（二人学習）

〈3〉なぜ、「盗みをしたという気持ちより、自分がつぶしてしまったちょうを見ているほうが、僕の心を苦しめた」のかを考える。（個人学習）

〈4〉班の仲間と意見を交流する。（四人学習）

自分の考えと仲間の考えとを比較しながら聞き、違いや気づきを記録用紙に書く。

〈5〉記録したことをもとに、気づいたこと、疑問に思ったこと、自分の考えの変化を班内で発表し合う。

〈6〉学習を振り返り、自己を評価する。

〈7〉自分の考えの変化、読みの広がりや深まりを伝え合う。

③第五時の学習活動の工夫について

学習者の初発の感想をみると、「僕」がエーミールのちょうを盗む場面は多くの学習者の興味をそそった。

「盗みをしたという気持ちより、自分がつぶしてしまったちょうを見ているほうが、僕の心を苦しめた」という部分に疑問を感じたり、このことについてもっと考えてみたいという感想が複数みられた。

また、「僕」のそのときの気持ちを読み取る手掛かりとして、ちょうに魅せられた「僕」の様子だけではなく、それまでの「僕」のちょうに対する熱情にまでさかのぼって読みを広げる学習者もいた。

そこで、この部分は、学習者の多くが興味を持っており、一斉学習では意見を出しにくい学習者が、意見の交流ができる場面と考え、グループ学習の方法を設定した。また、「読み」の学習に苦手意識をもっている学習者や、「僕」の行動のみをとらえて、盗みの是非だけを問うている学習者に対しても、意見の交流によって様々な「読み」の視点を気づかせることができ、「読む」ことに対する苦手意識を取り除くことができると考えた。

④指導の中で留意したこと

○ 班ごとの話し合いには、各班に司会者を設け、「司会の手引き〈話し合いの手順〉」を用意した。これによって、学習者が相互に意見が出しやすくなり、また、出された意見が整理され、学習者が自分の意見を重ねることもできた。

次に「司会の手引き〈話し合いの手順〉」を示す。

1 確認　「これから、〈　〉ということについて、考えを出し合いたいと思います。」

2 話し合いと記録の手順の説明　「発表をする人は、読み取った気持ちと、本文のどの部分から読み取ったのかを言ってください。」

3 意見の交換　「発表がすんだら、他の人の発表に対して、意見を出してください。」

4 記録の報告　「報告者は、班内で出た意見や疑問を報告してください。」

○ 記録用紙を用意し、意見が出された順に逐語記録がとれるようにした。これによって、意見がどのように交換されたのか、重ね合いがなされたのか、学習者相互の読みの軌道修正がどのようになされたのか、記録に残せた。

○ 話し合いの形態は学習のねらいに応じて、二人、四人、学級全体と、人数の使い分けをし、変化を持たせた。

これによって、学習内容により、効果的に話し合いができた。

1「僕」のポケットでクジャクヤママユがつぶれてしまった場面については、隣り合わせの席の者同士二人で、「僕」の気持ちの変化をたどらせた。

2「盗みをしたという気持ちより、つぶしてしまったちょうを見ているほうが、「僕」の心を苦しめた」のはなぜかということを考えるときは、四人の班で意見を交流し、読みを深めさせた。

次に四人班の「班内意見交流」の一場面を紹介する。

司会　これから、「なぜ、盗みをしたという気持ちより、自分がつぶしてしまったちょうを見ている方が「僕」の心を苦しめたのか。」ということについて考え、意見を出し合いたいと思います。まず、一人ずつ順番に意見を出してください。（発表順、読み取った気持ち、本文のどの部分から読み取ったのか等は省略）

生徒1（男）「僕」はエーミールがクジャクヤママユをさなぎからかえしたと書いてあるので、そんなに珍しいものをつぶしてしまったのでつらかったのだと思います。それから、さなぎからかえしたと聞いたとき、「僕」がとても興奮していたことからも、とても珍しくて大切なものだということが分かります。

生徒2（女）四つの大きな斑点が、挿絵のよりはずっと美しく、ずっとすばらしく「僕」を見つめた、そして、ちょうを「宝」といっているところから、「僕」を見つめるほどの「宝」をこわしてしまったことに耐えきれなかったのだと思います。

生徒3（男）盗んだちょうは憎んでいたエーミールのものだから、「僕」はあまり悪いとは思わなかったのだと思います。（中略）だから、美しく珍しいちょうをつぶしたということの方が、いちばん自分を苦しめたのだと思います。

司会　一通り発表がすみました。ここで、今まで出された考えに対して、意見を出してください。

生徒1（男）　生徒2さんの考えから、自分ではどうしようもないほどちょうにのめり込んでいた「僕」の気持ちが分かりました。

生徒2（女）　生徒3君の意見について、憎んでいたエーミールのものだから、盗んだことを悪いとは思わないというのはおかしいと思います。そのようなことは、文章から読み取るのは無理だと思います。勝手に読んでしまってはだめだと思います。

生徒1（男）　（前略）クジャクヤママユほど「僕」が熱烈に欲しがっていたものはなかったという部分で、「熱烈に」という言葉から、「僕」はそのちょうをどうしても欲しかったのだと思いました。「熱烈に」欲しかったクジャクヤママユをつぶしてしまったのだから、「僕」はとても苦しかったのだと思いました。

○　学習の振り返りのための記入用紙を用意し、自己評価をさせた。これによって、学習目標の達成を個人で確認することができた。また、自分自身の読みの深まりや変化、気づきなどを記入させたので、授業前と授業後の個人の変化を確認できた。

次に学習者に自己評価をさせた「学習を振り返って」の一部を紹介する。

生徒A（女）　わたしは「僕」がちょうをつぶしてしまったことに罪悪感があるから、悪いことをしたと思っていると考えていました。でも、○○さんは、「せめて例のちょうを見たい」「とても欲しかったから」というところの表現から、「僕」は自分の行為を正当化しているととらえていました。わたしは、「正当化」という言葉は少し言い過ぎだなあとは思いましたが、作者がなぜここまでして「僕」の気持ちを書こうと思ったのかということについて考えました。作者は主人公の「僕」に自分の気持ちをたくして、それほどまでしてちょうにのめり込む気持ちを書き表したかったのだと思いました。

生徒B（男）　○○君の、「つぶしてしまったちょうは二度と元には戻せない。」「戻せるものならば元に戻して、何事もなかったことにしておきたかった。」という、「僕」のとてもつらい、後悔してもしきれない気持ちがじんじん伝わってくるという意見を聞いて、はじめは、なぜ、そんなにつらくなるほど大切なものをつぶしてしまったのだろうかと思いました。

けれど、もう一度文章を読んでみると、「僕」がちょうをつぶすつもりはなかったことが、「『僕』の良心は目覚めた。」というところや、「見つかりはしないか、という恐ろしい不安に襲われ」、「本能的に、獲物を隠していた手を上着のポケットへ突っ込んだ。」という表現から伝わってきました。自分もそうしたかもしれないと思いました。そして、自分のいちばん大切なものをこわしてしまった「僕」のつらさに気づきました。

なお、場面ごとの提示課題と生徒の読み取りについては、澤本和子氏が、「『僕』の心情を精読する・・手引きを利用したグループワークによる精読の学習指導事例の研究」で紹介してくださっている。（益地憲一編著『中学校・高等学校国語科指導法』建帛社、第十三章　授業研究　澤本和子執筆　一七八頁〜一八〇頁　二〇〇九）

四　考察

今回の実践を整理してみると、学習者一人ひとりの創造的思考が意見交流によって広がっていく様子が見て取れた。そのことについて、次に二点挙げる。

（1）読みの深まりへの気づきの共有

学習者は言葉の一つ一つについて、単にその言葉の意味を捉えるだけではなく、意見の交流によって、「『四つの大きな斑点』が僕を『見つめた』」ことや「ちょうが僕にとって『宝』である」こと、「『さなぎからかえした』クジャクヤママユ」だから、「僕」にとって特別な意味を持つことなど、文脈の中における言葉の深い意味に気づき出している。

（2）恣意的な意味のとらえ方に対する相互修正

「僕」の、エーミールに対する見方を、盗んだちょうは憎んでいたエーミールのものだから、「僕」はあまり悪いとは思っていないと、恣意的にとらえた学習者に対して、本文に即して読むことの大切さを発言をした学習者が現れている。このことから、意見を交流するなかで読みが相互修正されていく過程が確認された。また、「読む」ことの活動に苦手意識を持っていた学習者にも、意見の交流を通して、他者の読み取りや考えの道筋にヒントを得て、自ら文章に向かい、読もうとし、考えようとする姿勢が見られるようになった。

今回の指導を通して、飛田多喜雄先生がおっしゃるところの、「すべての学習者に、自分で考え、自分で作る能力の開発をめがける」指導方法のひとつが、拙い実践ながら提案できたと考える。

参考文献

飛田多喜雄著『国語教育方法論大系7　機能的読解指導の方法』明治図書　一九八四

飛田多喜雄著・国語教育実践理論の会編『国語教育論集』光村図書出版　一九七八

益地憲一編著『中学校・高等学校国語科指導法』建帛社　二〇〇九

理解教材の学習と結んだ短作文の指導

八尋　薫子

一　理解教材の学習と関連させた書くことの指導

飛田多喜雄先生は、「関連的指導」の実践的な意義を、「表現力を培う理解力、理解力を補う表現力の有機的、相補的な導き」に、求めておられる。（『国語科教育方法論大系3　表現教育の理論』一九八四　明治図書　第五章国語科表現指導の方法　以下本稿での引用は同書による）また、「表現力を培うための関連指導」という視点から、関連的指導の類型を、A発展的・経験的な関連、B本来的・過程的な関連、C意図的・適時的な関連、D一元的・相補的な関連、E主題的・総合的な関連、このような五類型に分けておられた。

先生が、理解（読解）と表現（作文）の関連的な取り扱いのありようを探求された背景には、昭和五十二年の学習指導要領で、領域構成が改変されたり表現力の向上が強調されたりしたことがあった。しかし、年月が経過し、学習指導要領をめぐる状況は変わっても、理解と表現を関連的に扱うことによる相乗的な指導の効果を現場が期待していることに変わりはない。私自身、理解教材の学習を表現活動に結ぶことを、しばしば教室で行ってきた。その場合、多くは分量的にコンパクトな短作文という形での活動となった。そこで、私が理解教材の学習と結んで実施した短作文の課題やねらいを振り返り、その意味や今後も実施するうえでの留意点を考察したい。

二　教材文の巧みな表現の模倣――「A発展的・経験的な関連」の事例として

先生は、「A発展的・経験的な関連」を、「理解学習（主として読解・鑑賞）によって経験的に得たものを確認し、自覚的な当事者能力として定着させることは当然なことであるが、それだけで終わることなく「自分が表現するときのために」と、意図的に表現的観点から理解学習をふりかえり、表現力にかかわる知識・技能習得の操作を加えること」とされている。着眼例としては、教材内容のものの見方考え方、文題のつけ方、冒頭の書き方、文末表現、論理の運び方、描写の仕方、組み立て方、用語法、句読法などを挙げておられる。このような、理解の段階で教材文の表現方法の巧みさに気付き、意識して読み味わい、さらに表現の段階でそれを模倣することで表現力を高めるような関連のさせ方の例を、次に挙げる。

（1）説明的文章の明解な説明の手順を自分の説明に生かす――「未来をひらく微生物」（大島泰郎　光村一年）と結んで

「未来をひらく微生物」は、環境問題の解決策として微生物の働きを利用しようとする試みについて述べた説明文である。教科書の学習目標のひとつ「段落の役割に着目して、文章の構成を読み取る」にふさわしい、よく整理された段落構成で書かれている。そこで、基本的な説明の型を身につけさせるための教材としても活用したいと考えた。文章全体ではなく⑬～⑯段落の四段落の構成に着目させて、それを模倣するような、次の課題を設定した。

【作文の課題】

説明文の読みから練習作文（四段落作文）へ

○ねらい…内容を二つに整理して、わかりやすく伝える。

○題　材…社会見学で訪れた「源氏物語ミュージアム」（京都府宇治市）での学びや気付き

○構　成…①段落　前置き　（例　～が二つある）
②段落　内容その１（例　一つは～）
③段落　内容その２（例　もう一つは～）
④段落　まとめや補足

【生徒作品例】

源氏物語ミュージアムの展示の工夫

ぼくは、源氏物語ミュージアムの展示の工夫をたくさん見付けました。そのうちの二つを紹介します。

一つ目は、周りを暗くして展示物を明るく見せる工夫です。これをすることにより展示物を目立たせ、さらに館内がゆったりとした印象になります。

二つ目は、模型などを置くということです。模型をおくことにより、見る人にとってさらにわかりやすくなります。その当時のイメージがふくらみ、どんどん楽しくなっていきます。

源氏物語ミュージアムには、みんながわかりやすく楽しく見学できるようにいろいろな工夫があります。みなさんも探してみてください。

何を述べるかを前置きし、いくつかの要素を整理して順序を整えながら説明することのよさは、このように実際に書かせて、実感的に理解させせたい。

（２）文学的文章の描写の工夫を、自分の描写に生かす――「盆土産」（三浦哲郎　光村二年）と結んで

「盆土産」は、出稼ぎの父の慌ただしい帰宅をめぐって家族の情愛が巧みに描かれている作品である。読み味わうときには、独白や会話、登場人物の具体的な様子など人物の心情や人柄に迫り、その場の空気や人物が自然に浮かんでくるような描写の見事さも確認することになる。この作品の描写は、家族や食べ物という中学生にもとても身近なものを対象としている。そこで、表現学習につなぐことで生徒に描写の方法とその効果を実感させたいと考え、次のような課題を設定した。

【作文の課題】

「盆土産」を参考にして自分の経験を書く（題材はア・イから選択）

○ねらい…『盆土産』の工夫された表現を参考にして、観察を生かし、様子や特徴を具体的にとらえて書く。

○題材ア…**人柄が表れた家族の様子を詳しく書く**

〈参考になる「父」の描き方の例〉↓・帽子を新調することから帰省への気持ちの強さを表す・帽子のかぶり方から飾らない人柄を伝える・額の日焼けから、工事現場での厳しい労働を暗示する

題材イ…**印象深い食べ物を食べたときの思い出を書く**

〈参考になる「えびフライ」をめぐる描き方の例〉↓・聴覚（食べたときの音）触覚（歯ごたえ）味覚（味）など、いろんな感覚を生かして具体的に描いている・食べているときの思いや心の動きを書いている・姉との関係をとおして、えびフライを惜しむような気持ちを伝えている。

【生徒作品例】

恐竜好きの弟（題材ア）

一年生の私の弟は恐竜が好きだ。母が「お母さんと恐竜とどっちが好き?」と聞いたとき、悩みに悩んで「両方」という答えを出すほどだ。

初めての綿菓子（題材イ）

初めて買ってもらった綿菓子は、予想よりも大きく、そして面白い形をしていた。今まできれいな丸い形をしているのだと思っていたからか、嬉しいような期待

弟はわけのわからない日本語を話してくる。それが恐竜の名前だったりする。毎日朝食の時間に恐竜の神秘について聞かせる。その姿や歴史、進化など、わざわざ本と絵を使って説明してくる。その後の弟は、勝ち誇った顔でにやにや笑っている。「ディプロトクスが……」と話し出したときは、「うるさい、黙れ」の一言で黙らせた。（以下略）

外れのような複雑な気分だった。重みを感じないほど軽くて、口に入れる。今までフワフワだったのが溶けてなくなる。最初は皆のまねをしてかぶりついていたが、口の中で溶けてゆくのが面白くて、手でちぎって一口一口ゆっくり食べるようにした。

生徒作品は短いスケッチのようであるが、このような描写の技能が、長い文章を書くときなどにも生かされる。

三　理解教材での学習内容について書く――「B本来的・過程的な関連」の事例として

「B本来的・過程的な関連」とは、「理解力（鑑賞力）を深めるために書くことや話すことの作業を取り入れる」などのように、「理解学習過程、表現学習過程の中に本来的な作業として組み込まれているものを、単に習慣的、副次的なものとして見過ごすことなく、能力の転移性ということから、生きた有効な関連的指導として価値づけ、自覚的かつフルに活用するということ」だと、先生は述べておられる。そして、理解学習の場合の表現活動の機会や作業例として、「初発の印象を発表する・語句意を書く・要点を書く・粗筋を話す・想像したことをノートに書く」他多様な活動を挙げておられる。

読むために書いたり話したりすることは教室で日常的に行われるが、ここでは、学習の終末段階での短作文を取り上げたい。なお、紙幅の都合上課題のみ示し、生徒作品例は省く。

（1）作品について自分の見解を述べる――「故郷」（魯迅　光村三年）と結んで

厳しい社会状況による故郷と人々の変貌を目の当たりにした失望、そしてそこから展開する新たな考えが描かれる「故郷」は、中学三年生に考えさせる多くの要素を持つ。次は、それを自分なりにまとめさせようとした課題である。

【作文の課題】
学習を振り返り、重要だと思う観点を選んで作品についての見解を述べる
着目例…・一言で言うとどんな作品か・どんな特色があるか・作品にこめられたメッセージは・どんな工夫があるか（登場人物・風景描写・人物描写・会話・構成や展開など）・読者が心を動かされるのはどんなところか・作品のよさや価値、または、弱さ不適切さ・現代社会に生きるわたしたちが「故郷」を読む意味の有無

（2）手紙の形でまとめを書く――「蓬莱の玉の枝―『竹取物語』から―」（光村一年）と結んで

「蓬莱の玉の枝」は中学校で初めて学習する古典文学である。次は、「千年以上も昔」の「日本の」ものであることを念頭に置いて、その良さを認識させたようとした課題である。楽しく自由に書ければと考え、手紙形式を選んでいる。

【作文の課題】
「竹取物語（蓬莱の玉の枝）」を手紙の形で紹介する（A・Bどちらかを選ぶ）
A外国の方への手紙…竹取物語について留学生さんに紹介することを想定して、作品についての考えを形にする。
B作者への手紙　…作者に、二十一世紀の中学生からの手紙を書くことで、作品についての考えを形にする。

（1）（2）のように読みの学習全体を振り返り意識化させる形でなく、次の（3）（4）のようにポイントを絞って書くことにつなぐこともできる。

（3）教室で話題となった箇所についての多様な読みについてまとめる――「握手」（井上ひさし　光村三年）と結んで

【作文の課題】

「握手」末尾の表現（「知らぬ間に両手の人さし指を交差させ、せわしく打ち付けていた。」）について説明する
○授業中に交換したさまざまな意見を生かして、二段落構成でまとめる
・一段落（前置き）…この場面のこのしぐさから、「わたし」の何通りの気持ちを読み取ることができるのか書く。
・二段落（説明）…どんな気持ちが読み取れるのかを、順に具体的に説明する。

（4）読み取ったことを現在の社会の状況にあてはめて考える――「メディア社会を生きる」（水越伸　光村三年）

【作文の課題】
教材本文の例にならって別の具体例を探す
○「メディアが偏見をはびこらせたりもする」例として、筆者は「映画やテレビが、男の人は強く女の人はか弱い、南の国はのんびりしているなどと、人や場所のイメージを勝手に決めつけてしまうこと」をあげている。他にも身近なメディアが、わたしたちに偏った見方をさせてしまう例を探して、説明しよう。
○順序　1　まず、自分がどんなメディアのどんな情報に着目したかを、具体的に示す。
2　次に、それが自分たちにどんな見方や価値観を植え付けていると思うかを書く。

これらの他、読み深めることと連動した書き換えも「B本来的・過程的な関連」に当たる。例えば、詩歌を場面・情景・心情を想像して文章化する、説明的文章を特定の相手に向けて再構成（リライト）する、といった活動である。

四　理解教材を素材として、別の作品を創作する
――「学びて時にこれを習ふ―「論語」から」（光村三年）と結んで

これは、「B本来的・過程的な関連」に近いかもしれないが、より発展的な扱いであることから、章を改めた。教材は、読み深めることと切り離し、素材と位置づける。そして、生徒自身が想像して場面のイメージをふくらませて描く創作である。論語の言葉を核にしたショートストーリーづくりを、例として挙げる。

【作文の課題】

論語の言葉でショートストーリーをつくる

○ショートストーリー…四百字～八百字程度の分量のおはなしとする。
○ねらい…論語の言葉の意味を踏まえ、その言葉が使われる状況が実感できる場面を想像し、いきいきと表現する。
○手　順…①自分の使いたい言葉を決める。②その言葉が、どんな場面で使われるか考える。③ショートストーリーの場面を決める。（登場人物・言葉が使われる場面を決める）　※論語の言葉は、せりふ・つぶやきなどに入れる。

【生徒作品例】

「義を見てせざるは勇なきなり」を用いて――（場面…登校とその後　人物…俺・藤原）

ある雨の日、道の真ん中で人が立ち止まっているのか、歩いている人々の流れが乱れた。俺はこの雨の中登校中で、もうすぐ遅刻してしまう時間になる。急いでいるのだ。

そして、流れを乱す場所を横切る。その場所には、小学生ぐらいの女の子が転んでけがをしたのか、うずくまっていた。横切る人々は、何もないかのように歩いていく。急いでいる俺も無視して歩いていった。

「藤原アアア！」

かなりの遅刻をした藤原が、授業をしていた先生に、教室に入ってくると同時に怒られた。俺も三分ほど遅刻したため、少し前に怒られたところだった。

「道の真ん中に、ケガをした女の子がいて。」

そう、藤原は言った。

「遅刻は遅刻だ。」

先生はそう言ったが、俺にはあの女の子のことだとすぐにわかった。後悔した。

――義を見てせざるは勇なきなり
昨日の授業で習った言葉だ。俺は自分の勇気のなさに悔しさを覚えた。どうせ遅刻をするなら、誰かのために時間をかけて遅刻したほうがよい。

その後、席が近くの藤原と仲良くなり、助け合っている。

五　理解教材の学習と結ぶ短作文を効果的に取り入れるために

私が教室で行った理解教材の学習と結ぶ短作文の指導は、飛田多喜雄先生のお考えに依拠すると、A・B・Cの類型に該当していた。（「C意図的・適時的な関連」は、「理解学習で表現活動に役立つと思われる指導事項を、表現学習で理解力の育成に役立つと思われる指導事項を、最初から意図的・計画的に学習（指導）過程に組み込んで、適時的に取り扱う関連的指導である」とされている。本稿でCの例を取り立てて示していないのは、AかつC、BかつCという場合があることによる。）そして、それらを次のような方向で実施していた。

（1）理解教材の巧みな表現方法に学びそれを模倣することで、特徴的な表現技能を習得する。
（2）教材文での学習内容を土台とし、書くことを通して学習の整理やさらなる深化をはかる。
（3）理解教材を素材として、その精神を生かしつつ別の作品の創作に役立てる。

教材の理解が主になっているのは（2）である。（1）は、教材の表現に着目し教材以外のことを書いている。（3）は教材を出発点とするが、自由な表現が主となっている。

では、理解教材の学習と結ぶ短作文を効果的に取り入れるために大切なことは何か。まず第一に、理解教材の教材性を見抜き、教材にふさわしい活動を設定することである。特に（1）につなぐ場合は、生徒に転移させたい表現の特色や独自性をとらえなければならない。また、（2）（3）につなぐ場合は、教材文の良さを生かし相乗効果が期待できる書かせ方を工夫しなければならない。第二には、中学校三年間の「書くこと」の学習の系統を見通し、年間計画のなかにできるだけ位置づけることだ。低学年では実用的文章・説明的文章・文学的文章の基本となる技能を養い、高学年でより応用的な文章にも対応できるようにしなければならない。そのために、（1）の場合は当然として、（2）（3）でも、学年段階にふさわしい設定を工夫したい。授業時数が限られ、書くこと独自の単元を多く設定しにくい状況である。だからこそ、理解学習によって書く意欲と内容をも持たせ書く力を伸ばす方法を、積極的に活用したい。

飛田先生は「所定の目標をめがけての読解指導をしながらも、指導者の配慮や実践的工夫によって、無理なく表現力向上のための導きが可能であり効果も挙がる」ことを、理解と表現の関連的な取り扱いの前提とされている。先生が目指されたことを胸に刻み、今回顧みたことを今後の指導の可能性を広げる一助としたい。

郷土にまつわる古典の教材化の試み
——奈良県葛城市に関わる芭蕉の作品及び書簡、孝女伊麻伝承を用いて——

井上　昌典

一　郷土にまつわる古典

本稿で「郷土にまつわる古典」として取り上げる資料は、国語科教育で一般に「古典」とされる古典文学の類ではない。後掲資料のうち芭蕉書簡は文学の範疇に属さず、孝女伊麻《いま》の伝記『今市物語』は古文書あるいは地域資料の域を出ない。従来「古典」が備えるべき要件とされる文学性や歴史的評価等を勘案すれば、これらは「古典」教材の範囲外である。

しかしながら、郷土に今も伝えられ、あるいは郷土に深く関わりながら研究者や郷土史家等以外にほとんど注目されないこれら資料群も、筆者は「古典」教材として扱いたい。こと郷土に関わる「古典」の学習を構想するにあたりこれらを埒《らち》外に置くことは、従来の古典観や全国共通の学習内容にとらわれるあまり、「古典」を通して郷土に学び郷土への愛着を育む学習の糸口を閉ざしてしまうと考えるからである。

以上の認識に基づく本稿は、「郷土にまつわる古典」の発掘・教材化を僅かながらも前進させたいと試みるものである。

二　郷土にまつわる古典の教材化に伴い考慮すべき条件

(1) **指導目標の設定**　①　郷土に関わる教育としての目標　②　国語科教育としての目標

(2) **学習者の実態把握**　①　古典学習の経験　②　文語文理解の程度　③　題材についての知識や態度の状況

(3) **資料の発掘・収集、選定**

①　発掘・収集…ア、地域の方や専門家からの直接情報　イ、図書資料／新聞・雑誌／パンフレットやリーフレット／図録・目録類　ウ、インターネットの情報　エ、映像資料・図像資料

②　選定…ア〜クは飛田多喜雄先生が「中学校古典教材選択の観点」として示されたもので（注）、ケ〜シを筆者が追加。

ア、中学生の理解能力に即した平明な文章であること。

イ、作品に取りあげられている内容事項が、わかり易くおもしろいものであること。

ウ、昔の人の風俗、習慣、生活や考え方など、時代性のよく反映しているものであること。

エ、美的価値（芸術性）や精神的価値（倫理性）の高いものであること。

オ、現在の中学生の生活意識にも触れるような現代的意義のあるものであること。

カ、作品の主題や要点が比較的はっきりしたものであること。

キ、内容が極端に走ったり低俗に陥らず、格調の高いものであること。

ク、古文特有の韻律の豊かであること。

ケ、郷土の自然や事物、人間に対する興味・関心を高めて認識を豊かにし、郷土に対する親しみや郷土を愛し大切にする心、郷土の課題を発見し克服しようとする意欲や態度等を育てるものであること。

コ、本文そのものや資料に関する先行研究が充実し、効率的かつ適切な教材研究が可能であること。
○翻刻・校合《きょうごう》が進められており、安定した本文が入手できる（用字、仮名遣い、語彙・語句等の面で問題が少ない）。○本文注釈をはじめ内容や作者に係る先行研究が充実している。
サ、他教科、総合的な学習の時間等との関連　シ、古典の教科書単元との関連

(4) **教材の提示**

① 提示する機会（学習過程上の位置）　② 提示する部分・箇所数・分量・軽重の判断
③ 提示する内容…ア、再話　イ、原典または原文　ウ、注釈類　エ、現代語訳　オ、あらすじや要約
カ、図版・写真等　キ、作者の人生や時代背景等の解説　ク、資料の解説　ケ、他の古文や現代文

三　『おくのほそ道』の発展学習（全五時間）における資料の選定

（1）**芭蕉関係資料…**芭蕉は、筆者が勤務する奈良県葛城市竹ノ内地区を幾度となく訪れている。『野ざらし紀行』の旅に同道した門人千里《ちり》の生家があり、千里はじめ当地の人々の温かい歓迎や心に残る出会いに恵まれたせいであろう。『おくのほそ道』を学んだ市内の生徒にすれば、芭蕉が自分たちの郷土葛城市に何度も足を運び、『野ざらし紀行』や俳文で取り上げていることに新鮮な驚きと感動を覚え、芭蕉ひいては古典との距離が大きく縮まるに違いない。

そこで今回は、①『野ざらし紀行』の旅で竹ノ内を訪れた芭蕉が残した俳文、②千里が登場する『野ざらし紀行』冒頭部と竹ノ内のくだりの二カ所を教材化する。その他の俳文については、学習時間の関係で割愛する。

さらに、③貞享五（一六八八）年四月二五日、『笈の小文』の旅を終えようとしていた芭蕉が伊賀の門人惣七

（猿雖《えんすい》）に宛てた書簡を教材化する。書簡では、孝女として知られた竹ノ内の伊麻《いま》に同行の万菊《まんぎく》（杜国）とともに面会した折の感慨を、「おもしろきもおかしきもかりのたはぶれにこそあれ。実のかくれぬものを見ては、身の罪かぞへられて」と記す。自らが心血を注ぎ世間の高い評価を手にした俳諧も所詮は「かりのたはぶれ」に過ぎず、伊麻のようにひたすら父親に孝養を尽くした人間を前にしたとき、自らの罪さえ覚えるという。とはいえ芭蕉は自らの進むべき道は俳諧以外になく、命を賭けてその道を貫こうという決意も胸に秘めていたであろうが、市内の生徒に対し、この地に生きた伊麻の生き方が俳聖芭蕉をも感じ入らせたこと、伊麻との出会いを機に自らを厳しく見つめ直す芭蕉の姿勢等を是非とも学ばせたい。

（２）**孝女伊麻関係資料…**寛永元〜宝永二（一六二四〜一七〇五）年、竹ノ内及び南今市《いまいち》（いずれも現葛城市）に生きた伊麻・長兵衛姉弟は、幼くして生母に先立たれ、継母の憎しみと仕打ちに遭う。父親は十三歳の伊麻を市内弁之庄《べんのしょう》の農家に、九歳の長兵衛を大阪の商家に奉公に出し、自らは継母と二人の子どもを連れ大阪に移住する。それでも姉弟は父親を慕い、やがて伊麻は竹ノ内に戻って紡績を、長兵衛も南今市に帰って桶屋を始め、僅かな収入から父親への仕送りを続けた。

そのうち後妻は子ども達を伴って行方をくらまし、父親は弱った体での一人暮らしを余儀なくされる。それを耳にした姉弟はすぐさま大阪に駆けつけて父親を迎え、以後、力を合わせ心を尽くして孝養に励む。

寛文十一（一六七一）年夏、折しも大流行した疫痢に父親も侵され、姉弟が手を尽くし看病するも危篤に陥る。鰻が妙薬と教える者があり八方手を尽くして探すが、入手できない。ところがある夜、水瓶の中で躍る鰻を伊麻が発見し、調理して父親に勧めたところ病はたちまち快癒する。人々は姉弟の孝心が天に通じたと讃嘆し、領主からも褒美が与えられる。父親は二年後に病も得ず往生し、その後も伊麻と弟の家族は仲むつまじく過ごしたという。

孝女伊麻関係資料は種々あるが、入門用として最適なのは①葛城市民話編集委員会編『葛城のむかしばなし』

所収「お伊麻さん」（二〇〇八年　葛城市立図書館）である。小学生にも理解できる平明で親しみやすい語り口で、伊麻姉弟の孝行を知る格好の手引きとなる。併せて、市立図書館にその複写が寄贈されている。②『今市物語』絵巻も貴重である。終末部に「かくいふは元禄十一年の春の末つかたなり。伊麻は今年七十五、長は七十一なりけれと、猶みなつ〻かなしとなむ」とあり、姉弟存命中のものである。姉弟の生涯を最も詳しく描いた伝記で、『国書総目録』にも書名が見える。今回は伊麻姉弟の生涯を詳しくたどることが学習の目的ではないため紹介程度に止めるが、複写とはいえ実物の絵巻を見る機会を用意し、郷土に生きた人物の事跡が絵巻物として現代に伝えられていることを知らせ、生徒の驚きや感動、学習意欲を喚起したい。

四　学習計画の概要

（1）学習目標…芭蕉が竹ノ内を訪れ残した作品に触れるとともに、父親に孝養を尽くした伊麻姉弟について知る。また、芭蕉が伊麻との出会いから得たものを考える。それらの活動を通して、郷土に対する興味・関心や愛着を養う。

（2）学習展開（全五時間）

第一時…芭蕉が竹ノ内の庄屋・油屋喜右衛門に贈った俳文や『野ざらし紀行』冒頭部及び竹ノ内のくだりを読み、芭蕉と竹ノ内の人々との出会いを知る。

学習プリント　1俳文「竹の奥」・『野ざらし紀行』

①【俳文「竹の奥」】1『野ざらし紀行』の旅の途中九月に千里の故郷竹ノ内に滞在した折、庄屋・油屋喜右衛門に書き与えたもの。

大和の国竹内という所にしばらく滞在していると、その郷の庄屋をしている人が朝な夕な私を訪ねてきて、旅の寂しさを慰めてくれたことよ。誠にその人は世間一般の人物ではない。心は高い境地に悠々と遊ばせながら別にそれを誇るでもなく、草刈りや木こり、猟師といった人々と仲良くし、[2]自ら鋤《すき》をかついで田畑に出かけては陶淵明《とうえんめい》の憧れた境地に分け入り、また自ら牛の手綱《たづな》を引いては、[3]箕山《きざん》に隠れ住んだ許由《きょゆう》やそこで牛を引いた巣父《そうほ》を心の友として暮らしている。そして、自分の職に精を出して倦《う》むことがない。その家を見ると少しも飾るところがなく、まるで貧しさを楽しむかのように貧しげな生活をしている。俗世間の中に暮らしながら清らかな閑《かん》を求め、そして見事に閑を得ている人、それがこの村長《むらおさ》なのであろう。[4]綿弓や琵琶《びわ》に慰む竹の奥（終日家業に励んで綿弓をびんびんと鳴らし、まるで琵琶を弾いて楽しむかのように綿弓の音を楽しみ、竹の奥に静かに暮らしていることだ）　[5]蕉散人桃青《せうさんじんたうせい》　印

② 【『野ざらし紀行』冒頭部】[6]何某千里《なにがしちり》と云《いひ》けるは、此たび道の助けとなりて、万《よろづ》いたはり心を尽《つく》し[7]侍《はべ》る。常に[8]莫逆《ばくげき》の交《まじはり》ふかく、[9]朋友信有哉《ほうゆうしんあるかな》、此人《このひと》。

某氏千里《ちり》という人は、今度の旅の道中に力となり、何くれとなく私をいたわり心を尽くしてくれました。普段から心を許したつきあいが深く、友だちに対して真実のある人であるよ、この人は。

③ 【『野ざらし紀行』竹の内】大和の国に行脚《あんぎゃ》して、葛下《かつげ》の郡《こほり》竹の内と云処《いふところ》は彼《かの》千里が旧里《ふるさと》なれば、日ごろとゞまりて足を休む。

綿弓や琵琶に慰む竹の奥（綿弓のびんと打つ音を琵琶の音色と聞き、心を休める竹藪の奥の閑寂《かんじゃく》な住まいよ。）

[1]『野ざらし紀行』…芭蕉が貞享《じょうきょう》元（一六八四）年秋の八月から翌年四月にかけて、門人の千里とともに出身地でもある伊賀上野への旅を記した俳諧紀行文。「野ざらし」は、旅立ちに際して詠んだ句「野ざらしを心に風のしむ身かな」に由来する。[2]自ら鋤《すき》を～境地に分け入り…陶淵明（三六五～四二七年）の「園田ノ居ニ帰ル」という漢詩五首その三に「晨《あした》ニ興《お》キ荒穢《こうあい》ヲ理《おさ》メ、月ヲ帯《お》ビ鋤《すき》ヲ荷《にな》ヒテ帰ル」（朝早く起きて雑草を抜き、夜遅く月を眺めながら鋤を担いで家に帰る）とあるのを踏まえたもの。陶淵明は、田園生活への憧れを漢詩に詠んだことで知られる。[3]箕山《きざん》に

隠れ～牛を引いた巣父《そうほ》…伝説によれば許由は心清く私欲がなく、行いの正しさは世に名高かった。当時の堯《ぎょう》帝がその噂を聞き彼に帝位を譲ろうと申し出るが、それを聞き箕山に隠れてしまう。堯帝がさらに高い地位をもって許由に報いようとすると、潁川《えいせん》のほとりにおもむき、「汚《けが》らわしいことを聞いた」と流れで耳をすすいだという。それを見聞きしていたやはり伝説の高士《こうし》（俗世間を離れている、気高く優れた人物）巣父は、その時まさに牛にその川の水を飲ませようとしていたが、「牛に汚れた水を飲ませるわけにはいかぬ」と立ち去ったという。4綿弓…繰綿《くりわた》の不純物を取り去る弓。弦には牛の筋を用い、弦を打つと綿がそれにからみつき、次に打つと高くはね上がる。こうして綿と不純物とを分ける。5蕉散人桃青《せうさんじんたうせい》…「散人」は官途につかない者、あるいは役に立たない者。6何某《なにがし》千里…何某は、某《ぼう》氏。竹ノ内の人。江戸に出て俳諧や座禅を学んだという。7侍《はべ》る…補助動詞。〈読み手に対して敬意を表して、丁寧に言う意を添える〉…ます。8莫逆《ばくげき》の交《まじはり》…莫逆《ばくげき》は逆らうことが莫《な》い意。非常に仲の良い間柄、また、そのような人。9朋友信有哉《ほうゆうしんあるかな》…友人に対して真実のある人だなあ。

【課題1】 ①**【俳文「竹の奥」】**では「その郷の庄屋をしている人が朝な夕な私を訪ねてきて」とあり、芭蕉と庄屋が意気投合したことがうかがえる。二人は、互いのどのような生き方に共感し親交を深めたのだろうか。

【課題2】 ①**【俳文「竹の奥」】**と「③**【『野ざらし紀行』竹の内】**には、同一句「綿弓や琵琶に慰む竹の奥」が記されている。句の前に記された内容の違いにより、句の意味がどのように異なってくるだろうか。

第二時…芭蕉書簡を読み、伊麻との出会いを機に芭蕉は自らの歩みをどのように振り返ったかを考える。

学習プリント2　芭蕉書簡（貞享五年四月二五日　1惣七（猿雖）宛

…十二日、竹の内伊麻が茅舎《ばうしや》に入《いる》。うなぎ汲入《くみいれ》たる水瓶《みづがめ》もいまだ残りて、藁《わら》の筵《むしろ》の上にて茶・酒もてなし、2かの、布子《ぬのこ》売りたしと云《いひ》けん万菊《まんぎく》のきり物のあたひは彼におくりて過《すぐ》る。3おもしろきもおかしきもかりのたはぶ

…十二日に竹ノ内の伊麻の粗末な家に入った。鰻《うなぎ》を汲み入れた水瓶もまだ残り、藁の筵の上で茶や酒をもてなしてくれたので、例の「布子《ぬのこ》売りたし」と詠んだという万菊の着物の代金を彼女に贈ってこの家を去った。おもし

れにこそあれ。[4]実《じつ》のかくれぬものを見ては、[5]身の罪かぞへられて、万菊も暫《しばし》落涙おさへかねられ候。当麻《たいま》に詣《まうで》て[6]万《よろづ》のたつときも、いまを見るまでの事にこそあ(ン)なれと、雨降出《ふりいで》たるを幸《さいはひ》にそこ〳〵に過《すぎ》て、駕籠《かご》かりて[7]太子《たいし》に着《つく》。

ろいこともおかしいことも仮の戯れに過ぎない。人の真心を示すまぎれもない証拠を見ると、自分の身の罪が次々と思い出されて、万菊もしばらく涙をとどめることができなかった。当麻寺に詣でて拝見した色々な貴い物も、伊麻に会うまでの感動にすぎなかったと思いながら、雨が降り出したのを幸いにそのあたりをざっと見て、駕《か》籠《ご》を頼み太子に着いた。

[1]物七…宗七の当て字。伊賀国上野の人で芭蕉の旧友。[2]かの、布子〜きり物のあたひ…『笈の小文』の旅（貞亨四年十月末〜翌五年四月にかけて、芭蕉が尾張・伊賀・伊勢・大和・紀伊を経て須磨・明石を遊覧した旅）で、門人・万菊（杜国《とこく》）が四月一日の衣更えの日に、「吉野出《いで》て布子売りたし衣がへ」（花の吉野山を出て衣更えをしたが、今まで着ていた綿入れは荷物になるので売り払ってしまいたい）と詠んだことをいう。その後万菊は、実際に布子は売り払ったらしい。「けん」は助動詞「けむ」が撥音便化したもの。一般に過去推量に用いられるが、ここでは過去の事柄についての伝聞・婉曲とする→…たそうだ、…たとかいう。「きり物」は着る物、「あたひ」は代金。[3]おもしろきも〜たはぶれにこそあれ…「おかしき」は「をかしき」が正しい歴史的仮名遣い。色々な意味があるが、ここでは現代語と同様に「おもしろい」。「たはぶれ」は「戯れ」、すなわち遊び。[4]実《じつ》のかくれぬもの…「実」は、真実。まこと。[5]身の罪かぞへられて…自らの罪が数えられて。[6]万《よろづ》のたつときも〜事にこそあなれ…当麻寺で拝見した色々な貴いものも伊麻を見るまでのことであった＝伊麻を見た後は、それらも色あせたつまらないものに過ぎない。「あなれ」は「あんなれ」の「ん」を表記していないもの。もとは「あるなれ」。[7]太子《たいし》…現河内国石川郡磯長《しなが》村太子（大阪府南河内郡太子町）。

【課題】「おもしろきも〜身の罪かぞへられて」は、①芭蕉自身のどのような歩みを顧みてのものか、②「実のかくれぬもの」とは伊麻のどのような生き方を指すのかを考えよう。①については、配付済みの学習プリント「『おくのほそ道』旅立ちまでの芭蕉」から手がかりとなる箇所を見つけよう。

学習プリント「『おくのほそ道』旅立ちまでの芭蕉」は、『おくのほそ道』学習での活用を前提に、筆者が芭蕉の人生を平明に解説したものである。紙幅の関係で全体を引用できないが、【課題】①に関しては、左記の箇所が手がかりとなる。

○俳諧宗匠として一門の作品集を出版し、名声と収入を見事つかんだ桃青でしたが、…宗匠といっても、所詮《しょせん》は金銭に余裕のある人たちを相手に滑稽な作品を作り、一緒に笑い合って毎日を過ごす職業です。それなりの気苦労や意に沿わないことも少なからずあったでしょうし、真剣に俳諧に取り組めば取り組むほど、自分の俳諧はこれでよいのかという悩みもあったはずです。↓「四　俳諧隠者《いんじゃ》として深川へ移る」より。

※芭蕉が談林俳諧に傾倒していた時期の記述ながら、俳諧宗匠について理解するうえで参考になる。

○貞享四（一六八七）年十月、芭蕉は東海道・上方への旅に立ちます。後に『笈《おい》の小文《こぶみ》』としてまとめられた旅です。…芭蕉はもはや有名人で、世間からもてはやされる流行作家でした。…芭蕉の心の中には大きな問題が次第に頭をもたげつつありました。本来芭蕉は、俗世間を離れ関わりを断ち切ることで、風雅の道に生きようと歩んできたはずです。…せっかく飛び出したところが、そうした姿勢が世間に高く評価され、名誉や金品を与えられるようになったのです。…せっかく飛び出した俗世間に再び引き戻されたと言ってもよいでしょう。前述した「風流閑雅」のために、逆に忙しい毎日を過ごさざるを得なくなってしまったのです。芭蕉自身このことに気づかないはずはなく、今一度芭蕉庵に移ったときの初心に立ち返り、自らの目指す俳諧の道を極めたいと心密かに願うようになりました。それを命がけで試みようとしたのが、『おくのほそ道』の旅です。↓「八『笈の小文』の旅に出る」より。

※伊麻に面会した時期の芭蕉の胸中を示す。このような苦悩を抱えていただけに、「おもしろきも～身の罪かぞへられ

て」と感慨深かったのであろう。

第三時…『今市物語』絵巻複写（次頁の資料1①②③）に触れ、葛城市のだれに関係するものかを話し合う。学習プリント3『葛城のむかしばなし』所収「お伊麻さん」（引用省略）を読み、伊麻姉弟の生き方をつかむ。

第四時…第二時の課題②「『実のかくれぬもの』とは、伊麻のどのような生き方を指すのか」の答えについて話し合う。

第五時…今回の学習で学んだことをもとにして、次の課題で作文を書いたのち交換して読み合う。

【課題】次の条件に基づいて手紙文を書きなさい。

［立場］『おくのほそ道』の旅に出発する前日（伊麻との面会の一年後）の芭蕉になったつもりで。

［相手］伊麻

［目的］かつて伊麻宅を訪れた際のお礼と今回の旅に賭ける自らの思いを伝える。

［内容と構成］○前文、前付、後付、末文等はすべて省略し、主文のみを書く。○二段落構成とし、第一段落では惣七宛書簡の内容を思い起こし伊麻に面会した時の芭蕉の感動と感謝を、第二段落では当時の自らの悩みと俳諧や明日からの旅に賭ける意気込みを書く。単にお茶や酒のもてなしを受けたことのお礼だけでなく、伊麻が芭蕉に与えてくれたのが何であったかをしっかり考える。

［分量］四〇〇～五〇〇字程度。

資料1①『今市物語』冒頭

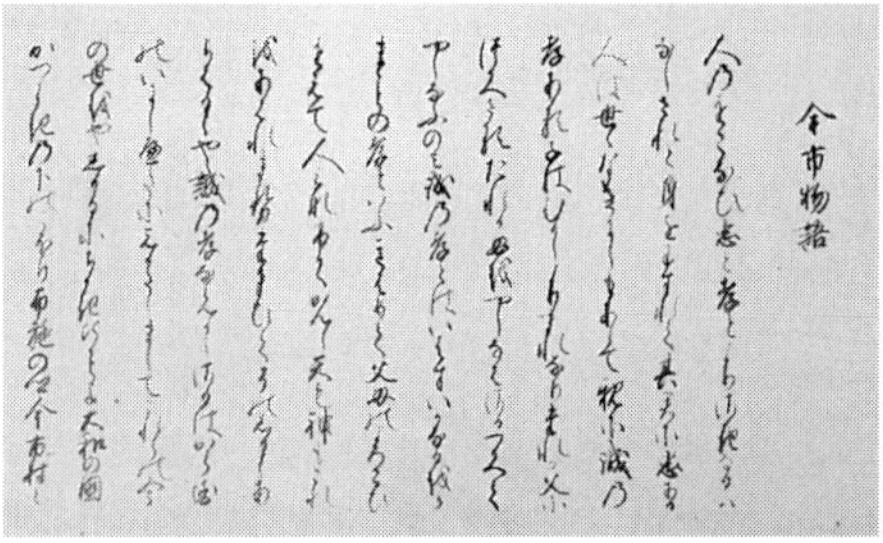

資料1②父を背負う弟、共に歩む伊麻

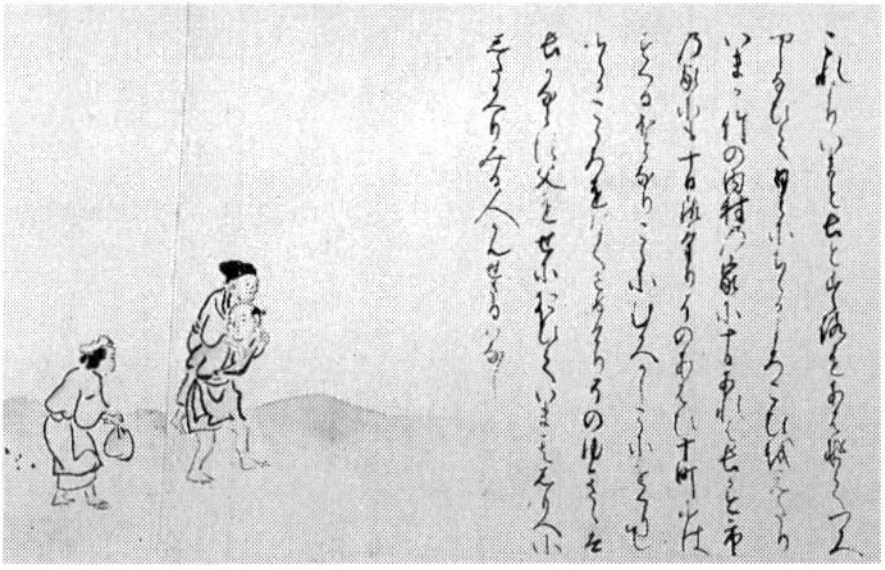

資料1③水瓶の鰻を発見した伊麻

手紙文自己・相互評価カード

1	2段落構成になっているか？	◎　○　△
2	第1段落で、伊麻に面会したときの芭蕉の感謝と感動が記されているか？	◎　○　△
3	第2段落で、当時の芭蕉の悩みと俳諧や『おくのほそ道』の旅に賭ける意気込みが記されているか？	◎　○　△
記入者（　　　　　　）		

（3）　評価…課題に関わる話し合い時の発言内容、第五時の手紙文により評価する。

【評価の基準となる手紙文例】

　さて、昨年の春に伊麻様のお宅をお訪ねした際は、お茶やお酒をご馳走になったうえ、お父様に対するご姉弟の孝行の数々、それが天に通じたことなど詳しくお聞かせいただき、本当に有り難うございました。お話を伺い私は、これこそまぎれもない真の誠だと感動致しました。ご姉弟の真の誠が天に通じたことを伺い、私が長年取り組んできた俳諧は単なる遊びにしか過ぎず、自分がこれまで重ねてきた罪の数々が思い出されました。当麻寺で見聞きしたことさえ色褪せる感動の一時を与えていただき、心からお礼を申し上げます。

実は昨年の今頃、私は俳諧師として世間から高い評価をいただいておりましたが、そのことでかえって世間とのお付き合いに追われるようになり、もともと世間から離れることで俳諧の道を極めようとした初心を忘れかけておりました。そんなときに伊麻様にお目にかかったわけで、ご姉弟のひたむきな誠の生き方が私をもう一度初心に立ち返らせてくださいました。もちろんご姉弟のような孝行は私には到底できませんが、自分が生きる道と定めた俳諧の道を、改めて初心に戻りひたすら追求したいと考えております。明日から奥州にむけて旅立ちますが、命賭けで旅を続け、私なりに俳諧の道を極められるよう努力致します。

（注）飛田多喜雄編『中学校国語科指導細案　第五巻　古典指導法編』（一九七四年　明治図書）

『万葉集』の単元開発を支える教材研究
――大伴家持を導入単元とした例――

森　顕子

はじめに

『万葉集』は、中学校三年生のどの教科書にも、「三大和歌集」の一つとして数首が掲載されている。中には、連作の一つであったり、ある長歌の反歌であったりすることもあるのだが、そのほとんどが単独の「短歌」として扱われていることが多い。生徒は、その並列された歌を眺めて、溜息をつく。内心はこうだ。（ただでさえ歌なんて、意味不明なのに、その上言葉が古文じゃ絶望だ……）この現状のもとで、私は『万葉集』を通して、生徒は古典学習の中学校段階における学習に、楽しくかつ充実感を持って取り組むことができることを実証したい。そのためには、ただ万遍なく歌の意味を理解させるだけでは成し得ない。そこで、和歌をいくつかのテーマ設定のもとに単元化し、学習目的や対象生徒の実態等に応じて組み合せ、大単元としていく実践を重ねている。この工夫は、小学校では専門性が高すぎて行えず、高等学校では文法が中心となることから、この内容を行うには時間が足りない。だからこそ、文法に時間を割かずに済む段階であること、難しい修辞が少ないこと、多様な学習内容が行えること等からも、中学校段階だからこそ有効なのだといえると考えたのである。

一　中学校における古典教育の意義

飛田多喜雄氏（一九八四）[1]は、中学校での古典指導のねらいについて四点あげている。

（1）やさしい古典に触れさせることによって、古典に親しむ態度を養う。
（2）古典の意義や特質について初歩的な理解をさせる。
（3）古典を読解・鑑賞する能力の基礎を養う。
（4）古典のもつ価値や、ものの見方、考え方に触れ、人間性の開発に資する。

その上で、なぜ古典は生徒の意識から遠いのかということについて、生徒と教師の立場に分けて三点ずつあげている。

（生徒の立場）
①古語や特殊な言いまわし、文語文など表現上の言語抵抗をむずかしいと考えていること。
②古典の内容的事象に、現代的感覚から距離感をもち興味を感じないこと。
③古典に触れる環境や機会が乏しく、読む必要感をもたないこと。

（教師や成人の立場）
①自分たちの経験や認識から、なんとなしに中学校には難しく、また、生活的にあまり必要がないと考えていること。
②自分自身が古典の価値や意義について理解をもたないこと。
③それらのことから古典に関心が薄く、環境の充実や指導に消極的であること。

以上の指摘は、現在においても何ら変わりがない。

あらためて古典教育の意義を顧みれば、母国語である日本語の持つ豊かさに気づき、何気なく用いている言葉に、時代から時代へと語り伝えられてきた歴史の重さを知ること、これは現代の言葉を学ぶだけでは学びきれない。

また、古典の中の人々の生き方や感じ方―時間の流れ方、自然に対する恐れや親しみの感情などに触れることによって、現代との相違、その異質性に新鮮な関心を抱く一方で、自分たちが現代社会に生きていくことの意味について考え、その価値を自覚することにも繋がる。

和歌は、少ない言葉の中に歌人の想いが凝縮されており、何もかもが赤裸々に言葉に表されていない分、様々なアプローチを試みやすい。

古典教育の意義はその時代によって趣きが異なるが、中学校においては、従来高校における学習へ向けての本格的な入門期であるという位置づけは一貫してきた。

しかし、このたびの学習指導要領の改訂にともない、あらたに小学校において入門期としての古典教育が位置づけられることとなり、中学校における古典学習はこの小学校の学習を受けての位置づけとなった。

新学習指導要領では、〔伝統的な言語文化と国語の特質に関する事項〕が設定され、古典の世界に学年ごとに、一学年「触れる」、二学年「楽しむ」、三学年「親しむ」とある。また、様々な作品があることを知り、登場人物や作者の思いを想像し、古典に関する簡単な文章を書くことがその内容とされている。

そこで、一つには中学校においては小学校における古典学習を受け、情報処理量が劇的に増える高等学校での学習を見通した上での古典学習の単元開発を行うことが必要であると考えた。

しかし、一方ではまた小学校ではまだ発達段階として理解できないため設定できないが、中学校だからこそ難しいところも乗り越えていけること、文法を古典学習の中心に置かざるをえない高等学校ではできないが、中学校だからこそ学習できること、といった視点を持っていきたい。

子どもたちの感じている古典との隔絶感をせばめるためにも、まず魅力的な学習材を提示すること、言葉への抵抗感を緩和し、古典が現代の自分たちの生活に活きてつながっていることを実感させることが必要であると考える。

「国と郷土の現状と歴史を理解し、それを愛する態度」については、古典学習の背景に欠くことはできないと考えられる。また、あらためて「伝統的な言語文化」として新設されなければいけなかったという現状を憂慮すべきであり、こういう現代だからこそ、古典学習の研究を進めることは必要であると考える。

二　古典教育研究の視点

（1）和歌研究としての視点

和歌は、もともとは口承で伝えられて来たものであり、声に出して楽しむところが原点にある。小学校から高等学校まで、発達段階に応じて、様々なテーマをもって和歌を通して古典の世界を楽しむこともできるし、一つの同じ歌を発達段階で繰り返し学ぶこともできる。和歌を通して古典と親しみ、鑑賞に向かって興味をもって楽しく学ばせるためには、テーマ別の学習の開発と、音読のみではない発達段階に配慮した言語活動の工夫が必要であると考える。

国語の授業時間数削減の折から、思う存分時間をかけての実践は事実上困難な状況にあるが、その中で、敢えて時間数を確保するだけの価値は大きいと考えている。

（2）『万葉集』の言語文化としての教材価値

①『古今和歌集』以後との相違

本研究では、古典学習の和歌の中でも『万葉集』に焦点化した単元構成としたが、それはこの和歌集の特色に起因したものである。日本でまとめられた最初の歌集であり、大陸の影響を色濃く受けているとはいえ、奈良時代の多層社会を代表していることがまず挙げられる。作者は天皇から乞食まで、階層も性別も年齢も幅広い。そしてそのつくり手たちは素朴で生々しく、まさに生活人として生きている生の声で語っている。

一方、『古今和歌集』以後は、王朝時代を謳歌した貴族社会において、つくり手も読み手も天皇、公家、僧侶といった知識階級に限定されていく。また、その後『新古今和歌集』に至ると、社会背景が武家社会へと大きく転換することで、過去を懐かしむ王朝回顧の風潮が起こる。しかし、現実には時代を戻すことのできない喪失感から俗世間を捨て去る方向か、全くの異次元の世界であるととらえて、その世界への憧れが募っていく中で技巧を凝らしてつくられた歌集となっていった。

『万葉集』の歌は、日本人の原風景であり、出発点であるとも言え、以後編纂された歌集の原型は、すべてこの中にあるのだ。

②歴史的背景を踏まえて読むために

新学習指導要領（中学校）に、「〔第3学年〕2内容〔伝統的な言語文化と国語の特質に関する事項〕(一)ア（ア）歴史的背景などに注意して古典を読み、その世界に親しむこと。」とある。例えば『万葉集』における天皇一族による歌は、その歴史的背景を踏まえて読むことではじめて理解が得られるものが少なくない。しかも和歌を理解するのに必要とされる表現技巧があまり用いられることなく、文法がわからなくてもそのまま読める歌が多い。

その他にも、収められている歌の数が、四五〇〇首余りと以後の歌集の倍以上であること、最古といわれる磐姫皇后（三四七年没）の歌（巻二・八五）から、集中最終歌である大伴家持の歌（巻二十・四五一六、七五九年）まで、四〇〇年以上の歳月を内包していることも特色と言えよう。

三　教材研究と授業の実際

以上を、中学校において『万葉集』を単元化して学習する意義とし、具体的に大伴家持「春愁三首」を導入とする単元の開発を行い、授業を設計した後実践を行った事例を示したい。教師が行った綿密な教材研究の中から生徒にどこまで提示するのかを適切に決めることも教師の力量の一つといえよう。本稿では、実践授業の活動目標と、その授業設計にあたっての教材研究の一部を提示する。

1　学習の流れ

a　「春」についてのことば集め（授業の後半で「春愁」に着目させる）

b　『万葉集』の基礎知識

c　巻六・九九四

・歌意を理解し、情景を想像できる。（眉と月の関わりを理解する。）

d　春愁三首

・歌意を理解し、情景を想像できる。　・歌を構造的にとらえる。

・景と情の意味がわかり、傍線を引ける。　・愁の背景を理解する。

・家持や歌の評価の変遷を理解する。

e　巻二〇・四五一六

・歌意を理解し、情景を想像できる。

・家持の最後の歌であることから『万葉集』への興味につながる。

2　「春愁三首」の教材研究としての資料（一部）

前田雅之・小嶋菜温子・田中実・須貝千里編著　右文書院　二〇〇三発行『〈新しい作品論〉へ、〈新しい教材論〉へ［古典編］2』

■大伴家持

祖先は天孫降臨における先導役を務めた天忍日命（アメノオシヒノミコト）と伝えられる神話以来の名門大伴家の家長であり、政治家で歌人。祖父は壬申の乱で天武側についたことでも知られる安麻呂、父は歌人としても有名な旅人。四七九首（約一割）の歌が『万葉集』に収められているところから、その編纂に深く関わったとされている。三十六歌仙の一人。

（1）品田悦一氏「『万葉集』『大伴家持／うらうらに』」

①『万葉集』の代表作という定評

○大伴家持

・養老二年（七一八）～延暦四年（七八五）享年六八才は、当時としては長命の部類→十三才父旅人と太宰府に滞在（山上憶良・筑紫歌壇）巻四・五六七　左注　十六才　年次の推定できる最も早い歌巻六・九九四

四十二才　年次の推定できる最も降る歌　巻二十・四五一六（『万葉集』最終歌）

・作歌活動を三期に区分（藤岡作太郎『国文学史講話』）

↓ア　越中赴任時代以前（七三四年～）　イ　越中守時代（天平十八（七四六）年～天平勝宝三（七五一）年）　ウ　帰京以後（～七六〇年）

全四七九首中、約三分の二がイウに作られている。以後、歌人としての足跡はたどれない。

○春愁三首

・教科書掲載→高校　「近代的」…一種のセンチメンタリズム→近代人の嗜好に合致するように見える
＊家持という歌人に対する評価やイメージの変化と、現在の教室が抱えている問題点をあぶり出す
②前近代の家持像
○早くから高評価・藤原公任「三十六人撰」・順徳院『八雲御抄』
○イメージ先行
・私家集『三十六人集』その一部を成す『家持集』の、三〇〇を越える収録歌のうち、家持の実作は二〇首前後。
→春愁三首は収録されていない。巻十九　四一三九は変形され原歌にはない技巧が施されている
・『新古今和歌集』…『万葉集』にない歌が半数を越えている・例…かささぎのわたせる橋に…
＊三十六歌仙の一人としてデフォルメされ、半ば偶像化→江戸時代に賀茂真淵『「万葉集」大考』では、酷評
→虚像からの解放と同時に従来の権威を失墜させた
＊建部綾足（一七六八年『西山物語』）は、私たちが読むようには読んでいなかった
「恋人を死なせてしまった主人公の傷心」という悲しみの原因が明確→現在は、漠たるもの悲しさの表出
③三首の発見と家持像の分裂
○国民歌集としての近代的『万葉集』像（明治中期以降）
○家持の評価（東京帝国大学の権威を背景として）・芳賀矢一…ほとんど全否定・藤岡作太郎…越中赴任を機に、「浮華軽薄の美男子ぶり」から「忠君憂国の化身」へ
＊春愁三首は誰の目にも止まりようがなかったか、非難を受けるくらいのもの

＊家持像の分裂

（2）多田一臣氏「『春愁三首』を読む」

①現状

・『万葉集』は、若い人々にとって敬遠の対象となっている→教科書にもおざなり程度の掲載で、教える側も苦手→教わる側が関心を持たなくなるのは当然

・春愁三首は高校の教科書に多く採択されている←高校生にとってわかりやすい内容の歌

＊決して一筋縄ではとらえきれない作品→むしろ現代の私たちが古代和歌の表現をきちんと読むことがどれほど難しいことであるかを知らしめるところにこの作品の教材としての意味があるのかもしれない

②春愁三首の前後の状況

・七五一年…越中守の任を終え少納言として帰京。孝謙天皇の御代ではあったが、聖武天皇は太上天皇、橘諸兄は健在

・七五二年…大仏開眼の法会（光明皇后と藤原仲麻呂主導で挙行＝諸兄の勢威の衰え）→全く歌が残されていない

・七五三年…春愁三首が作られる

○春愁三首の評価・高い評価は大正期に入って（窪田空穂が初めてか）

→ここから評価が一気に高まったとすれば、近代人の普遍的感性に直接訴えかけるものを含んでいたことになる。

＊その表現性は古代の表現論理に即して明らかにされなければならない

③春の野に　霞たなびき　うら悲し　この夕かげに　鶯鳴くも（巻十九・四二九〇）

○景と情の大きな落差

・景…うららかに照る陽光のもと、巣から真一文字に翔け上る雲雀の像（上句）

↓明るく伸びやかな春の景（他に例を見ない新鮮な景↓「非類の景」）

・情…「こころ悲しも」↓悲しみの対象が明確ではないが、強い孤独感（下句）

「ひとり」↓恋人のいない状態、人間存在の孤独

＊うららかな春の景色に同化できずに、たった一人そこから疎外されてしまった心の悲しみ

↓景によって引き出されるありうべき心がはっきりとは見いだされていない

歌い手にとっても、予想外な気分であり、いわばぼんやりとして不安として、景と情の狭間に投げ出されている

＝歌い手自身の問題

注

（1）『国語教育方法論大系2　国語学力論と教材研究法』明治図書

今も、色褪せることなく

――『国語教育方法論大系6　文学教育の方法論』に学ぶ――

宇都宮　紀雄

はじめに

「本書には終始一貫して流れる息吹き《ママ》がある。」

これは、本書巻末の解説（三三九頁）で市毛勝雄氏が述べている言葉である。本書が刊行されたのは、一九八四年。現在《いま》を遡ること実に二十五年。私も本書に「若々しい息吹き《ママ》」を感じる。それは何か、何処に起因するのか、それを少しく繙いてみたいと考えた。

一　あつき文学教育

本書『国語教育方法論大系6　文学教育の方法論』は、以下のように構成されている。

第一章　文学と人生
第二章　文学と教育
第三章　文学教育の問題史

第四章　文学教育の目標
第五章　学教育の領域
第六章　文学教育の基本的手順
第七章　文学教育と評価
第八章　文学教育資料

本稿では、特に第七章「文学教育と評価」を中心に触れたい。

先生は現在の文学教育を慮って、「いわゆる成人の自由な文学経験と学校における目的活動としての文学体験を混同」（三〇八頁）している、と切られた。学校でのそれは、自由読書ではなく、目的をもった学習なのだという自明の点を明確にされたのである。その立場から、鑑賞・享受の評価に以下の五点を示された。（1）読む心（2）読む力（3）味わう力（4）まとめる力（5）行う力、である。

まず、（1）読む心とは、作品を読むことに興味をもつようになったか、ということである。量的、質的な立場からその程度や傾向を知ることである。次に（2）読む力とは、作品を能率的に正しく読むことができるようになったか、ということである。文字力、語彙力、表記力、読解力、大意把握力、がこれに該当する。普段私たちが何気なく行っているのは、主にこの部分であろう。（3）味わう力とは、作品の形態に即して主題をとらえ楽しく読み味わうことができたか、ということである。主題確認、感受力、想像力、形態確認の評価である。もっとわかりやすくいえば、「何を、いかに、どんな形で」（三一二頁）を明確に評価せよ、ということである。（4）まとめる力とは、結果の処理が有効にできたか、ということである。鑑賞・享受の評価の場合、個々人の態度を「定立」すればいい、という考え方が一方にはあるが、先生はそれには異議を唱えられる。「必ずそこに評価という価値判断がなければならぬ」（三一三頁）というのである。具体的には、どこからそう判断したか、を明確にすることが、正しい理解に繋がる学習活動である、とされている。高校生にでもなれば、批判的に読むことの必然性もあろうが、中学までは正しく読むことをきちんとさせたいという先生の意志がそこには見える。最後に、（5）行う力とは、発展的な学習が自主的にできるようになったか、ということである。これは発展学習の評価についてであるが、先生は、教育活動としては、「どこまでも責任をもって」（三二四頁）行いたいとしておられる。これこそが真の教育者の姿であろうと思われる。責任感に裏打ちされた厳しさと優しさが、そこには在る。

また先生は、「話すこと」への指導が昨今なおざりになりがちであることを憂えて、「話し手の天分だといって生得的なものだけに依存してはならない」（二四七頁）と厳しく指摘された。そうして「話すこと」の指導方法に関して、次の四つの具体的な実践目標を明示された。（1）正しく（2）やさしく（3）美しく（4）豊かに、である。具体的には、（1）正しくとは、はっきり話すこと、すなわち正確性。（2）やさしく、とは、わかりやすくすること、すなわち平易性。（3）美しくとは、生き生きとすること、すなわち明快性。（4）豊かに、とは、うるおいのあること、すなわち情趣性である。なおかつ、これらを達成させるための工夫として、以下の三点を挙げておられる。（一）話す心を養いみがくこと。つまり、人の話を聞いて、話すことに興味をもたせること、不安をもたせないことを重視された。（二）考える力を養いみがくこと。つまり、話したことについて自己反省や批評をさせることを重視された。そうして（三）話す力を練り磨くこと。具体的に言えば、ことばづかい、アクセント、発音、場にふさわしい音量などを磨くことに着目され、そのための話す経験を重要視された。組織的に数多く、かつ指導者自身が「あらゆる機会を利用した実践的な指導の手続きをつくすこと以外にはない」（二五一頁）と、先生が強く言い切っておられる点にも、注目しておきたい。

二　成心にとらわれず

また、難題である「聞くこと」への指導について、先生は特に痛烈に批判されている。日本人の話す聞く基礎訓練が不足であるから、その言語技術は「冗漫」であり「拙劣」（二五三頁）とまでおっしゃっている。指導者の指導不足を言っておられるのである。それを克服する手だてと言えば、まずは以下の四つの実践目標が挙げられる。（1）正しく聞きとる（2）早く聞きとる（3）批判的に聞きとる（4）味わいながら聞きとる、である。それぞれ、（1）はっきりすること、正確性（2）まとまりよくすること、集約性（3）考えぶかくすること、批判性（4）特色をとらえること、独自性、である。これらを指導するときの方法上の留意点は（一）聞く心を養いみがくこと、として、聞きっ放しではなく「何らかの形で再現すること」をポイントに挙げられた。（二）考える力を養いみがくこと、では「落ち着いて思慮ぶかく傾聴するという態度」（二五七頁）をこそ、重視された。また（三）聞く力を養うこと、では、条件のある聞く経験の必要性を説かれている。「聞く人の成心《せいしん》（ある立場からのとらわれた見方、先入観）や独断が入ってはならない」（二五七頁）とされる先生の自他に対する厳しさが、私たちを指導の深みへと誘うのであろう。

「聞く能力の低い子どもは、そのまま理解力の弱さを示す」（二五九頁）ことになると言い切っておられる先生。「跛行《はこう》状態」（一九四頁）という言葉を用いて、国語教育のアンバランスな点を指摘された先生。私たち現場の教師は、常にこの先生のお顔とお言葉を忘れず、難題とされる問題点に真っ向から立ち向かうべきではないか。それこそが、私たちに課せられた使命ではないのか、今回、本書を読み返し、改めてそんな大切なことに気づかされた。

おわりに

先生のハダカの背中を今でも覚えている。私が、初めてKZRで発表させていただいた年（一九九〇）だった。テーマは、「ひとりひとりの読みを深める詩の指導」。「心のフラスコ」を世に問うた初めての発表である。場所は、東京学芸大学附属小金井小学校「一宇荘」（長野県茅野市）。山の中の合宿場の風呂場の中で、私は先生と同席させていただいたのだ。後にも先にも、これ一回の経験であったが、先生は本当に大きな背中の方だったし、本当に懐の広いお方だった……。心から「また来て、教えを請いたい」。そう思った。「実践を磨こう」と堅く心に誓ったのは言うまでもない。

先生が急逝されたのは、それから一年半後のことであった。先生の魅力は、実践に裏打ちされた褪せない論と、そのお人柄ではなかったかと思う。その論に触れる度に、そのお人柄に触れたような錯覚に陥るのは、きっと私だけではあるまい。

あれから二十数年。先生のご意志は、今も全国数万人もの弟子たちが、きっちり受け継いでいる。

「実験的・先導的な」構成の指導方法を求めて
――『国語教育方法論史』に学ぶ指導原理――

牟田 泰明

はじめに

「実験的・先導的な」というのは、附属学校に課せられたひとつの課題である。

二〇〇九年四月、五年ぶりに佐賀大附属中学校に戻った。全国的にそうだと思うが、大学は中長期の目標を立て、その実現に向かって教育と研究活動をするという建前である。「第二期中期目標期間におけるアクションプラン」の中には、「幼小・小中接続型教育プログラム」、「選抜制度の見直し」……。人事に関しても生々しいことが書かれている。しかし今やそれは私の学校では建前ではなく、実質となってきた。小中連携が研究主題となり、選抜制度は制度と検査内容を大きく見直し、人事に関しても……。

さて、「実験的・先導的な」とは、「アクションプラン」の中で、「地域のモデル校として、教科的学力と心身の発達との関連など、教育課題解決のための実験的・先導的な研究開発を進める」とある。これは、本校に限ったことではないと思われる。というのは、『国立大学附属学校における新たな活用方策に関する検討とりまとめ』について」という文部科学省高等教育局からの文書にその出典があるからである。(ただし、「先導的・実践的」の語順である)。附属学校の存在意義という文脈の中で、この言葉が数回使われている。事業仕分けが教員養成の大学学部にも及ぶ今日、看過できないことではある。

来月、久しぶりに研究授業を公開しようとしている。教頭という立場でもあり、「実験的・先導的な」を踏まえるべきと思うと同時に、その言葉に何か徒花的な「危うさ」のようなものも感じる。本稿に取り組む過程で「実験的・先導的な」の意味を考え、自分の実践に位置づけたいと考える。その拠り所として飛田多喜雄先生の『国語教育方法論史』(以下「本書」という)、特に、論の展開方法と全体を貫く飛田多喜雄先生の姿勢と表現活動における構成の指導に関する内容に学びたいと思う。

一　指導原理

本書のまとめともう言うべき「歴史的考察から学ぶもの」(三八八頁以降)に、「国語教育における指導方法確立のための必要条件として、A基礎的条件、(中略)、B実践的条件…(後略)」とある。「A基礎的条件」には五項目が挙げられており、筆頭が「指導原理と指導観」である。さらに、指導原理は、㋑制度・法規、㋺教育思潮、㋩国語教育の主義主張、㊁教師論とし、㋩を約二ページで説明しておられることから、最も強調されていることと思われる。

「実験的・先導的な」というものが指導方法と指導技術のみに終始しては危ういと感じることは先にも述べたが、県の教育センターが、明日から役に立つものを提供する、と標榜するのは私の県だけだろうか？　明日は役に立ってもあさっても役に立つかどうか。多くの授業をみる機会があるが、その授業の依拠するものは？　向かう先は？　と思うものがほとんどである。指導原理の欠如を感じる。年間指導計画にない授業、借りものの授業、公開のときは十八番の授業箇所をする、ということにもなる。真に「実験的・先導的な」授業とは、指導原理を伴うものであるべきというのが結論の重要な部分である。

さて、本書では、明治から昭和にかけて四十四種類の主義・主張が紹介されている。

明治期（語学教育期　訓詁注釈時代）　注入主義、開発主義、分段法、統合主義等十の主義・主張

大正期（文学教育期　教材研究時代）　自作主義、教材の性質による指導過程、「自己を読む」指導過程等十八の主義・主張

昭和期（言語教育期　言語生活時代）　言語活動重視の指導法、錬成主義、経験主義等二十六の主義・主張

主義・主張は、偏りすぎると偏屈やマンネリ化等の弊害を生じるものの、本来、指導に力を吹き込む。主義・主張にとらわれてはいけないとよく言う。飛田多喜雄先生もそう言われている。しかし、表題の「実験的・先導的な」という時に、指導方法、指導技術レベルではなく、指導原理が実験的・先導的でなくてはならないのではないだろうか。我々は、ＫＺＲで「理論」と言うが、同義と考えても、指導原理がひとつ上の次元と捉えても良いと思う。

二　本書の論の展開と飛田多喜雄先生の姿勢に学ぶこと

様々な主義・主張に対する飛田多喜雄先生の姿勢と論の展開について述べたいと思う。

(1)　主義主張に対して偏見をもたない

一読主義読解は主義・主張、いやイデオロギーの所産であるという偏見ゆえに、魅かれる部分を感じながらも敬遠していた、というのが私の偽らざる心情だった。本書では三六〇頁から、十三頁ページという異例の長さを費やして説明されている。「三読主義一色に塗りつぶされ、それのみが国語教育の唯一の方法であるかのごとく考えられている国語教室に、自省改善を要請し、一方において一読主義の読解法を新しい導き手の手段として本

格的に取り入れたいと思う。いずれをも唯一としない立場である。子供の主体性を大切にするなら、国語教室にとらわれたり閉鎖的にならずもっと弾力性のあるものにならなくてはならない。」飛田多喜雄先生の、偏見のない、子どもを第一とするお考えの端的に現れた箇所であるので、長く引用した。

（2）批判したあと、歴史的な位置づけをする

これは、「批判的考察」として全体を貫く立場である。一例を挙げるために、私が最も関心を寄せている、大正時代の自由主義教育についての飛田多喜雄先生のご批判と歴史的位置付けを紹介する。「能力の低い児童も自己活動ができるという前提が果たして妥当であるか。（中略）学習者の目的意識の自覚や必要感が確認されていないし、評価の位置づけや基準が不明確である。また、児童の自己活動も限界を越えると独断や恣意に陥る危険性がある」という批判と同時に、「児童の個性と自己活動を生かした自由教育が、当時の教育界に新風と活気をまきおこし、新教育のさきがけとなったことは事実である。」と、自らの千葉師範の体験を踏まえながら価値付けられている。

（3）批判の基準は実践の質とする

「機能観に立つ指導法」は戦後の国語教育の基本で、近年の学習指導要領もこれに拠っている、と言っても間違いではないだろう。飛田多喜雄先生ご自身も『機能的読解指導』（昭和三十七）を著しておられる。私には非の打ち所のない思想であるように見えるが、「解釈学的方法から脱却していない。日常生活の読文行為と離れた特別な読み方になっている、手続きにわずらわしさが伴っていると言う批判がある。」（三四五頁）と、引用風に批判されており、最後に「現代生活に適応できる読みの意義という観点から価値判断がなされるべきであろう。」（三四六頁）と批判の基準の中核を示されている。

以上をまとめると、次のようになる。

① 実践（例えば公開授業）を見るなら、その指導原理も見るべき。授業を提案するなら、指導原理まで提案する。

② 指導原理は歴史的な国語教育の流れの中にあることをわきまえ、「非能率な試行錯誤に時間を費やしてしま」わないようにすべきであること。（引用は「まえがき」から）

③ 指導原理を批判的に捉えて改善をするべきで、その基準は、授業の結果が「現代生活に適応できる」ものになったか。

三 私の実践構想における指導原理

中学一年を対象とする私の実践構想。それは身の回りの言葉の問題について調べてレポートを書かせることである。学年の中で最終単元であるので、その年に学んだ「国語の力」をここで発動させながら、学びを進めさせる。指導原理を、指導目標（設定）の原理、指導内容の原理、指導方法の原理に分けて考えたいと思う。

（1） 指導目標の原理

戦後の国語教育における目標（「学習指導要領」に関してという制約つきであるが）の原理が四つ挙げられている（三七四頁）。

今回は、その中の、「⑷国語に対する自覚や国語実践の確立により、言語生活の改善や向上をはかるために。」を指導目標の原理と考えたい。例えば、「料理の中の擬音語」「人を傷つける言葉」という課題について探究活動をしたら、前者では、授業後の擬音語の使い方、聞き方がより自覚的になることを期待する。また後者では、人権と言葉について自覚的になることが期待できる。

(2) 指導方法の原理

指導方法は、自らの言語生活を観察して課題発見させること、課題を探究した結果を、より効果的な構成を工夫してレポートにまとめさせること。レポートをポスターセッション等で発表させ、質疑応答をさせること、単元を貫く「問い」である「言葉は人間にどんな影響を与えるか」に副題をつけて短い文章をかかせること。文章について意見交換すること。以上の方法を貫く原理は、方法間に関連をもたせ、学んだことをわが事として捉えさせるものである。

(3) 指導内容の原理

指導内容の原理は、単元を貫く「問い」を設定することである。今回は「言葉と人間の関係を考える～言葉は人間にどんな影響を与えるか～」である。ここでの「問い」は、現実社会に対するものと学問的なそれがある。問題解決学習が想起されるかもしれない。しかし、それは、「問題」が学問的（学校的という方が適当かもしれない）なものに限定されており、現実社会には間接的に関わるに過ぎないことが多いように思う。例えば、登場人物の心情の変化を読み取ろう、ということは、津々浦々の国語教室で行われていると思うが、このことの学問的価値、現実社会に役立ち、それを改善するという点でどれ程の価値があるだろうか。

さて、「問い」は誰がつくるのか、という問題がある。生徒か教師か。これはどちらでもよい。芦田氏の主張である「師弟共流」について、飛田多喜雄先生は「……児童は教師に導かれて向上の一路を辿るのである。師弟の間におかれる教材は、共に研究し、鑑賞し、批評することによって双方発達の機縁となり……」と引用しておられる（一八四四頁）。生徒を導いて「問い」をださせる場合があるにしても、基本的には教師が立てるものだろう。大切なことは、師弟共流の過程で練られ、師弟が「双方発達」していくことである。

(4) 生徒がもった課題（主題意識）

この原稿を執筆している時点では、単元が始まって二時間が経過した時点であるので、実践としては生徒が立てた課題（今後、対話や六十数冊の文献を見ながら再考する）を紹介する。

○　略語が人間に悪い影響と良い影響を与える。
○　敬語が人間間に遠慮を与える。
○　いじめ言葉がお互いに不幸を与える。

(5) 構成の指導について

本書には、構成の指導についての具体的記述が見当たらなかった。そこで『学力をつける国語科指導技術の開発』（飛田多喜雄編　明治図書）を参考にする。

ここでの指導原理（という用語はこの著にはないが）は、「書くことをきちんと決めて、書くことを良く考えて、計画的に書」かせることである。つまり、主題意識、情報編集、計画性をもたせることである。私の実践と重ねて説明する。

主題意識…主題文をまず問いになぞらえて「言葉は人間にこんな影響を与える」の形で考えさせた。前述(4)参照。

情報編集…右の主題文を肉付けする情報をメモし、並べることを基本とする。その際、説明的文章の学習で、図形による展開、段落の役割のネーミングの学習を反映させる。

計　画　性…これが何か明示されていないが、主題からの逸脱をしないことと解釈する。これについては、家族や友人にレポートを読んでもらうこと、他者のつもりで読み直させることで進めたい。

おわりに

本稿執筆の機会が私に与えてくれた変化である。
① 改めて、実践と理論の結びつきの大切さを確認した。
② 公開予定の授業案に「指導の原理」「方法の原理」を記載した。
③ 『国語教育方法論史』を通読することができた。
「実験的・先導的な」授業が浅薄でなく、応用方法を多く誘発する指導原理を伴う授業でありたいと思う。

未来を望み、無限の可能性を持つ学び手に与える教材の価値内容を考える

富永　保

一　今ふたたび教材研究の方法について考える

平成元年に公示された学習指導要領は、「国民として必要とされる基礎・基本」「変化に主体的に対応する能力」「学び手個々人の個性の尊重」「自己教育力」「生涯学習の基礎」をキーワードに、平成五年から全面実施された。『誰にもできる国語科教材研究法の開発』は、そのような時期に飛田多喜雄先生と国語教育実践理論の会会員諸氏の手によって刊行された。その意図は、〈教材というものに真摯に接し、人を育てるという深遠なる行為そのものをとらえなおさなければならない〉というものであった。豊かな時代になって、改めて教育はどうあるべきかということを考え直す機運が高まってきており、明治以来百年以上の歴史を持つ学校教育というものを、これからの何十年かに向けて再設計するという、大きな社会の潮流に合った事業でもあったと考える。

時代は今、社会的階層や地域間に横たわる格差社会の中で、公正・平等な教育の保障を求めている。「生涯学習体系への移行」「個性の重視」「情報化、国際化への対応」が新たなキーワードとなり、新しい社会づくり（国づくり）が始まろうとしている。折しも、教育三法が改正され、学習指導要領が改訂された。国際的な学力比較が問題視される中で、国際社会における〈自立した〉日本人の育成も求められている。時代の今昔、問題の質の

変化を問わず、飛田多喜雄先生が述べられた「問題は、現場の指導者がそれを前向きにどう受け止め、実践化し、学習者の能力としていかに手堅く習得させることができるかにかかっている。」（『誰にもできる国語科教材研究法の開発』まえがき明治図書出版、一九九〇年二月）という言葉に注目したい。

授業実践の主要な条件であり、導きの媒体は、〈教材〉であるとされ、その機能や研究方法に着目されたことに学び、今一度、「教材研究の方法」について考えてみたい。

二　教材が備えておくべき最小限必要な本質的条件

本著において、飛田多喜雄先生は、教材のあり方が問われている背景を次の四点に整理された。

1　時代の進歩、社会の変化に応じて、教材の種類や内容が多彩に変わりつつあるということ。
2　教材の多様化に伴って、授業展開や学習指導における教材の果たす役割や機能が変化し、増幅しつつあること。
3　進歩に適応し、時代性にマッチした教材の発掘や陶冶価値の高い魅力ある教材化が望まれること。
4　授業に生きる、誰にも実行可能な教材研究方法の開発、考案が求められていること。

ここに挙げられた背景は、現在もなお継続（進展？）中である。さらに国際社会における我が国の地位、立場の確立が急務であることを考えに入れると、〈自立した日本人〉の育成に果たす教育の役割は大きく、現場の指導者として、責任の重さを痛感せざるを得ない。我々現場の指導者がまずもって手をつけるべきは、教材研究方法の確立であろう。教材研究は、かつて飛田先生が教育の営みの三つの条件〈指導者（導き手）〉〈学習者（学び手）〉〈教材（媒体）〉と示されたものを有機的に結びつける行為である。では、飛田先生や当時のＫＺＲ会員諸氏が、教材が備えておくべき最小限必要な本質的条件をどのようにとらえられていたかについて、その基準とともに以下に整理する。

1　国語教材として価値的（内容的、精神的）な条件の充足されたものであるか

（基準1）学習者にとって興味ある内容か

（基準2）それが、学習の目標や学ぶ者の人間的育成に照らして教育的価値のあるものか

2　国語教材として言表的（言語的、形式的）な条件の備わったものか

（基準3）表現、理解をする上での、知識・技能・思考・判断を伴っているか

3　国語教材としての能力的（技能及び態度を含める）な条件の備わったものか

（基準4）生き生きとした言語活動を触発し、能力を育成する機能が込められているか

上記の最小限必要な本質的条件に照らし、現在の現場の様子を振り返ってみたとき、次に挙げる三点を課題として実感している。

1　指導法や指導形態に対する知識や技能はしっかり学んでいる。しかし、そのことを拠りどころに授業づくりを考えるため、教材の持つ価値に目を向けていないものが多い。（↓基準2）

2　学習者の成長に資する観点が乏しく、作品や資料に学習者の理解を適合させようとする強引さを感じるものが多い。（↓基準1、基準2、基準3）

3　明確な育成技能規準が定まっていないために、学習の途上における指導法の変更（形成的評価）等に生かされないことが多い。（↓基準4）

三　未来を望み、無限の可能性を持つ学び手のための教材研究

では、どのような解決の糸口を見つけるか。すでに、飛田先生やKZRの会員諸氏は、何年も前にその解決の

ための糸口を提案されている。「とかく教材研究は、実践者の安易な体験的主観に陥りやすいうえに、表層的かつ恣意的な理解に陥りやすい。そこで、教材研究と指導研究両面の特質を生かした研究の実践化に努め、それらを踏まえた密接な関係の望ましい具現を図る必要がある。また、現場の指導者個々がしっかりした教材研究法を身につけておくことが望まれる。」（『誰にもできる国語科教材研究法の開発』一九頁、明治図書出版、一九九〇年二月）

先行研究や実践に学び、地道に根気よく自分の方法を生み出し、実践の中でその可否を何度も確かめていくことで教材研究の姿勢と方法は身についていくものと考える。直接指導する学習者個々の姿を念頭におき、具体的な指導のあり様を思い浮かべながら、教材研究を行う必要がある。

「未来を望み、無限の可能性を持つ学び手に、どういう価値内容を教材として与えるかは、すべて指導当事者の体験と識見によって意義づけられ決定する」（『誰にもできる国語科教材研究法の開発』二七頁、明治図書出版、一九九〇年二月）との警鐘を真摯に受け止め、今後の教材研究、指導研究に取り組みたいと、本書を読み返し、改めて考えた次第である。

「温故知新」を体感する

――電子黒板導入顛末記――

宮嵜信仁

一　はじめに

今年度（二〇〇九年度）、私の勤務校は文部科学省より「電子黒板等を活用した教育に関する調査研究」の委嘱を受けた。七つの学級並びに理科室・社会科室・視聴覚室に一台ずつの「電子黒板」と、これを端末として使うためのパソコンが常備された。この電子黒板をはじめとしたＩＣＴ機器活用の視点として　①知識の定着　②イメージや意欲の拡充　③思考の可視化による理解の補完　④疑似体験による理解の定着等を掲げ、校内研究として取り組み始めたのである。

町からＩＣＴ支援員も配置されているが職員間には当初、取り組む姿勢に温度差があった。積極的に取り組む者もいれば、機器の操作に対して食わず嫌いの者もいたのだ。私はと言えば、中間だろうか。

二　〝新しさ〟を疑う

電子黒板と名付けられているものの、従来の「塗板」に取って代わる働きができるかというと、そうでもない。

私にとってまず問題なのは、そのサイズである。縦七六・五cm 横一一〇cmのディスプレイ、これを最も高い位置にして一m七八cm。これでは、塗板は塗板のままに機能させ、脇に電子黒板を置いて効果的な場面でのみこちらに注目させる、といった使い方になる。

この一手に止まらず、他の効果的な使用方法はないか。塗板と電子黒板とを同時に併用することを考えてみた。塗板の半分と電子黒板が重なるように位置させる。ある場面から他の場面へ変容等が読み取れそうなとき、二つの文章を比べて読もうとするとき、塗板と電子黒板とを左右に併用するのだ。比較するため、子どもたちが書きぶりに注目することが期待できる。一頁もしくは見開き二頁の字面を、そのまま画像として取り込み表示することができるし、実物投影機と違い、表示した字面にペンで書き込みができるのは電子黒板の強みである。

このように考えていくと、飛田多喜雄先生が『国語科教育方法論大系7機能的読解指導の方法』で板書機構の問題として「板書を価値あるものにするためには、厳密な教材研究と明確な指導目標を根底にもち…」と述べておられるのが示唆的である。電子黒板はじめICT機器ありきでは、提案授業的な指導研究に傾く虞がある。「指導のコースを予想して（傍点ママ）……学習者の実態、指導の目標、指導の手立て、学習者の反応をあらかじめ心に描いて、それに役立つために教材に迫る」ことにより、電子黒板を用いる必要性、必然性、効果のほども見えてくるであろう。この「指導のコースを予想して……」以下が述べられているのが『誰にもできる国語科教材研究法の開発』である。

三 〝新しさ〟に怯まず

飛田先生及び国語教育実践理論の会の先輩が著した『誰にもできる国語科教材研究法の開発』は私が若い頃、有志で組んだ学習会で輪読したことがあり、多くのことを学んだ書籍である。

その二五頁に、教材についての考え方・意義を明らかにするため〈教材〉〈教具〉〈資料〉等についての意味規定が述べられている。これに沿えば電子黒板は、参考資料（教科書以外の資料）の中の　○視聴覚教具＝視聴覚教材（レコード、ソノシート、カセットテープなどの音声言語教材、スライド、ＴＰ、ラジオ、テレビ、ビデオなどの映写教材等）並びに　○その他の資料（黒板、掛図などの施設や備品、ＯＨＰ、シンクロファクス、アナライザ等の教育機器）に類する。つまり電子黒板は、純然たる〈教材〉との間に一線が引かれている。

ただ、同書九頁には「なぜ、今、教材の在り方が問われるのか」について、主要な四点の理由が挙げられており、その中には次のようにある。

(1)　時代の進歩、社会の変化に応じて、教材の種類や内容が多彩に変わりつつあるということ。

(2)　教材の多様化に伴って、授業展開や学習指導における教材の果たす役割や機能が変化し増幅しつつあること。

これを読んで再考した。繰り返しになるが、国語科の学習指導においては、電子黒板は参考もしくは補助する内容を表示することが主な目的ではない。字面をそのまま表示できる機能こそ利便性と使用目的をもつ。それを考えると〈教具〉でありつつ〈教材〉としての見方も必要ではないか。

図表を含む文章の学習指導を考えることが適例かと思う。文章と図表との関わりを読み取ることや、図表を用いた説明・記録の文章を発表させること等の必要性は、広く認知されつつある。前者においては、文章と図表との関わりを分かりやすく見せる〈教具〉としての研究が必要だ。それは同時に、子どもたちが手元の〈教材〉に、分かりやすい説明（ラインや囲み、矢印を書き込む・読み取ったことを抽象化しキーワードとして書き込む・ペンの色を使い分ける等）を施していく過程でもある。また恐らく、指導者の〈教材〉研究の跡にも近付くであろう。後者において電子黒板は、発表のための〈教具〉でありながら、その発表に対する評価言を、さらに交信の場を生み出す〈教材〉でもある。電子黒板はその機能から、教室の子どもたち全員の注視を可能にする〈教材〉

の面ももっと考えたい。

四 〝守〟か〝破〟か

先に引いた「指導のコースを予想して……それに役立つために教材に迫る」。その後に、効率的に教材研究を進めるための目安を、飛田多喜雄先生が示しておられる。中でも ①学ぶ者の実態の面から ㈠学ぶ者の能力と発達段階 ㈡学ぶ者の興味・関心 ㈢学ぶ者の反応の予想 が示唆的である。

何が示唆的か。全五項目の最初に挙げられていることである。育成すべき技能・知識や、人間形成に資する陶冶価値、指導技術の力点も然りながら、それらを五つに整序した上での①である。個人的な解釈ではあるが、学ぶ者の興味・関心こそが、技能・知識、人間性を身に付け高めるバネになることを伝えているととらえる。

この、学ぶ者の興味・関心というものについて考えてみたい。学ぶ者としての興味・関心とは、子どもたちの只今の卑近な興味に迎合することではない。また、物語や小説で言うと、子どもたちに近い年齢（中学生を対象とする教材であれば、十三〜十五歳）が登場する話を選べば主人公の心情も理解しやすく興味を引くであろうというのも、甘い。

話の角度を変える。例えば「対話」は、本人よりも知見の高い相手と行ってこそ、本人にとっての収穫がある。それは「対話」と言うより「問答」「インタビュー」に近いものになろう。しかし、同じ水準の者同士で行う「対話」は〝這い回る〟危険性がある。そのことを、私は安藤修平氏に学んだ。

話を戻す。話をつなぐ。つまり興味・関心とは、指導者が目の前の子どもたちのあしたを考え、提示する過程で生成を狙うものと捉えてはどうか。もう少し具体的に述べると、

①どんなことに目を開いてほしいのか、指導者が自らに確かめる。…内容・陶冶面・表現 ②そのために大

まかな単元案を描きながら、教材を選ぶ。…内容・陶冶面・表現
③どのような導きをすれば、子どもたちは教材の表現に注目するか、授業案を整える。　④学習したこと（読み物のジャンル、書くことにおける文種）について、ほんとうの興味・関心が生まれているかが肝心。その着地点・評価の観点をきちんともっておく。
これらを、あしたのためにその①〜その④とでもしておこう。

何とも拙い結びになろうとしているが、先のような仮説をもちながら〈教材〉研究に始まる実践を進めたい。そうして、あしたのためにその③の実践・検証において、電子黒板を〈教材〉として位置付ける意義が見えてくるのではないかと考えている。

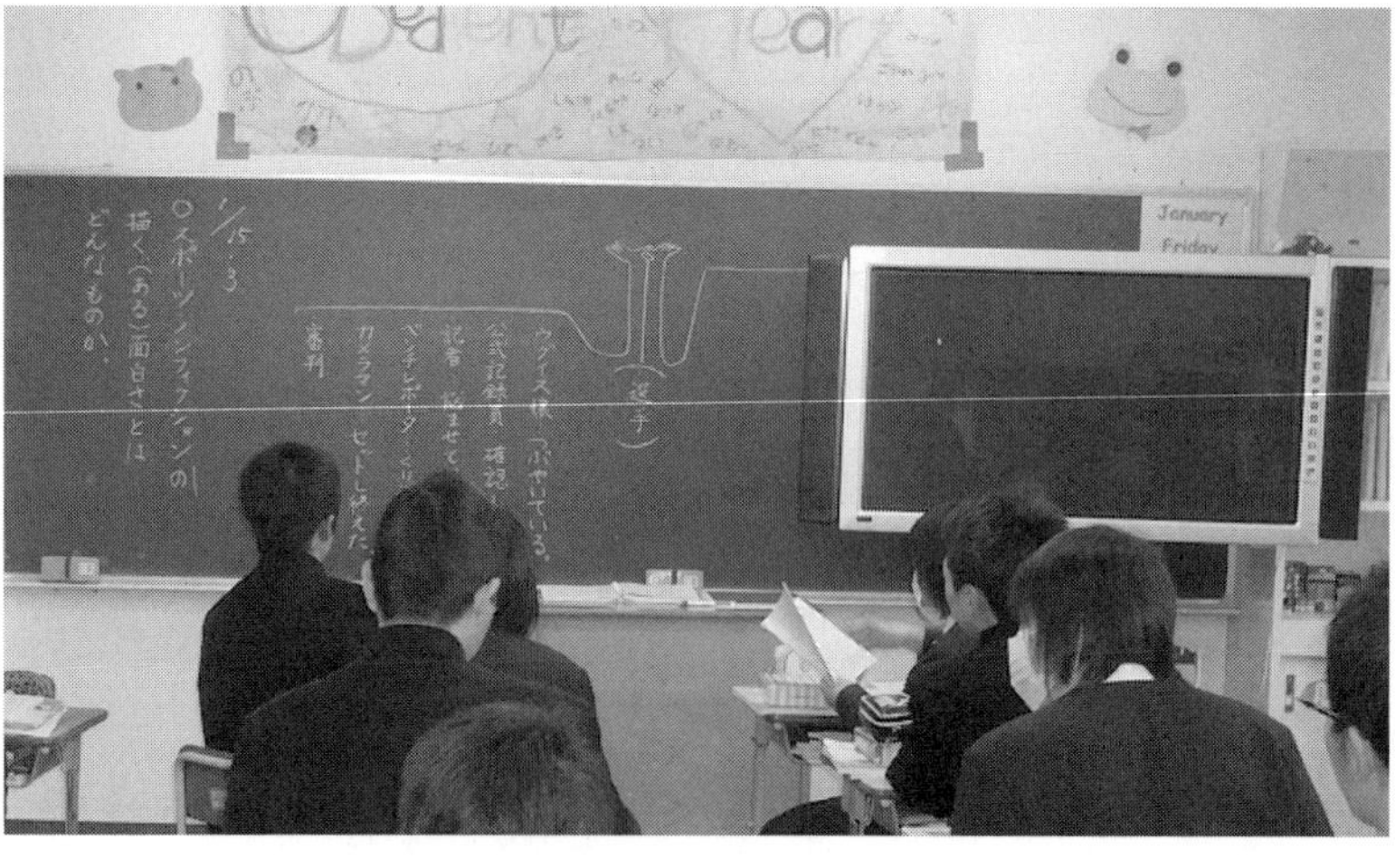

評論文　引用文から始める理解学習

――小林秀雄「平家物語」（高校二年生）の場合――

野田光子

一　教材文について

小林秀雄の評論は、今なお、高校の評論文教材として確たる位置を占めている。[1] しかし、執筆から六十余年を経た今日、高校生の理解力と大きく離れた文章になってしまった観は否めない。授業前に実施した質問調査でも、教材文の約半分に及ぶ範囲で質問が出ている。生徒にとっては、恐らく、一読して、どこから手をつけたら良いのかわからないほど難解な文章であると思われる。しかしながら、難解であることを理由に、教材として取り上げず、素通りするのでは生徒に読みの力が付かない。一読後、手も足も出ないと感じられる文章であっても、何とか読み解く術はあるのだということを経験させるのも大切な学習である。また、生徒の学力と教材文が要求する学力との間に大きな隔たりがある文章は、一人小林秀雄の作品だけではあるまい。

そうした文章を教室で学習指導する際の一方法として提案する次第である。

本教材は、昭和一七年七月『文学界』に発表された後、昭和二一年『無常といふ事』（創元社）にまとめられた。『無常といふ事』は「当麻」「無常といふ事」「平家物語」「徒然草」「西行」「実朝」の六編より成り、一つ一つが独立した評論でありながら、後の作品が前の作品の主題を受け継ぎ、変奏するという構成が採られていて、全体が一つの作品となっている趣もある。[2] 従って、「平家物語」を教材として取り上げる場合、六つの評論の中の一つとして、全体の流れの中で読ませるか、或いは、一つの独立した評論文として取り扱うかが問題となる。指導書では、前者の立場に立って「真実な回想とは何か」を主題にした文章であるとしているが、教材文の最後に突然出てくる「真実な回想とはどういうものか」という表現は、この前に掲載されている「無常といふ事」を受けた表現である。「平家物語」一編だけを読んでそれを読み取るのは不可能であると考え、後者の立場に立って授業した。[3]

二　難解さの原因を考える

氏の文章を難解にしているのは、先ず第一に、読み手に多くの「既有知識」を要求している点にある。この教材文を読むに当たっては、引用された『平家物語』[4]の当該箇所について先行知識が有るか無いかで、理解の深さが異なってくる。

次に、筆者の執筆姿勢も大いに関係している。筆者自身「書かなければ何もわからぬから書くのである。」(「文学と自分」角川文庫版『無常という事』十二頁)というとおり、「書く」という行為は、氏にとって、己の思考を可視化するための作業であり、読者のために書いているわけではない。従って、己の思考に付いてこられる者だけが付いてくればよろしいという執筆姿勢で書かれている。「彼の批評は感性で読み次がれる作品なのだ。[5]」と言われるとおり、論理の積み重ねだけで理解に到達できる文章ではない。筆者独特の論理の飛躍を、筆者に歩調を合わせることで読み進めることを要求する文章である。時にその飛躍は難解なだけでなく、納得しがたい場合もある。では、何故、このように難解で不親切な文章を教材として取り上げるのか。

『平家物語』と言えば、誰しも、冒頭の「祇園精舎の鐘の声、諸行無常の響あり」を思い浮かべるだろう。「中学生の時に国語の時間に暗誦した。今でもスラスラと暗誦できる」という人は多い。それ程人々に親しまれた『平家物語』であるが、この冒頭部を読んだだけで平家全部をわかってしまったかのような錯覚に陥ったり、はたまた、凄惨な戦争文学だと思い込み、読まず嫌いのまま素通りしたりしてしまう人も少なからずいる。

小林は言う。「平家のあの冒頭の今様ふうの哀調が、多くの人々を誤らせた。」平家の哀調は「仏教思想」や「当時の無常の思想」から来るものではない。平家の作者たちの「厭人も厭世もない詩魂」から来るのだとして、『平家物語』についての新しい認識を表明している。

そこで、本実践では、『平家物語』を高校生につなぐ評論文と位置付け、筆者が『平家物語』をどのようにとらえているのかを読み取ることが本学習指導の眼目と考えた。

三　文章分析

読者に不親切な文章とは言え、「繰り返し」や「比較」など表現上の特徴を押さえることによって、この文章を、高校二年生と授業の中で読み解くことは可能である。以下、その方法を検討する。

（1）　主語の連鎖について判断文を基調とする文章である。明示されない主語で、難解かつ重要なものは、第13文と第45文である。

13：（『平家』の簡潔な底光りがしているような美しさは）格段である。

45：（平家の作者はすぐれた思想家ではないことが）わかるのである。

この二文については、生徒から質問が出ると予想されるが、そうでない場合でも、明示されていない主語を正確に読み取っているかどうか確認する必要がある。

（2）　陳述の連鎖について

①引用文　…五十四　文中　五文

②事実を述べる文（統一辞による陳述）…五十四　文中　十八文

③書き手の気持ちが入る文（述定辞による陳述）…五十四　文中　三十一文述定辞による陳述を基調とする文章である。

評論文の理解学習で最も重要なのは、どういう事実を根拠に、どういう自説を展開しているかを読み取ることにある。

本評論文では、『平家物語』からの引用文が「事実」に当たる。従って、引用文について熟知しているか否かは、この評論文の理解の質を決定する。

（3）　その他の表現上の特徴…理解に役立つものを中心に取り上げる。

①対比表現…対比に気付けば文の構造がわかる。（ex.32文　よく笑い、よく泣く／46文　よく知っていた思想・はっきり知らなかった魂／僕ら・彼ら　読者ら・作者たちなど、対比的に使われている呼称　など）

②繰り返し表現…三文と四十七文に現れている「詩人・知る」という繰り返し表現によって一段落と七段落とが対応していることが分かるなど、文及び文章構造がつかみやすくなる。（他は省略）

③「〜が」で言いさす…「Aが（しかし）B」AはBを強く否定するための肯定材として置かれ、長文化の一因となっている。しかし、筆者が肯定している言葉の系列、否定している言葉の系列などと、用語のグループ化を図ることによって本文の理解が容易になる。ひいては文構造や文脈の正確な把握に役立てることができる。

A真正な原本を求める学者の努力は結構だが、

B俗本を駆逐し得たとする自負なぞ、つまらぬことである。（四十八文）

（4）　文章の構成

引用文　　　　　　　　　　　　　　筆者による意味づけ

序論Ⅰ　子規の歌を引用　　　　　　→子規の心が、『平家物語』の美しさの急所に鋭敏に動いた

本論Ⅱ　「生ずきの沙汰」を引用　　→隆々たる筋肉の動き　太陽の光と人間と馬の汗とが感じられる

Ⅲ　「宇治川の先陣」を引用　　　　→水の音、におい、冷たさ　読者を作中に立たせる平家の作者の技

Ⅳ　「一文字にさっと渡いて〜」

Ⅴ　畠山と大串のやりとり　　　　　→勇気と意志、健康と無邪気が光り輝く。

Ⅵ　　　　　　　　　　　　　　　　→（『平家』という大音楽の精髄である。）

「小宰相身投げ」　　　　　　　　　→物事をはっきりと見るようになる。

結論Ⅶ　　　　　　　　　　　　　　→作者を、導いたものは、叙事詩人の伝統的な魂であった。

（平家物語についての新しい意味付け）

引用文を論拠として、自説を述べるという構成になっている。従って、論拠としている引用文を事前に学習することが理解の深浅を決定すると予想される。文章構成は、対比・繰り返し表現・語句の連鎖を手がかりに把握することが可能である。

四　学習指導の実際

（1）授業時期　二〇〇三年十月八日〜十一月七日（間に中間テストを挟む）

（2）対象生徒　専修大学松戸高校　二年七・十二・十三組生徒

（3）教　材：「平家物語」　小林秀雄　　第一学習社　改訂版国語二　平成一五年版

補助教材：生ずきの沙汰（平家物語・巻九）

宇治川の先陣（平家物語・巻九）　『日本古典文学全集　平家物語二』校注・訳市古貞次他

小学館

（4）　指導計画：全八時限

Ⅰ　古文の理解学習（三時限）：「生ずきの沙汰」「宇治川の先陣」の内容を理解する。

Ⅱ　表現学習（一時限）：「生ずきの沙汰」「宇治川の先陣」を読んで感想文（六〇〇字）を書く

Ⅲ　評論文の理解学習（四時限）

《1時限目》1「生ずきの沙汰」「宇治川の先陣」の感想文を読む　2小林秀雄の「平家物語」を音読・疑問点を出す

《2時限目》1疑問を解決する　2どういう事実に対してどういう意味づけをしているかを読み取る

《3時限目》1筆者の主張を読み取る　2筆者の論法を確認する

《4時限目》1文章の構成を明らかにする　2筆者の主張を確認する：筆者の言いたいことを図で表す。

五　授業を振り返って

（1）評論文を学習する前に引用文を読ませたことで何が出来たのか

○子規の歌「先がけの勲功立てずば生きてあらじと誓へる心生食知るも」の理解が本評論文理解のかなめであると考え、引用文の中でも、子規の歌の理解を助ける箇所を原文で読ませた。[6]「小宰相身投げ」は読んでいない。

○生徒は古典の学習で「生ずきの沙汰」「宇治川の先陣」によく反応した。表現学習として書かせた感想文からもそのことが分かる。「佐々木四郎高綱は卑怯者・梶原源太景季はお茶目・大串はとぼけキャラ」など、登場人物について、自分自身のイメージや評価を持って小林秀雄の評論文を読んだ。このことは、結果として、子規の歌の理解に役立った。生徒達は、筆者の言う「子規の心が、『平家物語』の美しさの急所に鋭敏に動いたさま」を原典を事前に読んでいたためによく理解したのだと考える。

○引用文についてよく知っている、なじみがあるという状況で評論文を読んだために、筆者の主張、特にⅡ～Ⅵ段落前半に共感出来る素地を作った。

（2）評論文の理解学習について

○評論文の読みの基本は、どういう事実に対してどういう意味づけをしているかを読み取ることにあるという考えに基づき、2時限目の2の学習を組んだ。生徒が難解と感じる箇所の多くは、通常、筆者が提示した事実ではなく意味づけの方である。本教材の場合は「事実」が引用文に当たる。もし、引用部分の学習を事前に行わなかったならば、生徒は、筆者の意味付けを理解し、その妥当性を吟味する手がかりを持たないまま、この学習に臨むことになっただろう。引用文のすべてではないが大部分を事前に学習したからこそ、この「2時限目の2」学習が成立したと考える。

○4時限目の1の学習については、構成を押さえることが比較的容易に出来たために、語句の連鎖など表現による充分な確認をしないままに授業を終了した。

○4時限目の2の学習「筆者の言いたいことを図で表す」は、「真実な回想とは何か」をテーマとして取り上げなかったので、それを補う学習として取り上げた。「真実な回想」については稿者が図示して補足した。

注

（1）小林秀雄の作品は、十三社二十四種の教科書に評論文教材として、採択されている。今回取り上げた「平家物語」に限って言えば、四社五種の教科書で取り上げている。（いずれも、国語Ⅱ或いは現代文）『高等学校の国語教科書は何を扱っているのか。』（国語教科書教材一覧―平成一二年度使用）調査・作成　中河督裕　吉村裕美　京都書房　二〇〇〇年による。

（2）出典『新訂小林秀雄全集　第八巻』新潮社　昭和五三年

（3）「小林秀雄「平家物語」―そのかなしみの位相―」弘英正　（『国語教材研究講座　高等学校現代文〈下巻〉評論・論説・随筆』昭和五八年　有精堂　編者　増渕恒吉他　七六頁）で弘氏も「真実な回想」がどういうものであるかは、「この作品の内部では解析できない。」としている。

（4）本稿では、小林秀雄の評論としての「平家物語」を表すのに「平家物語」、古典としての『平家物語』を表すのに『平家物語』の表記を用いて両者を区別した。

（5）多田富雄「小林秀雄の読み方―若き読者のために―」（『別冊太陽　日本のこころ162　小林秀雄』五頁　二〇〇九年十一月　平凡社

（6）小室善弘氏は「予測しながら読む―第一段落とその展開」（『教材の特質に応じる現代文の指導』昭和五八年　東京書籍　一四四頁）で、冒頭の第一段落に「文章展開の方向を指し示すものがはっきりあらわれている」として、子規の歌を引用した効果を論じている。

大学における講義

小坂　茜

○　はじめに

本記念論文集の発刊にあたり、飛田多喜雄先生から直接薫陶を受けた者は、研究論文を書くようにとの執筆依頼であった。私が国語の実践をご指導いただいたのは、教諭としての五年間で、その後は現場の国語教育から離れているので、実践的なものは書けないし、定年退職までの十七年間は学校経営に意を注いでいたので、理論的な研究論文などとても書けない。そこで、退職後六年間関わった東京学芸大学での「初等科国語科教育法」の実践を振り返って自分の反省とし、またこれから大学生に講義される方の参考になればと思って、表題の主旨でまとめることにした。

一　講義内容・方法について

シラバスは毎年少しずつの変更はあったが、大体後に示すページの表の通りである。

半期十四回の講義で、最初の三回は学生の出入りがあり、テキストもそろわないので、エンカウンターでコミュニケーションの大切さを体感させたり、折り句で自己紹介を作らせ、言葉遊びの面白さや有用性を実感させたりした。四回目から十一回目は、「新版小学校国語科授業研究」（大熊徹他編・教育出版）をテキストとして講義を行った。九十分間受身的な講義ばかりでは、学生も退屈し、私語や居眠りをしてしまうだろうと考え、前半の講義の後は、必ず作業的なことや話し合いの時間にした。また、八時五十分からの一限は、なかなかそろわないので、最初の十分間は、ＶＴＲやＤＶＤ・ＣＤ等の視聴覚機器を活用して、ＮＨＫの「にほんごであそぼ」や「声に出して読みたい日本語」・群読・名人授業など、教師となるために必要な技や教壇に立ってから役立つ映像や音声を毎回視聴させた。

九回目からは、八人ずつのグループを編成して、下学年の教科書から三つの詩教材を選んで、教材研究、指導案検討など共同的に取り組ませた。四つの教室を使って、全員が五分ずつ模擬授業を行い、お互いの授業を見て相互評価させた。代表に全体の前で模擬授業させた。

成績評価は、出席状況・シラバス表の★印の提出物で行った。欠席して提出できなかったときは友人から聞いて、後日でもよいから必ず提出するように働きかけたところ、ほとんどの学生が提出した。最後のテストは、二十五問の虫食い式の設問で、学習指導要領や講義、テキストの中で強調した個所、プリントなどでポイントとなるところなどから出題することを予告して、少しでも勉強するように働きかけた。テストの結果は、よく勉強している学生は、九十点代を取った学生もかなりいた。反対に、あまりにも低い得点の学生には、単位を落とすのは忍びなかったので、厳しいようだが、テスト後に「小学校学習指導要領」を全文視写させて提出させたこともあった。

第一回目で、「私の受けた小学校国語教育」という作文を書かせているが、その内容については、現場の国語教育の課題をまともにぶつけられている感がある。わずかではあるが、いい国語教師に出会った例もある。内容はともかく、文字の汚さ、不正確さには驚かされ、このまま教壇に立たせたら大変なことになるとの危機意識を

大学における講義

NO	授　業　内　容　○講義　●ワーク	★提出準備
1	○授業開き（自己紹介）○授業計画と方針 ○国語教育と国語科教育　●作文「私の受けた小学校国語科教育」	履修科目申告票 ★作文
2	○国語力の向上　○地域の人と創る授業　○授業の達人 ●折句で自己紹介　●バースデーリング	履修科目申告票 ★自己紹介折句
3	○フィンランドメソッド　○国語科の総合学習 ●四字熟語　●さよならじゃんけん	履修科目申告票
4	○国語科の構造（Ｐ１～７）○学習指導要領 ●視写「おちばのようふく作り」	★視写
5	○国語科の学習内容　○学習指導要領 ●聴写「白いぼうし」●座席決定（グループ編成）	
6	○実践への視点（１）「話すこと・聞くこと」 ●（腹から声を出す音読）「与話情浮名横櫛（切られ与三）」	
7	○実践への視点（２）「書くこと」 ●ことわざ	★ことわざ
8	○実践への視点（３）「読むこと」「はないっぱいになあれ」ＶＴＲ ●（リズムに乗る音読）「寿限無」	
9	○学習指導計画等の立案　○「学習したことを生かして」（ＶＴＲ） ●「声に出して読もう」１～３年の詩の学習材（音読練習）	詩学習材配布
10	○学習指導案の作成　○「詩の授業」（ＶＴＲ） ●「声に出して読もう」の学習指導について（学習材研究）	４教室に分散
11	○学習指導の評価　○「命の授業」（ＶＴＲ） ●「声に出して読もう」の指導案立案（グループ）	４教室に分散
12	○国語科と総合的な学習　○「小竹小展覧会」（ＶＴＲ） ●「声に出して読もう」の模擬授業（グループ）演習	４教室に分散 ★指導案コピー
13	○模擬授業（グループ代表）●授業評価	★授業評価表
14	●テスト　●小論文　●授業アンケート	★テスト小論文

もった。

二　講義を受けての学生の感想

最後の講義の時、「初等科国語科教育法を受けて」という題で小論文を書かせている。これは、受講学生の成果の把握と自分の講義の振り返りに使う目的で行っている。学生には、自分がこの講義を受けて学んだことや講義についての感想や意見を書くようにとの指示で、評価の観点は、①課題に正対しているか　②文の量（A４一ページ程度）③文字の正しさや読みやすさなので、マイナス面を書いても減点はしないことを予告して書かせている。

ここで、学生の反応と全体的な感想や意見などの一部を紹介する。

○「全ての教科の基礎は国語にあり、全ての教師は国語の教師である」ということを実感した。この授業の中で、ことわざ、四字熟語、朗読、視写、聴写等様々なことを行ってきた。これらのことは国語の授業だけでなく、学校生活の多様な場で使われるものであり、特にことわざや四字熟語は小テストのときに、自分がこれらの知識に欠けていることに気付き、私はこれらをもっと学ぶべきであり、将来教師になったときには、子どもたちに教えていかなければならないと感じた。

○大きなショックを受けたのが、視写であった。私の書いた視写の評価は、十文字以上直されてB。自分の書いた文字は教員を目指す者の文字ではなかった。このことがあって以来、「文字を書くこと」に関して自分でも異様な程意識し始めた。取るに足らない文を書く時でも、まず文字の正確さときれいさを意識した。特に神経を集中させたのが、自分の名前を書く時だった。少しでも、とめ、はね、払いが乱れた時は、それまで書いてあった全ての文字を消した。文字を書くにも、自分なりのリズムがあることに気付いたからだ。小さなことかもしれないが、自らの字体を直すことで、教師の道を一歩進んだような気がした。ありがとうございました。
○　指導要領の目標、指導事項について「聞く・話す・書く・読む・言語事項」などの内容が、学年に応じて細かな目的があったのだと知りました。自分が昔、授業でやったことも、これにはこういう意味や目的があったのだと気付くことができるようになりました。自分の中で、授業を教える側としての意識が高まりました。
○　模擬授業を実際に行うことで様々なことが分かった。たとえ同じ教材を扱っていても、教師が違えば、授業やそれを通して子どもたちが学習する内容・身に付く力も全く異なるものになり得るということだ。導入や言葉かけ次第で子どもの学習意欲も変わってくるだろう。教師次第で教材を活かすことも、逆に壊してしまうことある。目の前の子どもたちの実態を良く把握して、魅力的な授業のできる魅力的な先生でありたい。いや、そうでなければならない。また、グループ活動の有効性を学んだ。単元について複数で議論することによって、個人の指導案や模擬授業に深みが増した。お互いが向上できる有意義な活動であった。他の人の授業を見て評価することで学べたし、何よりも楽しかった。
○　この授業は、先生が一方的に話すだけの授業ではなく、学生が声に出したり発表したりするという形で授業に参加できるようになっていたので、とても良かったです。
○　教師というのは、人格、人柄だけでなく、それぞれの教科への理解、そしてそれを活用、表現する能力、目の前の子ども一人ひとりと向き合い理解する力など、書き上げればきりがないほどの力が求められていると思います。これからも、多くのことを学び続けなければならないと感じました。先生がおっしゃったように、まずは若さと元気を取り柄に、ポジティブ思考で頑張りたいと思います。どうもありがとうございました。
○　他の授業からは絶対得られなかったと思っていることだが、それは教官が今までずっと教員をしてこられた活動の軌跡の一部を見ることができたことだ。現場で授業されていた時、子どもたちに近い距離で教鞭を取っていた時も、授業の進め方とか、子どもの集中力の高さとか凄いなあと思って見ていたが、第一線を退き校長という立場になった後も、なお教育に情熱的で、「命の授業」然り、「小竹小学校展覧会」然り、僕は本当に衝撃を受けた。特に芸術の分野にはとても興味があるので、あの展覧会に代表される例は、もし自分が美術、音楽、舞台芸術など表現を大切にする何かの活動に携わった時、全体を大きなプロジェクトだと考えると、自分はどのようにしたら、そのプロジェクトの一本の柱になれるかということを考え、プロジェクトが具現化していくってどういうことなのか生々しく心に止めることができてとても参考になった。本当に良かった。自分は今、教員になるか少し迷い始めたところだ。理由は教育の物足りなさみたいなところにあったのだが、この授業で小坂教官の生きざまをほんの少しだけですが見られて、「一生を、人生をかけて教育の現場に身を置く」とはどんなことかが、少し見えた気がする。まだまだしばらくは迷うとは思うが、中途半端はせず、人生をかけていきたい。本当にありがとうございました。

○　私は、「教育はコラボレーションである」という言葉がとても印象に残っています。教育は一人で行うものでもなければ、子どもは一人で成長していくものでもないと思います。　様々なことやものが連なって、それがどんどん積み重なって築き上げていくものだと思います。教師間、地域、また教科間のつながりも大事にしていきたいと思いました。九月に実習が控えています。三年生になった頃はとても不安で、一時期は教師になることさえ疑問を感じていました。けれど、この授業を通して、教師としての資質が段々分かってきて、また、教師という職業に魅力を感じました。これから時間がわずかですが、色々なことを吸収していきたいと思います。ありがとうございました。

○　私が「今まで受けてきた小学校の国語授業は何か」と尋ねられたら、「思い出せません」と答えるだろう。何の教材に出会ったか、例えば低学年で「スイミー」をやったとか、「くじらぐも」をやったとか、そういうことは覚えているけど、実際どのように学んだかは全く覚えていない。前期の授業を振り返って思うことは、このように「全く残らない」授業は、自分が教師になったら絶対にしたくないということだ。自分で一生懸命考えたり、精一杯表現したりしたことは、必ず残るはずである、と私は思う。だから、そのような児童の力を引き出せるような授業を展開できたらと思う。

三　まとめ

暗中模索でスタートした講義であったが、学生の実態に合わせながら少しずつ改善させて六年間続けてきた。最初の年から、「学生による授業アンケート」が始まった。十三項目の中で、毎回一番結果が良いのは、「教員の熱意が感じられた」で、ほぼ全員が最高ランクに付けてくれたのはとても嬉しいことである。年を重ねると、体力も気力も衰えるが、この項目は一貫して評価のトップであったことは、「正しく美しい日本語を教える国語の教師になってもらいたい」という願いが、学生に伝わったことの表れだと思う。また、他の項目についても、大学全体の平均より全て上回っていたことも、一応の責任は果たせたなかと安堵している。

最初に書かせた「私の受けた小学校の国語教育」を読むと、読解の授業では、分かり切ったことを質問して答えたり、教師の意に沿わないことを答えると無視されたりしたから国語嫌いになったなど、嘆かわしいものが多い。また、漢字練習と音読カードしか思い出せないというのもかなりあった。自分の経験で、初めて教壇に立った時の教え方は、自分の受けてきた教育方法を取ることがあった。そこで、そのような国語教育を繰り返してほしくないという思いを強くし、現場ですぐに使える実践的なことを演習させたが、これは学生にとってとても新鮮であり、実習などでも生かせたようである。

講義名は、「初等科国語科教育法」であったが、国語科に絞らず、総合的な学習の時間や道徳とのコラボレーションのＶＴＲを視聴させた。国語科が学校生活全体の基盤となっている教育を広い視野に立って考えていく上で良かったと思う。最後には、「教育はコラボレーションである」ということを実感させるために、全児童、全職員で創り上げた展覧会のＤＶＤを視聴させ、教師となってからの姿勢やコミュニケーションの大切さなども語った。

何より一番やりがいを感じたのは、最後に書かせた講義を受けての感想文を読むと、どの学生も、半期の講義で変容していることである。「全ての大人は国語の教師である。全ての教師は国語の教師である」との倉澤栄吉先生の言葉を引用して、日常の教師の言葉、「書く・読む・聞く・話す」などが児童の手本にならなくてはいけないことを話した。字を正しくきれいに書くことや読書をすること、分かりやすくはっきり話したり読んだりすること、人の話やつぶやきなどを聞くことなど、日常生活の中で実践するようになったと書いてくれた。「学習とは向上的変容である」と野口芳宏氏が言われているが、私の拙い講義を受けて、教師になるため、社会人になるために努力をする学生と出会えたことが最大の喜びであった。

絵画的表現をもとに言語的表現を行うための基礎的視点

宝代地　まり子

一　はじめに

一九二〇年代に安西冬衛と共に定型詩からの脱却を図って「短詩」を提唱した北川冬彦（一九〇〇〜一九九〇）は、その生涯において新しい形式と内容の詩を模索し続けた現代詩の詩人の一人である。その北川冬彦が、一九七六（昭和五一）年〜一九八四（昭和五九）年の八年間に渉って散文詩の形式で時事通信社の撮影映像等をもとに八三篇の詩作を行っている。[1]直筆原稿が六九篇残った未刊作品であるが、その成立と展開をまとめたことを契機として、[2]写真をもとに文章を産み出すという表現方法に、作文学習指導の新しい可能性を感じ、その産出過程の分析を試みた。北川冬彦の場合、叙景的傾向を持つ作品四七篇、叙情的傾向を持つ作品三六篇の二種類に大別されるととらえた。この叙景・叙情の両面に渉って可能な表現方法は、散文詩以外の領域においても国語教室への導入が可能ではないかと考える。その可能性を検討するためにまず基礎的な部分に視点を当て、根本に立ち返って、写真や詩といった「絵画的表現」と「言語的表現」との構造の違いは何かということを確認していきたい。

二　写真（絵画）と文章の根本的な相違点

先行研究からの学び――絵画的表現と言語的表現の相違点

絵画的表現と言語的表現の構造の相違については、表現と理解のための機能文法を提唱して国語科教育に大きな足跡を残した時枝誠記博士が、その文章論を論述展開した『日本文法　口語編』において、次のように述べている。

> 言語的表現の特質は、これを音楽的表現、絵画的表現、彫刻的表現などと対比することによって、よくその特質を把握することが出来る。云うまでもなく、言語は、それが時間的に流動展開することにおいて、著しく音楽的表現に類似し、絵画、彫刻などと相違する。このことは、文の表現においても同様であるが、特に文章表現において著しく目につくことである。この時間的な流動展開ということが、文章の性質を規定する重要な点であるにも拘わらず、従来の文章研究において、ややもすれば看過されて居たことである。文章は屡々絵画、彫刻に比較され、平面的構造、或は空間的構造のものとして理解され、またそのようなものとして分析されることが多かった。作文を意味するcompositionという語にも、以上のような文章観が反映しているのではないかと思う。（略）（時枝誠記『日本文法　口語編』岩波書店　一九五〇（昭和二五）年九月　二八六ページ　筆者が傍線を付し、歴史的仮名遣いを現代仮名遣いに直して表記した）

時枝誠記博士は、傍線部、「言語は、それが時間的に流動展開することにおいて、著しく音楽的表現に類似し、絵画、彫刻などと相違する。」と述べ、さらに「文章研究の主題は、もっと流動的な思考の展開というようなところに置かれなければならないのである。」（同二八六ページ）と結んでいる。それは、言語的表現は時間的に流動し、絵画的表現は流動しない構造を持つということを意味する。したがって、「絵画的表現」に文章を添えるという表現活動は、時枝誠記博士の論に導かれるならば、「時間的に固定された写真映像」を、「時間的に流動展開する言語的表現」に置き換える操作を行うということを意味するものである。

では、「時間的に固定された写真映像」は、どのような手続きを経て「時間的に流動展開する言語的表現」に変換していっているかという点について、実際の文章をとおしてとらえていきたい。

三　絵画的表現から言語的表現に転換する過程における記述者が行った手続きの分析例

(1) 叙景的作品――「ハクモクレン」の絵の場合

下の絵と文章は、新聞掲載の「野の花通信」と名付けられた通信文の一例である。（二〇〇六年四月七日　朝日朝刊）下記のように一枚の絵と二百字前後の文章が一つの枠に組まれ、現在も定期的に掲載されている作品の一例である。[3]

五～六文、四～五段落構成のため、一枚の花の絵を基に書き手がどのような手順で文章化したのか、文章転換のための思考の流れを対象の花ごとに具体的にとらえられる分析対象となり得る文章の一つであると考える。ここに示した例は、五文五段落の説明的文章の形態の範疇に入るととらえられるが、比喩法が多用され、同じ筆者の文章の中でも柔らかな筆致の例である。

左の表1は、文ごとに筆者の「視点」の対象とそこで使われている「技法」、「描写の性質」、「時間」、「構成」の視点で分析したものである。

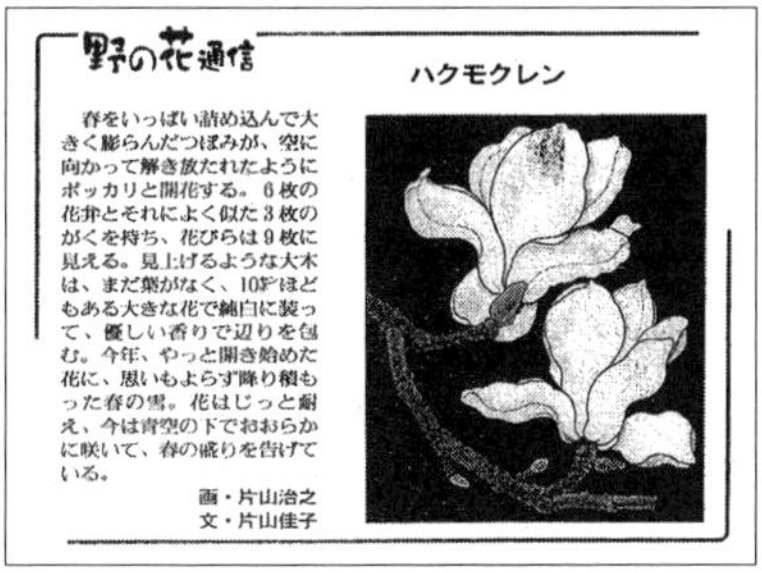
野の花通信

ハクモクレン

春をいっぱい詰め込んで大きく膨らんだつぼみが、空に向かって解き放たれたようにポッカリと開花する。6枚の花弁とそれによく似た3枚のがくを持ち、花びらは9枚に見える。見上げるような大木は、まだ葉がなく、10ギほどもある大きな花で純白に装って、優しい香りで辺りを包む。今年、やっと開き始めた花に、思いもよらず降り積もった春の雪。花はじっと耐え、今は青空の下でおおらかに咲いて、春の盛りを告げている。

画・片山治之
文・片山佳子

①文番号ごとの分析による素材分析――「ハクモクレン」

表1

文番号と文	視点	技法	描写の性質	時間	構成
① 春をいっぱい詰め込んで大きく膨らんだつぼみが、空に向かって解き放たれたようにポッカリと開花する。	・つぼみ～開花	擬人法 擬態語	随想的	現在	起
② 六枚の花弁とそれによく似た三枚のがくを持ち、花びらは九枚に見える。	・花びら・花弁		説明的	現在	承
③ 見上げるような大木は、まだ葉がなく、一〇センチほどもある大きな花で純白に装って、優しい香りで辺りを包む。	・木と花の状況―葉、大きさ、色、香り	擬人法	説明的 随想的	現在	
④ 今年、やっと開き始めた花に、思いもよらず降り積もった春の雪。	・花と雪		随想的	過去	転
⑤ 花はじっと耐え、今は青空の下でおおらかに咲いて、春の盛りを告げている。	・耐える花―おおらかに咲く花	擬人法	随想的	過去～現在	結

②分析により浮かび上がった観点

元は一枚の絵であるが、起承転結の四段落構成への文章化をとおして、五枚の絵に分割した形で表現されている。記述された対象の時間は、「現在（①②③文）→過去（④文）→過去～現在（⑤文）」と移動し、④文と⑤文の前半が過去の内容となっている。また、「開花している絵」と対応する文は、①②文と⑤文の後半であり、③④文と⑤文の前半は、「見えている花の姿」と、「見えてはいないが過去に見せた花の姿」という花にまつわる状況を描き出して深みを持たせた表現となっているととらえられる。

この筆者の「ハクモクレン」の文章の分析をとおして、一枚の絵を文章化するための具体的な手続きは、次の方法①、方法②であると考える。

方法①　「時間軸」による視点の移動―「現在―過去―現在」

方法②　「時間軸」が固定化された中での視点の移動―遠近法と五感（香り）

そしてこの「方法①」と「方法②」を組み合わせたものが次の表２のような形となるが、この両者を組み合わせた形で「絵」から「文章」という転換をおこなっているととらえられる。

表２

	方法①「時間軸」による視点の移動	方法②「時間軸」が固定化された中での視点の移動
ア	現在見えている対象と背景の描写	開花の様子、花びらの枚数、花の大きさ、花と木の位置、花の色、香り
イ	現在見えていない過去の描写	咲き始めの花に降りかかる雪、耐える花
ウ	現在見えている対象の描写	花の咲いている状況

同じ筆者の他の叙景的作品の「ホトトギス」を文章のみ示すと次のとおりである。

白い花に点々と付く細かい赤紫の斑点が、春に山を飛び交うホトトギスの模様に似ているので、名がついたという。山に自生するものは三〇～一〇〇㌢にも茎を伸ばし、先のとがった細長い葉を並べる。葉の付け根に咲く可愛い噴水のような形の花は直径三㌢ほど。六弁の花びらを、上向きにくっきりと開き、落ち葉の積もり始めた庭先に、静かな秋を告げている。

「時間」の項目に着目すると、全て現在形で、「表２」の「方法①」の「時間軸による視点の移動」はない。方法②の「時間軸が固定化された中での視点の移動」のみの手順で、一枚の絵を文章化させていることになる。

同じ手法による文章化の手順は他の作品例にも見られ、時間軸による視点の移動のない表現については、対象そのものの説明による絵の映像の移動がなされている。「ホトトギス」の場合、視点移動のための具体的な手続きを分析すると、「①命名の由来、②本来種の茎の高さ、③葉の形、④花の大きさ、花びらの数、花の咲く場と季節」となり、現在見えている対象への視点の当て方については、「ハクモクレン」との違いは厳密に言えば「命名の由来」であり、筆者は他の事例の花との出会いをとおして、これらの方法論を使って記述しているととらえられる。

以上これらの事例に限定して「写真」や「絵画」などの「絵画的表現」から「言語的表現」への学習指導を考える時、その基本は次のようになると考える。

一枚の静止画像の「見えている姿」から「見えていない姿を」「見る」という二層のイメージ化の学習指導を仕組むこと。

また、「見る」ための学習指導法は次の二点である。

1、ヒントとなる「観点」の提示により、「見方」の学習を具体的な実例を押さえて行うこと。

方法①　「時間軸」による視点の移動—「現在—過去—未来」

方法②　「時間軸」が固定化された中での視点の移動—遠近法等

2、「調べ学習」の導入による。

右に述べた手続きをとおして、図鑑の説明文に近いものから随想に近い形の説明文まで、描写の手法により目的に応じた使い分けが可能になるととらえられる。言語機能の「表出」と、「説明・伝達」の両方を併せ持つこの「野の花通信」の文章の形態は、学習材化を可能とさせるモデル文ととらえられ、説明的文章記述の不振が問われ続ける作文指導に、一つの道標を示すものととらえている。あまり例を見ない記述のスタイルであるが、「ハクモクレン」等の筆者である片山佳子は、科学的文章の翻訳の経験を持っている。

（2）叙情的作品—「こいのぼり」の写真の場合

次の文章は、「こいのぼり」の写真に詩を添えるという課題を選んだ大学生のK生（2回生）の作文である。対象として用いた写真は、北川冬彦と同じものを準備した。写真は、青空の下、残雪残る中央アルプスを背景に山里に渡された一本のロープに連なったこいのぼりが悠然と泳ぐ構図である。内省的な記述がなされて叙情的作品に分類したものの一つである。

こいのぼり

屋根より高いこいのぼり／大きい真鯉はお父さん／小さい緋鯉は子ども達／おもしろそうに泳いでる
いつからだろう、母の身長をこすほどになったのは／いつからだろう、父の考えを素直に聞けなくなったのは／いつからだろう、親元から離れたいと思うようになったのは、／子どものときは父がいて、母がいて、その下に私がいるのが／当たり前だった。／いつからか当たり前は／違う当たり前へと／変わっていた
いつか自分も親となる／小さかった緋鯉から大きな真鯉へと／なるだろう／いつかそんな日がきたら、／私が小さかったときのことをたくさん伝えよう／そして大きな親になるんだ／ずっと私の上にいた両親のように

三連一九行の詩の一連目は写真からイメージしたこいのぼりの歌、二連目は鯉のぼりの大きさ、位置から連想される姿とは違う現状への内省が記述され、視点が転換されている。子どもの頃と内省期の二つのイメージが重なり合った内容が記述され二枚の映像が重なっているととらえられる。三連目は、二連目を受けてありたい自身の家庭像とともに、自らが育った幼い頃の家庭への肯定的な記述が投影され、全体を収束する段落配置となっている。ここでも二枚の写真が映像となって浮かび上がる。この記述には、歌—①「現在」（眼前にある写真）→②「子どもの頃」→③「成長期」→④「将来」→⑤「子どもの頃」と時間の移動がおこり、写真を並べるとすると少なくとも五枚の時間の違った写真映像がイメージされて記述されている。また、時間移動と共に同時に肯定、

否定、肯定という「内面の視点移動」もなされている。この書き手の「想」を分析的にとらえるなかで、写真から言語的表現へと転換するために記述者が行った手続きは次の二点となる。

① 対象となる写真に触発されて親子の関係に思いを馳せ、過去や未来へと心情を巡らせている。

② 「①」と連動し、学習者が一枚の写真から、「時間による視点移動」を行いつつ、「内面の移動」も表出している。

右のようにとらえるとき、「こいのぼり」の写真は記述者自身の現在、過去、未来、と「時間による視点移動」がなされ、固定された状態からそのイメージが複数の層となって、複数の段落の文章に置き換えられたことになる。

このことは、翻って考えれば叙情的表現の場合、まず、その根底に「写真や絵」との対話により、「語りたい心情が蘇ったり、湧きだす」ことが出発点となるが、「一枚の固定された構図の中の対象」を「意図的に時間移動させ」る仕掛けを設定することで、「視点の移動」が起こり、「想が分化されうる」という具体的な文章化への手続きの着眼点を見出せると考える。

四　結びに――言語化されていない本質を探る

「表現技術」としての「書き方」の方法を求めて模索したつもりであったが、結果的には「言語化されていない本質を探る」ということを見出した。一枚の写真や絵を文章化するということはまずその対象と向き合い、今描かれている世界から描かれていない世界を見出し、裏側にあるものを引き出すという行為でもあると考える。そのための方法として設定されるのが、「時間軸」と「視点」である。そのことを記述者に気づかせるための方法として、様々な角度からの「問いかけ」があると考える。

今後の課題として、「絵画的表現」から「言語的表現」へという表現方法は、「課題作文」の範疇に入ると考えるが、「絵画的表現」と、「言語的表現」による課題との違いは何かについて検討していきたい。

注

（1）一部作品を除いて、時事通信社のカメラマン寺尾博好とのコンビで取り組んだシリーズである。
（2）第一一三回全国大学国語教育学会岡山大会　二〇〇七年一一月
（3）画・片山治之　文・片山佳子

参考文献

大西道雄「作文の構想過程モデル作成の試み」安田女子大学大学院博士課程完成記念論文集　一九九九年三月別冊

地区活動を中心に

機能的読解指導論の今日的意義とこれからの読解指導の課題

――現場教師の問題意識への投影の視点から――

むさし野会

宗我部義則・小坂　茜・森　顕子・狩野恭子・吉永安里・宮脇康一
張元文子・伊藤慶美・長井　薫・竹内里美・古谷理恵・市原優子
菊池真理子・荻野　聡・平間詩乃・芥川元喜・岡田博元・藤枝真奈

はじめに

二〇〇〇年のＰＩＳＡ調査において我が国の児童生徒の「読解力」が低下していることが明らかになり、教育上の課題とされた。いわゆるＰＩＳＡ型「読解力」が、単にテキストを理解し解釈する能力と捉えられがちだった従来の読解力とは区別されることが認識され、指導改善の具体的な方向が三観点と七つの能力として示された。飛田多喜雄先生は、今から半世紀以上前の一九六二年に『機能的読解指導』（明治図書）を刊行された。その中の読解指導の第三段階での主張は、まさにＰＩＳＡの主旨と重なり合う。本研究会では、先達の遺産を再評価し、実践に生かすことこそ肝要であると考え、二〇〇七年に『読解力再考　全ての子どもに読む喜びを～ＰＩＳＡの前にあること～』を（東洋館出版社）刊行した。

東京都を中心に主に関東地方の教師が会員である「むさし野会」では、毎月一回研究会を開き、実践発表や指導案検討を行っている。最近は若い教員が多く、飛田先生の著書にも触れたことがない会員が多いので、ぜひ『機能的読解指導』を輪読して勉強しようということになった。明治図書に同書の論考を再録した、『飛田多喜雄全集［7］機能的読解指導の方法』』（一九八四）の復刻をお願いし、これをテキストとして、各自がしっかり読む態勢を整えた。若手教師を中心に、全五章を十六名で分担して章ごとにレポーターを決め、毎月発表し合って疑問点や意見などを交換し、研修を深めてきた。本稿では、この輪読会を通した学び合いをふり返り、各発表者によるまとめを材料として、『機能的読解指導』論の今日的意義を検討することにした。

（小坂）

一　本稿のねらいと方法

実生活・社会において、身につけた知識・技能等を活用して、自分自身の目標を達成して自己実現を果たしたり他者と協同して目の前の諸課題を解決したりしていけること、およびそうした力として学力を育んでいくことが要請されている。中教審答申（二〇〇八年一月）では、知識・技能を確実に習得していくと共にこれらを活用して課題を解決していくための思考力・判断力・表現力の育成の重視と、各教科における言語活動の充実を打ち出し、これに基づいて新「学習指導要領」が告示された。こうした活用型学力育成への要請をふまえ、飛田多喜雄先生の『機能的読解指導』（一九六二）の今日的意義を考えることが本稿のねらいである。

飛田多喜雄先生は同著において「自己を生かしきって価値ある人生を送るという人間存在の意義をりっぱに実現するためにも、社会生活に参入し、社会人としての自己を磨くためにも、読むという行動は改めて見直されなければならない。」と指摘した。そして、当時の教育事情を検討しつつ、読むことの生活的目標と能力的目標とを指導者と学習者が話し合い理解し合って進める学習の実践的充実を呼びかけるとともに、読解の深まりを三段階（①何が書いてあるかの理解、②書き手の意図の理解、③自己の生に役立てる創造的・生産的理解――宗我部による要約）でとらえ、生活的目標をふまえた様々な文種における指導の具体を提起した。

本稿は輪読会に参加した東京むさし野会の会員十五名と同会会長の小坂、そして宗我部の共同執筆の形をとる。本稿では、輪読会の発表者である現場教師が輪読会を通して何を学び、自らの授業づくりにどう生かそうとしたかを、発表者自身のことばでまとめ、主に宗我部が、このふり返りの文章を対象として（輪読会の話し合いの様子を適宜加えつつ）、それぞれの発表者が「機能的読解指導の方法」をどのように受け止めたのかを考察していく。これによって、「機能的読解指導」論が今日の読解指導にひらく可能性を探っていくことが本稿のねらいである。

（宗我部）

二　「機能的読解指導」輪読会に生起した現場教師の問題意識
……輪読会発表者のふり返り

輪読会のふり返りの執筆に当たっては、各発表者に次の通りまとめてもらった。

○担当した節を含む章全体を対象に、自分が関心をもった内容やキーワードを一つ取り上げ、どんなことを考えたか、どんな意義を認めるか、どんな問題意識を持ったか、授業実践にどんな示唆を得たか等について五〇〇字程度でまとめる。

○ふり返りの文章の要点をふまえ、一行で小見出しをつける。

集まったふり返りの文章は、各人の気づきや喚起された問題意識が具体的に読み取れて興味深く、また、それぞれの国語教育や授業作りへの真摯な姿勢と力量が伺えるものだと感じた。後の考察の対象でもあるので、以下、ほぼそのまま（担当部分の概要紹介的な内容は省いた）載せる。なお、「⑴第一章……」等の章見出しはテキストの見出しをそのまま用いた。

（1）序章および第一章「読解指導の問題状況」

［序章］読むことの教育的意義（森　顕子）

飛田多喜雄先生は本書の基本的理念を次のように述べている。

・ことばの陶冶価値を生きた関係においてとらえ、働いている場に即して言語能力や態度を身につけさせることを目指し、そのために本来のことばの機能を重視する立場からの読解指導にかかわる方法論的探究であること。

・ことばの機能をふまえた読解指導の方法論を示し、読解教材を文学的、説明的、実用的の三つに類別して実証的提案を行うこと。

これは、「まえがき（初版）」の「望ましい読解指導の在り方について再検討する必要性」「現場の国語学習指導は機能的であるべき」という二つの問題意識に基づくものであると考えられる。その上で飛田多喜雄先生は、読むことの教育的意義として、次の二つを挙げ、そこから読むという行動は改めて見直されなくてはならないという。

・自己を生かしきって価値ある人生を送るという人間存在の意義を立派に実現するため

・社会に参入して社会人としての自己を磨く

私は、生まれ甲斐のある生き方、価値のある生き方とは「自分を生かしきること」である（二　読む行動と人生）、というところにまず立ち止まった。自己を開発し完成させるにはことばを契機とすることが最も多いという指摘を得て、それが教育的意義につながったとき、自分の日々の実践の土台が明示され、地に着いた心持ちがした。

①　生活に結び付いた読解指導（狩野恭子）

本章では、当時の読解指導の現場的動向やその問題点に触れ、読解指導を形式的な言語主義や狭い技能主義から解きほぐし、教材のもつ内容的価値や表現の内面的精神に触れさせながら、もっと生活と結びつけ、生活的に意味のある生き生きした活動に導くべきであると述べられていた。これは、今現在の読解指導における問題点をまさしく指摘するものでもあり、本著が書かれた時期から今尚続く課題であることに驚きと反省を感じた。ともすると私たちは、ねらいや指導事項ばかりに気をとられ、形式的な指導に偏ってしまう危険性があるが、筆者が述べているように、読み手である児童生徒がはっきりと目的意識や必要感をもって主体的に読解活動に取り組み、生活的なめあてをもった価値ある学習の中で、具体的な経験によって読解指導を行っていく必要があると感じた。そのためには、生活的なめあてというものが特に重要であると考える。内容的な価値を伴う、より生活に即しためあてを掲げることで、主体性をもった意味ある読解活動が行え、学んだことが生きた技能となって子どもたちの生活に生かされていくのではないだろうか。

② 指導過程の不易と流行（吉永安里）

昨今の「活用」ブームの中で、深く考えねばならない問題が、「先達の業績を継承しながらも、形式化した単一なものでなく、学習者の立場と、教材の性格と、指導者の緊密な関係において、生活的に価値ある学習活動の展開ができるように」ということばに強く示されている。そこで、「指導過程の不易と流行」という点から、飛田多喜雄先生の論を再考したい。

戦後「教える者中心」「文学中心」「教材の内面的な探求をめがける」の教育から、「学ぶ者中心」「多様な教材」「生活に適応する多角的な言語技能」の教育に変わってきた。現在、子どもたちが学んだことを生活の場に「活用」する力が求められ、そのためには後者の視点で指導過程を組み立てることが大切なことは不易であろう。しかし、メディアをはじめ、価値観や生活そのものが多様化する中、「生活に適応する言語能力」も昭和三〇年代とは比べものにならないほど多様化している。何を読ませ、どんな言語能力を身につけさせるのか、流行に目をむけ、常に子どもたちの今の状況、あるいは将来を見据えて指導過程を練る必要がある。また「活用」を意識するあまり、導入・展開と終末の間に溝が生じ、読み深めの学習に価値を見出せなくなるようなことが起きないよう、導入から終末までの過程を子どもの意識や生活の中から組み立てること、また学習の必然性や必要感が感じられるような学習過程を考えることが、今我々に求められる流行の課題であると感じた。

（2）第二章「ことばの機能と読解指導」

③ 学習者が必要とする国語能力を身につける（宮脇康一）

『国語教育は学習者に国語の能力を手堅く身につけさせながら人間形成をめがけるものだと思う』という部分を読んで、これまでの私はことばの機能の中の限定的な能力を身につけさせることを重視しすぎていたことに気付かされた。例えば、児童の実態を考慮しつつ授業を行ってはきたが、そこでは現状の把握と教えるべき内容に目を向けすぎており、学習者が今後必要とする、または欲するであろう国語の能力についての想像が足りなかったのである。日本語が使えるようになることは日本のコミュニティで生きられるようになることであり、日本語での思考ができるようになることであり、そのような生活する上で必要最低限の国語能力を身につけさせることは当然のことである。しかし、それにとどまらず、豊かな国語生活を送るための基礎となったり、学習者が自ら学んでいく素地となったりするような国語の能力を身につけさせ、国語の楽しみを感じさせることで、国語の学びが生きるよろこびにつながるような教育を目指したい。

④ 「読み手個人の人間形成」を目指す読解（張元文子）

「文章をことばの機能的統一体とみ、その語りかけるものを読み手の意識的な働きかけによって感知し、さらに両者の相互作用によって新しい体験を形成し、めいめいの自己更新を図る」ような価値ある読解行動を「機能的な読解行動」と定義し、「読解行動が真に目的的な意識活動」になるために「理解の深化」を目指さなければならないとすることばが印象深い。教師という仕事に就き、分かったつもり・理解したつもり・教えたつもりという経験を何度も繰り返し、反省の日々である。同時に生徒一人ひとりの読解行動をどれだけ深化させられるかという難しさと日々向き合っている。集団の中で互いの読みを共有したり個の読みを深めたり、その読みをどれだけ個人の中で今後に役立っていくものにできるのだろうか。道徳的にならず、今後の生きる幅を広げることにつなげられるのだろうか。「読み手個人の人間形成に役立つ創造的理解」ということばは私の中で責任を伴う大きな課題となっている。改めて生徒のために精一杯役に立っていきたいと考えた。

⑤　読解指導が機能的に行われるために（伊藤慶美）

読みの力は、読解指導の目標に基づいて経験的に習得させるべきである、と論じている。学習者が教材の中から、学習者の生活の中で生かされる知識や教養、経験を得ようと興味を持って読み、また、能力を高めるために主体的に学ぼうとすることと、指導者が学習者に身につけさせたいねらいが明確かつ経験的に習得されていく中で達成されるものであるという。教室でも、叙述に基づき、学習者の生活経験や、指導者の用意した情報を合わせながら学習者自身の力で読み解くことができるよう指導に努めている。それでは、読解指導が機能的に行われたかどうかについて、指導者はどう評価すれば良いのだろうか。教材を分析し、言語や叙述表現にこだわって読ませる活動は大切だが、教材を起点に学習者自身がさらに新しい興味や関心をもって学習を広げ、深めているかということで評価されるものなのではないかと私は考える。そのためには、学習後も、学習者の詳細な実態把握が必要である。また、指導の中では、教材と学習者の生活を結ぶ興味の種のようなものを蒔けるよう、指導者自身も教材を起点とした幅広い教材研究に努める必要性を強く感じた。

⑥　一言一句の個性的、臨機応変的意味をとらえることこそ重要だ（長井　薫）

読解指導の順序や運び方は、読み手の意識とは別に、教材がある方向付けをしている。飛田多喜雄先生は説明的文章、文学的文章、実用的文章に分け、指導過程の基本的な手順は三段階であるとした。この第二段階が重要だと考える。説明的文章では、第一段階は全文の概観をとらえ、何が書かれているのかをつかむ。第二段階は全文を分析し、どう書かれているのかをくわしく調べる。第三段階は、全文を総合し、要旨をまとめ練習したり適用したりする。先生は第二段階の時、「ここで注意すべきことは、第一次でとらえた大体の意味、仮説的要旨を頭におき、一語一句の個性的、臨機的意味を論理的連想によって掘り起こしていくことである。（九八頁）」と述べている。授業で子どもが文章に興味関心を失っている時、文章は理解しているが、どうしてこのことばがあるのか、このことばの意味することが分からないという場合がある。例えば、「さけがおおきくなるまで（教育出版2年下）」では、さけの赤ちゃんに赤いぐみの実のようなものがお腹についている事実だけではなく、なぜついているのかを前後の文章のつながりから分かった時に面白いと興味を持ったようだった。一言一句の個性的、臨機応変的意味をとらえることを心がけたい。

（3）第三章　説明的文章の読解指導方法

⑦　学習者の側にも立ち、文章機能をとらえて指導する必要性（竹内里美）

『ことがらや人間関係を無視しては、説明的文章の読みにはならない』という文を読んで、説明的文章の捉えかたが変わった。説明的文章を指導するのに、教え込んだりただ読ませたりするのではないことは分かっていたが、学習者である読み手のことを意識しながら指導していくことの大切さを改めて考えるようになった。型にあてはめて読むだけではなく、学習者のもつ思いや目的と合わせて書き手の主張をとらえることが大事であり、学習者の意欲や経験が少なければ、それを補うことも必要である。それが、今後、学習者が自分で文章を読む際に活用できる力となる。

今日では、文章自体が書き手の意向主体の文や情報が多くなってきている。インターネットの文章やルポなどは、学習者である子どもたちがよく目にし、読む機会も多い文章である。そのため、批判的な読みも必要とされるのであるが、その際には、文章の機能をきちんととらえた上で、読ませる文章を選び、また学習者の知識や理解力とも合わせた上で、指導すべきであるとも考える。私も今後さらに文章の機能を勉強し、子供たちに様々な文章を読む経験を適切に積ませたいと思った。

⑧ 主体的に「知りたい」「調べたい」と思える子どもたちへの手だて（古谷理恵）

「文章を理解するためには、主体的に読むことが必要となる。」と書かれていた。教科書の文章に取り組むためには、「知りたい」「調べたい」と思えるための手だてを考えなければならない。その一方で、今、「知りたい」「調べたい」という思いから、子どもがインターネット上の情報を利用する機会が増えてきている。多くの文章・長い文章を読まなくても、情報が手に入る時代において、その情報をどう取捨選択し、理解していくかを学ぶ機会を設ける必要があると感じている。書いてある情報が全てなのではなく、事実を見極める力を付けていくために、それぞれの学年において段階的指導を考えていかなければならない。一つの説明文を理解するために、説明的文章の指導留意点を意識して、段階的に指導していくことが大切である。また、二つ以上の説明文を比較し、同じ部分・違う部分を知ることや、様々な意見や資料から自分がどのように考えるのかを段階的な指導により、学ばせていくことも大切だと感じた。

⑨ 「読み手の目的」に視点を置いた読解指導（市原優子）

説明的文章の指導留意点の第一に、「目標価値の自覚」を挙げている。子どもを主体的な読者にするということである。何のために読むのか、自分が知りたい、調べたいと思うめあてを自覚し、自らの必要に立つ生活目標を契機に読解に入ること（一二二頁）ができれば、子どもにとって知的好奇心を喚起させられる説明的文章の読解は楽しいものであろう。しかし、「説明的文章は難しい、好きではない」という子どもの声をよく聞く。自分の授業を振り返ってみても、最初は興味を持ち謎解きをするように読み進めていた子どもが、「段落の要点」「全体の要旨」を捉える活動になるとたんに受身になったことがあった。その理由を飛田多喜雄先生が挙げる「読み手の目的」の視点に見た。

「読み手の目的に応じて」、これを飛田多喜雄先生は、説明的文章の読解を支える諸技能（要点・要旨・要約等）を指導する際の留意点として挙げている。例えば、要点・要旨をつかむ技能を指導する際も、読み手の観点・目的によって文章の要点のありかが変わってくるのであり、そのように読むことも叙述に即していれば保障するとしている。これを置き去りにし、切り離した技能の指導となれば子どもが主体的な読みから手を引いたことも頷ける。子どもが興味関心を向ける内容を読み取り、読み手の目的を支えにしながら、技能指導へと授業を組み立てることは、今の自分にとって大変難しいことである。しかし、子どもが、内容のみならず筆者の者の見方、考え方、論理の展開についても興味を持ち、説明的文章を読み進められるよう「読み手の目的」に視点を置いた読解指導を目指していきたい。

（4）第四章　文学的文章の鑑賞指導方法

⑩　「文学的文章」の特質を生かした「伝統的な言語文化」の指導の一考察（菊池真理子）

文学は「コトバの芸術」であり、「文学体験を意図的にさせていくための資料」として、「文学的文章」を位置づけている。いかなる形態であれ、作者の問題意識、意識を形として成立させる想像力、一精神を持つ構造をなした形象性といった特質を持つ。学習者の成長に合わせてそれらを読解の視点として掘り下げることは重要であろう。また、「感動や問題意識を力強く生き生きとコトバの形式をかりてうったえるもの」として、学習者にその描写性を追究させ、感受させることも大切である。その上で、読み取った事を「力強く生き生きと」したことばで表出する力を獲得させることが望ましいと考える。

今日的課題の一つとして、「伝統的な言語文化」に親しむ授業を構築する上で、文学的文章の特質を生かした教材の選定や授業展開が模索されている。今後一層、小中高大の教育現場や地域社会との機能的な連携は高まるであろうし、「伝統的な言語文化」の教育を受ける子どもたちが社会において果たす役割も大きなものとなるであろう。自分たちの文化として、古典の文章が「生き生きとコトバの形式をかりてうったえるもの」として享受されるためには、まずはことばの音の響きと思い浮かべた場面や情景を重ね合わせ、ことばを味わうという経験を積むことから始まる。その学習過程においては教師の範読の力は重要な位置を占める。さらに、問題意識・想像力・形象性へと掘り下げる学習を進める上で、内容理解の学習意欲を高めるためには明確な目的意識を持つ必要がある。古典文学に真剣に向き合って感受したものを社会に向けて発信することを目的とし、音声言語としての表現力を高める学習を重ね、社会へと表出していく文学体験ができれば、「伝統的な言語文化」の教育を受けなかった世代とも対話がなされ古典の価値や意義を広く伝えていくことにも貢献できよう。

⑪ 作品の「形象」をとらえ、「批判的に読む」ための読解指導（荻野 聡）

今回担当した範囲の中で特に関心を持ったのは、「形象への即応」と「批判的な読み」の二点である。そもそも本書において「機能的読解」とは「文章をことばの機能的統一体とみ、その語りかけるものを読み手の意識的な働きかけによって感知し、さらに両者の相互作用によって新しい体験を形成し、めいめいの自己更新を図る。」（七〇頁）ものと定義されている。ここでいう「その語りかけるもの」を「作品の形象」として考えると、文学的文章の読解は、「読み手である学習者が作品の形象を主体的に感知し、そこから新たな体験を生み出すことで、新たな自己を形成していく過程」だととらえることが出来る。このような立場から、①「文学作品の読み方」②「文学作品を読む態度」③「文学作品から得た感動の生かし方」の三点に留意した文学的文章の読解指導を行っていきたいと考えた。この三者は相互に関連しあって学習者の学びを形成していくべきものであるから、学習者の実態や教材の特質を考慮しながら、意図的・計画的に指導計画を立てていく必要がある。

また私自身、学習者から出てきた多様な読みをどのように評価すべきか常々悩んできた。これに対して本節で「批判的な読み」として論じている「文章の内容的価値と反応について、比較、判断し、それが妥当かどうか、根拠の解明をする」読解の仕方が一つの重要な示唆になると考えた。テキストを、読みの産出を制限するものではなく、読みの妥当性を判断する根拠として位置づける「批判的な読み」は、テキストを根拠とした客観的な読解を進めていく際にも有効に機能するものだと考える。

⑫　**文学的文章を鑑賞する**（平間詩乃）

著者は、文学的文章では「読解指導」ではなく、「鑑賞指導」ということばを使っている。このことについて考えた。著者は、本章で「一般的に言って、文学はコトバを形式とする芸術であり、文学作品は感性的認識に基づく表現行為によって作られた文学形象である。」と述べている。このことから、「文学＝芸術」「文学＝（制作者の魂が込められた）作品」ととらえてよいのではないかと考える。子供達に美術作品などを鑑賞させるときには、「鑑賞の視点」をもたせる。同じように国語でも、ただ読ませるのではなく、「読む視点」をもたせて、最終的には筆者や作者の思いに迫れるようにさせていく。ここに、教師の導き（指導法）がある。授業中に「文学作品の読み方」を子供達に身に付けさせておくことができれば、子供達の日常的な読書活動においても作品の世界に浸ることができると考える。

「文学作品は、理解するものではなく感動をともなうものでなければならない。」ことが本章からわかった。作品と出会うことで子供達が心を動かせるような指導法を今後も追究していきたい。

（5）**第五章　実用的文章の読解指導方法**

⑬　**読み手がどのように思い、感じるのかを想像して書くこと**（芥川元喜）

輪読会で話題になったのは、日記や報告や手紙等の実用文を「書くこと」からどんな「読み」の力を育てるのかという点である。私自身は「自分の書いたものを振り返り読む、そこから生まれる自己の文章との対話が重要になる」と考えた。参加者から、「子どもの作品を取り上げて、生活をお互い知っている子ども同士で読むと読み方が違うし、お互いの良いところを見つけられる」という意見や、「書くために読むというのでなく、意志（飛田多喜雄先生は精神的反応とも述べる）を育てるために読むということではないか」等、様々な意見を頂いた。

こうした協議から、自分自身の実践を振り返り、書く活動（新聞づくり、絵だより等）において、どれだけ「読み」を意識した指導ができていたのか疑問に思った。感想文の項目では、「読解指導においては、そうした特質をふまえながら感想文の内容的価値に触れさせる必要がある。」という一文がある。内容的価値に触れる、つまり、その子自身の思いや考えを読み取り、書き手の読みを感じ取ることである。書く活動でただ書かせて自己の振り返りで終わるのではなく、友だち同士で読み合う、感じ合うことも大切な読みの学習なのである。今後は、様々な書く学習において、書いたものを互いに読み合い、感じ合いをさせたい。そうした学習のなかから、書き手が「読み手がどのように思い、感じるのか」を想像して書く力を育んでいきたい。こうした書く資質が手紙や報告文の学習に発展していくのだと考える。

⑭　さらに求められる実用的文章の読解（岡田博元）

この節では、実用的文章として手紙、提示、広告、報告、感想などが取り上げられている。ＰＩＳＡ型読解力育成の視点から考えても、現在学習材として取り上げることが考えられる実用的文章として、非連続型のテキストも含めさらに幅広くなっていると言えよう。

実用的文章の読解では第一項目として「めあての自覚」が挙げられている。今後、学習材開発を行う際にも、学習材自体の魅力だけでなく、子どもたちが何のためにその学習材を読解するのかを明確にしなければならない。現在は「読むこと」としてよりも「書くこと」の領域で扱われることが多い実用的文章であるが、めあての自覚によって子どもたちは読みと書きをつなぎ、効果的な読み方を意識できるだろう。いかに自分の生活とつなげて考えるかが、活用型学力の形成につながることをご示唆いただいた。また、実用的文章の内容的価値を読み解く方法として、書き手の意図に注目している点を取り上げたい。これは批判的な読みにつながる指摘である。目的・対象がはっきりしている実用的文章の特質から考えると、批判的思考の素地を小さい学年から育てる可能性が見えてくる。今後の実践の中で明らかにしていきたい。

⑮　今日の日記読解指導の視点（藤枝真奈）

自分や社会への認識を深めることを目的にした生活綴り方の実践の隆盛から約八〇年の年月がたった。いつか生活綴り方のような心の通う指導のできる教師になりたいと漠然と考えていたが、本節を読んで、日記に読解指導があることそのものが大きな驚きだった。本節では、日記が「2　要点をおさえる技能の指導」の例文として出ているが、他人が書いた日記を、要点をおさえて読むことは難しい。「日記は、基本的には私的な記録であるから、内容、型式、方法において、社会的通念上の規則はない。」（川口・一九八四）ためである。

しかし、今日の児童の実態に即した形で日記読解の実践を試みたいと考え、小学校四年生で日記の読み合いを行った。交流に先立って、読まれることへの抵抗感の軽減を目指し、受容的に読むことを指導した。折りに触れて、よい日記を学級通信で紹介したり教師が学級で読み上げたりしてきたが、そうした場面とは違う上気した顔で「友達がこんな日記を書いていると思わなかったから面白かった。」と口々に話していた。その後、「いいと思う日記にはどんな事柄や工夫があるか。」という問いかけをした。5W1H、はじめ・なか・おわりの段落、表現上の工夫（始まりの文、接続語、擬音語、擬態語、比喩）などの技能的な事柄への気付きは作文の学習からである。「気持ちを表すことば」に加えて、「怒ったことを書いていた」などは読み合ったからこそ出た発言だった。次回以降の課題として、心情やそれにつながる観察の記述に注目させること、書き手の一番言いたいことを読み取らせること、がある。受容的な土壌を作った上で、より進んだ読解指導を行いたい。

＊川口幸宏一九八四　田近洵一・井上尚美「国語教育指導用語辞典第三版」一四〇頁

三　現場教師の問題意識にみる「機能的読解指導」論の今日的意義

1．輪読会のふり返りの総括と考察

「機能的読解指導」論の今日的な意義を考えていく上で、まず、十六回にわたる輪読会の様子も想起しつつ、各章ごとに発表者たちのふり返りを考察してみたい。（各章の担当者名は敬称を略す。）

（1）序章および第一章から

森の引用に示された理念に基づき、「望ましい読解指導の在り方（まえがき）」を検討する前提として、当時（昭和三七年刊行）の読解指導をめぐる問題状況を指摘したのが第一章である。ここで指摘された課題や問題について、狩野の「現在の読解指導の問題点を指摘するものであり、当時から今尚続く課題であることに驚きと反省を感じた」という思いは、輪読会の共有するところであった。当時、初めて基準として示された昭和三三年版「学習指導要領」に基づき、「小・中の一貫性」「基礎学力の充実」「思考力や心情の養成」などが重点課題になっていた。これも現在の状況とよく似ていると言えよう。一方、吉永が指摘するとおり、子どもの生活や言語をめぐる状況は大きく様変わりしており、その時代的変化（流行）の中で飛田多喜雄先生が追求した生活に機能することばの力の育成（不易）を考える必要がある。「機能的読解指導」論を今の時代状況において問い直してみることの意味がここにあると言えよう。

（２）第二章をめぐって

第二章は「機能的読解指導」論の核である。担当者たちのふり返りからは、「ことばの機能の限定的な能力を重視しすぎていた（宮脇）」「一人ひとりの読解行動をどれだけ深化させられるか（張元）」「読解行動が機能的に行われたかどうかをどう評価するか（伊藤）」「一言一句の個性的・臨機応変的意味をとらえること（長井）」など、読解行動が機能的なものになるとはどういうことか、そのために何が必要かということへの関心が高まっている様子がうかがえる。

「機能的読解指導」論は、生活に即して「ことばの機能」を見つめ、読むという行為が目的的に行われることや、そもそも読解行動はどのように深まり、結果読み手に何をもたらすのかといった「読解行動の機能」に立ち返って、日々の指導を考えていく形で展開されている。私たち現場教師はつい知識的・技能的な指導内容・指導方法への関心を高めがちであるが、こうした飛田多喜雄先生の探究姿勢にまず指針を得ると言えよう。

担当者の関心はさらに、「学習者が今後必要とする、または欲するであろう国語の能力（宮脇）」「その読みをどれだけ個人の中で今後に役立てていくものにできるか（張元）」「教材と学習者の生活を結ぶ興味の種を蒔けるよう（伊藤）」など、生活とのつながりや実生活での活用へと向かっている。輪読会ではＰＩＳＡ型読解力の「①情報の取り出し、②解釈、③熟考・評価」と飛田多喜雄先生の読みの深化の三段階との関連も話題に上った。両者は重なるところも多いが、飛田多喜雄先生が「第三段階」として「読んだことを自己の生に役立てる創造的・生産的理解」を指摘している点は、読むことの目的を重視し、読み取ったことの再生・活用に踏み込んで読みの能力として指摘している点で、ＰＩＳＡ型読解力の「③熟考・評価」とも関連させつつ、「活用」を考える鍵といえよう。

（３）第三・四・五章の具体例をめぐって

第三〜五章は、機能的読解指導の理論を実際の指導場面にあてはめた例が示されている。第三章の担当者たちのふり返りからは、学習者主体の授業作りという関心・問題意識に立って、「読み手の目的」に着目していう様子が見える。竹内は「学習者のもつ思いや目的と合わせて書き手の主張をとらえる」ことの重要性をあらためて考えた。古谷が「「知りたい」「調べたい」と思えるための手立てを考えなければならない」というのも同様の着眼と見られる。学習者の知りたい・調べたいという読みの動機を引き出すことは、すなわち「読みの目的」を内発的・自覚的に生み出すことであり、読む必然性を学習過程の中で明確にするということである。また市原は、例えば「読み手の目的によって要点のあり場所がちがってくるので、読み手の目的から必要なところを見つける」という飛田多喜雄先生の指摘に触れ、ここに読み手主体の学習作りの鍵を見いだしている。また、担当者たちが、学習者が手軽にインターネットや様々な書籍に触れることができる時代性をふまえ、「批判的な読み」「情報の取捨選択」等の指導の必要性へと展開している点も着目される。こうした読み方を引き出せるように読みの学習活動を工夫することは、「読み取ったことの再生・活用（飛田）」あるいは「熟考・評価（ＰＩＳＡ）」の読みを学ぶための具体的な鍵になると言えよう。

第四章では、「文学体験とそれを生み出すコトバ（菊池）」、「形象への即応と批判的な読み（荻野）」、「鑑賞の視点をもたせる（平間）」など、文学を教材とする読みの指導において、文学形象をとらえ文学体験を生み出していくことと、その中でのことばの学習が成立していくこととの関わりに、関心が高まっている。荻野は文学的文章の読解について機能的読解指導の考え方にあてはめ、「学習者が作品の形象を主体的に感知し、そこから新たな体験を生み出すことで、新たな自己を形成していく過程」ととらえ直し、「読み方」「態度」「感動の生かし方」の観点からの授業作りを考えた。平間はこの章だけが「読解指導法」でなく「鑑賞指導法」になっている点にふれつつ、「鑑賞の視点」をもたせ、作者の思いに迫れるようにと指導の展開を考えた。どちらも、読むという言語活動を経験する中で、どのようにことばの機能に触れ、ことばの学習経験を成立させていくか、そのための具体的な指導方法を工夫していく必要を指摘したものと言えよう。

第五章で飛田多喜雄先生は、「社会的交渉の手段としての通達的機能、実際生活に役立つ社会的機能ということに重点をおいて分類した便宜的なもの」としつつ、実用的文章を読解指導の対象として説明的文章や文学的文章と区別して示している。今日では日記・報告・感想文・手紙などは主として「書くこと」の学習で取り上げることが多い。輪読会では、芥川のふり返りにあるように読解指導の対象としての扱いについて話題になった。ここで指摘された相互に読みあうことの意義を実践化してみたのが藤枝である。互いの日記を読み合ったからこそ書き手としての気づきが見られたことが報告されていて興味深い。一方、芥川自身は、日記を読むということに自分と対話し省察する機能を見いだし、また読まれることを意識した実用文の指導の必要性を考えている。これらは実用的文章を読むことと書くこととの相互作用に着目した受け止めである。飛田氏が指摘するとおり通達的機能と社会的機能とが中心になる実用的な文章は、説明的文章や文学的文章に比べて、読むことと書くこととを相互的に取り扱うことでより学習効果が高まると考えられる。この点は、現代においてはメディア教育の視点にもつながるだろう。映像編集が手軽に行えるようになったり、インターネットを使って個人による放送（社会への発信）が可能になった今、メディアは読み解くだけでなく、書く（発信する）ことを相互的に取り上げることが可能になった。そうした意味からも、また岡田が指摘するようにPISA型読解の視点からも、今日、実用的な文章を改めて教材として取り上げ、かつ読み手の多様性（公衆への発信という面も含めて）の視点を加えて、その指導を検討する必要があろう。例えばウェブログ（ブログと略すことが多い）という日記は、最初から他者に読まれることを前提として（というよりも読んでもらうために）書いている。なお、実用的文章の読解指導について私自身は上に整理した点に加え、「書き手を読む」という点に読解指導の要点があるように考えている。岡田は「書き手の意図への注目」が批判的な読みを育てる可能性に言及しているが、実用的文章の読解指導においては、やはりメディア・リテラシーの考え方を導入しつつ、その国語科としての具体的な扱いを検討していくべきであろう。

2．「機能的読解指導」の輪読会を通して

こうして輪読会をふり返り整理してみると、発表を担当した若手教師たちが、「機能的読解指導」論の先見性に驚きつつ、今日の指導に様々な示唆を見いだしていることが伝わってくる。もう少し考察を加えてみよう。

（1）「機能的」ということをどう受け止めるか

まず、輪読会に参加した教師たちは、「機能的読解指導」という考え方そのものをどのように理解していったのだろうか。「機能的な読解行動」について、飛田多喜雄先生自身は、第二章で張元が引用したように「文章をことばの機能的統一体とみ、その語りかけるものを読み手の意識的な働きかけによって感知し、さらに両者の相互作用によって新しい体験を形成し、めいめいの自己更新を図るような価値ある読解行動」と説明しているが、やや抽象的だ。ふり返りの文章を通覧すると、飛田多喜雄先生の展開に沿って「機能的」ということへの理解が深まっているように思われたので指摘しておきたい。

第一章・第二章では、まず「学習者の目的意識」や「生活的なめあて」等への着目とともに、「生活に適応する言語能力」の育成という部分が注目された。これは日頃「学習者主体の授業づくり」を目指す機運の高い本会の教師ならではの視点であるとともに、「活用」というキーワードへの関心の高さの表れでもあろう。いわば、「①読むことが生活的な目的に機能する」というとらえである。二章を読み込む中でもう一つ、「人間形成」ということが浮かび上がる。「読解行動の深化」の第三段階「自己の生に役立てる創造的・生産的理解」ということと関わって、読むことで学習者たちが何かを得て人間的な枠組みが広がっていくということへの着目である。いわば、「②読むことが人間形成に機能する」というとらえである。

第三章で取り上げられた「説明的文章の読解」においては、②を根底に共有しつつ、①の「読み手の目的」「読むことの目的」に重点をおいて、事例を読んでいる。それが第四章では荻野の「（読者が）新たな体験を生み出すことで、新たな自己を形成していく過程」というとらえに端的に表れているように「②の人間形成」への関心を高めつつ、「形象性」など「コトバ」への関心が高まり、自己を形作る「コトバを育てること」につながる読みを考えている。いわば「読むことがコトバの獲得に機能する」という側面への関心の喚起といえよう。第五章では「実用文」が取り上げられている。意味合いからすれば最も「生活的な目的」との関連に関心が向きそうだが、輪読会ではむしろ「自己の表現」と読むこととの関わりが話題になり、読み書きの関連学習を想定しながら実用文を読む意義を改めて考えなおそうとする様子がうかがえた。いわば、「読むことが自己の表現や伝達に機能する」というとらえと言えよう。

これら「機能的」を巡っての深まり・広がりは、若い教師たちが改めて「学習者にとって読むとはどういうことか」「学習者が読む意義は何か」と問い直したことを表しているのではないだろうか。例えば、ＰＩＳＡショックは、読むという行為を見つめ直す機会をもたらしたが、私たちはこれが「まず情報の取り出しの読みはこういうやり方で……」という具合に形式的な指導法化していくことを危惧しなければなるまい。説明的文章の読解指導がともすると単に「段落・要点……」などの読解技能を教えることに極端に偏ってしまった同じ轍を踏んではならない。ことばには様々な機能があり、読むという行為・行動自体にも、またそのことを国語科の学習活動として展開することにもそれぞれ機能がある。これから展開する授業ではどの機能をどう引き出していくのか、そのことで子どもたちはどんな読みの経験を重ねることになるのか。私たちは輪読会で、そうした根本を考える授業作りを改めて話し合ったのだと考える。

（２）「機能的読解指導」論の今日性とこれからの課題

今日の「読み」の指導をめぐる状況には、飛田多喜雄先生が「機能的読解指導」を論じた当時との様々な共通点を指摘できる。例えば、ＰＩＳＡ調査にも現れるように「学んだことをいかに活用して生活的目的を達成できるか」を学力の重要な柱とする学力観との関連、また「読解力」を読むという行為のプロセスに沿ってとらえ直し、子どもたちの読みの状況を評価していくことに関心が高まったこと。「小・中の一貫性」「基礎学力の充実」「思考力や心情（情緒）の養成」などが重点的な課題とされていること。さらには、平成二〇年三月に告示された新「学習指導要領」が昭和三三年版「学習指導要領」と同様に言語活動を具体的に例示したことなどにも、飛田多喜雄先生が「機能的読解指導」をまとめた当時の状況と通じるところが指摘できるかもしれない。こうした意味でも、「機能的読解指導」の考え方を今、再評価する必要がある。

もちろん、子どもたちの読みを巡る様々な状況の変化を考えれば、「機能的読解指導」の考え方をそのまま現代に復活させるということでは足りないのもまた明かである。書籍の流通の発達や図書館の整備などにより、様々な書物を格段に手軽に手に入れられるようになったこと。メディアの発達により読みの対象となる文章が多様なりかつ読み手に批判的検討を要請するようになったこと。社会の暗部をそのまま描くようになるなど幼少期の子どもたちが多く目にする児童文学が変質していること。個人が文章の書き手になりさらにそれを発信・放送することができるようになったこと。読みを巡るこうした大小様々な違いを踏まえ、これからの読解指導を構想していく必要があるのは言うまでもない。

本稿の最後に、輪読会に参加した教師たちのことばの中から、私たちが「機能的読解指導」論に学びつつ、新たな課題、あるいは実践的充実を図るべき課題としていくべきことを列挙してみたい。

①　読むことの目的と読解指導

まず、狩野・吉永・張元・古谷・市原らが指摘するように、主体的な読みの学習を引き出し、その中で生活に適応することばの力を育てていく視点から、「読むことの目的」を学習者と共に設定し、その達成を目指して読み進めていくという読解行動が起こるように授業をデザインしていくことが大切になるだろう。その際、設定した目標を達成するための読みの過程で必要となる読みの知識・技能を、子どもたちが自覚的に学んでいけるように工夫することが重要だ。伊藤が指摘するように、小学校では経験をふりかえる帰納的なデザインが有効であろうし、高学年・中学校へと進むにつれて、あらかじめ学習者に明示して目的的に学ぶことも可能になろう。また、指導すべき知識・技能を、「読みの目的」の視点から洗い直す作業も必要になりそうだ。従来は説明文ならこの技能、文学の場合こういう読み方とある程度文種に応じて指導内容を考えてきたが、読みの目的から見直してみる必要がある。例えば、調べて報告するために図書資料を読む場合なら、内容理解のための技能の他に、著者の立場を検討したり情報の鮮度（日付）を確かめたりする読み方も必須になる。

②　子どもたちが生きる時代の生活に機能する読解指導

今、子どもたちには身につけた力を活用して課題を達成できることが求められている。そうした活用型の学力を育成していく上でも、実は読む目的の自覚が前提になる。子どもたちが自らの力で解決しようと本気で取り組むとき、初めてそれぞれの持てる力（習得された力）を活用しようとすることになるからだ。したがって宮脇も指摘するように、読みの学習作りにおいて、読むことが必然になる文脈を作り、達成される楽しみのある読みの学習を作ることが、生活に適応する活用型の学力を育てる読解指導の前提となろう。このとき、岡田や吉永らが指摘するように、これからの知識基盤社会では的確に読み取った上でそれを評価・判断していく批判的な読みの力を育てていく必要性は、飛田多喜雄先生が「機能的読解指導」をまとめた当時よりも格段に増している。荻野がいうように文学を学習材とした授業でも、自らの認識や感動のよってきたるもとを確かめることで、また説明的文章では竹内のように学習材の文章が読み手の子どもたちにどう働きかけるのか、どのような読みを引き出すのかという読者反応の視点からの教材研究が求められる。実用的な文章では、岡田が指摘するように書き手への注目がより重要になるだろう。

③　子どもたちがことばの機能を学べる読解指導

読むことが生活に機能するとともに、子どもたちのことばを育て人間形成に資するためには、文章中のことばの働き方に敏感に読んでいく読解経験を積むことが大切になる。長井がいう語句の臨機的意味をとらえるというのもこの意味であろう。平間や菊池は、そのためには文学の鑑賞に当たっても、子どもたちが文学テクストの形象性や作品の芸術性について自覚的に言語化できるための視点をおさえて指導することが重要だと考えている。それは単に技能的に読みの視点を与えるということではいけない。教材研究においてことばの機能を見極め、それらのことばの働きによって成り立つ文学体験を楽しむように読解・鑑賞していく学習をこそ通して学んでいけるよう工夫していくことが私たちに課された課題となろう。

④　自己の表現とつながる読解指導

私たちは『読解力再考』（東洋館　二〇〇七）において、「読みに閉じない読み」として読むことと表現することを相互につなぐことを提案した。表現することが読みの文脈を作り、また読むことによって表現が高まる。芥川や藤枝は書くという行為に想定される他者（読み手）を自己の内におき、対話的に読み・書くことの意味を考えている。読むという行為が飛田多喜雄先生の言う第二段階に閉じず、生活的な目的の達成や自己枠組みの拡がりを目指して第三段階へと創造的に深まることを子どもたち自身が実感できる読みの授業を開発していくことを、私たちの課題としたい。それが、序章について森が指摘した「人間存在の意義を立派に実現する」ということにつながると考えるからである。

（宗我部）

『国語教育方法論史』『続・国語教育方法論史』に学ぶ

飛火野会　巳野欣一・米田　猛・植西浩一

（著者）飛田多喜雄　（書名）国語教育方法論史
（刊年）一九六五（昭和四〇）年一月　（体裁）A５・四六〇頁
（発行所）明治図書

（著者）飛田多喜雄　（書名）続・国語教育方法論史
（刊年）一九八八（昭和六三）年四月　（体裁）A５・三六六頁
（発行所）明治図書

一　先達に学ぶ

飛田多喜雄先生は本書の「まえがき」に、

この国の国語教育が、組織的に実施されるようになってから、およそ一世紀にもなるが、その間における先達の国語教育に対する努力と業績には、はかり知れない貴重なものがある。その事実を正しく理解し、現代に生きるものは継承し、その上に立って今後の在り方を開拓するものでなければ、清新にして不動の方向を確保することはできない。

このたび、わたしが本書を世に問う理由もここにある。まず、歴史的事実を理解し、先達の足跡に触れ、学ぶ心に立って現実を認識しようとする意図にほかならない。もちろん、方法の科学化のための基本条件は、歴史的考察だけに止まるものではない。進歩した現代の諸科学の研究と摂取、対象たる児童・生徒の実態の認識が重要であることは言うまでもない。ただ、わたしは、自己の歩みの第一歩として、歴史的事実の探求に手をつけたのである。（一～二ページ）

と述べ、これからの国語教育の開拓には現代諸科学の摂取と現状認識とともに、先人の築き上げてきた貴重な努力と業績の正しい理解と継承の必要を強調しておられる。

二　緒論　国語の指導法確立のために

前述の意図の基に、筆者は本論の展開の導入部として、まず「緒論」において、「一　問題の発生」「二　国語教育の流れと視点」「三　国語教育の史的区分」の三節を設け、それぞれの概括的な所見を述べている。

「一　問題の発生」では、「終戦から今日まで、民主化を指導精神とする教育体制が、その基本的な方向において相当の成果を挙げてきた。その反面において、指導観や実施方途に反省すべき幾多の問題を残した。」（一二ページ）と指摘し、成果と、反省すべき問題それぞれの事実を挙げている。

「二　国語教育の流れと視点」では、「この国の国語教育の流れには、思潮のうえでも方法のうえでも幾変遷があった。大局的には、明治時代の素読や訓詁注釈を中心にした語学教育期、大正年代と昭和十年ごろまでの教材研究や学習者の自己確立を強調した文学教育期、それ以後今日までの言語活動や能力を中心とした言語教育期に分けられる。」（一七ページ）と一世紀の歳月を大まかに三区分している。

さらに、「指導過程」の歴史的考察については、「実践的必要」という現場的見解として、

1　史的観点から、指導過程の発展的系譜を明らかにする。
2　現場的観点から、今日に継承し生かすべき方法技術は何かを探求する。
3　現在の問題的視点から、それが史的事実としてどう取り上げられていたかを究明する。（一八ページ）

の三つの観点を示したうえ、それぞれについて具体的な考察や方法に言及している。

「三　国語教育の史的区分」では、「残念ながら定説と言われるほどの研究が示されていない。西尾説・渡辺説をはじめ二、三の見解は示されているが、本格的な研究は今後の課題であろう。」（一九ページ）と述べたうえ、西尾実、渡辺茂氏の区分を紹介している。筆者は「だいたい前説（西尾説）に基づき、それに方法論重視の観点から各期を前期と後期に分けて次のような区分をした。」と次の区分を示された。

第一期　語学教育期―「訓詁注釈時代」―明治元年（一八六八年）から明治四五年（一九一二年）まで―
〔前期〕法令制定期――「各科教授法の適用と考察」――明治元年から明治三三年（一九〇〇年）の「小学校令」改正まで―
〔後期〕国語科成立期――「国語科成立と教授法の模索」――明治三三年の「小学校令」改正から明治四五年まで――
第二期　文学教育期――「教材研究時代」――大正元年（一九一三年）から昭和一〇年（一九三五年）ごろまで――
〔前期〕教材研究期――「教材研究を主位とする指導法の開拓」――大正元年から大正一一年（一九二二年）ごろまで
〔後期〕指導原理形成期――「指導原理の探究と指導法の樹立」――大正一一年ごろから昭和一〇年（一九三五年）ごろまで
第三期　言語教育期――「言語生活時代」――昭和一〇年ごろから現在まで――
〔前期〕言語活動期――「新領域の開拓と錬成教育の強調」――昭和一〇年ごろから終戦（一九四五年）まで―
〔後期〕言語生活学習期――「国語教育方法の開拓と科学化」――終戦から現在まで――（二〇～二一ページ）

右によれば、全体を大きく三期に分かち、各期の特色を教育制度、法規、教育思潮、教育内容、教授法、国語教科書等の観点により把握し、簡明な表現で示している。

三　第Ⅰ章　語学教育期の方法と批判的考察—第一期・訓詁注釈時代

明治元年から明治四五年を対象として前期を「法令制定期」、後期を「国語科成立期」に分けている。

(1) 各科教授法の適用と考案

○前期（明治元年～三三年）

1　「明治前期の教育思潮」　まず、明治元年三月一四日の五箇条の御誓文をはじめ、学制頒布（明治五年）教育令発布（明治一二年）、学校令発布（明治一九年）その他「教則」「教則綱領」などによって、教育制度、内容の整備が行われていった。

次いでこの期の教育思想の欧米からの実利主義、合理主義、功利主義の実学的なものの利点と、不消化などによる弊害を指摘する。さらに庶物指教の教育思想、開発主義の思想の流行、それへの批判としての知情意の調和的発達をめがける教育思想（フランスのコンペーレ）、ヘルバルトの教育学説（ドイツ）、樋口勘次郎の唱導した統合主義の教育説などに言及している。

2　「学制期の教授法」——明治一〇年以前　(1)古文教授の方法　(2)注入主義による教授過程

3　「教育令期の教授法」——明治一〇年代　(1)開発主義による教授過程

4　「小学校令期の教授法」——明治二〇年～三三年ごろ　(1)分段法による教授過程——ヘルバルト学派の五

段階方式――　(2)折衷的・一元観による教授過程　(3)統合主義による教授過程を取り上げている。

右により、明治初期に近代国家として新しく出発したわが国の教育事情とりわけ各種の法令、制度、思想内容、教授法などの実情を当時の受容や批判、筆者の批判を含めた豊かな見識に学ぶ意義は大きい。

（2）国語科成立と教授法の模索

○後期（明治三三年〜四五年）

1　明治後期の教育思潮には、ヘルバルト学派の教育説の全盛（二〇年代〜三〇年代初め）への反省批判の要請から社会的教育学（ドイツのナトルプやベルゲマン）が紹介され、当時の国家的精神と結びつき国家社会主義教育説が強調された。

次いで、明治四一年頃から実験教育学（ドイツのライやモイマン）が紹介され、教育という特定の経験的事実を実験心理学の方法で研究しなければならないとした。明治四一年に乙竹岩造著『実験教育学』がある。

2　国語科成立に基づく教授法の動揺　明治三三年の「小学校令」改正「施行規則」公布により、従来の読書・作文・習字を一括して「国語科」とし、その中で読ミ方・綴リ方・言語（話シ方）の四分科を指導することとなった。小学校教科書の国定制度成立（明治三六年）により、第一回国定教科書文部省編「尋常小学読本」八巻（イエスシ読本）、明治四二年に第二回「尋常小学読本」一二巻（黒読本）が出ている。

教授法については、前期の形式的注入主義に対する反動、日露戦役の結果、国民精神の涵養に資する内容理解の要求など、国家社会主義的教育思潮の影響を受け、(1)「内容偏重の教授法」が重視されていった。これに対して、明治四一年ごろからは内容主義の行き過ぎに対し、国語教授は国語の教授でなければならないという自覚、ヨーロッパ（主にドイツ）の語法重視の風潮の紹介による影響、仮名、字体、仮名遣、漢字の規定の変更という国字国語改良問題などもあり、⑵「形式偏重の教授法」が唱導されるようになった。次いで、前述の内容主義、形式主義の対立する主張に対して、両者がいずれもだいじであるとする⑶「内容・形式折衷の教授法」を主張する立場も起こってきた。この「内容・形式折衷の教授法は調和的であり無難であるが、創意に乏しく消極的である。ただし、仔細に検討するといくつかの注目すべき工夫や改善点が認められる。」として、「細かな作業項目に、形式と内容、教師と児童、読む、書く、話す、聞くの言語活動の調和的関連を図る工夫」など、従来見られなかった教授上の配慮を指摘される。（一〇、七〇ページ）

3　義務教育延長後の教授法　明治四〇年の「小学校令」改正により、義務教育年限が従来の四か年から六か年に延長された（高等小学校は二年ないし三年）。教授法においても前述の内容、形式、折衷という動揺を経て、新たに人格主義の教育思潮が提唱され、教育は人格の陶冶であって、特に感動を中心にしなくてはならないとし、教師自ら感動し、燃えていることがそのまま児童の感動や燃焼を呼び起こすという趣意による授業が展開された。この⑴人格主義教育は次の大正期に引き継がれていくことになる。また、明治末期に新たに児童の自ら学ぶことを主とし、之を輔《たす》け導くことを副と考える趣旨によって、児童の自学作用を盛んにすることを教授の第一義とする。⑵自学輔導の教授過程の提唱がある。これによれば、従来の受動的学習に陥ることなく、能動的な学習（作業的な学習）を展開することができるとしている。

（3）明治期の国語教授法から学ぶもの

第Ⅰ章の結びとして、明治期全体を通観しての筆者の批判的考察を①現場的・実践的観点、②国語教育史的観点、③現代の問題的観点によって進めている。①では、第一に「各科教育法に押され、国語科の独自性が埋没していた観がある。教科の指導原理や方法の研究が手薄であった。」第二に「自発活動、自学の必要の強調はあったが、結実をみることはできなかった」が、「学ぶ者の立場を生かそうとする気配はあった。」それと共に、基本的な教授形式が一般の教師にとってどれほど実践徹底のために必要かということも察知できる。」第三に「教師自身の創意とか主体的活動のあとがあまり見られない。そのために教授上の問題点や授業記録が、残されていない。教科としての特質や授業の基礎になる実態への考慮があまり払われていない。」第四に「この期の教授は、学ぶ者の心理や実際的反応を考慮せず、教え込むことに力点をおいたので、実証的な研究や共同研究のあとがほとんど見られない。とくに教授過程は形式的に整然としていたが、その中に効果判定、評価の項目が加えられていない。」第五に「新知識を吸収し、実践に生かそうと努力した教師の精神態度の強さは認めてよい。」「発問法、直観物の準備、練習法、学習体勢の改善に払った努力は学ぶべき点ではあるまいか。」と当時の悪条件の中で、欠如の部分はあるにしても、教師の精神と努力を学ぶべきと認めておられる。

①では、「国語教授法も変化したが、大局的にみると、訓詁注釈を中心にした語学主義、知識主義、形式主義であった。国語の領域も読書中心で、作文や話し方教授はつけたり程度であった。」しかし、「実はこうした考え方の特徴、あるいは台頭が、やがて大正デモクラシーや、はつらつたる教授法の原動力となった。むしろ、各領域の有機的統一、自学や自己活動の尊重、形式面と実質面の調和的統一、教授方法の弾力性、教材価値の探究など、先人の遺産として現代になお生きている主要課題の発見、気づきのため、四十数年という長い歳月と経験が必要であったのだともみられる。いわばこの国の国語教育史上、明治期は啓蒙期、基礎耕作時代、模索に揺れ動いた時期ということができよう。」と判断されている。

③では、(イ)教授原理と方法のズレを問題点とし、以下に、(ロ)教育課題、(ハ)教授目標、(ニ)教授内容、(ホ)教材、教科書、(ヘ)教授法について具体的な事象を示しつつ長所、短所を指摘しておられる。(七四～七八ページ)

四　第Ⅱ章　文学教育期の方法と批判的考察——第二期・教材研究時代

大正元年から昭和一〇年頃までを対象として、前期を「教材研究期」（大正元年から大正一一年ごろまで）、後期を「指導原理形成期」（大正一一年ごろから昭和一〇年ごろまで）に分けている。

（1）教材研究を主位とする指導法

1　大正期の教育思潮　第一次世界大戦（大正三～八年）の後、諸外国からの流入による自由主義、デモクラシーの思想等が紹介され、自由教育、デューイの教育説、プロジェクトメソッド、ダルトンプランなどの教育方法が取り入れられ、活動が目的的であること、学習者の自発的作業をだいじにし、自覚と生活を本位にするなどの共通点がみられた。また、これらの教育説を基調にしながらも、国内でも、自らの経験や立場を生かし、自己の主張の新しい教育説を「八大教育主張」（河野清丸、樋口長市、手塚岸衛、稲毛金七、千葉命吉、及川平治、小原国芳、片山伸）といわれたそれぞれ時節の展開があった。その根本には、従来の教師中心の伝統的な形式主義に対し、学ぶ者の心理や生活、興味や能力、作業や創造を重んずる児童本位の自由や自発性の教育法を基調にしていった。（八〇～八二ページ）

2　「教材価値」の重視と「自己確立」の提唱　ここは、次の構成で「指導過程」を中心に論述される。

(1)自作主義による指導過程
　黎明期の綴り方教授法概観
　自作主義による指導過程
——————
(2)教材の性質に基づく指導過程
(3)「自己を読む」指導過程
(4)自由主義教育の指導過程

「大正時代に入ってからは、目的論、教法論と共に、国語教材論やその実証的研究が目立っている。国語教育成立の不可欠の条件として教材価値を位置づけ、実際上の成果を挙げるために教材研究の必要を認めた」として、保科孝一「国語教授法精義」（大正五年、育英書院）、友納友次郎「読方教授法要義」（大正四年、目黒書房）、芦田恵之助「綴り方教授法」（大正三年ごろ）、「読み方教授」（大正五年、育英書院）ほかにより、教材論、教授法、自己確立の問題、自由主義教育の問題について諸説の紹介とともに筆者の批判的考察を加えている。

その要点は「児童の自己活動を方法の第一原理とし、学習の過程を重んじ、いかに学ばせるかを強調していること、児童の個性的活動をモットーに、個別学習や自由学習で自由進度の多読主義に力点をおいていることも従来にみられなかった新生面であった。」しかしながら、「すべての児童に自己活動ができるか、学習者の目的意識の自覚や必要感が確認されていないし、評価の位置づけや基準が不明確であること、児童の自己活動も限界を越えると独断や恣意に陥る危険がある。」などの疑問や危惧を示されながらも、「それにしても、こうした児童の個性と自己活動を生かした自由教育が、当時の教育界に新風と活気をまきおこし、新教育のさきがけとなったことは事実である。」と認められる。（八二～一〇七ページ）

（2）指導原理の探究と指導法の樹立

1　大正末期と昭和初期の教育思潮（大正十一年ごろ～昭和十年ごろ）

大正一二年九月一日関東大震災が起こり民心の動揺にあたり「国民精神作興に関する詔書（大正一二年一一月一〇日）」が発布され、復興に努力した。教育の研究も国民文化の創造と宣揚をめがけるようになった。大正一五年一二月二五日大正天皇崩御、昭和天皇践祚を経て国民の自覚は深まり、わが国固有の思想・文化に対する研究・考察が盛んになり、教育の面でもわが国の文化や国情に合った教育原理や方法の究明、方法改善が進んだ。

一方では国家の施策も満州事変（昭和六年九月）、国際連盟脱退（昭和八年）と国内外の難局など非常時の様相を呈してきた。それに伴って、国家社会のために個人の犠牲を強いる全体主義、皇道主義、国家主義の思想が強調され、やがて日中戦争（昭和一二年七月）に至るのである。（一〇七～一〇九ページ）

2　指導原理の探究と多彩な指導法

前述のような時代背景の中で、国語教育の面においては次のような指導原理の究明とそれに伴う教授法の考案がなされている。(1)～(8)の上段は代表的な指導原理、下段はそれに伴う方法的考案事項である。

(1)　自由選題主義と非自由選題主義の指導法――両主義の特色と動向　芦田・友納「小倉立会講演」の論点と反響
(2)　「国語の力」の出現と指導原理の探究――「国語の力」の意味の自覚　センテンスメソッド
(3)　生命主義に立つ指導法――生命の読みと指導過程　生命の綴方と指導過程
(4)　生活主義に立つ指導法――生活主義の綴方と指導過程　生活主義の読方指導法
(5)　形象理論に立つ指導法――初期の動向と指導過程　形象の機構と理会の機構
　　形象理論に立つ読方の指導過程　形象理論に立つ綴方の指導過程
(6)　行的認識による指導法――行的認識の三作用　読みの作用と主題・構想・叙述
(7)　芦田式七変化の教式――師弟共流の偕調的教授　皆読皆書（皆話皆綴）　芦田式七変化の教式
(8)　解釈学に基づく指導法――石山脩平の解釈学的指導過程　解釈的指導過程の実践的創案

紙幅の都合でそれぞれの詳しい紹介は省略割愛するが、右の各項には我が国の近代国語教育の中でも重要な事象、思潮、教授法改善の創意などが提示されている。本書に記された紹介解説ならびに飛田多喜雄先生の示された考察、公平な御批判を熟読玩味し、先人の英知と実践行動力を読者各々が自らの学びといたしたいものである。

五　第Ⅲ章　言語教育期の方法と批判的考察——第三期・言語生活究時代

昭和一〇年代～昭和四〇年頃を対象として、この期を「第三期・言語生活時代」とし、その前期を「言語活動期」（昭和一〇年代）、後期を「言語生活学習期」（戦後～昭和四〇年）とする。なお、後期はさらに、昭和二六年版「学習指導要領一般編」を境に戦後前期と戦後後期に分けて、次のような構成となっている。

一　新領域の開拓と錬成の強調——前期・言語活動期（二一八～二二七ページ）
二　明治以後、終戦までの指導法から学ぶもの（二二七～二三一ページ）
三　国語教育方法の開拓と科学化——〈後期〉言語生活学習期（二三一～四〇三ページ）

一（の2）においては、「言語活動重視の指導法提唱」と「錬成主義の指導過程」とを取り上げ、前者に西尾実『国語教育の新領域』、後者に白井・増田・緒方共著『国民科読方指導案』をその代表的な文献として提示している。

二においては、明治以降終戦までの指導法を、①教育思潮と言語観、②教育課程、③指導目標、④指導内容、⑤教授（指導）形態、⑥指導過程の各観点から整理し、学ぶべき点を指摘している。

三は、ページ配分から見ても、第Ⅲ章の中心であり、次のような構成になっている。

三の1では「終戦後の教育・国語教育」を「戦後前期」と「戦後後期」に分けて概要を記している。「戦後前期」は、「教育改革の線に沿った民主化教育への基礎工作期としていちおうの新体制の形を整えた転換期」と位置付け、「生活を基調とする経験主義的思潮と単元方法」を特色としている。「戦後後期」は「自主的に国情に合った教育・国語教育の体制を整えその確立をはかった時期」と位置付け、主義・主張としては、「経験主義」「単元方法」に対する「文学教育」「生活綴り方思潮」の復興や提唱、「能力主義」や「系統学習」の面からの批判を指摘している。ただし、これらについて飛田多喜雄先生は「どちらに軍配があがるということよりも、どちらに重点を置くかの差異」としておられる。指導方法としては、「生活綴り方思潮」と「文学教育思潮」の復興、「技能を重く見る作文指導法」「能力主義や能力別学習法」等、「主張や立場をもつ各種の指導法」の提唱を指摘し、「今日ほど進歩に適応した数多くの教育方法の示されたときはなかった」として、第三期後期を「国語教育方法の開拓と科学化」の時代として特徴づけている。

三の2では「国語教育方法の転換」として、「コア・カリキュラムによる指導法」「経験主義による単元学習法」を取り上げている。

三の3では「戦後文学教育の変遷と指導法」として、次のような小見出しが示されている。

(1) 戦後前期の問題状態——埋没していた文学教育、言語教育と文学教育の論争

(2) 戦後後期の文学教育論——文学教育復興のさきがけ、国民文学と文学教育、問題意識喚起の文学教育論、文学活動経験の文学教育論、社会科的・道徳的文学教育論、国民教育としての文学教育論（民族創造をめざす文学教育論）、状況認識の文学教育論、国語教育としての文学教育論

三の4では「国語学習指導法の開拓」として、次のような小見出しが示されている。

(1) 国語教育の「経験主義」と「能力主義」——経験主義の国語指導法、能力主義の国語指導法、その後の単元学習法の展開、

(2) 「作文教育」と「生活綴方」——「作文教育」の指導法、「生活綴方」の復興と指導法

(3) 能力別グループ学習

(4) 主義・主張に基づく各種の指導法——教材の類型に即した指導法、主体性に立つ指導法、技能重視の指導法、思考力を伸ばす指導法、機能観に立つ指導法、プログラム学習法、国語スキルのプログラム学習、一読主義読解の指導法、

三の5では、「国語教育の近代化」として、⑴国語学習指導法の科学化、⑵歴史的考察から学ぶものにおいて、国語教育における方法の科学化を目指した「第三期・言語生活時代」を整理し、また、明治以降の国語教育から学ぶものを総括している。特に⑵において歴史的考察を進める観点として、①時間的推移としての史的観点、②時代的意義としての現場的観点、③今日に継承すべき価値としての問題的観点の三つを示しておられるのは、大きな示唆である。ややもすると、①の観点のみで歴史的考察を進めがちな傾向もあるが、とりわけ教育に関する歴史的考察には②③の視点の重要性を痛感する。

また、国語教育における指導法確立のための必要条件として、

A　基礎的条件――①指導原理と指導観、②言語の本質と言語観、③教材の性格と教材観、④発達心理と児童観、⑤授業認識と方法観

B　実践的条件――①指導目標、②指導内容、③指導計画、④指導形態、⑤指導過程、⑥指導技術

を指摘したことの意味について、国語教育の方法や指導過程は、このような条件が確立してはじめてその意義や在り方がはっきりするものとしている。このうち、例えばAの②「言語の本質と言語観」においては、指導原理の基礎として、また、国語教育の科学化のために知る必要があるとする。戦後期においては「言語生活主義」「言語過程説」「言語機能観」などを例示し、特に「言語機能観」については、「言語の目的性を明確にし、その実現のための活動、はたらきとして動力的、関連的にみることは、言語の本質に即した最も進んだ考え方として注目されている。」と評価している。別項（三三七ページ）でも、「機能観に立つ指導法」として、「戦後の国語教育は基本的にこの思潮に支えられ、展開してきたものと言ってさしつかえない」と述べている。

六　『続・国語教育方法論史』に学ぶ

『続・国語教育方法論史』は、『教育科学国語教育』(明治図書)に連載された「戦後国語科授業論史」をもとにまとめられたものであり、「授業論」に焦点化された『国語教育方法論史』の続編という性格を有している。(注)

飛田多喜雄先生は、序論において、「今、なぜ国語科授業論史か」という問いを立てられ、次の三点の「根拠」「意義」を挙げられている。

一　学校教育における「授業」(この場合、国語科「授業」)の教育的機能の重要性に対する発見的確認ということ。

二　今日の向上進歩した「授業」に至るまでの研究経緯(少なくも戦後)を究明し、今後の授業改造に資するということ。

三　「授業」の研究に視点をおいた史的事実や問題点及び資料の所在を可能な限り明らかにしておくということ。

さらに先生は、「国語科授業論史考察の立場」として、四つの立場を提示された上で、本論「戦後国語科授業研究の変遷と特色」に筆を進められている。

『続・国語教育方法論史』では、戦後の新教育が、授業論という立場から史的に考察され、位置づけられていく。とりわけ昭和二〇年代前半の戦後の黎明期の様子が、貴重な資料の発掘とそれに対する考察を通して鮮やかに描き出されている点に特色がある。「新教育の出発と国語授業」では、「終戦直後の国語授業とその背景」、「単元学習の模索と問題点」が、「初期の単元学習論と国語の授業」では、「カリキュラム問題と単元学習法の混迷」、「国語の単元学習と授業展開の複雑化」が、また、「新教育の理念に支えられた授業」では、「新しい授業内容のローマ字教育」、「進路の開拓をめざす国語授業の考案」が論じられている。

さらに、昭和二六年の学習指導要領改訂の頃の動きが、「経験志向の授業論と実践的前進」として把握され、「国語授業における感性・生活性の恢復」もこの時期のものとしておさえられている。

昭和二〇年代後半以降においても、「授業論をめぐる問題点」が浮き彫りにされていく。「能力別グループ指導の授業形態」と「評価を取り入れた授業過程論」は、「昭和二十年代後半の当時としては注目に値する着想であり唱導」としておさえられている。「経験学習の反省と能力主義の提唱」もこの時期の大きな動きであり、昭和二九年第七回全日本国語教育協議会での「経験主義か能力主義か」の議題による時枝誠記氏対倉澤栄吉氏と飛田多喜雄先生の討論を当事者として振り返っての「『経験も大事にするが能力の分析と経験の整理を』という時枝博士のお言葉と『能力の分析と系統化を認め、それに必要な経験の整理をめざす』という私どもの見解は、この国の国語教育の建設的な方向として歩み寄れたように私は記憶している。これが昭和三〇年代の初めにかけて提唱された系統学習の有力な動因になったことは確かであると思う。」という評価からも学ぶ点は多い。

本書では、文学教育からの授業論への提言にも目が配られ、「問題意識喚起の文学教育論」が論じられ、「標準語教育の実践的提案と批判」とともに「国語科授業改善への二つの試論」として位置づけられている。

「昭和三十年代の授業論をめぐる問題点」では、「系統学習の提唱と授業研究論の台頭」が、「新しい国語科授業研究の動き」としてとらえられ、「経験志向より系統学習へ」の動きがおさえられ、「本格的な授業研究への動き」がこの時期のものとして史的に位置づけられている。また、「科学的国語教育志向と授業論――科学的授業研究への二面のアプローチ――」として、「プログラム学習の先駆的提唱」と「国語スキル学習の前進的考案」が挙げられている。さらに、「伝統主義脱皮の授業改善」として、「考えさせる授業・考える国語教室の構築」と「伝統主義の批判と一読総合法」が取り上げられている。

「昭和四十年代の授業研究の動向」は、「科学的な国語授業研究の進展」として把握され、「国語授業のシステム化と基本的指導過程」および「進歩に適応する授業技術の実践的展開」が示されている。

「昭和五十年代の授業研究の動向」としては、「授業研究論の飛躍的な発展」として、「学究による多彩な授業研究論の提唱」と「創造的な授業操作の実践的開発」が、「21世紀を志向した授業研究の課題」として「注目に値する『教育技術の法則化』の提唱と運動」および「単元学習の課題と国語科授業論」が示されている。

注 齋藤喜門氏は、本書が考察の対象とした時代を「この四十余年は、学習指導要領でさえ、五回めの改訂が進行しつつあるように、変転極まりない時期でした。」ととらえ、「ここで今のうちに、史として整理し体系立てなければ千載の悔を後世に残すことになるでしょう。」と述べられている。（「草の葉」第一六一号　一九八八年七月）

七　結び

『国語教育方法論史』及び『続・国語教育方法論史』の紹介解説を終えるに当たり、集約として、本会の長らくの会員であり、また、会長として尽力された安藤修平・齋藤喜門両氏が、『国語教育方法論史』について、国語教育研究所編『国語教育研究大辞典』（一九九一年・明治図書）に執筆された解説の要点を紹介掲載しておくこととする。

(1)　安藤修平執筆「国語教育方法論史」の項（抄出）

執筆の意図　執筆当時、国語教育の近代化・科学化が論議されていたが、著者は「清新にして不動の方向を確保するには、まず歴史的事実を知り、先達の足跡に触れ、学ぶ心に立って現実を認識することが不可欠である」との強い認識に立って本書を執筆している。従って、実践に資するという立場が濃厚に現れている。

本文の構成・特色　各章とも、初めにその時代の言語観・国語教育観・教育思潮・時代相等に触れ、いわゆる方法過程なるものが単なる教師の思いつきや小手先の教術技術ではなく、教育・国語教育の底深い思想性と不可分の関係にあることを論述する。次に、その時代の教授法・学習法を取り上げ、それが生まれるに至った経緯・

提唱者や実践者とその著書について忠実な紹介があり、その特色を詳述している。最後に、これらの指導法について批判的に考察し今日的価値を実践的に位置付けている。（中略）

取り上げられた教授法・指導法は四〇種・人物一五〇余名・文献も一八〇余に及んでおり、明治五年から今日までの国語教育の史的展開を把握するためには得難い基本図書である。というだけでなく、自らの実践的課題を明確にするための必読図書でもある。（『国語教育研究大辞典』三一九ページ）

(2)　齋藤喜門執筆「飛田多喜雄」の項（抄出）

最も声価を高めたものは近代国語教育史の研究で、その中の方法論史（著書「国語教育方法論史」）は初めて明治以後の方法論を体系立てたと言える。また、各論の的確な要約と評価によってその著書は、国語教育必読のものとされている。（『国語教育研究大辞典』六九二ページ）

以上をもって本書の内容の概括的な紹介を終えることになるが、本書がわが国の国語教育の学会、研究機関はじめ多数の研究者、実践者に閲読されてきた事実の重みを再認識し、その恩恵の多大なることに想いをはせ、改めて、この偉業を成し遂げられた著者飛田多喜雄先生への畏敬の念とともども感謝御礼を申し上げる次第である。

「竹取物語」を用いた古典指導の研究

――昔話「かぐやひめ」から中学校の古典学習へつなぐ基礎的・指導的教材研究――

うずしおの会
井上京子・津守美鈴・折目泰子・後藤涼子・北原一世・藤島小百合
大塚みどり・佐藤浩美・大井育代・米田直紀・阿部佳代・森　美帆

一　はじめに

「竹取物語」は、中学校で学習するまでに、昔話の「かぐやひめ」として馴染み深いにもかかわらず、学習者には五人の貴公子についての印象が薄い。

> ・小さいときに読んだことがあるけれど、改めて聞くと、竹から生まれて月に帰って行くという不思議な話だと思った。
> ・五人の貴公子の求婚の場面は知らなかった。奮闘するところは一つの見所だと思う。内容が増えていたので、他にも知らない場面があった。
> ・保育園のときと今話を聞いたのでは、話の内容がよくわかっておもしろい。五人の貴公子があわれでおもしろかった。

読み聞かせの記憶では主な登場人物の中でも、かぐやひめやおじいさん、おばあさんに目が向いているようだ。五人の貴公子に目が向く相応の年齢があると思われる。いつ、どのようにして昔話の「かぐやひめ」と出会ったのかも記憶にはないようであるが、「かぐやひめ」と出会わせておくことが古文の「竹取物語」の学習に効果があるのではないかと仮説を立てた。この仮説を飛田多喜雄先生の理論をもとに検証し、中学校で実践することとした。

二　飛田多喜雄先生の教材研究理論に学ぶ三つの視点と三つの価値

飛田多喜雄先生は、教材研究を「学習指導が効果的になされるように、実践的な教育的交渉の場に焦点をおきながら、事前にあらゆる角度から総合的・分析的に研究して陶冶価値の所在をみきわめ、教材そのものの性格を決定することである」（『国語科教育方法論大系2』p・96）とし、「学習者の立場や反応を念頭に置きながら教材価値を検討し判定すること」（同書p・113）の必要性を説いている。

教材を学習指導過程に載せるための視点として挙げられているのは、①教材の編成的（構成的）研究、②教材の基礎的（素材的）研究、③教材の指導的研究の三点である。

	❶ 精神的（内容的）価値	❷ 能力的（経験的）価値	❸ 表現的（形式的）価値
① 教材の編成的（構成的）研究	学習者の実態や発達段階に鑑みて、人間の成長に主要な影響を与える心情を育むことができる教材であるか。	学習者につけたい国語の力に対して、どのような教材を、どのように編成すればいいか。	これまで学習している表現の特長に対して、新たに獲得させるべき表現の特徴は何か。

② 教材の基礎的（素材的）研究	知識を増すとともに、心をゆさぶるもの、心情を豊かにする積極的なもの、明るいもの、創造的、生産的な新鮮なもの、具体的で問題意識を喚起させるものがよい。	教材のどういう箇所が、どういう「話す・聞く」、「読む」、「書く」能力（知識・技能・態度）を養うことができるか。教材価値を分析しておく。	形態・文体、いいまわし、修辞、表現の特質、文字・語句・文・文章・音韻・表記・文法などの特徴は何か。
③ 教材の指導的研究	教育課程や教科書にどのように位置づけるか。話題・題材から、どのような価値目標を設定するか。	どのような能力目標を設定するか。どれくらいの時間を要するか、どのように学習活動を展開するか。	本教材において、表現の特徴をどの場面で、どのように指導するか。

①教材の編成的（構成的）研究は、単元構成の研究である。どういう価値に着目し、どういう観点からこの教材をとりあげたかに力点をおいた研究である。②教材の基礎的（素材的）研究は、教材を対象にした徹底研究である。③教材の指導的研究は、具体的な学習指導の過程に即応して行う教材研究である。学習者の実態、指導目標など、指導事実に力点をおいた教材研究である。それぞれの教材研究を、❶表現的（形式的）価値、❷精神的（内容的）価値、❸能力的（経験的）価値の側面から検討する必要があると述べている。

三　昔話の「かぐや姫」から古典の「竹取物語」へ

飛田多喜雄先生は学習者の反応を予想する方法として、①その教材を使っての予備調査や診断、②前に取り扱った経験の想起、③他の教師による経験や意見の活用、④過去の諸調査や実験的成果、⑤当該教師の予想の、五点が挙げられている。（同書p・113）学習者を想定して研究を進めることの重要性を説いている。

「うずしおの会」は、小学校と中学校の教員が集まっている。「① その教材を使っての予備調査や診断」をすることによって、「竹取物語」を中学校で学習するまでに、小学校において、昔話の「かぐやひめ」から親しませることができるのではないかと考えた。そこで、読み聞かせを通して、小学生が「かぐやひめ」のどこに着目し、どのようにとらえるのかを調査し、次の三点を考察することとした。

❶ 精神的（内容的）価値について――主な登場人物の中で、五人の貴公子に目が向くのはいつからか。

❷ 能力的（経験的）価値について――どの学年で、どのような目標を設定することができるか。

❸ 表現的（形式的）価値について――古文に親しむためにどのような手立てが有効か。

飛田多喜雄先生の教材研究理論の三つの視点のうち、教材の素材としてはどうかという②教材の基礎的（素材的）研究と、どのように学習指導をすることができるのかという③教材の指導的研究の、二つの視点に注目して、それぞれに❶精神的（内容的）価値、❷能力的（経験的）価値、❸表現的（形式的）価値を分析すると、次のようになる。

② 教材の基礎的（素材的）研究	
❶ 精神的（内容的）価値	中学校で「竹取物語」を学習するまでに、昔話の「かぐやひめ」として馴染み深いにもかかわらず、学習者には五人の貴公子についての印象が薄い。小学校の低学年では主な登場人物に目が向き、五人の貴公子に目が向くには、相応の発達が必要である。
❷ 能力的（経験的）価値	「竹取物語」は季節の移ろいやそれにかかわる自然の描写に欠けている。また、この作品はおなじ平安時代のものであっても後の女流文学とは違って、人物の心の微妙な揺れなどの描写に欠けている。
❸ 表現的（形式的）価値	「竹取物語」は声に出して語られた作品である。頻出する「なむ」は語りにかかわる強調表現であるし、指示語の頻用（その・それ）、接続助詞「て」の頻用、長く続く文、文末の簡潔さなど、語りにかかわる表現の特徴を多く持っている。

③ 教材の指導的研究
風刺性が明るく大らかに語られるところに「竹取物語」の特徴がある。 中学校では、五人の貴公子の言動から、人間に内在する欲望、ずるがしこさ、安直さ、権力の誇示などを読み取ることができる。
人間を個の面から微細にとらえようとせず、社会における処し方、未知の事象や恐るべき自然現象への処し方などを通して、人間に内在する欲望、ずるがしこさ、安直さ、権力の誇示などを明らかにすることができる。
音読するなどして、言葉の響きを実感させたい。

「かぐやひめ」の絵本（日本名作おはなし絵本「かぐやひめ」　舟崎克彦・文、金斗鉉・絵　小学館）を、徳島県美馬市江原北小学校の一年生から六年生までに読み聞かせた。学習者の感想と飛田多喜雄先生の理論から、学習内容や学習方法をどのように変えていけばいいかをまとめると、次のようになった。

	小学校１・２年生
❶ 精神的（内容的）価値について 主な登場人物の中で、五人の貴公子に目が向くのはいつからか。	主な登場人物を書き出して整理することが必要であった。主な登場人物の中でも、かぐや姫とおじいさん、おばあさんに注目している。 小学校の低学年では五人の貴公子がなぜ難題を出されたのか、なぜかぐや姫の記憶をなくさなければいけないのかを理解するのは難しいよう
❷ 能力的（経験的）価値について どの学年で、どのような目標を設定することができるか。	主人公が魅力的で、優しい人、正直な人が報われ、読後に安心できる話がいいと思われる。 パターンが繰り返され、展開が予想できるような昔話や神話・伝承などの本や文章の読み聞かせを聞いたり、発表し合ったりする活動が考えられる。愉快な場面や心に残った場
❸ 表現的（形式的）価値について 古文に親しむためにどのような手立てが有効か。	読み聞かせを通して物語世界を楽しむことが適している。 「おむすびころりん」や「おおきなかぶ」のように、パターンが繰り返され、展開が予想でき、内容がわかりやすい話から、リズミカルな表現の音読を通して言葉の響きを楽しむことができる。

	小学校３・４年生	小学校５・６年生
である。	五人の貴公子にも目が向くようになる。ただ、その受け止め方は悪い人、ずるい人という一方向の視点からである。 また、「どうして羽衣を着なければいけないのか」、「月に帰らなくてもよければ、誰かと結婚していたのだろうか」のように、疑問や、自分はこう思うという視点が感想のなかに入ってくるのも、このころからである。	見かたが多面的になる。五人の貴公子についても、「(大伴大納言は)一番真面目だったのに気の毒だ」、「ずるい人は損をする。にせものを持ってきたので報われなかったのだろう」という共感的な感想が挙げられる。 話全体をとらえた、「今と比べて同じところがある」「真面目に取りに行こうとする人と、お金や権力で
面を演じたり、朗読したりして、物語世界を楽しむ学習も考えられる。	主人公に愛嬌があり、ずるい人は結局懲らしめられてしまう話がいいと思われる。 「三年峠」のような、トンチが効いている民話や、「減らない稲束」「九人の兄弟」のような家族愛、兄弟愛、思いやりがテーマとなるものなどについて情景を思い浮かべたり、心情を読み取ったりすることができる。	五人の貴公子のかぐや姫に対する誠意に目を向けることができる。 「不老不死の薬をもらったのに、飲まなかったのは、かぐや姫のことをとても思っていたからだろう」というように、登場人物の行為を自分と重ね合わせることができる。 そのため、等身大の主人公が描かれる古典について、現代語訳や解説した文章を読み、昔の人のものの見
	口語訳をかみ砕いた読み物が適している。 繰り返しや五七調のリズムを感じ取りながら、音読や暗唱をすることで、古文に親しむことができる。	絵本を読み聞かせることで、古文への関心も高まる。「昔の文のままで読みたい」、「声に出す方が読みやすい」「古文を音読してみたら楽しい」というように、古文に対しても関心を持つようになる。 親しみやすい古文や漢文、近代以降の文語調の文章について、口語訳を読むことや音読することを通して、古文に親しむことができると考

	何とかしようとする人がいることを知った」のような感想も表れてくる。 　古典の世界と現代の共通点と相違点に目が向くようになってくる。	方や感じ方を知ることができる。	える。古文でも、漢詩でも、和歌や俳句でも、目から耳から触れさせてみることが大切である。

今回の検証を通して、「かぐやひめ」は、次の三点において、学習者、特に小学校の低学年には馴染みにくい話であることがわかった。

① おじいさん、おばあさん、五人の貴公子に比べて、かぐや姫の人物像がはっきりしない。
② そのうえ、十五夜に語り継がれた話としては、「かぐや姫」に魅力がない。
③ 主人公に幸せになって欲しいにもかかわらず、おじいさん、おばあさんの悲しみを引きずるため、もう一度読もうという気にはならない。

使用した絵本は挿絵が五人の貴公子がクローズアップされたものではなかったため、小学校の一・二年生では五人の貴公子がなぜ難題を出されたのか、探しに行ったものが何であったのかを理解するのは難しかった。小学校の一・二年生には、五人の貴公子と一対一で対応している挿絵が必要である。話の展開も、一人めが失敗して、二人めも失敗してというようにパターンの繰り返されるものがよいことがわかった。小学校の三・四年生になると、疑問や、自分はこう思うという視点が感想のなかに入ってくる。また、五人の貴公子にも目が向くようになる。ただ、その受け止め方は悪い人、ずるい人という一方向の視点からである。小学校五・六年生になると、見かたが多面的になる。五人の貴公子についても、共感的な感想が挙げられる。話全体をとらえた感想も表れてくる。学年が進むに従って、挿絵が読みに影響しなくなる。

学習者のこのような反応から、中学校一年生になれば、かぐやひめと五人の貴公子の関係に触れることができると思われる。また、古典の世界と現代の共通点と相違点にも目を向けることができると考えられる。月から使者がやってくるという点、不老不死の薬が登場する点において、幻想的で不思議な話である。古人の月へのあこがれや、美しいものへの憧れも感じられる。昔話で出会わせておくことは、次のような効果があると思われる。

① 作品に対する関心や、学習に対する意欲が高まる。 ② 古語に対する抵抗を取り除いて、内容に目を向ける手がかりとなる。 ③ 幼いころの感じ方とのギャップがあるため、より印象に残る。

四　徳島市加茂名中学校一年生における「竹取物語」の実践

(1) 単元の目標

・「竹取物語」のおもしろさがわかり、古典の世界に興味・関心をもつ。
・人間のものの見方や考え方について、今と昔を比較して認識を深める。
・歴史的仮名遣いや古語の意味を理解する。

（2）学習計画（七時間）

	学習活動	指導上の留意点	評価
導入 一時間	・絵本「かぐやひめ」の読み聞かせを聞き、感想を書く。	・すべての学習者を同じスタートラインに立たせるために絵本を読み聞かせ、実態を把握する。	・古典の世界に関心をもつ。（感想文）
一次 一時間	・音読や暗唱を通して、古文に親しむ。	・強調表現である「なむ」や、指示語の頻用（その・それ）、接続助詞「て」の頻用、長く続く文、文末の簡潔さなど、語りにかかわる表現の特徴に気づかせる。	・歴史的仮名遣いや古語の意味を理解して音読している。（音読）
二次 一時間	・くらもちの皇子の冒険談を読む。	・要求されたものに対して、どのように対処したのかを読み取らせる。	
三次 三時間	・残りの貴公子の冒険談を読む。 ・五人の貴公子にインタビューをするための台本作りをする。 ・インタビュー発表会をする。	・現代語訳で読み、内容の理解を容易にする。 ・班ごとにインタビュー台本を作ることによって、それぞれの貴公子の人間性や思いを理解させる。 ・ほかの班の発表を聞くことで、認識の広がりや深まりを得る。	・人間のものの見方や考え方について、認識を深めている。（ワークシート）
四次 一時間	・帝のかぐや姫に対する行動について考える。 ・学習を終えて、「竹取物語」の人間の姿についてまとめる。	・不死の薬を燃やした帝の気持ちについて考えをもたせる。 ・今も昔も変わらない人間の姿についてとらえさせる。	・古典の人々の姿と現代の人々の姿を重ね、比べてまとめている。（感想文）

（3）表現的価値に迫るために――古典の表現について理解し、内容を把握する――

(1)　歴史的仮名遣を理解し、古文に読み慣れる。

古典の文章に親しみをもたせ、読み慣れさせるために、まず、学習者に歴史的仮名遣いについて把握させ、古文を何度も繰り返して音読させた。学習者のほぼ全員が歴史的仮名遣いを誤りなく正確に読めるようになった。

(2)　古語の意味を理解し、物語の展開をとらえる。

「竹取物語」の傍注ワークシートを作成し、一つ一つの古語の意味が正確に把握できるようにした。そのワークシートにより、学習者は、現代語訳をしながら主語や助詞を補うことが必要であることに気づき、物語の展開を詳しくとらえることができた。

現代語訳を行ったあとで、古典の言葉について整理させた。現在も同じ意味で使われている語、現在では使われているが意味が異なる語、現在では使われていない語についてまとめることによって、表現における現在と昔の共通点や相違点を把握させることができた。「難しそうな古典の言葉がすらすらと読め、その意味まで分かるようになってうれしい」という学習者も多く、音読や現代語訳を通して古典の基礎を学び、古典の世界への興味・関心を広げた。

（4）精神的（内容的）価値に迫るために――五人の貴公子やかぐや姫の姿をとらえる――

「竹取物語」のおもしろさには、いろいろな人物像が描かれている点がある。物事を多面的に見ることができるようになっている中学校一年生が、登場人物の心理をつかむために、インタビューが効果的であると考え実践した。

(1)　インタビュー台本の意義

かぐや姫に最後まで求婚したのは五人の貴公子である。教科書に収録されているくらもちの皇子の冒険談以外にも、四人の貴公子について知り、まとめることで「竹取物語」の世界をより広く味わうことができる。また、人の姿をとらえるためには、その人物の思いを知ることが必要である。インタビューでは、登場人物に自分を語らせるため、外からも内からも、その人物の姿をとらえることができる。そこで、今回はインタビュー台本を作り、五人の貴公子やかぐや姫の姿について考えさせた。

(2)インタビュー台本の作成とそこに表れた昔の人々の姿

まず、学習者にワークや資料集などで、それぞれ担当する貴公子の冒険談を調べさせ、インタビュー台本の作成にとりかかった。台本を作る際に、次の五つの質問を必ずさせることにした。

① かぐや姫からの課題　② 貴公子のとった行動　③ その結果

④ 冒険を終えて、貴公子がかぐや姫に対して思うこと

⑤ 貴公子の体験談を聞いて、かぐや姫が思うこと

①~③の質問項目に答えさせることで、貴公子の冒険談の内容を把握できたかどうかを見とることができる。また、④では、貴公子の愚かさや欲深さ、⑤では貴公子へのかぐや姫の評価が表れることに着目した。

インタビュアー	それでは、かぐやひめさんと右大臣阿部のみうしさんにインタビューしたいと思います。
インタビュアー	右大臣さん、あなたはかぐやひめに、どのような課題を出されましたか。
右大臣阿部のみうし	私は火鼠の皮衣を持ってくるように言われたんですよ。
かぐやひめ	それが無理なら、あなたとの結婚は無理ですよ。
インタビュアー	そうですね。それではいったい火鼠の皮衣とは何なのですか。
右大臣	それはですね。かぐやひめが火鼠の皮で作った、火に入れても燃えないものだと言っていまし

た。

インタビュアー　そんなものがこの世界にあるのですか！

右大臣　中国に行けばあるかもしれないと聞きました。

インタビュアー　へー。たいへんですね。それであなたは、どうやって取ってきたのですか。

右大臣　私は自分が中国に行くのが面倒なので、家来を中国の貿易商のもとに遣わせて、取ってこさせたんですよ。

インタビュアー　私も同じことをすると思います。それでどんな物だったんですか。

右大臣　何と、紺青色の、先が金色に輝いている皮衣だったんですよ！

インタビュアー　では、かぐやひめと結婚することができたんですよね。

右大臣　いやぁ……。それがですね。かぐやひめが本物なら火に入れても燃えないはずとおっしゃって……、火に入れたら皮衣はめらめらと燃えあがってしまったんですよ。

インタビュアー　それは悲しかったことでしょう。

右大臣　せっかく私がここまでしてがんばったのにですよ。こんな結果になるなんて思ってもいませんでした。やはり家来に任せたのがいけなかったのかなあ。かぐやひめにはかないませんよ。

かぐやひめ　まさか。こんなずるいことをしたなんて知りませんでしたよ。あなたは自分で火鼠の皮衣を持ってきたのではなく、家来に取ってこさせたなんて、すごく情けない人だと思いますよ。これからもし、あなたが誰かに求婚したいとお思いになるのであれば、自分の力で何とかなさったほうがいいですよ。

この台本では、右大臣阿部のみうしは、「やはり家来に任せたのがいけなかった。かぐや姫にはかなわない。」と、自分の愚かさを悟っている。④また、体験談を聞いたかぐや姫も、「家来に取ってこさせたとは、とても情けない人だ。自分の力で何とかした方がよかった。」と皇子に対して語っている。(5)学習者は、かぐや姫を冷静でかしこい人物としてとらえて語らせているのである。

(5) 能力的(経験的)価値に迫るために——他の学習者のものの見方、考え方を知る——

認識を広げるためには、他の学習者のものの見方や考え方と交流することが有効である。そこで、できあがった台本をお互いに読み合い、五人の貴公子の姿について感想を書かせた。

- みんな無謀だと思った。でもくじけずに難題に立ち向かっているところは勇ましいと思った。
- 現代社会にも、このような人たちはたくさんいる。五人ともひきょうなやり方で課題を手に入れようとしてあまり好きになれない。ひどい結果になったのは当然のことだと思う。

また、この場面でのかぐや姫についてどのように思ったか書かせた。

- 自分に好意をもってくれるのはいいけれど、最終的に傷つくのはあの五人だと思い、わざと引き離すような課題を言ったのだと思う。五人を思って言ったことが、逆に死者を出すことになってしまったことを、かぐや姫はくやんでいると思う。
- 五人ととても結婚したくないと思う気持ちが強いかぐや姫に対して、初めはいやらしい人だと思っていたが、おじいさんとおばあさんと離れたくなかったために、五人の貴公子と結婚しなかったと思うようになった。とても優しいかぐや姫だと思った。

インタビュー台本を作成することにより、学習者は、五人の貴公子の無謀さや欲深さを深くとらえることができた。また、五人の貴公子のような人間は現在の世界にもいると感じる学習者が多くいた。しかし、どのような手段を使ってでも、愛する人と結婚しようとするような強い気持ちは、最近の自分たちにはないものだと感じている学習者もいた。また、かぐや姫は、五人の貴公子に対しては無理難題を出したけれど、とてもかしこくて、いろいろな立場の人のことを思える女性だというように、初めの感想よりも登場人物の姿について深く考えることができるようになった。

五　おわりに

昔話の「かぐやひめ」との出会いが、古文の「竹取物語」の学習に効果があるのではないかと仮説を立て、飛田多喜雄先生の理論をもとに検証した。学習者の読みの発達段階に応じて、効果的な教材や学習活動があることがわかった。

中学校の古典学習では、音読や現代語訳に止まらず、人物像に迫る学習をすることができる。そのための手立てとしてインタビュー台本を作る活動を取り入れた。インタビュー台本を作る活動を通して、学習者は登場人物の心理を想像し、理解することができるようになった。学習者の年齢に応じて、能力的価値、精神的価値、表現的価値を獲得させていきたい。

飛田多喜雄先生に学ぶこと

はまなす会　川嶋英輝・村上智樹・吉見聖一

はじめに

私たちは、飛田多喜雄先生がお亡くなり後に新生となった「国語教育実践理論研究会」にて、学ばせていただいている者たちです。したがって、飛田多喜雄先生から直接にご教授していただいたことはありませんが、会の研究活動の中で、国語科教育の実践と理論に対する先生の薫陶に触れる機会があり、学ばせていただいた事柄について、僭越ではありますが述べさせていただきます。

一　主体的かつ創造的な楽しい学習経験を通して、学び手の思考や認識を深めること

飛田先生の国語科教育に対する広い知見に触れるため、あらためて、雑誌「教育科学　国語教育」（明治図書）に連載された所見コラムの綴りに目を通しました。読み進めていると、コラムの中に、国語教育実践理論研究会の先輩方のお名前を多数見つけることができ、その研究実践の一端に触れられたことを嬉しく思いました。そして、その実践の一つ一つに寄せる、飛田多喜雄先生の所見には、国語科教育研究法への確かな位置づけを示すこ

と、実践者を尊重する暖かさと、更なる研究の深みを示唆する指導性があり、飛田多喜雄先生のお人柄を感じることもできました。国語教育実践理論研究会の前会長を務められた安藤修平先生が語って聞かせてくださった、飛田多喜雄先生のお人柄そのものと思いました。

私が、入会させていただいた頃、「子供の側に立つ」という言葉に強い関心をもっていました。それは、身近なところで、参観を通して学ばせていただいた授業の多くは、児童の追究意欲を高める学習課題を設定しているにもかかわらず、指導の実際は、教師主導型の説明的指導に陥りがちな授業だったからです。なぜそのような授業に陥るのか。教材分析をもとにした教材研究に取り組んだ分だけ、児童がつかむべき事柄や気づきを促したい事柄を多くしてしまう傾向が実践者にはありがちだと考えていました。

教師が発問し、児童が教材文に目を凝らしながら一生懸命に考え発表しあうことを、教師が紡いで板書に位置付けるように構成した授業は、その形が洗練されたものであるほどすばらしいものに見えてしまいます。しかし、私自身は、例え拙く見える動きであっても、児童が自分たち自身で話し合うべき事柄を教材文の中から見つけ出し、それぞれの考え方や感じ方の違いや、そうとらえることの背景的な事柄を互いに理解しあっていくような授業をしたいと願っていました。その願いが、「子どもの側に立つ授業」「子どもの側に立つ教材研究」「子どもの側に立つ学習展開」などの言葉に魅力を感じさせたのだと思っています。国語教育実践理論研究会で学ぶ動機も、この願いに基づいたものでした。

雑誌「教育科学　国語教育」に飛田多喜雄先生が書かれたコラムの中に次のような文章を見つけました。「読解・鑑賞の学習活動は、学ぶ者が主体的かつ発見的な導きを第一義とする」との一文です。そして、異なる号の中では、その学習活動を導き出すための教材研究についても、「教材内容の詳しい分析や究明に片寄り、それを指示している言表面（言語継承・文字継承）の研究を手薄にするとか、指導研究に置いて、必要以上の内容穿さくや作為に走り、それを支えている描写や説明などの叙述面の導きを疎かにする向きがあるからである。文学教材は言うまでもなく説明的・論理的教材においても、その内容的価値による思想性や事実性による認識力の触発や知見の開発に基づく人間性の育成が、かけがえのない大事な教育機能であることは言うまでもない。」と述べられています。さらには、「①国語の力を手堅く身につけさせること、それ自体が人間形成であること、②教材の内容的・精神的価値による認識力の啓発や知見の開発が人間形成に寄与していることになる」とも述べられていたのです。

文学的文章の学習が、詳細な読解活動に陥らないことを戒めていたり、国語科教育が人間形成において大切な役割を担わなければならないことなど、現在の国語科教育の現状を予見するその先見性の確かさに驚かされるばかりです。同時に、飛田多喜雄先生が、学び手の側に立たれて、国語科教育の学習のあり方を見つめられていたことに憧れを覚えた次第です。

私が初めて「夏の研究集会」で発表させていただいた時、飛田多喜雄先生はその場にはいらっしゃいませんでしたが、田中美也子先生から、「学習者自らが解決的に動く実践がとてもおもしろい。しかし、その動きの背景として押さえるべき明快な意図が何であるのかを発表を通して表さなければいけない。」と言うことを指導してくださいました。その時を思い返すとき、飛田多喜雄先生の文章を読んで幾度も出てくる「教材研究」と「指導研究」という言葉は、会の名前となっている「実践」と「理論」を支える根元的な研究の窓口を示す言葉であり、飛田多喜雄先生から直接にご指導を受けた方々には、研究の根幹になっているものなのだと改めて理解することができました。

（川嶋　英輝）

二　「わがこと」と「へその緒」

はまなす会の先輩から、飛田多喜雄先生が教育雑誌に連載されていたコピーをもらいました。明治図書「教育

科学　国語教育」に一九八六年四月から数年間に渡って掲載されたものです。毎号お二人の実践的研究者が「授業に生きる教材研究」（中学校）と題した提案資料について、飛田多喜雄先生が感想を述べられているものです。その中で、飛田多喜雄先生が何度か繰り返して述べられている言葉に目が留まりました。私が学校に勤務し始めたのは一九八八年四月なのですが、ちょうどこの連載が掲載されている頃になります。当時は飛田多喜雄先生のお名前すら知らず、無論、著書を読んだこともありませんでした。今、その一端を読ませていただき、二十年以上も前に書かれたものとは思えぬほど、今の教育においてもますます大事にしなければならないことが書かれていました。それらの言葉の中から二つを取り上げ、自分のこれまでの経験を振り返りながら、今後に生かしていきたいと考えました。

1　「わがこと」として

子ども自身が「わがこととして」主体的に学習に参加していくことを強調されています。教師から押しつけられて仕方がなく学習するのではなく、学習者自身がまさに「わがこととして」教材と対峙し、問題を追求していけるような教材研究の重要性を説かれているのだと受け止めました。「学習者には、自発的な意欲や清新な問題意識を触発するような（中略）教材研究を」（一九八六年五月号「トロッコ」）、「自分の問題として受け止め、どう対応し我がことに生かそうとするか」（一九八九年一月号「生きることの意味」）などの箇所からも、飛田多喜雄先生が一貫して子どもの側に立った教材研究を求めていらしたことが伝わってきました。私も新卒来、「子どもの主体性を……」や「子どもの側に立って……」という類の言葉を毎回のように指導案に書き、また様々な研修を通して耳にしてきました。しかし、実際、どのレベルまで子どもの側に立った実践ができたかといえば、非常に怪しいと言わざるを得ません。子どもの側に立つことの重要性と難しさを感じたのは、次の言葉にも触発されました。

2 「へその緒」をつないで

教材を精密に研究した上で、子どもに柔軟な対応ができる教師であるべきというお考えが述べられていました。私は「へその緒をつないで」という言葉から、親（教師）の独り善がりであってはならないこと、常に胎児（子ども）とのやりとりを欠いてはならないことを感じました。この戒めについては、ずいぶん思いあたることがあります。私の今までの取組みを振り返ってみますと、教材研究を進めれば進めるほど、「これを教えたい」「ここにも気付かせたい」という教師自身の願いが先行していくのです。いざ授業に臨むと、教師の願いに反して、子どもは動いてはくれません。子どもらしい素朴なつぶやきが生まれても、教師の想定した方向に合致しそうもないと決めてかかって、そのまま捨て置くこともありました。そして、最後は教師の考えを子どもに押しつけていくような授業になってしまうのです。教えることを明確にしたつもりでも、子どもはどんどん離れていってしまうという事実が重くのしかかっていたのでした。つまり、「へその緒」をつないでこなかったわけです。

こうした傾向について飛田多喜雄先生は、「教師の教材研究の結果をそのまま学習者に教え込もうとしないことである。」（一九八六年八月号　「オツベルと象」）「全部、教え込まなければ気が済まないかの如く、難しいことを盛り沢山に押しつける……」（同）など、教材研究における教師の独り善がりの問題として、繰り返して指摘されています。まだまだ「へその緒」のつながった授業ができないでいる私ですが、教材研究を疎かにせず、それでいて子どもに柔軟に対応できるような努力を積んでいきたいと思っています。

教材研究と児童・生徒理解は、自動車の両輪のようなものだと改めて感じました。その双方をより深くより豊かなものにするために追求し続けていく指導者の姿勢が、学習者である子どもに必ず伝わるという気持ちを新たにしました。「わがこととして考える授業」「へその緒をつないだ授業」を求めて、明日からの実践をスタートさせたいと思っています。

（村上　智樹）

三　「何のために、何をなすべきか。」～教材研究への姿勢から学んだこと

飛田多喜雄先生が以前「教育科学　国語教育」誌上において連載された、「教材研究を読んでの感想」を拝読することができました。この連載の中で、テーマとして先生が掲げられていることは「授業に生きる教材研究で何を教えるか」でした。先生は、この欄について、「……『授業に生きる』というのに、そのことへの配慮なしの教材分析や作品論では困るし、教材研究であるのに指導法や指導案べったりでは意味が薄くなるからである。」とし、更に続けて「もともと教材研究は、目標を達成するために選択された媒体としての陶冶材を、事前にあらゆる角度から総合的・分析的に考察して、陶冶価値の所在を見きわめ、具体的な指導計画や授業展開に役立てようとする操作である。」と述べられていました。この部分は、私の過去のの実践を改めて省みるチャンスを与えてくれました。

以前、国語の学習を始めてしばらくたった頃、文学的な文章の授業に向けての準備をしている際に、私は授業メモとして本文に書き込みをしていきました。あらかじめ設定したねらいに沿っていわゆる「書き込み」を始めたのです。当時の私は、これをもとに文章構造図を作成していくことが教材研究の第一歩でした。経験不足の私は、先輩諸氏のアドバイスを伺うと、それをメモ。先行文献にあたりまたメモ。子どもの反応を思い浮かべまたメモ。と、当時の私の考え、気づいた「あらゆること」を書き込んでいったのでした。メモは大きくふくれあがりました。私は満足でした。何せ手元には、鉛筆や赤ペン、マーカー類でびっちりと書き込まれた本文があるのですから……。これをもとに文章構造図を作成していきました。しかし、ここに大きな落とし穴があったのでした。それは、「授業に生きる教材研究」ではなかったのです。なぜなら、私が行った一連の「作業」は、前述の「……あらゆる角度から総合的・分析的考察」をしていなかったからです。言わば、「教材研究のための教材研

究」になってしまっていたのでした。そこには、達成すべきこととして掲げた「目標」も、目の前の「子ども」も置き去りにしたものでした。当然、授業はあらゆるものを詰め込んだ、私の独りよがりなものになりました。そこには私の意図を必死に探ろうとし、私が望んでいるであろう「答え」を見つけようとする子どもの姿があったのです。この点は授業後の研究討議の中でも、指摘を受けました。「……教師の教材研究の結果を教え込もうとしないこと……」という先生の言葉の逆を図らずも行ってしまったのです。このとき、私の「教材研究らしきこと」はバランスを欠いたものでありました。その結果引き出された授業展開もまた、「子どもの意識の流れとずれていた」という点で的確性を欠き、子どもたちの学びへの意欲もそいでしまった面もあったと思います。

このことから、私は「授業に生きる教材研究に基づく、目標と分かちがたく結びついた授業構築」の大切さを学んだのでした。もちろん、学習者たる子どもたちに「自発的な意欲や清新な問題意識を触発するような」（同シリーズ別稿での先生の言葉より）を大切にすることを大切にしながら取り組むようにしながら。そして更に、この考え方は私の国語の授業を跳び越え、授業全般、更には、子どもの指導に関わるあらゆる場面で生かされることになっていったのでした。例えば、学習発表会での劇指導。「授業に生き」て、子どもにとって豊かな学びになるために、目標の厳選と指導内容の的確性を常に考えるようになりました。

私たち学級担任にとって、日々の営みの全ては、「授業に生きる」こと、すなわち、目の前の子どもに豊かな学びを提供することと考えます。突き詰めれば、「何を教えるかの究明」です。これは、「何のために、何をなすべきか」それを選択する際に必要なことを私自身が自分で考えていくことです。飛田多喜雄先生の本連載はこんな普遍的なことを教えてくれました。二十年以上の時間を跳び越え、直接、薫陶を受ける機会がなかった私に教えてくださっている飛田多喜雄先生に改めて感謝の気持ちを表したいと思っています。

（吉見　聖二）

学習者に確かな国語の力をつけるために

こゆるぎ会　府川　孝・永井直樹・柴田敏勝

はじめに

児童にとってまた、教師にとって楽しい国語の学習を行いながら、確かな国語の力をつけたい。これが私達の願いである。児童にとって楽しいとはどういうことか。また、教師にとってはどういうことか。さらに、国語の力とは何なのか。常に自問自答したり、仲間と話し合ったりしながら実践を行ってきた。

さまざまなかかわりを通して、自分の考えや思いをより確かにしたり、新たな考えや知識を自分のものにしたりしながら学習は進められていく。そのこと自体を楽しいと感じてほしいのである。そしてそれは、児童のこれからの人間形成にとって大切なことであると思う。このことについては『国語科教育方法論大系2』――国語学力論と教材研究法――の第一部第一章の三「国語学力と価値内容」で「国語科教育も教育であるから人間形成をめざすことは言うまでもない。しかしそれは国語科という特質の面から人間形成に寄与するのであって、人間形成は国語科占有ではない。いわば国語科固有の使命を果たすことによって人間形成に参与するものである。国語科固有の使命とか独自性は何かといえば、教材に盛られた事実内容や思想内容にあるのではなく、それらを言語で表現し、言語で表現したものを理解するという、言語を契機とし、言語に即した表現力と理解力を身につけさせることにある。それが国語学力と言われるものである。したがって、国語科独自の仕事である国語学力を手堅く学習者に身につけさせることそれ自体が国語科における人間形成ということになる。」と飛田多喜雄先生も述べられている。

また、国語の力については同書第四章の二で、「国語科教育の独自の任務は国語能力の育成にあるといったが、それではどのようにしたらその能力を学習者個々人に手堅く身につけさせることが可能なのであろうか。（中略）指導事項を言語主体の能力として体得させるためには、何らかの活動（経験）を通し、さらに具体的な教材に依存しなければならない。（中略）国語指導において活動は必要であるが、言語活動をさせるだけでは指導にならないのである。必要な能力を育成するための活動であり経験である。」と述べられている通りであると考えている。そして、日々児童指導や事務的な仕事に追われる中でも活動ありきでない、国語能力の育成に必要な学習活動をどう作っていくかが教師の楽しさに繋がるよう、ささやかながら実践を行っているところである。

その例として「読むこと」の学習から「読書する意欲」へつなげようと試みた実践をあげる。

一　実践1

小学校六年間において、子どもたちは、様々な文学教材を学んできた。しかし、読み取りの力や読書量（幅・力を含めて）には、子どもたち一人一人に大きな差があるように感じている。そこで、子どもたち一人一人が読み取る力を身につけ、「読み取れた」と実感できるようにさせたいと考えた。また、宮沢賢治の生き方や考え方、作品には、温かさや優しさを感じることができる。「やまなし」や賢治の伝記を読むことでそれに気づかせ、賢治のその他の本も読んでみようという意欲を持たせられるようにしたいと考えた。以上の二つのことを念頭に置きながら今回の実践を行った。

1.〈学習の実際〉

（1）単元名　表現を味わい、豊かに想像しよう（光村図書六年下）

教材名　「やまなし」

「イーハトーヴの夢」

（2）単元目標

・描かれた情景を、叙述に即して想像しながら読む。

・宮沢賢治の生き方を知り、他の作品を読み味わう。

（3）学習指導計画

第1次　「やまなし」を通読し、新出漢字・難語句を確認する。

・読みの視点をつくり、範読を聞く。

・本文を通読し、新出漢字・難語句を確認する。

第2次　作品の情景を読み取り、作品の主題に迫る。

・「五月」の世界をまとめる。

・「十二月」の世界をまとめ、作品の構成をとらえる。

・二つの場面を比較し、登場人物の変容をとらえる。

・二つの場面の違いから、題名「やまなし」の意味を考える。

・作品の主題に迫る。

第3次　宮沢賢治の生き方を知り、他の作品を読み味わう。

・資料「イーハトーヴの夢」から宮沢賢治の生き方・考え方をつかむ。
・宮沢賢治の他の作品を読み、作品の世界をまとめる。

（4）具体的な学習の様子

① 第一次

本文を読む前に（「やまなし」が木の実であることを知らせ）、「やまなし」という題名からどんな内容の話なのかを想像させた。そうしたところ、「やまなし」が重要な役割を果たしている話がでてきた。そこで、「カレーライス」の学習を思い出させ、作品の主題を考えていく上で「やまなし」の役割に気をつけながら読んでいくことを確認した。

② 第二次

「やまなし」は、数回読んでも理解しにくい作品である。また、本学級の子どもは、読み取る力に大きな差がある。こうしたことから、本単元の展開では、子どもたち一人ひとりが学習課題をしっかり考え、内容を確実に理解していけるように、ペアや少人数で交流する時間を適宜設定した。普段はなかなか発表できない子どもたちも、自分の考えしっかりともち、意欲的に話す姿が見られた。また、友達の意見を聞くことで自分の考えを高める様子も見られた。

登場人物の変容をとらえさせるときには、会話に注目させた。また、心情曲線を使うことで、大きな出来事が起こったことで登場人物の変容があったことを視覚的にとらえさせた。「宮沢賢治は、二つの幻灯で何を伝えたかったのか」ということで、五月の場面と十二月の場面を対比させた。五月は、明るく活動的であるが厳しい世界であること、十二月は、静かであるが美しく平和な世界であることをイメージした。そして、「やまなし」が十二月だけに登場することから、宮沢賢治が十二月の世界を伝えたかったことをとらえた。主題を考える際には、まず、五月と十二月それぞれの場面がどんな話だったのかをまとめさせた。共通するものが「自然」であり、「自然は厳しさもあるが、恵みをもたらすものでもある」という主題に迫った。
擬態語や擬声語、比喩表現から、情景を想像させた。

③　第三次

「やまなし」の世界を楽しみ、一人一人が作品の主題を考えることができた。宮沢賢治の生き方と他の作品を紹介するということで新聞にまとめた。やまなしから感じ取った宮沢賢治の考え方を、深めたようである。友だちと見せ合うことでさらに自分の考えを深めることができていたようである。

2.〈学習をふり返って〉

今回の実践を進めるにあたり、子ども一人一人が学びを実感し、それを表現することを目ざして取り組んできた。主体的に学習を進めるためには、一つひとつの学習に目的意識を持てること、一つひとつの学習内容が確実に身についていき、それを活用しながら次の学習に生かしていくことができることが大切であると感じた。また、考えを深めるための小集団での話す活動に必要感を持たせるにはどうしたらよいかという課題も残った。さらに、これらを次の学習に生かし、今後の読書習慣の形成にどのようにつなげていくか、そのためにどのように教材研究していけばいいのかということを改めて考え直す機会となった。

二　実　践　2

物語文を楽しく想像豊かに読み進める中で育つ力を、読書の意欲につなげたい。良い本に出会い、その本の楽しさやおもしろさが味わえれば、さらに多くの本を読む意欲につながると考えるからである。

教材研究をする時には、学習者主体の教材分析をする必要がある。学習者の興味や関心をかき立て、反応の予想を考慮しながら読みの支援をしていきたい。学習者は二年生であることから、学習材を読み取るときには、場面の様子や、登場人物の気持ちを本文中の「ことば」や表現を手がかりに、絵を描く、吹きだしに書く、音読する、動作化する、ペープサートなどで操作して確かめる等の方法を具体的に取りながら、想像豊かに、そしてより実感の湧く読み取り方をさせていきたい。

こうした学習が、他のさまざまなお話や絵本を読む意欲や原動力となり、読書する力を育てるためのきっかけになると思われる。

1.〈学習の実際〉

第一の場面では、「楽しくくらしていた」の「楽しく」を自分の身近なものとして掴んでほしいと思い、「楽しくくらしていたスイミーや兄弟たちは、海の中でどのようなことをしていたのでしょう。」と発問し、自分たちが遊んだり、仲良く協力したりして生活している様子を具体的に想像させるようにした。

次の時間に赤い魚とスイミーのペープサートを作った。作るときも、「からす貝よりもまっくろ」「はやかった」の言葉を手がかりに自分で形を決めた。教師が輪郭を描いて与えたのは、二名ほどだった。作り終わった後、ペープサートを持ってスイミーたちの言葉で自己紹介やお話をするだけでなく、教室の隅に隠れて「かくれんぼ」をし始めた。休み時間には、ペープサートを持ち出して廊下や昇降口で遊ぶ児童もいた。何をしているかと尋ねたら、「宝探し」とのことだった。

第二次に入るときに、「スイミーが見た海の世界を作ろう」と働きかけ、模造紙や、白ボール紙、画用紙等で絵を描かせた。紙の大きさや材質は自由に選ばせた。描かせるときに、教材文の「ことば」を正しくとらえて描くよう指示した。また、「海の生きものなどは、別に作って切り取っても良い」と話した。やり直しや描きたいものの変更・追加がでてくるだろうと考えたので、図工の四時間を分けて使った。情景を各自が自由に想像できれば良いと考えたので「必要に応じて友だちと一緒にやってもよい」と伝えた。一人で海の中の様子をじっくり描く子、教室からはみ出してしまうくらいのうなぎを協力して作る子、模造紙をつなげて友だちと楽しそうに海の中の様子を描く子などさまざまだった。

教材文を読み直したり、友だちと話し合ったりするうちに、色あいや形、大きさや動きや表情など、それぞれの児童が、自分で想像したことを絵に表すことができるようになっていった。

第二の場面では、さし絵をもとにまぐろの大きさと、スイミーや赤い魚たちの体の大きさを比べた。また「おそろしい」「おなかをすかせて」「ミサイルみたいに」「つっこんできた」「一ぴきのこらずのみこんだ」等の言葉をまぐろのペープサート（黄ボール紙1m程のものを教師が作製）を動かして確かめた。さらに、どんな読み方をすると様子をよく表せるのか、各自音読をさせて考えさせた。その後、吹き出しを使って、スイミーの言葉で気持ちを考えさせた。

第三の場面では、児童が描いた絵を背景に、切り抜いたりペープサートとして作ったりしてあった海の生き物を使って、その動きを確かめた。また、スイミーが元気を取り戻していくことを、「〇〇たびに」「だんだん」などの言葉を手がかりに、心情曲線を描かせた。

第五の場面では、スイミーがよく考えた作戦であることを振り返っておさえ、「はなればなれにならないこと」「もちばをまもること」の二つの決まりに着目させた。その後、ペープサートを使ってみんなで一ぴきの大きな魚になってみた。大きな魚の輪郭は教師が予め模造紙で描いておき、その輪郭の動きに沿って動けるか確かめた。クラス全員が一度にペープサートを持って動くことは難しいので、半数ずつ分けてやった。

その結果、何回もやったがうまくいかず、スイミーや赤い魚たちが苦労して練習したり、たくさん練習したりしたことが想像できた。児童は、「一ぴきの大きな魚みたいに泳げるようになるためには、スイミーたちはたくさん練習したのだ」ということが分かった。

その後、吹き出しにスイミーと赤い魚の言葉で大きな魚をおい出したときの気持ちを書かせた。

第三次では、レオ＝レオニ、マーカス＝フィスター、エリック＝カールの絵本をたくさんそろえた。訳者は谷川俊太郎のものを中心に選んだ。倒置や、体言止めなど、「スイミー」と同じように詩的な表現が味わえるからである。学校の図書室だけでなく、市立図書館からも容易に借りることができたため、五十二冊ほどになった。多くの児童がある程度の冊数を同時に読むことができたので、意欲を持って読み進めることができた。十日程度の間に、少ない児童で十二冊、多い児童で三十一冊読んでいた。その後、読んだ本の中から一冊を選び、友だちに紹介するために紹介カードを書いて紹介し合った。紹介カードには、「お話の題名、作者の名前、登場人物、一番好きなところやおもしろいと思うところ」と「好きな場面の絵」を書くようにさせた。また、教科書の紹介文の例から、どんな言葉を使うと良いか考えさせた。

2．〈学習をふり返って〉

学習者中心の教材分析を行い、学習方法として場面の様子を想像させるために絵を描かせたり、登場人物の心情や場面の状況を実感させるためにペープサート等で操作化して確かめさせたりしたことは、その児童の読みを広げたり、深めたりするのにある程度役立ったのではないかと思う。自分で教材文を読み返したり、友だちの考えにじっと耳を傾けたりする場面も比較的多く、二年生の読みの学習の苦手な子どもたちにとっても、学習の仕方が比較的に合っていたのではないかと思う。

同じ作家の作品を一度に読ませる方法は、児童にとって意欲的に取り組めたと思う。おすすめの本を紹介し合う活動では、クイズ的にし、楽しく工夫して紹介する方法も取っていくと良いと思う。

三　おわりに

この二つの実践の際もそうであったが何よりも教材研究の大切さを痛感する。特に、教材の対象的研究をより充実させたいと考える。①教材の編成的研究②教材の基礎的研究③教材の指導的研究は、すでにKZRの研究にも取り上げられ、たくさんのご示唆ご指導をいただいたところであるが、「こゆるぎ会」としてさらに、実践を重ねていきたいと考えている。

また、飛田多喜雄先生は、前掲書の第二部第四章の二で、教材そのものの類型を、①表現領域に関わる教材、②理解領域に関わる教材、③その基礎としての言語事項に関わる教材とされ、私見として「すべてを通じて留意してほしい教材研究上の一般的な観点」を次のように示されている。

A価値的（内容的）な観点から（教材に内含する意味内容、精神的価値）

B言表的（形式的）な観点から（言語形象として、どのように表現されているか、また、どう表現するかの言表的考察）

C能力的（指導内容）な観点から（どういう国語能力を養うか、指導事項「知識・理解・技能」と態度の面からの分析と確認）

さらに「この観点に基づく教材研究、とりわけ、いずれにも不当に片寄ることなく、調和的かつ妥当な教材研究の実践的徹底を望みたいのである。」と締めくくっておられる。やみくもな教材研究でなく「今自分はこの教材に対してどの観点から考えているのか。」「どの観点からの教材研究が足りないのか。」と自分の研究の位置づけや振り返りをするのに大切なことであると考える。

実践が終わった後でもこれでよかったのかと振り返ることが多い。それが次への教材研究となることは言うまでもない。どうしても指導的研究が中心となってしまうが、「学習者に確かな国語の力を」と考えた場合さらに「基礎的研究」を深めていかなければならないと思う。それを児童のそして、教師の楽しさへつなげるのが実践と反省なのではないだろうか。後進の育成にご尽力された飛田多喜雄先生のご遺志に背かぬよう、臨機応変に工夫しながら実践・反省し、教材研究を積み重ねていきたい。

私が実践してみたい文学の指導方法

――『創造力を伸ばす文学指導法の開発』に学ぶ――

希見の会　鶴田晋子・吉岡浩一・原口　真・坂田慎一

一　「第Ⅰ章　第一節　文学の学習指導の方向」を読んで

経済協力開発機構（ＯＥＣＤ）の「学習到達度調査（ＰＩＳＡ）」の結果が注目され、平成二〇年度版学習指導要領の改訂が行われた。改訂では、基礎的な知識・技能の習得と、それらを活用して課題を解決するために必要な思考力、判断力、表現力その他の能力の育成等が重視され、教育現場では、その趣旨にのっとった学習指導法の改善をはじめとして、その対応に鋭意努力している。

国語科の教師として日々の教育実践に携わるものとして、私の最重点課題は学習指導法の改善である。新指導要領の趣旨にのっとって、どのような授業展開をすべきか、教材はどのようなものを用意するか等々、試行錯誤の連続で日々を重ねている。このようなおりに、飛田多喜雄先生の「文学の学習指導の方向」（『創造力を伸ばす文学指導法の開発』第Ⅰ章第一節）を読んで、深く感動するとともに驚嘆の思いを抱いた。先生の真理を追究されようとする真摯な姿勢と情熱、知識の深さと広さ、論理の明確さなどは言うまでもなく、その論考が、新指導要領に示されている内容と合致しているからである。文学の学習指導の方向を的確に予見してあるからである。

先生の論考は、文学とは何かを定義することから始まり、文学の学習指導の意義を明確にした上で、文学の学習指導の方向を四項目で、その問題点を五項目で簡潔明瞭に結論付けている。簡単に列挙すると、

（1）文学の学習指導の方向として
①文学による利益を万人の所有とする努力の強化（だれでもいつでも楽しい文学体験ができるようにする努力の強化）
②文学の鑑賞・享受に関わる基礎的な能力と態度の習得と熟達への指導の傾斜（作品の選び方、読み方、味得の仕方など）
③さまざまな文学的体験価値を含む多彩な資料の必要性の高まり（興味・関心にマッチし、問題意識を喚起する作品）
④学習者の主体性を生かし、発見的・創造的な鑑賞活動ができるような指導法の改善（読解指導から読書指導の強化へ）

（2）文学の学習指導の実践化において、指導上留意すべき問題点として
①文学の特質を生かした指導の改善を図ることの問題
②児童・生徒の主体性を生かして発見的・創造的に文学体験をさせることの問題
③文学体験と生活の現実的利用についての問題
④価値ある文学教材を発掘し選択することの問題
⑤文学的体験に必要な基礎的能力・態度の養成と熟達を強化することの問題

としている。

新指導要領の国語で特に強調される点のキーワードとして、学習者の主体的学習（→⑷）、複数教材による学習（→⑶）、言語活動の充実（→⑷）、読書活動の充実（→⑴⑵）などが挙げられるが、これらがすべて、「文学の

学習指導の方向」として押さえられているのが分かる。また、指導上留意すべき問題点については、新指導要領の言語活動例に、教材の特質に応じた活動例（→(1)）や、主体性を生かした発見的・創造的な活動例（→(2)）が挙げられていること、「読むこと」の指導事項の最後の項目が、読書指導に関するもの（→(3)）となっていること、第4章「指導計画の作成と内容の取扱い」3「取り上げる教材についての観点」において明言される八項目の観点には、価値ある文学教材を選択する根拠となるような項目（→(4)）が示されていることなどから、留意すべき問題点の五項目が新指導要領に生きていることが分かる。

以上のことから、私は、実践してみたい文学の指導法（単元の核となる言語活動）として次の幾点かを考えている。

① 想像力を養うリライト学習（語り手を変えてリライトする、主人公を変えてリライトするなど）
② 表現力を養うリライト学習（文体をまねて書く、パロディーを書くなど）
③ 読解力を養うリライト学習（文学作品の脚本化、書評を書く、鑑賞文を書くなど）
④ 創造力を養う創作作文学習（短歌、俳句、口語自由詩、物語や小説などを書くこと）
⑤ 文学を享受する力を養うメディアを変換する学習（漫画化、劇化、リーフレットやポスター、ポップなどの作成など）

また、指導に当たって留意したい点として、

① 生徒司会で授業を行うこと
② 学習形態を学習内容に応じて、個人→グループ→一斉というように展開すること
③ 学習計画表を活用して主体的な学習に取り組ませること
④ 複数教材を用いてモデル学習をすること
⑤ 作品や活動について自己評価、相互評価、教師による評価を必ず入れて交流させること

といったことを考えておきたい。さらに、単元計画の際には

① 三領域の関連を図ること
② 一次（課題設定・見通し）→二次（習得と活用）→三次（評価・振り返り）のまとまりで考えること
③ 教材や学習資料の比べ読み活動を組み込むこと
④ 学校図書館やインターネットを利用した情報の活用を組み込むこと
⑤ 生徒の主体的な学習を導くワークシートを作成し活用すること

などの点に配慮して計画を立てたいと考えている。

例えば、「文学を享受する力を養うメディアを変換する学習」として、「登場人物紹介パンフレットを作ろう」（関連・光村2年）という単元を構想すると、一次で、パンフレットやリーフレット数点を比べ読みして、パンフレットの作り方を学ぶと同時に、既習の小説教材を題材にして指導者が作成した登場人物紹介パンフレットで、モデル学習をし、学習課題を設定する。二次で太宰治「走れメロス」を読み、登場人物紹介パンフレットを作る。その際には、紹介する登場人物の人物像とその根拠を明らかにし、紹介のためのキャッチコピー、図解表現、効果的な本文引用を必ず入れることにして、レイアウトを考え、実際にパンフレットを作成する。この際、人物像とその根拠を明らかにしたところやレイアウトを考えたところで交流して読みを広げたり深めたりし、三次で評価活動をすることにより、表現や紙面構成を工夫して書くことの学習を深める。

（鶴田　晋子）

二　飛田多喜雄先生の編著に学ぶ『創造力を伸ばす文学指導法の開発』第一章より

（1）日頃の実践から

私自身の実践を振り返ってみた時、目前にいる生徒達にどのような力をつけるのか、この教材でどのような単元が作れるのか、といった授業づくりに心を砕く毎日であり、なぜ国語科で文学を教えるのかと自問することはあまりないように思う。文学のおもしろさを味わわせるため、豊かな人間性を育むため、など思いつくことはあるけれども、改めて考えてみるとその答えに窮する。

そんな私にとって、今回手にした飛田多喜雄先生の著書は、文学指導の原点を問い直すきっかけを与えてくださった。と同時に、ＫＺＲの先生方の、文学指導にかける情熱を感じ取ることができた。

（2）まずは児童・生徒の主体性を

これまでの文学指導は、作品論・作者論を中心とした読解から読者である子どもを中心とした読解へと推移してきたと捉えている。難解な作品論等を教授するのではなく、読み手である子どもが作品をどのように受け止めているのかを大切にする授業とでも言うべきだろうか。本著には、「作品と享受主体との心情のふれあい」や「学習者の興味をそそり」「児童・生徒の主体性を生かして」など、作品の享受者である子どもの読みを第一とする言葉が散りばめられている。今から三十年以上前に書かれたこの著作ではあるが、現代にも通ずる文学指導の在り方が述べられている。

自身の実践でも、文学の授業においては、生徒の初発の感想を基に学習課題を設定し、それを解決していくという学習過程をとることが多い。それは先輩の先生方の影響が大きいのだが、文学指導において子どもの読みを大切にすることが当たり前になったことを物語っているのだと思う。

ただし、最近の自身の反省として、身につけさせたい能力を意識しすぎるために、教師の意図が前面に出て、生徒の感想を生かしきれていない点がある。また、個々の発見や疑問が全体の学習に反映できていない時もある。本著には、「形だけは初発の感想とか、全体的印象を取り上げるが、それがほんとうの意味で最後まで生かされていない場面が多い。教師の性急な発問で、せっかくの学習者の新鮮な問題意識や感動を踏みにじってしまったり～（以下省略）～」という指摘がなされている。自らの戒めとして、心に留めておきたい。

（3）教材研究のあり方について

教材研究は私たち指導者にとって当然のことであり、私自身も教材の分析やその指導方法の開発に力を入れてきたと思っていた。だが、本著に示されているほど綿密な事前準備を行ってきたかというと疑問が残る。それは、実践の後に、「ああすれば」とか「ここをもう少し」など、反省すべき点が多々あるからである。

本著では、文学教材以外にも援用できる教材研究の方法が三段階で綿密に紹介されている。編成的研究、指導的研究、反省的研究の三つである。事前に教材を研究することは当然だが、授業後の振り返りを含めて教材研究と位置づけてある点は十分に納得できた。

本著に照らし合わせてみると、私の場合は、編成的研究の段階が不十分だと言える。それは、上記の反省的研究に基づいているのだが、実際に授業を行ってみると、素材研究の重要性を再認識させられることが多い。「詳細な読解に偏らないように」と記された現行の指導要領の影響を受け、授業では読解主義に陥らないことを心がけているのだが、自身の素材研究は細部にまで及んでいる必要があると痛感する。最近では比べ読みや重ね読みなど、教材を組み合わせて授業することが多くなってきており、その点からも、教材の価値を見抜く素材研究の質を高めるべきだと考えさせられた。

（4）これからの文学指導に思うこと

新指導要領が告示され、思考力・判断力・表現力の育成や言語活動の充実など、今後の国語科が進むべき道が示された。全国各地で、新指導要領に対応した実践が発表されている。そんな中で、私自身は、「書くこと」において、目的や意図に応じて様々な形態の文章を書くことが目標とされ、物語や詩・短歌の創作、随筆の執筆、鑑賞文の執筆などが取り入れられたことに注目している。

このことは、「読むこと」における文学の指導のさらなる充実を含んでいると考えられる。作品の内容的価値はもちろんだが、その形態が持つ特徴をこれまで以上に生徒に意識させ、「読むこと」で学んだことを「書くこと」に活かすという学習を展開していきたい。

（吉岡　浩一）

三　飛田多喜雄先生の編著に学ぶ『想像力を伸ばす文学指導法の開発』第一章より

わたしの勤務校は地方の国立大附属中で、生徒の四分の三は附属小からの連絡入学である。本年度から研究主題を「義務教育九年間の学びを拓くカリキュラム研究」とし、小中連携を軸に据えて研究を進めている。そのメリットは小学校の先生方と話す機会が（半強制的に）増えたことで、授業づくりの考え方や学習者の理解の深さなど参考になることが多い。

今春の合同公開授業研究会を計画するにあたって、わたしが話したことがその小学校の先生の意識にくさびを打ったようだ。それは、「国語の授業で何を学習したのかを子どもに尋ねると、往々にして教材名を答えてしまう。例えば『ごんぎつね』の勉強をしましたと……」といったほどのことで、国語の授業で学習内容が明確に意識されていないことの例として話したのだ。小学校の先生はこのことを問題とされ、附属小中学校の国語科で学習する内容を明確にするべく、小中連携に協力を惜しまない決意をしていただいた。

国語の授業で学習内容が明確になっていないことは、実はわたし自身の授業を振り返っての大きな問題なのである。それは単元終了後の生徒のコメントを拾えば分かることで、自分の意図したことば（特に学習用語）が生徒の振り返りに生きてきていないのである。

さて、本著では文学の学習指導上特に留意すべき問題点の一つとして、「文学的体験に必要な基礎的能力・態度の養成と熟達を強化することの問題」をあげてある。例えば中学生の印象に残る作品の一つとして『走れメロス』がある。正義、信実、友情など中学生に訴えかける精神的価値が、巧みな文体と筋立てで読み手に迫る。わたしの授業でもたしかに生徒は熱心に読み耽り、主題について活発に意見を述べる。しかし、授業での振り返りでは、ややもすればメロスの行動そのものへの賞賛に終始してしまう。『走れメロス』で学習をしたのかメロスの学習をしたのか甚だあやしく、他の文学作品を読むときに援用できる力となっているのかは定かでない。これは授業で培った「基礎的能力・態度」が明確になっていない、または生徒に明確に意識されていないということではないか。

本著では、「文学形象」の中心的な表現技法として描写・比喩・擬人・象徴・諷刺などを挙げ、「直観→感動」の手順を経て鑑賞者の主体性に深くつながっていくと述べている。「直観→感動」の手順は分かるとして、「直観」を支える「基礎的能力・態度」として何を（例えば描写などを）押さえているのか、「感動」に到るまでにどう手順を踏んでいるのか、わたしの実践を振り返ってみると、この二点が大きな課題である。

一点目の課題については、「基礎的能力・態度」を指導事項として明確にし、どの作品を教材として指導していくのか、三年間（小学校既習の六年間を押さえた上で）の指導計画を練ることが必要であろう。一学年、一単元の指導だけを考えていては、どうしても自分の嗜好に沿った歪な文学指導に偏りがちである。また、学習内容の系統を考える上でも、学習方法の発展性を考える上でも、計画的な指導を図りたい。

二点目の手順の課題については、学習者の主体性に基づき、文学の味わい方を正しく身に付けさせる意図から、本著の「文学の学習指導過程」を参考にしたい。①教材への接近　②文学形象の直観　③文学形象の探究　④文学形象の確認　⑤練習と評価という五次の指導過程は、改めて示されてみると汎用性が高いことに気づかされる。特に、一次、二次の過程が四次で定着・自覚されていく流れになっているところは、新指導要領の言語活動例の示し方に通じる現代性も持ち合わせている。基礎の理解が作品の理解に役立ちつつ、互いに行き来しながら感動が深まっていくような指導を目指したい。

初めに立ち返って、「『ごんぎつね』の勉強が……」と子どもが答えたときに、子どもが何をどのように学んできたかを把握し、学習内容を明確にした指導過程を計画することがわたしの第一の課題であり、到達すべき目標である。

（原口　真）

四　私が実践してみたい文学の指導『国語教育方法論史』に学ぶ

本書において飛田多喜雄先生は、人間が文学を求める理由として「文学による心象の世界、文学形象が蔵する美的価値や人間的真実に触れることによって、現実の世界では知り得なかった意味を発見し、生きることについての感じをつかみ、よりよく生きようとする鎮めがたい欲求」をあげられている。また、文学に接する意義を「真の意味における文学のおもしろさに触れることによって生活の楽しみを得、人間的真実を凝視することによって自らの生き方に資するということ」と説明されている。

学習指導要領の中で文学的な文章を「詩歌、小説、随筆、戯曲など」と説明しているが、文学を前述の引用内容と関わる「感性的認識」を主として学習するものと考えると、時代と作品の持つ背景の違いはあっても古典文学もその中に含めて考えられる。

特に高等学校では、必修の国語総合における年間授業時数を考えると、近代以降の文学的な文章教材として小説や随筆を通常一～二作品しか扱えない。その後、現代文（AB）を選択しても、論理的文章との兼ね合いから事情はそれほど変わらない。一方で生徒の大学進学を考慮したカリキュラムが組まれた場合、時間的には現代文以上の古典授業が行われており、前述の理由や意義を踏まえ、古典を文学の一つと意識して授業を行うことが必要と考えられる。

実際、古文・漢文を読み取ることの抵抗が大きいため、国語の中で古典は生徒が興味をもちにくい教材にあげられる。生徒にとって中学校の国語との間に最もギャップがある点といえる。それだけに、古典の目的としてあげられている「～我が国の伝統と文化に対する理解を深め、生涯にわたって古典に親しむ態度を育てる」（古典A）、「～ものの見方、感じ方を広くし、古典についての理解や関心を深めることによって人生を豊かにする態度を育てる」（古典B）ことの達成のためにも、古典も文学の一つであることを意識させる指導が求められる。年間を通じては難しいが、古典のテーマ別単元と近代以降の文学作品のテーマを連動させて、生徒の中で相互のつながりを意識させる指導をできるかぎり、年間計画作成の際に取り入れていきたい。

また、飛田多喜雄先生は「古典に触れ、その価値を理解・享受することは、～人間の記録としての古典の価値を現代の時点で受けとめ、現代人の感覚で摂取し、個々人の生活意識を高めたり、生き方の養いにすることによって人間性の開発に寄与することができる。」（『教育科学／国語教育』一〇七号）と述べられている。過去に書かれた作品を学習する以上、現在との関わり方から、古典の学習に二つの方向性が考えられる。一つは、平安時代の習俗や文化を歴史などの学習と相互に補完しながら源氏物語の理解を深めていくように、「古きを知る」ことから新鮮な驚きや共感を感じ、現在を新しい目で見られるようになる学習。もう一つは、漢文の春秋戦国時代を扱った作品のように現代の政治経済や人間模様などに通じる普遍性を古典の中に見出せる、古典の中に「新しきを知る」学習。最近の企業の業務提携や合併の成否を見ると「合従連衡」の故事の説明にそのまま使えることが多いことが多い点に興味を覚えている。教訓めいた指導になることは避けないといけないが、漢文の簡潔な文章の中で、現代の文章以上に人間や活動の本質が浮かび上がってくる。この二つは共に必要な視点である一方、既存の知識や興味関心の違いから、生徒がどちらの側面でより強く作品を受けとめるかの違いは出てくる。古典の魅力や接し方のモデルを意図的に示すことで、古典への理解や関心を深めることに加えて、文学の学習の幅を広げ、生徒が文学から得るものを増やすことができると考える。

（坂田　慎一）

「実践国語」の考察

千葉波の会　村上博之・笹間ひろみ・桑原辰夫・梅津健志

本稿では、飛田多喜雄先生編集によって昭和二四年四月より復刊行された雑誌「実践国語」をひもとき、その資料的価値を確認するとともに、その時期の飛田多喜雄先生が、その年々の状況をどのように捉え、国語教育に対してどのような働きかけを行ったかを明らかにしようとするものである。考察の範囲を昭和二七年から三九年までとし、編集長をつとめていた二九年までについては、その構成や毎号の「主題」、「巻頭言」に記された考え方などから、また、編集長を辞したその後の取り組みについては、飛田多喜雄先生による「年頭の辞」を取り上げて考察を行う。

一　編集長時代の主題・巻頭言

(1) 昭和二七年の「実践国語」

この年の一月号の特集は「これからの国語」である。国語は「國語」と書かれている。特集の表題以外は全て「国語」であるから、國の字に込められた思いがあるのだろうと推察する。

各号の特集を見ると、「学習指導要領の検討」「国語評価の実践報告」「国語教育の現状批判」と、今の「実践国語教育」とあまり変わらぬ主題が見られる。各号の目次には、作文教育や綴り方教育に関する記事が多く見られ、八月号の特集には「全日本文集活動の目録」が記されている。この年が芦田恵之助と垣内松三が没した年であることも関係していよう。芦田と垣内の死に対して、本誌はそれぞれに特集号を発行し、その業績を俯瞰できるようにしている。

昭和二七年一月号巻頭言「実践一路」で飛田多喜雄先生は、「ここ数年の国語教育の動向は実にめまぐるしいものであった。（中略）これからの國語教育のあり方として、生活技術としての言語習得が大切であることはいうまでもない。それと共に人間性の高揚をはかる教化的内容の習得も忘れてはならない」と諭し、「実践の計画、実践への勇断、実践への愛着、ここにこそたじろがぬ精進の風がまきおこるのではあるまいか」と結んでいる。また二月号巻頭言「ローマ字教育の前進」の中で、「ローマ字の指導について一般的に無関心、無理解である」と指摘し、国際性の立場からも多くの国語人に理解されなければならない。と示唆しているが、現代におけるコンピュータ教育に類似したものを感じる。六十年の時を経て、今では小学校三年生からローマ字の指導が行われているが、ローマ字の読み書きが生活言語として必須となるであろうことを既に見極めている。

将来を見据えた実践がなされていないことへの警鐘と同時に、今を見る力＝評価についても強い危惧を抱いていることが、七月号巻頭言「評価の実践的解明」から分かる。「どんな学習活動も目的をもっている（中略）その目的を達成するように努力しなければならないし、また、どの程度に目的を果たすことができたかということを知らなければならない。生活経験を重視する目的活動に即応した評価の重要性が強く要望され（中略）ところがその評価が事実において、厳密に、かつ効果的に行われているであろうか」と、今日の学校が抱える問題と同様の問題を指摘している。そして、「評価が効果的に行われるということは、対象たる児童生徒の学習における進歩の程度を知ることばかりでなく、指導者の反省や、新しい計画の重要な資料を得ることができる」とし、「このことは、実践人の見識と工夫と努力にゆだねられている」と結んでいる。反省的教材研究の原点はこのあたりにあるのではなかろうか。今も、活動や経験を重視するあまりに、「何々の力を養うことができた」というようなあいまいな評価が行われる現状がある。評価すべき点を明確にし、評価を通じて実践を見直し、たじろがぬ精進に向けて生かす姿勢の必要を、飛田多喜雄先生は私たちに示唆しているように思う。

（笹間　ひろみ）

（2）昭和二八年「実践国語」の考察

昭和二八年はNHKが東京地区でテレビの本放送を開始し、大晦日に初めて開催された紅白歌合戦が放映された年である。つまり、テレビという新しいメディアが登場した年である。こうした、世間の様相と関連しているのであろうか、この年の巻頭言には「新しい」という文言が目にとまる。例えば、一月号と十一月号では「新しい国語教育」、二・三月号には「新しい領域」、四月号では「新しい計画」、六月号には「新しい検定教科書制度」、七月号には「新しいものさし」（目次には「ものさしの改善」となっているが、実際の巻頭言の題名は上記のようになっている）というようにである。

戦後の新しい教育制度による研究や実践が始まったことへの期待を感じているかのように見える。しかし、内容は全く異なるといってよいだろう。期待どころか「新しい国語教育」による実践が児童生徒の国語力を十分につけているとはいえない状況を、飛田多喜雄先生は憂いていたと思える。一月号には「方法の修正」と題して「せっかくの新鮮な理論や方法技術も、形式的実施にいそがしく、実際とのずれがみとめられた」ため、「生きた現実に即応した場面的修正」を訴えた。二・三月号では「新しい領域をたがやしたかわりに、最も基礎的な文字力、言語力の手確い充実に手ぬかりがあったとも考えられる」とはっきり述べ、「百の論より、現実国語の力の充実こそ現下の重要な課題であろう」と締めくくった。さらに実践者への手厳しい指摘は続く。「眼前の児童生徒が、一向に文字が読めない、作文が書けない、談話ができないという実態であってもそのことに即応した計画をたてないで、どこかの教室で見た来た方法、何かの本で知った手続を平気で押しつけているという時事が少なくない」（四月号）、「こどもをめぐる教育の現実は、飽いた、つかれたなどと言ってはいられないのである。どんなに平凡な道でも、自分の足で一歩一歩前進しなければならないのである」（七月号）、「読書指導とか図書館の利用などはさけばれても、一文をどう効果的に読ませるか、自由に読むことができるという体験をすべての児童生徒に得させるにはどうしたらよいかの実験的研究はほとんどなされていない」（十一月号）、「一語一音の指導のためにもこうして工夫し、効果をあげたという胸打つような一点凝視の継続的な実験的研究に接することがあまりにも少ない」（十二月号）。

約六十年を経て、世間は変わった。テレビというメディアは絶頂期を終えて衰退期に入っているように見える。同じように、わたしたちは飛田多喜雄先生の憂いを「過去のもの」にできているだろうか。答えは「否」と言わなければなるまい。確かに、古くて新しい課題であって、当時とは質的に異なる課題として現在に至っているとも言えるだろう。しかし、実践者の基本的な姿勢に対する飛田多喜雄先生の厳しい指摘は、現在はもちろんのこと、今後増えるであろう若年層教員に伝えていくべきものである。私たちも、飛田多喜雄先生の次のような温かいまなざしを忘れずに切磋琢磨していきたいと考える。「ある主題の下に相寄り、各人の見解や抱負、経験や立場を、たくむことなく、毅然と、しかも謙虚に発表しあい相談しあって、公正な進歩の方向を発見することはきわめて大切なことである」（九月号）。

（桑原　辰夫）

（3）昭和二九年「実践国語」の考察

昭和二九年は、学習指導要領から試案という文字が消えた年であり、本年に改訂及び追加されたものはない。国語科は昭和二六年に改訂された試案に基づいて行われていた。時は今と同じ鳩山内閣であり、「教育公務員特例法」改正、「教員の中立確保の法」「学校給食法」「教職員免許法」公布があり、偏向教育が問題化してきた年である。経験主義的教育観が主流を占める中、系統性についての重要性が課題となりつつある時代であり、現在と似通った時代であったと推察される。

この年の各号の主題及び巻頭言を概観すると、「標準語指導」「国語教育と劇指導」という二点以外は、作文指導、読解指導の再検討、読書指導の充実等、現在の課題とほぼ同じ課題が主題として設定されていることが見とれる。飛田多喜雄先生は巻頭言の中で、常に実践と理論を結びつけること、子どもたちの実態を見極め、そのことから出発して実践をつくりだすよう呼びかけている。

一月号巻頭言「実践の前進を」の中では、「理論の追求も大切であるが、何をおいても、子どもたちの国語力が充実しなければ何にもならない。しかも、きわだった特定の子どもではなく、何百万、何千万の子どもたちの国語実践の確立ことが大切なのだ」(筆者抜粋)と延べ、実践の軸足を置くべき位置に警鐘を鳴らしている。

さらに、四月号巻頭言「整理と充実を」では、下級学校の指導計画が上級学校の学力試験に左右されているのではないかと危惧し、「小中学校で経験学習の立場を蒸しすることは無理であるから、あれもこれも望ましいという経験を、もっと選択し、組織立てて整理することが必要である」と述べ、「整理された経験学習の基礎があってこそ能力的な指導も可能である」と示唆している。このことは、今の各学校にとっても重要な課題であり、教育課程をつくる最も中心的意識であるにも関わらず、軽視されている感があり、再確認できる。

七月号巻頭言において「児童生徒が日常生活において教科書や新聞、雑誌、単行本などを読むという行為は、きわめて多いのであるから、最も能率的で効果的な読みの技術を体側させせなければならない」と述べ、科学的で実践的な読解指導の研究を求めているのは、二一世紀に入ってからの国語教育実践理論研究会の「読みの再構築」の研究に関わる問題である。

そして最後の十二月号において、国語教育に関する諸問題は出尽くしたかの観があると述べられ、経験主義と能力主義・人間形成と国語教育といった対立で捉えるのではなく、「長所は寛大に認め、短所はとらわれずに改善し、よりよき国語教育道を建設しなければならない」（中略）「今後は、国語教育に関する諸問題の解決処理は、実践人の正しい認識と体験によって実践可能ということを目ざして、研究し処理するようにしなければならないと思う」と結ばれている。

この年から五十六年後の私たちは、当時に比べてスパイラルに発展しているかを自問し、これからの実践を創り出していかなければならない。

（梅津　健志）

二　昭和三〇年以降

成蹊中学校から成蹊高等学校に移動することになる昭和三八年一月号における「新春のことば」で飛田多喜雄先生は次のように述べている。「いつも新しい年を迎えるにあたって、その年の自分の抱負を語ることが例になっていますが、人間も五十の年輪を過ぎると、行く末よりも来し方が思い出され、やや消極的になりやすいようです。（中略）今年は、「指導過程の歴史的分析」を地道に研究しまとめてみたいと思っています」（昭和三八年）。巻頭言のような提言とは性質が異なり、新春の辞には私的な所感が述べられていることが多く、その時々の率直な考えや何に力を注いでいたかを伺い知ることができる。

昭和三二年に記された「三つの願い」では、日本が国連の一員として復帰したことを踏まえて、まず、「国の健全な発展を」、次に、「戦後十年間、いろいろと問題の多い国語教育の世界でした」と述べて国語教育界の混乱ぶりに触れ、「もう戦後意識は捨てて」「私どもの願う国語実践の確立をはからなければならない年」だとの認識を述べている。

昭和三三年には、「実践国語」が二百号を越えたことに寄せて、「曾つて七年ほど編集長をしていた自分にとっては感慨無量」であると述べ、「道徳教育がさけばれ、系統学習が問題になり、今や国語教育も新生の道をたどろうとしている今、実践国語の使命はいよいよ重大です」と述べている。これは単なる祝辞としての言葉ではなく、翌四四年には、「世相が難しくなってきた。国語教育もいよいよ展開期に向かってきた。便宜的な批判や抽象論が多すぎるので、自分らしい体験に基づく実践理論をかためたい」と述べていることから、この時期には、実践に基づいた「国語教育の方法論をまとめたい」という飛田多喜雄先生の基本的な研究方向が示されていたもののとと思われる。

新春の言葉に代わる「昭和三五年国語教育への期待」では、昭和三六年の新学習指導要領の施行を前に、「小・中国語教育の一貫と実践的充実」、また、戦後手薄になったと思われる「国語教材に対する厳密な研究活動（教材研究）」の展開を望むことが記され、同「昭和三六年の国語教育に望む」では、その充実のための視点として、次の三点を指摘している。

1、科学性（実証的研究）をふまえた学習指導法
2、主体性を生かした学習指導法
3、確かな能力を得させるための練習法の改善

これらの観点を踏まえた教材研究のあり方については、翌年出された「機能的読解指導の方法」に詳述されている。

昭和三七年は、「国語教育の実践理論の究明に手をつけたい」として「指導過程の問題」に着手したことを告げ、翌年の、「指導過程の歴史的分析」の研究へと継続・発展させて行ったことが分かる。このようにして研究が進められまとめられたのが「国語教育方法論史」であり、そのことについて、昭和四〇年には「四年にわたる国語教育方法の史的考察も一応終わりましたので、新春と共に、前向きの直観と科学的認識の問題に取り組んでみたいと思います」と語っている。

前年の昭和三九年に、中学校から高等学校へと移った飛田多喜雄先生の関心は、この「科学性」に向けられて

おり、「異常なまでの努力や個人的堪能に依存するのではなく、普通の努力をすれば、だれがやっても、いつでも、どこでも可能な実践方法を、科学性の名において研究することがこの年の課題であろう」と述べ、科学という切り口によって万能となりうる教育方法の開発がなされることへの期待がにじんでいたことを伺うことができる。

昭和四一年以降は、同志が増え、「新春の辞」が「三行言」へと代わったことから、内容もやや形式化してしまう。

「せっかく手がけた研究ですから、今年は「国語教育方法論史」の思潮的背景や隠れた実践的研究の面で資料を探し、もっと精密なものにしていきたいと思っています」（昭和四一年）、「じっくりと国語教育における先達の足跡をさぐり、ふわふわしていた自分の立場や見解を少しでも手確いものにしていきたいと思っています」（昭和四二年）。

飛田多喜雄先生が還暦を迎える昭和四四年、「実践国語」もまた新たな担い手に移される。「老来のことばがぴたりとする心境となりいささか憮然の感。新しい年と共に、自ら作った忙しさなるものを整理して、小さき白球を追いつつ静かに思索の一道をつらぬくべし」。これが、雑誌「実践国語」年頭の辞に見られる飛田多喜雄先生の最後の言葉である。

自分たちが当時の飛田多喜雄先生の年齢に近づく中、「乏しい才能の私は、せめて細く長く人の二倍の年月をかけて一人前の仕事をしたい」、「私らしい仕事をどんな小さな地味なことであっても確実に実行したい」といった飛田多喜雄先生の人間味溢れる言葉に触れ、人生の先輩からのエールを授かった思いであった。

三　おわりに

戦後の混乱を乗り越え、新たな教育のあり方を模索する過程で、飛田多喜雄先生をはじめ国語教育に携わる人々が、国字問題などの難問に相対する過程を学ぶことができた。そこには、多くの仲間とともに熱く論じあいながら、精緻な方法論の確立を目指す創造的かつ情熱的な営みがあった。それを知ることは、その教育を受けてきた我々自身の教育的な原点を振り返る学びでもあった。「実践国語」という貴重な教育的財産を揃えている図書館が少ないのは残念なことである。

（村上　博之）

《参考資料・各号の主題と巻頭言》

昭和二七年実践国語　第十三巻

一月号　一四〇号　これからの国語教育　実践一路
二月号　一四一号　ローマ字教育の問題　ローマ字教育の前進
特集号　一四二号　芦田恵之助先生　大きな足あと
六月号　一四三号　学習指導要領国語科篇の検討　正しい批判
七月号　一四四号　国語評価の実践問題　評価の実践的解明
八月号　一四五号　全日本文集活動の目録　文集・東西南北について
九月号　一四六号　実国夏季大学の報告　偏向と調和
特集号　一四七号　垣内松三先生　「国語の力はよみがえる」
十二月号一四八号　国語教育の現状批判　国語教育の現状批判

昭和二八年実践国語　第十四巻

一月号　一四九号　国語教育方法の問題　方法の修正
二月号　一五〇号　国語力充実のために　国語力の充実
四月号　一五一号　国語学習指導の計画　新しい計画

五月号　一五二号　国語学習指導案のたてかた　学習指導案について
六月号　一五三号　検定国語教科書の選び方　安定と改善と
七月号　一五四号　国語評価方法の改善　新しいものさし
八月号　一五五号　先生の作文　先生も書こう
九月号　一五六号　実践国語箱根大会号　研究集会の独自性
十月号　一五七号　読書指導の研究　読書会を持とう
十一月号一五八号　読解指導の研究　読解指導への要望
十二月号一五九号　国語教育の反省と課題　国語教育者の課題

昭和二九年実践国語　第十五巻

一月号　一六〇号　国語教育前進のために　実践の前進を
二月号　一六一号　現場の作文指導　処理の技術
三月号　一六二号　国語教育と劇指導　劇指導とコトバ
四月号　一六三号　新年度の指導計画　整理と充実を
五月号　一六四号　指導の理論と実際　詩心を育てよう
六月号　一六五号　標準語教育の問題　標準語教育前進のために
七月号　一六六号　読解指導の再検討　読解指導の再検討
八月号　一六七号　夏の読書生活　夏休みと読書指導
九月号　一六八号　第四回実国箱根大会報告　研究集団の前進
十月号　一六九号　国語学習指導の基礎調査　国語力の実態調査
十一月号一七〇号　読書指導はこれでよいか　読書指導の徹底を
十二月号一七一号　国語学習指導の諸問題　問題の処理は具体的に

喜寿のお祝いの会で

右端・笠文七先生

後列左・生駒正美先生
／後列右・齋藤喜門先生

飛田多喜雄先生

第Ⅱ部　資料編

飛田多喜雄先生略歴と著作目録（三訂版）

一、略歴

明治40年11月15日	千葉県山武郡豊成村（現在東金市）に生まれる。
大正3年4月	千葉県山武郡豊成尋常小学校に入学、大正9年3月卒業。
大正9年4月	千葉県山武郡豊成高等小学校に入学、大正11年3月卒業。
大正12年4月	千葉県師範学校（予科一年）に入学、昭和3年3月同校本科卒業。
昭和3年4月	千葉県市川尋常高等小学校訓導。（昭和14年3月に至る）
昭和7年12月	吉原喜一郎三女志げと結婚。
昭和13年6月19日	教育功績者として千葉県教育会より表彰される（県知事より賞状と銀盃一組を贈られる）
昭和14年4月	私立成蹊小学校訓導。（昭和22年3月に至る）
昭和17年4月	日本大学高等師範部国漢科に入学、昭和19年9月卒業。
昭和17年7月	文部省図書推薦委員を委嘱される。
昭和18年11月	文部省教具研究委員会委員を委嘱される。
昭和20年3月	文部省学童文化協議会委員を委嘱される。
昭和21年7月	文部省ローマ字協議会専門委員を命ぜられる。（委員七名、土岐善麿委員長）
昭和22年4月	私立成蹊中学校教諭。（昭和38年3月に至る）
昭和23年6月	文部省教科用図書検定調査会調査員を委嘱される。
昭和24年1月	文部省教材等調査委員会国語分科会委員を委嘱される。

昭和24年2月	月刊誌「実践国語」の編集長となる。（昭和30年3月に至る）
昭和25年3月	文部省教材等調査委員会委員を委嘱される。（26年版中・高学習指導要領国語科編集）
昭和25年4月	検定教科書「小学国語の本」（二葉株式会社）の編著者となる。
昭和26年8月	第一回「実践国語」箱根大会を主宰。（昭和29年8月の第四回まで継続）
昭和27年4月	私立成蹊学園評議員となる。
昭和28年4月	武蔵野の自宅に「草の葉文庫」を開設する。（二階、三二・二坪）
昭和29年4月	「日本コトバの会」の評議員となる。
昭和29年5月	日本国語教育学会理事となる。（後、常任理事となり昭和45年に至る）
昭和29年9月23日	全日本国語教育協議会の講師として、「経験主義か能力主義か」を時枝誠記博士、倉沢栄吉教授と討論する。
昭和29年10月	読売新聞社主催、読売つづり方コンクールの東京審査員となる。（昭和50年まで）
昭和30年11月	文部省教材等調査委員会委員を委嘱される。副会長として、昭和33年版「中学校学習指導要領国語科」の編集に参与。
昭和31年4月	検定教科書「中学標準国語」全六冊（教育図書）の編著者となる。
昭和32年5月	「文学教育の会」の常任委員となる。
昭和33年2月	文部省教材等調査研究会委員を委嘱され、副会長として「中学校国語指導書」編集。
昭和34年4月	検定教科書「国語中学一年生上～三年生下」全六冊（二葉株式会社）の編著者となる。
昭和36年3月	「国語教育実践理論の会」を創設し代表委員となる。機関誌「草の葉」を創刊。昭和36年8月第一回全国研究集会を箱根に開催。（平成2年、第三〇回まで継続）
昭和37年1月	文部省教材等調査研究会委員を委嘱され、委員長として「中学校国語指導事例集」（『態度に関する指導』）を編集。
昭和37年4月	私立愛国学園発行「愛国新聞」の作文選評者となる。
昭和37年10月	文部省、全国安全会主催、第三回「安全に関する作文」の中央審査委員となり昭和58年まで22年間その任に当たる。

昭和37年10月28日	成蹊学園創立五〇周年記念式典において表彰される。（永年勤続者）
昭和38年4月	私立成蹊高等学校教諭。（昭和45年3月に至る）
昭和38年4月	検定教科書「中等新国語」全三冊（光村図書）の編著者となり平成5年版まで手がける。（平成8年まで使用）
昭和39年9月	文部省教材等調査研究会委員を委嘱され、「中学校国語指導事例集」（『聞くこと、話すことの指導』）を委員長として編集に参与。
昭和40年4月	検定教科書「小学新国語」全十二冊（光村図書）の編著者となり平成4年版まで手がける。（平成7年まで使用）
昭和40年8月1日	第六回垣内松三賞を受く。（第一三回実践国語学会全国中央大会において）
昭和42年4月	成蹊大学文学部講師。
昭和42年12月	文部省教育課程改善の協力者を委嘱され、副会長として昭和44年版「中学校学習指導要領国語科」の編集に参与。
昭和44年4月	東京女子大学講師となる。（昭和54年まで十年間）
昭和44年4月	文部省より「中学校国語指導書」作成委員を委嘱され、委員長として編集に参与。
昭和44年5月	東京私立中学校・高等学校協会より永年勤続者として表彰される。
昭和44年7月	日本国語教育学会欧州教育事情視察団に夫妻にて参加し、ヨーロッパの視察をする。（8月まで）
昭和44年10月	成蹊学園より永年勤続者として表彰される。
昭和45年4月	成蹊大学文学部教授となる。
昭和45年8月	文部省より「中学校指導資料」（書くこと、作文・書写）作成委員を委嘱され、委員長として編集に参与。
昭和45年11月	武蔵野に母屋を建築する。（四六・七一坪）
昭和47年8月	文部省より、「音訓」および「送りがな」の「学校教育における取り扱いに関する調査委員」を委嘱され、同委員会の議長となる。
昭和47年12月	夫妻にて、ヒンズー文化を訪ね、三週間インドとネパール両国の視察旅行をする。（昭和48年1月

	まで）
昭和48年3月	停年退職。引き続いて成蹊大学文学部講師となる。（昭和57年まで十年間）
昭和48年4月	検定教科書高等学校「現代国語」全三冊（光村図書）の編著者となる。
昭和48年10月	山梨大学教育学部講師。（「文学教材の指導について」集中講義）
昭和49年2月3日	国語教育賞として財団法人博報児童振興会より第五回博報賞を授与される。
昭和49年6月1日	千葉県市川小学校創立百周年記念式典の折、教育功績者（旧職員）として感謝状と記念品を贈られる。
昭和50年3月23日	夫妻にて、約二週間ソ連邦のモスクワ及びシルクロードの視察旅行をする。（4月3日まで）
昭和50年5月	日本国語教育学会理事となる。（任期平成4年7月まで。逝去まで務める。）
昭和50年7月	日本学校給食会二十周年作文・標語中央審査委員を委嘱される。
昭和50年11月	文部省小学校学習指導要領作成協力者会議委員を委嘱される。
昭和51年1月1日	夫妻にて、南太平洋のオーストラリヤ、ニュージーランド、フィジー、タヒチ島等の視察旅行をする。（13日まで）
昭和51年3月	文部省学習指導要領（国語科）作成協力者小・中・高等学校連絡協議会議長となる。
昭和51年8月8日	国語教育実践理論の会会長となる。
昭和52年4月29日	夫妻にて、アメリカ合衆国（一部カナダを含む）の視察旅行をする。（5月10日まで）
昭和52年5月	文部省、小学校学習指導書作成委員を委嘱される。
昭和52年11月14日	成蹊会より第一九回顕彰会において謝恩状等を贈られる。
昭和52年12月29日	夫妻にて韓国を訪ね、ソウル、慶州、釜山等の歴史、文化を中心に視察旅行をする。（昭和53年1月2日まで）
昭和54年1月10日	文化放送「こくご教室」編集委員長を委嘱される。昭和55年4月開設。
昭和54年3月26日	ＮＨＫラジオの「人生読本」で「言葉のいのち」と題し28日まで三日間連続放送をする。
昭和54年4月1日	全国大学国語教育学会理事となる。（昭和56年3月31日まで）
昭和54年11月	『近代国語教育の歩み』第三巻に「飛田多喜雄の人と業績」として収録される。

昭和55年2月15日	「文化放送こくご教室の理念」第一回講義開始。（以後毎月一回）
昭和55年3月28日	夫妻にてポリネシアのオアフ島・カウイ島・ハワイ島の観光旅行をする。（4月2日まで）
昭和55年4月	文化放送国語教室開設とともに引き続いて委員長となる。
昭和55年8月5日	第二〇回国語教育実践理論の会福岡大会の二〇周年記念式において感謝状と記念品を贈られる。
昭和55年12月	「草の葉文庫」の改造築をする。
昭和56年3月26日	夫妻にて30日まで五日間、台湾の視察旅行（主として台北の故宮博物館と阿里山）をする。
昭和56年4月	全国大学国語教育学会理事となる。（昭和58年3月31日まで）
昭和56年8月28日	夫妻にて9月3日まで一週間、カナディアンロッキーとバンクーバーの観光旅行をする。
昭和56年9月	財団法人教科書研究センターより「中等教育の歴史的研究委員会」の委員を委嘱される。
昭和56年10月	河北総合病院看護専門学校の講師となり、現代日本文学を講義する。
昭和57年6月	国語教育実践研究所を創設。同研究所の所長兼理事長となる。
昭和57年7月24日	夫妻にて30日まで一週間、スリランカ、香港の観光旅行をする。
昭和58年3月26日	国語教育実践研究所主催第一回沖縄研修会開催（27日まで那覇市貯金保険会館にて）
昭和58年4月1日	全国大学国語教育学会理事となる。（昭和60年3月31日まで）
昭和58年11月26日	国語教育実践研究所主催第二回滋賀研修会開催。（27日まで大津市おおみ荘にて）
昭和59年3月25日	国語教育実践研究所主催第三回高知研修会。（26日まで高知市鷹匠苑にて）
昭和59年9月28日	国語教育実践研究所主催第四回山形研修会を開催。（29日まで湯野浜温泉ホテル「海山」にて）
昭和59年11月3日	主宰する「国語教育実践理論の会」が、国語教育賞（団体）として第一五回博報賞を授与される。 代表として賞状及び副賞を受ける。
昭和59年11月18日	国語教育実践理論の会主催「喜寿祝賀会」目黒雅叙園にて開催される。
昭和60年1月15日	国語教育実践研究所主催第五回鹿児島研修会開催。（16日まで鹿児島市敬天閣にて）
昭和60年4月2日	『国語科教育方法論大系』全10巻「出版記念祝賀会」如水会館にて開催される。
昭和60年5月25日	国語教育実践研究所主催第六回奈良研修会開催。（26日まで吉野芳雲館にて）
昭和60年7月29日	第六八回全国大学国語教育学会において『国語科教育方法論大系』全10巻が石井賞を授与され、賞

	状と賞金を受ける。
昭和60年12月9日	東京慈恵医大に入院、昭和61年1月6日退院。
昭和62年7月	文化放送教育センター（国語教育）最高顧問となる。
昭和62年11月14日	「傘寿の会」福岡市能古島にて開催される。
平成3年2月8日	午前9時24分、武蔵野市吉祥寺の森本医院にて逝去。

その間、文部省主催はじめ、学会、研究団体、各地の研究大会等の講師として活躍。

（文部省関係）

○文部省主催小学校教育課程研究発表大会の指導講師。（昭和46年度から昭和51年度まで）
○文部省主催中学校教育課程研究発表大会の指導講師。（昭和41年度）
○文部省主催初等教育指導者養成講座の指導講師。（昭和47年度から昭和50年度まで）
○文部省主催高等学校指導者養成講座の指導講師。（昭和50年度名古屋会場、徳島会場）
○文部省主催昭和52年度地区別小学校教育課程講習会（九州地区）の指導講師。
○文部省主催昭和53年度中国・四国地区小学校教育課程講習会の指導講師。

（その他） 略す

二、著作目録

1　著書・編著書

発行年月	書名	著編	型	頁	発行所
昭和11・5・21	形象理会読方教育の実践機構	著	A5判	447	啓文社
昭和12・6・13	低学年読方教育要義	著	A5判	477	啓文社
昭和15・11・25	愛児のための正しい国語の教え方	著	A5判	324	研究社
昭和16・1・18	話し方教育の実践形態	著	B6判	270	啓文社
昭和16・12・18	国民学校国語修練の道	著	A5判	424	啓文社
昭和17・7・7	国の子の家庭教育	著	A5判	332	新潮社
昭和18・1・30	国民科国語の指導　ヨミカタ一	共編	A5判	588	岩波書店
昭和22・9・25	幼児の言語教育	著	B6判	166	巌松堂
昭和22・12〜23・11	新日本児童読本　全六巻	共編	A5判	各140	二葉書店
昭和24・1・10	ことばあそび（学習文庫）	著	B6判	176	二葉書店
昭和24・2・5	ふしぎなてがみ（童話集）	著	B6判	175	泰光堂
昭和24・4・5	AMAI AKEBI（ローマ字読本）	著	A5判	95	穂波出版
昭和24・4・25	すいしょうのたま（幼年文庫）	著	B6判	171	二葉書店
昭和25・2・10	新制国語辞典（学生版）	編著	新書判	476	牧書房
昭和25・5・5	新しい国語教育の方法	著	A5判	380	西荻書店
昭和26・11〜12	愛の教室読本　全六巻	共著	A5判	各160	泰光堂
昭和27・2・5	ことばあそび（一年生文庫）	著	A5変形	28	講談社
昭和29・1・10	あかずきん（絵物語文庫）	著	A5判	64	泰光社
昭和31・1〜33・7	中学生文学全集　全三〇巻	編	新書判	各280	新紀元社

昭和31・5・10	ことばあそび（私の本だな）	著	A5判	211	泰光社
昭和31・6・1	文学教育方法論	著	A5判	360	明治図書
昭和32・1・5	国語教育辞典	共編	A5判	685	朝倉書店
昭和32・11	国語科の相談	共著	B6判	239	明治図書
昭和34・1	中学校学習指導要領の展開（国語）	共編	A5判	198	明治図書
昭和34・9～35・4	国語教材研究講座　全六巻	共編	A5判	各300前後	朝倉書店
昭和37・3	機能的読解指導	著	A5判	242	明治図書
昭和39・4・19	たのしいことばのおけいこ	著	B5判	51	金の星社
昭和40・3	国語教育方法論史	著	A5判	460	明治図書
昭和42・4	能力差に応ずる国語指導	共著	B6判	244	明治図書
昭和43・11	近代国語教育のあゆみ　Ⅰ	共著	B6判	300	新光閣書店
昭和44・5	改訂　中学校学習指導要領の展開（国語）	編	A5判	297	明治図書
昭和44・11	移行期の研究と展開	編	A5判	243	明治図書
昭和45・5	あかつき名作館（日本文学シリーズ全12巻）	編	B6判	各350前後	暁教育図書
昭和45・7	表現力を伸ばす新作文指導法の開発	編著	A5判	247	明治図書
昭和45・10	中学校新学習指導要領の指導事例　全四巻	編著			明治図書
	国語科編1　読解指導と読書指導		A5判	245	
	国語科編2　作文指導と書写指導		A5判	312	
	国語科編3　「聞くこと、話すこと」の指導		A5判	189	
	国語科編4　「ことばに関する事項」の指導		A5判	296	
昭和47・3	中学校新学習指導要領の評価研究　全四巻	編著			明治図書
	国語科編1　聞く話す態度・能力の評価事例		A5判	187	
	国語科編2　読むことの能力・態度の評価事例		A5判	256	
	国語科編3　書くことの能力・態度の評価事例		A5判	233	

	国語科編4　ことばに関する事項の評価事例		A5判	269	
昭和47・9	創造力を伸ばす文学指導法の開発	編著	A5判	270	
昭和48・8・1	中学校国語科―指導の研究とその実践　全三巻	監修			葵書房
	指導の研究とその実践　Ⅰ		A5判	375	
	指導の研究とその実践　Ⅱ		A5判	417	
	指導の研究とその実践　Ⅲ		A5判	446	
昭和48・11	古典の学習指導	共編著	A5判	251	青葉書房
昭和49・4	新学習指導要領細案化シリーズ　全五巻	編著			明治図書
	中学校国語科指導細案　読解・読書指導法一年		A5判	287	
	中学校国語科指導細案　読解・読書指導法二年		A5判	297	
	中学校国語科指導細案　読解・読書指導法三年		A5判	309	
	中学校国語科指導細案　作文指導法　全		A5判	367	
	中学校国語科指導細案　古典指導法　全		A5判	270	
昭和50・4	文章表現の理論と方法	共著	A5判	208	明治図書
昭和50・11	近代国語教育論大系　全十五巻	共編	菊判	各平550	光村図書
昭和51・2	個別化をめざす国語科読書指導法の開発	編著	A5判	238	明治図書
昭和52・3	学習指導要領の展開（小学校・国語科）	共編	A5判	278	明治図書
昭和52・3	随想集「ひとつの風」	著	B6判	293	三勇印刷
昭和53・5	小・中「表現」領域の実践的検討	共著	A5判	202	明治図書
昭和53・7	国語教育論集	著	A5判	406	光村図書
昭和54・5	学力をつける国語科指導技術	編著	A5判	208	明治図書
昭和54・5	新国語科教育講座　全六巻	共編著			明治図書
	第一巻　基礎理論編		A5判	221	
	第二巻　表現領域編		A5判	240	

	第三巻　理解領域編		A5判	214	
	第四巻　言語事項編		A5判	214	
	第五巻　教材研究編		A5判	219	
	第六巻　授業研究編		A5判	214	
昭和55・4	小学校国語科指導細案　全六巻	共著			明治図書
	小学校国語科指導細案　一年		B5判	158	
	小学校国語科指導細案　二年		B5判	148	
	小学校国語科指導細案　三年		B5判	204	
	小学校国語科指導細案　四年		B5判	232	
	小学校国語科指導細案　五年		B5判	235	
	小学校国語科指導細案　六年		B5判	255	
昭和55・6	学習解明大事典　ペアスタディ　基礎解説	監修	A5判	511	暁教育図書
昭和55・6	学習解明大事典　ペアスタディ　問題研究	監修	A5判	511	暁教育図書
昭和56・6・15	教育者のための文章教室	編著	B6判	285	蒼丘書林
昭和56・9	書く意欲・書く力を重視した表現指導法の開発	編著	A5判	256	明治図書
昭和57・1	わかりやすい国文法	監修	A5判	112	全教材
昭和57・3	新国語科表現力指導法　全三巻	編著			明治図書
	1　表現の基本練習		A5判	237	
	2　表現の練習学習		A5判	236	
	3　表現の発展学習		A5判	230	
昭和58・3	新国語科理解力指導法　全三巻	編著			明治図書
	1　理解の基本学習		A5判	221	
	2　理解の練習学習		A5判	251	
	3　理解の発展学習		A5判	207	

昭和58・9	国語科基礎基本の体系的指導　全六巻	共編			明治図書
	1　小学一年		B5判	127	
	2　小学二年		B5判	136	
	3　小学三年		B5判	136	
	4　小学四年		B5判	140	
	5　小学五年		B5判	138	
	6　小学六年		B5判	136	
昭和58・10〜59・4	最新中学校国語科指導法講座　全十二巻	共編			明治図書
昭和59・4	第1巻　国語科指導法総論		A5判	223	
昭和59・3	第2巻　話しことばの指導（表現1）		A5判	188	
昭和58・10	第3巻　作文・書写の指導（表現2）		A5判	229	
昭和58・10	第4巻　小説・物語の指導（理解1）		A5判	196	
昭和59・3	第5巻　随筆・紀行の指導（理解2）		A5判	206	
昭和59・3	第6巻　伝記・戯曲・読書の指導（理解3）		A5判	203	
昭和58・10	第7巻　詩歌の指導（理解4）		A5判	228	
昭和58・10	第8巻　説明・記録・報告・報道の指導（理解5）		A5判	231	
昭和59・3	第9巻　評論・論説の指導（理解6）		A5判	202	
昭和58・10	第10巻　古典の指導（理解7）		A5判	225	
昭和58・10	第11巻　漢字・語句・語彙の指導（言語事項1）		A5判	242	
昭和59・3	第12巻　敬語・共通語・文法の指導（言語事項2）		A5判	224	
昭和59・5〜9	国語科教育方法論大系　全十巻	著			明治図書
昭和59・5	第1巻　国語教育の実践理論		A5判	260	
昭和59・5	第2巻　国語学力と教材研究法		A5判	238	
昭和59・5	第3巻　表現教育の理論		A5判	263	

昭和59・5	第4巻　表現指導の方法		A5判	233	
昭和59・5	第5巻　理解教育の理論		A5判	277	
昭和59・9	第6巻　文学教育の方法論		A5判	352	
昭和59・9	第7巻　機能的読解指導の方法		A5判	268	
昭和59・9	第8巻　鑑賞指導の方法		A5判	250	
昭和59・9	第9巻　授業研究と指導技術		A5判	264	
昭和59・9	第10巻　国語科教育の実践史		A5判	292	
昭和59・12	随想集　ひとつの風〈改編版〉	著	B6判	348	光村教育図書
昭和60・9	教科教育百年史	共著	B5判	1101	建帛社
昭和62・3	漢字学習辞典	監修	A5判	883	光村教育図書
昭和63・4	続・国語教育方法論史	著	A5判	366	明治図書
昭和63・4	国語教育研究大辞典	編集代表	A4判	961	明治図書
昭和64・3	新学習指導要領中学校国語科のキーワード　全七巻	監修			明治図書
	(1)論理的に話し・書く指導（高橋俊三編）		A5判	96	
	(2)情報化に対応する作文指導（金沢文教編）		A5判	96	
	(3)的確に読み取り要約する指導（花田修一編）		A5判	96	
	(4)情報化に対応する読書指導（芳野菊子編）		A5判	96	
	(5)楽しく学べる古文・漢文の指導（巳野欣一編）		A5判	96	
	(6)選択教科としての「国語の指導」（益地憲一編）		A5判	96	
	(7)国語における思考力・心情を養う指導（安藤修平編）		A5判	96	

2 雑誌・新聞・紀要・放送等に発表の論文・創作など

年代	題目	雑誌名・その他	月号	備考
昭和6年（一九三一）	教育生活の一頁（随想）	教育・国語教育	⑥	
	印度の子どもたち（童話）	教材王国	⑩	
	伸びる力（童話）	教材王国	⑪	
昭和7年（一九三二）	郷土読本編纂の途	千葉教育	①	
	お山のたぬき（童話）	幼年の友	②	
昭和8年（一九三三）	我が校における読方教育	千葉教育	②	
	タケチャンノコヒノボリ（童話）	幼年の友	⑤	
	真実性の読方教育	千葉教育	⑦	
	真間の手児奈（随想）	武蔵野	⑧	
昭和9年（一九三四）	郷土読本編纂と実践㈠	実践国語教育	⑤	
	郷土読本編纂と実践㈡	実践国語教育	⑥	
	読方教育の実践的工夫	教育研究	第428号	
昭和10年（一九三五）	教室事象に生きる解釈指導㈠	実践国語教育	①	
	教室事象に生きる解釈指導㈡	実践国語教育	②	
	板書機構における性格―読方教育の実践的工夫―	コトバ	②	国語文化研究所発行
	「春が来た」の指導研究	教育・国語教育	④	
	文における象徴層の実践研究	実践国語教育	⑤	
	低学年読方ノートの使ひ方	実践国語教育	⑥	
	国語教室における板書の機構	実践国語教育	⑦	
	国語教育における童話の研究	実践国語教育	⑧	

	「画師の苦心」が語る指導過程	実践国語教育	⑨
	国語教育人国記	実践国語教育	⑩
	作品の推敲・添削の実践根拠	実践国語教育	⑪
昭和11年（一九三六）	読みの味	実践国語教育	①
	国語教育に於ける板書と学習帳の相関的意義	国語教室	③
	実践の道を求めて	実践国語教育	②
	静かなる心の洞察	実践国語教育	③
	解釈指導に於ける「問ひと答へ」	実践国語教育	④
	読みをめぐる持続行為の価値	実践国語教育	⑤
	読みをめぐる指導法のコツ	実践国語教育	⑤
	手続きと足場	実践国語教育	⑥
	読方と聴方の指導理念	実践国語教育	⑧
	解釈学への期待	国語教室	⑨
	国語指導者論	実践国語教育	⑪
	挿絵の教育的意義	実践国語教育	⑫
	板書機構の実践㈠～㈢	国民教育新聞	三回連載
昭和12年（一九三七）	教育的理会の実証的研究	実践国語教育	①
	実践領域の基本問題	実践国語教育	③
	読方指導過程（尋二）	実践国語教育	④
	不易流行（随想）	実践国語教育	⑦
	道を楽しむ（随想）	実践国語教育	⑧
	綴方「猫塚」の批評	教育・国語教育	⑨
	実践と質と量の問題	実践国語教育	特集号

昭和13年（一九三八）	形象理論の啓示	実践国語教育	① 特集号	垣内松三先生還暦記念号
	中学年教材研究の方法	実践国語教育	②	
	読方と学習経済の問題	実践国語教育	②	
	綴方教育の新しい実践をここに求める	教育・国語教育	②	
	新学期の生活研究の設計図	実践国語教育	③	
	読方教育の日本的性格	実践国語教育	④	
	教授案批評の基準	実践図譜教育	⑩	
	語の二面性と理会の循環	実践国語教育	⑪	
	豫めの了解と成心	実践国語教育	⑫	
	学級訓育論	訓育	⑫	
昭和14年（一九三九）	学級教育における訓練と教授の場	訓育	①	
	一つの実践的要望	国語教育誌	②	
	考査問題の研究（尋四）	実践国語教育	②	
	国語教育の感想（随想）	教材王国	⑩	
	女教師と言語文化	教育女性	⑩	
	形象理論と私の実践	コトバ	⑪	国語文化研究所発行
	基本国語の訓練道場	実践国語教育	⑪	
昭和15年（一九四〇）	国語・文化・教育展望　12回連載	実践国語教育	①	紀元二六〇〇年
	国語教室のはたらく環境	実践国語教育	①	
	初学年児童の言語訓練㈠	実践国語教育	②	
	初学年児童の言語訓練㈡	実践国語教育	③	
	さらに児童の生活現実に迫りたい	実践国語教育	④	
	国語教室の調和的充実を	教材王国	④	
	言葉の躾とその機会	実践国語教育	⑤	

	「真事」をつくる言葉の躾	訓育	⑦	
	読書行動と語の体制	実践国語教育	⑦	
	話し合いによる言葉の躾	実践国語教育	⑪	
	学級図書館の施設と経営	教室	⑪	
	眠っている語と働く語	実践国語教育	⑫	
昭和16年（一九四一）	学齢期の子供にはどれだけの躾をしたらよいか	実践国語教育	②	
	言葉の倫理性と論理性	国語教育誌	③	
	精進の風（随想）	実践国語教育	③	
	国民教材（一、二年）の指導法	主婦の友	④	
	母が持つべき〝言葉の責任〟	「朝日新聞」学芸欄	2・18	
	字より早く教へたいよい言葉	「東京日日新聞」	4・18	
	子供の言葉の躾	いとし児	④	
	国民学校「ヨミカタ」の所感	日本教育	⑤	
	母の会の新しい運営	国民教育　初一	⑥	
	言葉の修練に就いて	コトバ	⑪	国語文化研究所発行
	はたらく子供たち	「中央放送局」放送	11・22	二回
	「詩」の選評	少女倶楽部	⑫	十二号より18年3月号まで
昭和17年（一九四二）	「源氏物語」の指導	国民教育	④	
	指導の徹底化について―国民学校実践一ヶ年をふりかへりて―	コトバ	④	国語文化研究所発行
	国語指導と語の性格について	国民教育	⑤	
	「コトバノオケイコ」の取り扱い	国民教育	⑥	

	紙芝居とことば	紙芝居	⑥	
	学級文庫のあり方	日本の子供	⑥	
	放送における国語教育の建設	放送	⑥	
	音声言語指導と話し方	「ＮＨＫ」学校放送	7・7	30分
	時局随想「教師心」	大阪朝日新聞	9・30	
	家庭教育の問題	時局情報	⑩	
昭和18年（一九四三）	風の子（随想）	玩具商法	①	
	家庭における子供の躾	少国民文化	①	
	作の玩具（随想）	玩具商法	②	
	子供の生活	「ＮＨＫ」放送	10・30	30分
	「詩の心」（選評）	少女倶楽部	④	4月号より翌年3月号まで
	気力（随想）	国民教育　初三	⑧	
	決戦下の家庭教育	いとし児	⑧⑩	
	国語指導の徹底化について	コトバ	⑥	国語文化研究所発行
	戦時家庭教育雑感	国民教育　初六	⑫	
	少女のたしなみ	少女倶楽部	⑩	
昭和19年（一九四四）	家庭の躾	国民教育　初六	②	
昭和20年（一九四五）	疎開生活日誌	「ＮＨＫ」放送	4・21	埼玉県栢間村疎開中
昭和21年（一九四六）	学校生活「二年生になって」	「ＮＨＫ」放送	5・3	
	学校生活「もんしろ蝶」	「ＮＨＫ」放送	5・29	
	ほんとうにわかるには	「ＮＨＫ」放送	6・21	30分

昭和22年（一九四七）	りすと野ねずみ（童話）	初等二年	④	
	あまいあけび（童話）	初等二年	⑤	
	はたらく言葉	幼年ブック	①〜④	
	新しい国語教室	ことばの教育	①	
	初等三年の学級経営	国民教育	⑫	
	ことばあそび	「NHK」放送	3・14	
	こんなゆめをみた	小学三年	④	
	夏の文学教室	小学五年	⑧	
	自由研究と児童のこえ	新しい教室	⑥	
	ひらがなの指導	教育通信	⑥	
	「ぶす」とその指導	小学五年	⑦	
	国語のはなし	小学五年	⑨	
	新しい国語の動向	社会と教育	⑪	
	児童の読書傾向	読書雑誌	⑪	
	国語新生のために	教育改造	⑫	
昭和23年（一九四八）	子供のコトバはどう変わったか	児童心理	⑧	
	国語学習のしかた	小学六年	④〜③	一年間
昭和24年（一九四九）	国語教育はどう動いたか	教育公論	③	
	正しいことばの導き方	「NHKことばの研究室」放送	5・19	
	実践国語言（主張・批判）	実践国語	④	翌年3月号まで毎号執筆
	「実践国語」（巻頭言）	実践国語		
	・実践の春（巻頭言）	実践国語	④	
	・明日の国語教育建設のために（巻頭	実践国語	⑥	

昭和25年（一九五〇）	言）			
	・文化の新風（巻頭言）	実践国語	⑧	
	・使命の自覚（巻頭言）	実践国語	⑨	
	・実践人の発言（巻頭言）	実践国語	⑩	
	・新教科書を育てよ（巻頭言）	実践国語	⑪	
	・こどもの言葉は常に新しい（巻頭言）	実践国語	⑫	
	国語学習指導の生活性	実践国語	⑫	
	家庭における言葉の躾㈠～㈡	保育	④⑤	
	「生きたことば」	「NHK」放送	5・30	
	中学校の国語カリキュラム	解釈と鑑賞	⑧	
	基本的な習慣	指導計画	⑧	
	国語学習指導における資料の問題	実践国語	⑥	
	文学活動について	実践国語	⑩	
	実践国語言（主張・批判）	実践国語	④	
	「実践国語」（巻頭言）			第2巻の毎号執筆
	・国語教育の新しい課題（巻頭言）	実践国語	①②合併号	
	・提案（巻頭言）	実践国語	③	
	・有効な調査研究を（巻頭言）	実践国語	④	
	・話し言葉はこれでよいか（巻頭言）	実践国語	⑤	
	・資料の研究を開始しよう（巻頭言）	実践国語	⑥	
	・指導する者される者（巻頭言）	実践国語	⑦	
	・健全な読書生活を（巻頭言）	実践国語	⑨	
	・中学校の国語教育（巻頭言）	実践国語	⑩	
	・こどもの表現活動はこれでよいか	実践国語	⑪	

	（巻頭言）			
	・新しいことばのしつけ（巻頭言）	実践国語	⑫	
	新しい家庭教育の性格	いとし児	⑤	両親再教育協会発行
昭和26年（一九五一）	作品批評「私たちの作文」	「NHK」放送	2・27	
	中学校の言語教育	解釈と鑑賞	⑤	
	随筆の指導について	解釈と鑑賞	⑥	
	何か生まれる	北海道国語教育連盟機関誌	第3号	
	実践国語言（主張・批判）	実践国語		第3巻の毎号執筆
	「実践国語」（巻頭言）	実践国語		
	・実践の新風（巻頭言）	実践国語	①	
	・たしかな実践（巻頭言）	実践国語	②	
	・実践の前進（巻頭言）	実践国語	③	
	・新しい実践計画	実践国語	④	
	・実践者の勇断を（巻頭言）	実践国語	⑤	
	・作る喜びを（巻頭言）	実践国語	⑥	
	・検討を要する評価法（巻頭言）	実践国語	⑦	
	・批評者の態度（巻頭言）	実践国語	⑧	
	・なぜ学力は低下したか（巻頭言）	実践国語	⑨	
	・国語科における文学活動（巻頭言）	実践国語	⑩	
	・文法学習指導の実践体系を（巻頭言）	実践国語	⑪	
	・一九五一年の足あと（巻頭言）	実践国語	⑫	
昭和27年（一九五二）	中学生の国語指導	ＰＴＡ	③	
	中学校国語教育の欠陥と対策	解釈と鑑賞	⑦	

昭和28年（一九五三）	国語と道徳性	指導計画	⑧	
	読売新聞社版「のこと」「私の名前」について	生活綴方と作文教育	③	金子書房
	言語単元の展開法	言語教育と文学教育	⑧	金子書房
	マスコミュニケーションの教育的利用	放送教育	⑧	
	垣内先生と「国語の力」	実践国語	特集号	
	待たれる書（「新平家物語」）	朝日出版月報	⑧	
	文学教育の問題状況	実践国語	⑧	
	実践国語言（主張・批判）	実践国語		第13巻毎号執筆
	「実践国語」（巻頭言）	実践国語		第13巻12冊
	・実践一路（巻頭言）	実践国語	①	
	・ローマ字教育の前進	実践国語	②	
	・大きな足あと（巻頭言）	実践国語	特集号	芦田恵之助先生追悼号
	・正しい批判（巻頭言）	実践国語	⑥	
	・評価の実践的解明（巻頭言）	実践国語	⑦	
	・文集・東西南北（巻頭言）	実践国語	⑧	第二回実践国語箱根大会（8・5—8）
	・偏向と調和（巻頭言）	実践国語	⑨	
	・「国語の力」はよみがえる（巻頭言）	実践国語	特集号	垣内松三先生追悼号
	・国語教育の現状批判（巻頭言）	実践国語	⑫	
	この現状をどうする	教育文化	⑥	
	国語カリキュラム今後の動向	教育科学	⑦	
	四月の指導計画	指導計画	④	一か年連続掲載
	文学教育私見㈠	実践国語	⑥	

	文学教育私見(二)	実践国語	⑧	
	文学教育私見(三)	実践国語	⑪	
	文学教育私見(四)	実践国語	⑫	
	国語教師の読むべき研究書	実践国語	⑩	
	実践人の抵抗精神	教育文化	⑪	
	「読む」ということの手順	教育文化	⑫	
	実践国語言（主張・批判）	実践国語		第14巻毎号執筆
	「実践国語」（巻頭言）	実践国語		第14巻11冊
	・方法の修正（巻頭言）	実践国語	①	
	・国語力の充実（巻頭言）	実践国語	②③合併号	
	・新しい計画（巻頭言）	実践国語	④	
	・学習指導案について（巻頭言）	実践国語	⑤	
	・安定と改善と（巻頭言）	実践国語	⑥	
	・新しいものさし（巻頭言）	実践国語	⑦	
	・先生も書こう（巻頭言）	実践国語	⑧	第三回実践国語箱根大会（8・5―8）
	・研究集会の独自性（巻頭言）	実践国語	⑨	
	・読書会を持とう（巻頭言）	実践国語	⑩	
	・読書指導への要望（巻頭言）	実践国語	⑪	
	・国語教育者の課題（巻頭言）	実践国語	⑫	
昭和29年（一九五四）	詩の鑑賞指導の問題点	実践国語	⑤	
	近藤・蓑手両氏の質問に答える	実践国語	⑥	
	あべこべの話（随想）	教育文化	⑥	
	研究リポート書き方指導の前提	教育技術	⑦	

子供の読書傾向と図書館	児童心理	⑦	
説明文の書き方	作文	⑨	
「話す力・聞く力」のつけ方	「日本短波放送」	10・8	
「書く力」のつけ方	「日本短波放送」	10・23	
批評の仕方	『中学校標準国語』	教科書収録	
文章の作り方なおし方	『中学校標準国語』	教科書収録	
文学鑑賞指導の方法	実践国語	⑫	
実践の新風を	武蔵野三中PTA会報		
読む楽しさ	読書する中学生のために		成蹊中学機関誌
実践国語言（主張・批判）	実践国語		第15巻毎号執筆
「実践国語」（巻頭言）	実践国語		第15巻12冊
・実践の前進を（巻頭言）	実践国語	①	
・処理の技術（巻頭言）	実践国語	②	
・劇指導とコトバ（巻頭言）	実践国語	③	
・整理と充実を（巻頭言）	実践国語	④	
・詩心を育てよう（巻頭言）	実践国語	⑤	
・標準語教育前進のために（巻頭言）	実践国語	特集号	標準語教育の問題
・読解指導の再検討（巻頭言）	実践国語	⑦	
・夏休みと読書指導（巻頭言）	実践国語	⑧	第四回実践国語箱根大会（8・3―6）
・研究集団の前進（巻頭言）	実践国語	⑨	
・国語力の実態調査（巻頭訪）	実践国語	⑩	

昭和30年（一九五五）	・読書指導の徹底を（巻頭言）	実践国語	⑪	
	・問題の処理は具体的に（巻頭言）	実践国語	⑫	
	実践国語言（主張・批判）	実践国語		第16巻第173号まで
	「実践国語」（巻頭言）	実践国語		第16巻2冊
	・日に新しく………（巻頭言）	実践国語	①	
	・言語生活を正すために（巻頭言）	実践国語	②	
	国語教育への要望	実践国語	②	
	これからの国語教育	日本のコトバ	⑤	
	文学教育の問題点	実践国語	④	
	ことばのずれ（随想）	「全日本国語教育新聞」		
	国語教育前進のために	国語教育	⑦	
	戦後十年国語教育の反省	ことばの教育	⑨	
	草枕冒頭文「峠の茶屋」の指導	中学国語	⑨	
	国語実践の確立のために	国語教育	⑩	
	学校新聞の編集について	作文（中学）	⑩	
	読解・鑑賞指導の動向	国語教育	11・12	六三書院
	文学教育の問題点をどう考えるか	実践国語	臨時号	
	日本文学の読み方	こみち文化	特集号	
	「幼児の発音指導」	「NHKことばの研究室」放送	11・4	
昭和31年（一九五六）	新春放談（随想）	実践国語	①	
	読解の学習について	「日本短波放送」	2・23	
	言語活動のための学習形態	教育科学	⑥	

	文学活動を経験させるための指導上の問題点	国語月報	⑩
	文学教育の方法	実践国語	⑩
	文学的感動と問題意識	実践国語	⑩
	新聞編集の問題点	作文教育	⑪
	文法的事実と法則	国語月報	⑪
	作文の見方・書き方	作文教育	⑪
	読解指導のコツ	学校	⑫
昭和32年（一九五七）	辞書の選び方	「読売新聞」学芸欄	3・31
	鑑賞と創作の関係	教育科学	③
	国語科の技能と指導	教育技術	⑦
	国語教育この一年	国語月刊	⑥
	このような教科書を作っている	教育科学	⑧
	高原を歩く心（随想）	作文	⑧
	文学教育における実践の限界	日本文学	⑧
	文学教育の指導技術	読書科学	第二巻第二号
	国語の系統学習	国語月報	⑩
昭和33年（一九五八）	マスコミュニケーションと作文	作文	①
	人間の「生きぬく力」についての開眼	「図書新聞」	第450号
	作文の基礎能力をつけるために	作文教育	⑦
	新しい学習指導要領の方針	国語月報	⑨
	読書指導上の問題点	言語生活	⑨
	思考力の問題について	国語月報	⑨
	学習指導要領改訂案の要点	国語月報	⑩

昭和34年（一九五九）	現行指導要領との比較研究	教育展望	⑩
	「何を読むべきか」を、より生かすために	「図書新聞」	
	子供達に共通意識を	「図書新聞」	第472号
	新指導要領と作文の問題	国語月報	⑪
	理解・批判・実践	国語教育学会報	
	文学学習の問題点	国語月報	①
	未知の人（随想）	作文教育	①
	文学の学習指導の問題点	国語月報	①
	学習指導要領と現場の課題	教育科学	②
	読方学習の系統化	教育科学国語教育	④
	待つ心（随想）	げんかい	①
	現場の問題点と指導の重点	中学教育	④
	説明的文章の読解はどうしたらよいか	中学教育	⑤
	文学的文章の鑑賞指導はどうしたらよいか	中学教育	⑥
	実用的文章の読解はどうしたらよいか	中学教育	⑦
	小・中学における読む学習指導の系統㈠	国語月報	⑤
	小・中学における読む学習指導の系統㈡	国語月報	⑥
	小学校国語における移行措置の問題点	国語月報	⑦
	中学校国語における移行措置の問題点	国語月報	⑦
	中学校国語の夏季の学習	中学教育	⑧

昭和35年（一九六〇）	思考力を伸ばすにはどうしたらよいか	国語月報	⑨	
	文学教育と現場の問題点	国語月報	⑩	
	現状における読書指導の問題点	国語月報	⑪	
	家庭における敬語のしつけ	言語生活	⑪	
	中学校との関連はどうなるか	教育科学国語教育	⑩	
	内容価値に触れながら必要な能力を養おう	教育科学国語教育	①	
	どんな能力を養おうとするのか（教科研究とその批判）	教育科学国語教育	②	
	もっと核心をつかんだ研究を（教科研究とその批判）	教育科学国語教育	③	
	移行措置と新しい指導計画の立て方	中学教育	③	
	学習指導改善のための問題点	国語月報（小）	⑤	
	読解力の充実と教科書の選択	国語月報（中）	⑤	
	ローマ字に生きぬいた人（随想）	ことばの教育	特集号	鬼頭礼蔵氏追悼号
	ローマ字教育の柱・鬼頭さん（追想）	ローマ字の日本	特集号	鬼頭礼蔵氏追悼号
	国語学習指導法の改善	教育科学国語教育	⑥	
	日常生活に必要な国語の能力と話しことば	国語月報	⑦	
	心情を豊かにするために	国語月報	⑧	
	中学校における国語学習力向上のために	中等教育資料	⑦　第九巻第七号	文部省
	作文教育の現場の問題を分析する	教育技術	⑦	
	問題の多い説明文の読解指導	教育科学国語教育	⑪	

昭和36年（一九六一）	教材の価値と学習者の反応	教育科学国語教育	⑫
	国語学習指導改善のために㈠㈡	教育情報	⑩⑪
	原作と主題と反応の問題	教育科学国語教育	①
	教材研究の態度と教訓性について	教育科学国語教育	②
	理性的認識と感性的認識と	教育科学国語教育	③
	入学準備としての家庭教育	父母会議	③
	自分の心もちを自分のことばで	「愛国新聞」	
	書くことの練習計画	教育科学国語教育	⑩
	生まれたものが見たい（随想）	『北海道国語教育連盟十年史』	
昭和37年（一九六二）	速く正確に読みとる技能の熟達	教育科学国語教育	②
	プログラム学習に注目しよう（時評）	言語生活	④
	赤・黄・青とコトバの標識（時評）	言語生活	⑤
	こどものコトバはどこへいく（時評）	言語生活	⑥
	節音・節文・節言（時評）	言語生活	⑦
	それから後の問題（時評）	言語生活	⑧
	ムダの多い発言（時評）	言語生活	⑨
	〈講座・指導過程の歴史的分析〉	教育科学国語教育	
	・明治期の教授過程から何を学ぶか㈠	教育科学国語教育	⑤
	・明治期の教授過程から何を学ぶか㈡	教育科学国語教育	⑥
	・明治・大正の教授過程から学ぶもの㈢	教育科学国語教育	⑦
	・大正期の教授過程から何を学ぶか㈣	教育科学国語教育	⑧
	・大正期の教授過程から何を学ぶか㈤	教育科学国語教育	⑨

昭和38年（一九六三）	・大正期の教授過程から何を学ぶか㈥	教育科学国語教育	⑩	
	指導過程の意義と在り方	草の葉	特集号	国語教育実践理論の会編集
	鑑賞体験を深める手段	教育展望	⑦	
	基礎能力をつける学習書（書評）	「週刊読書人」	5・18	
	中学生のための夏休みの読書	出版年報		
	国語科の指導計画作成の問題点	中等教育資料	⑦ 第一一巻	文部省
	私の読書遍歴	教育展望	⑧	
	聞き方について	現代国語		実教出版株式会社発行
	一九六二年国語教育界の展望	文学・語学	第21号	全国大学国語国文学会編
	各地の国語教育の展望（座談会）	日本国語教育学会誌	第22号	
	言語教育と文学教育	教育科学国語教育	④	
	・昭和期の指導過程から何を学ぶか㈦ 生命主義の指導過程	教育科学国語教育	⑨	
	・昭和期の指導過程から何を学ぶか㈧ 生命主義の綴方と指導過程	教育科学国語教育	⑩	
	・昭和期の指導過程から何を学ぶか㈨ 形象理論に立つ指導過程	教育科学国語教育	⑪	
	・昭和期の指導過程から何を学ぶか㈩ 行的認識の方法的過程	教育科学国語教育	⑫	
	国語教育の近代化	教科通信	②	
	立場と観点	教科通信	③	
	国語教育の本質的認識を要望する	「週刊読書人」		
	宿題は成績にどうひびくか	中学二年コース	②	

昭和39年（一九六四）	昭和期の指導過程から何を学ぶか(十一)　芦田式七変化の教式	教育科学国語教育	①
	昭和期の指導過程から何を学ぶか(十二)　解釈学的指導過程	教育科学国語教育	③
	文学の鑑賞指導—最近の傾向と我が立場—	国語教育相談室	第21号
	国語指導観の確立	教育展望	⑤
	教科書教材としての文学の鑑賞指導	国語通信	
	「青い渚」に寄せて	「愛国新聞」	第183号
	戦後文学教育論の考察	成蹊論叢	第3号
	歴史研究・隣接諸科学との関連で	教育科学国語教育	⑥
	問題意識喚起の指導を	教育科学国語教育	⑦
	作文教育思潮の動向	日本国語教育学会誌	第26号
	読解指導過程研究の現段階	国語教育相談室	第25号
昭和40年（一九六五）	教材研究の成果と反省	教育科学国語教育	③
	草の春（随想）	中学生文芸	④ 創刊号
	「読むこと」の指導上の留意点	国語教育相談室	④ 中学一号
	「話し合い」の進め方	解釈と鑑賞	特集号
	「詩人の詩」の鑑賞指導	児童心理	⑦
	「扱いにくい教材」の批判	授業研究	⑩
	「千曲川旅情の歌」の鑑賞指導	中学生文芸	⑪
	文学教育に望むもの	中等国語	
昭和41年（一九六六）	基本的指導過程の確立をめざしたい	教育科学国語教育	①
	戦後20の指導過程研究の問題点	教育科学国語教育	②

	戦前と戦後の教材研究の方法論のちがい	教育科学国語教育	⑤	
	小学校中学校教育課程改善の提案	実践国語	⑦	
	注釈主義の指導過程	教育科学国語教育	⑩	
	「書くこと」の場を重視する必要	日本作文教育研究会コータリー	第二集	
昭和42年（一九六七）	教科書を主軸とした教科研究の方法	教科通信	③	
	大正・昭和期の国語学力観—知識注入主義からの脱却—	国語教育	①	三省堂発行
	音読の再確認	児童心理	⑦	
	技能訓練と読書態度に力点を	教育科学国語教育	⑧	
	古典教材の再評価—（中学校段階を中心に）	教育科学国語教育	⑨	
	研究会の動向と問題点	教育科学国語教育	⑪	
	「山のこだま」の発刊を祝して	「愛国新聞」	第220号	
	読解・作文指導の構造（解題）	国語教育相談室	第99号	
昭和43年（一九六八）	批判と要望について	教育科学国語教育	①	
	明治百年と国語教育	教育科学国語教育	③	
	中学校の文学作品の教材研究	教育科学国語教育	⑦	
	新指導要領の言語観・教育観（座談会）	教育科学国語教育	⑧	
	作文における話しことばの指導	児童心裡	④	
	国語科主体的学習の実践（解題）	国語教育相談室	第106号	
	44年度版光村・中国「読むこと」の特色	国語教育相談室	第106号	

昭和44年（一九六九）	国語教室の発見（解題）	国語教育相談室	第107号	
	国語辞書の選び方	「家庭教育新聞」	3・6	
	家庭での言葉の躾	ことば	④	三恵出版
	作文評価の効果的な方法（座談会）	作文教育	第八集	日本作文教育研究会
	注目すべき現場的提言の書（時評）	「週刊読書人」	5・23	
	進歩への提案の書（時評）	「週刊読書人」	6・10	
	新指導要領について（座談会）	言語生活	⑧	
	リポートの文章	解釈と鑑賞	特集号	
	新指導要領にみる国語科像	国語の教育	⑩	
	作文教育界ざっくばらん	国文学	⑪	学燈社
	国語教育方法論史における輿水理論	『記念紀要』		輿水実先生還暦記念
	板書を生かした研究の進め方	授業研究	③	
	特性を生かした資料体系を（道徳）	教育科学国語教育	⑤	
	国語教育の歴史(1)明治期	教室の窓	④	東京書籍
	国語教育の歴史(2)大正期	教室の窓	⑤	東京書籍
	国語教育の歴史(3)昭和前期	教室の窓	⑥	東京書籍
	国語教育の歴史(4)昭和後期	教室の窓	⑦	東京書籍
	中学校指導要領国語科改訂のポイント	実践国語	⑦	
	国語科教育の源流をさぐる(1)	教育技術	⑦	
	国語科教育の源流をさぐる(2)	教育技術	⑧	
	国語科教育の源流をさぐる(3)	教育技術	⑨	
	ヨーロッパ視察旅行の所感（随想）	国語教育相談室	第122号	
昭和45年（一九七〇）	正しいことばと敬語	児童心理	⑦	
	説明的文章の指導過程の考え方	教育科学国語教育	⑦	

昭和46年（一九七一）	文学教育の基本的な考え方	国語教育相談室	第127号	
	精進の風（随想）	千葉教育	⑧	
	国語科読書指導の基本的な考え方	小五教育技術	⑪	
	国語科の教師像	国語の教室	④	
	国語教育と創造性	国語研究	第29号	尚学図書
	読ませることの意義	教育ノート	⑥	教育社
	〈寄贈研究誌から問題を拾う〉	教育科学国語教育	④〜翌年③まで	
	・新指導法開発のために動きつつあるマンネリズムの脱却	教育科学国語教育	④	
	・さらに国語科授業改造をめぐって	教育科学国語教育	⑤	
	・揺れている国語科読書指導の実態	教育科学国語教育	⑥	
	・作文指導問題点三つ	教育科学国語教育	⑦	
	・思考を深める学習の問題	教育科学国語教育	⑧	
	・文学の学習指導	教育科学国語教育	⑨	
	・形象をだいじにする文学の学習指導	教育科学国語教育	⑩	
	・論理的思考の訓練を忘れてはならない	教育科学国語教育	⑪	
	・漢字・語句の指導を強化したい	教育科学国語教育	⑫	
	読書指導の本質	国語教育相談室	第142号	
	表現指導と個性	中等教育資料	⑪	文部省
昭和47年（一九七二）	・国語科と教育機器活用の問題	教育科学国語教育	①	
	・低調だといわれる「話しことば」指導上の問題点	教育科学国語教育	②	
	・国語科教育の研究誌を見て	教育科学国語教育	③	

昭和48年（一九七三）	自己表現の体験的よろこびを	ことばと文化	第11号	
	読解過程における「段落」指導の意味	教育科学国語教育	⑪	
	草の春（随想）	ことばと文化	第20号	
	青国研二十年の歩みに寄せて	青国研研究誌		
	国語教育と書写指導	書写指導	④	
	〈連載〉ひとつの風（自伝随想）(1)(2)	草の葉	第101号～第102号	
	考えさせる授業の板書指導	授業研究情報	第3集	
	文学教材を通しての判断力の教育	児童心理	③	
	国語科の読書指導を考える	「日本短波放送」	4・2	
	〈寄贈研究誌から問題を拾う〉	教育科学国語教育	④～⑫まで	明治図書
	・基本をふまえた継続研究を	教育科学国語教育	④	
	・独創性のある研究紀要と会報	教育科学国語教育	⑤	
	・観点の明確な作文指導の研究㈠	教育科学国語教育	⑥	
	・観点の明確な作文指導の研究㈡	教育科学国語教育	⑦	
	・国語科読書指導における新生面の開拓㈠	教育科学国語教育	⑧	
	・国語科読書指導における新生面の開拓㈡	教育科学国語教育	⑨	
	・読解力の強化をめざす指導方法の改善㈠	教育科学国語教育	⑩	
	・読解力の強化をめざす指導方法の改善㈡	教育科学国語教育	⑪	
	・読解力の強化をめざす指導方法の改善㈢	教育科学国語教育	⑫	

昭和49年（一九七四）	青国研に寄せて	青年国語研究会周年誌		
	読解指導における基本的な問題点	国語教育相談室（中学校）	第169号	
	学ぶ心（随想）	ことばと文化	③ 第34号	
	栄ある創立百周年記念に寄せて	市川小学校創立百周年記念号		
	これからの国語科教育の課題	教育展望	⑧	教育調査研究所発行
	惜しい先達を失った	国語教育誌	第12号	熊沢竜先生追悼号
	連載　ひとつの風（自伝随想）(3)～(7)	草の葉	第103号～第107号	
	畏友・相原永一さんの逝去を悼む	草の葉	第104号	
	岡島さんは学究の徒であり誠意の人であった	実践国語		（福井実国）岡島繁先生追悼号
	〈寄贈研究誌から問題を拾う〉	教育科学国語教育	④～⑫まで	明治図書
	・「研究紀要」にみる提言や成果の意義	教育科学国語教育	④	
	・読解指導法の改善と実践的強化を㈠	教育科学国語教育	⑤	
	・読解指導法の改善と実践的強化を㈡	教育科学国語教育	⑥	
	・読解指導法の改善と実践的強化を㈢	教育科学国語教育	⑦	
	・書くこと「作文」の方法的改善と指導の強化を㈠	教育科学国語教育	⑧	
	・書くこと「作文」の方法的改善と指導の強化を㈡	教育科学国語教育	⑨	
	・書くこと「作文」の方法的改善と指	教育科学国語教育	⑩	

	導の強化㈢			
	・聞くこと、話すことの指導はこれでよいか	教育科学国語教育	⑪	
	・個別化をめざす国語科学習指導法の探求	教育科学国語教育	⑫	
	子弟対談「夜の道」をめぐって	国語教育相談室（中学校）	第172号	
昭和50年（一九七五）	春日偶感（随想）	ことばと文化	第46号	
	〈連載〉ひとつの風（自伝随想）(8)～(11)	草の葉	第108～第111号	
	中学校の詩教材について	国語教育相談室（中学校）	第181号	
	協力と継続によって新味ある個別学習のメカニズムを追求する研究	教育科学国語教育	② 臨時増刊	
	わかる授業と教材精選の観点	授業研究	⑦	
	論理的文章を読ませることの学習指導	講義用レジメ		文部省高等学校指導者養成講座
	国語科教育の課題	中等教育資料	⑦ 第三三三号	文部省
	戦後授業過程論の文献解題	国語学研究(2)		
	説明的文章はどう読ませるか	「NHK」学校放送	11・5	藤原調査官ほか三名
	〈寄贈研究誌から問題を拾う〉	教育科学国語教育	①～⑫まで	明治図書
	・教材の精選と教材研究の問題	教育科学国語教育	①	
	・現場に密着した指導技術の実践的工夫を	教育科学国語教育	②	

昭和51年（一九七六）	・清新な問題の探求と実践的徹底を	教育科学国語教育	③	
	・読み手主体を生かす指導法の考案(1)	教育科学国語教育	④	
	・読み手主体を生かす指導法の考案(2)	教育科学国語教育	⑤	
	・読み手主体を生かす指導法の考案(3)	教育科学国語教育	⑥	
	・実り豊かな読書指導の実践的展開	教育科学国語教育	⑦	
	・創造性の開発をめざす方法的工夫のかずかず(1)	教育科学国語教育	⑧	
	・創造性の開発をめざす方法的工夫のかずかず(2)	教育科学国語教育	⑨	
	・作文の学習指導改善のための実践的提案を(3)	教育科学国語教育	⑩	
	・作文の学習指導改善のための実践的提案を(4)	教育科学国語教育	⑪	
	・国語科学習指導における個別化の問題	教育科学国語教育	⑫	
	新しい教育過程の改善の方向について	国語教育相談室（小学校）	第192号	
	新しい教育課程の改善の方向について	国語教育相談室（中学校）	第191号	
	子どもの生活と読書指導	なでしこだより	第30号	東京学芸大附小
	作文教育の個別化	教育科学国語教育	②	
	西原慶一先生—教育・国語教育一道のご生涯—	国語教育誌	②	
	〈連載〉ひとつの風（自伝随想）⑿〜	草の葉	第112号〜第114号	

(14) 〈寄贈研究誌から問題を拾う〉	教育科学国語教育	①〜⑫まで	明治図書
・国語科における指導技術の問題	教育科学国語教育	①	
・内容の精選と教材研究の問題	教育科学国語教育	②	
・協力による実践理論の探求を	教育科学国語教育	③	
・さらに実践理論の探求と成果の発表を望む	教育科学国語教育	④	
・随所にある実践的研究問題を見逃がすまい	教育科学国語教育	⑤	
・学究と現場の協力による実践の開発を	教育科学国語教育	⑥	
・表現力とくに作文力を高めるための問題点	教育科学国語教育	⑦	
・国語科読書指導の再認識と実践の問題点	教育科学国語教育	⑧	
・聞くこと、話すことの指導はこの程度でよいのか	教育科学国語教育	⑨	
・教材研究に問題はないか	教育科学国語教育	⑩	
・新味ある学習指導技術の考案を望む	教育科学国語教育	⑪	
・古典に関する学習意欲の喚起と指導法開発	教育科学国語教育	⑫	
作文教育内容の精選とシステム化	国語科研究資料	第9集　季刊	国語教育研究所編
「教育課程の基準の改善について」国語科1	「日本短波放送」教師の窓	10・25	

昭和52年（一九七七）	戦後の教育課程改訂における国語科の変遷	教育科学国語教育	臨時増刊	
	この道を歩み続けて―小・中・高・大学教師としての所懐―	教育じほう	②	東京都立教育研究所編
	連載講座―表現・理解・言語の指導	実践国語研究	第1巻	明治図書
	・国語科における新しい方法論的課題	実践国語研究	④⑤	
	・表現指導の基本問題と方法的考案(1)	実践国語研究	⑥⑦	
	・表現指導の基本問題と方法的考案(2)	実践国語研究	⑧⑨	
	・表現指導の基本問題と方法的考案(3)	実践国語研究	⑩⑪	
	・表現指導の基本問題と方法的考案(4)	実践国語研究	⑫①	
	誌上研究を読んで	実践国語研究	⑥⑦	
	〈寄贈研究誌から問題を拾う〉	教育科学国語教育	①～⑫まで	明治図書
	・協力的研究活動の推進と国語教育学への志向	教育科学国語教育	①	
	・ジャンルの特質を生かした読むことの指導の問題	教育科学国語教育	②	
	・国語実践の確立に資する研究活動の強化を	教育科学国語教育	③	
	・関連指導をどう考えるかの問題	教育科学国語教育	④	
	・叙述に即して内容を読みとる指導問題	教育科学国語教育	⑤	
	・国語科における「ゆとりある学習」の問題	教育科学国語教育	⑥	
	・読書力を高める読解指導の問題	教育科学国語教育	⑦	

・説明的（論理的）文章の指導を強化する問題	教育科学国語教育	⑧	
・基礎力の定着をめざす文章表現指導の問題	教育科学国語教育	⑨	
・ひとりひとりを生かす理解指導の問題	教育科学国語教育	⑩	
・国語科における主体的学習法の実践的開発を	教育科学国語教育	⑪	
・言語事項の効果的な指導法の工夫を	教育科学国語教育	⑫	
公正な学究的態度に学ぶ	『石井庄司先生喜寿記念論文集』	（収録）	
国語教育における不変の条理（総説）	『垣内松三著作集』	第六巻（収録）	
「綴方への道」をつらぬくもの（解説）	『石森延男国語教育選集』	第一巻（収録）	
「言語心象を語る」について（解題）	『垣内松三著作集』	第八巻（収録）	
「ひざしの子ら」のために	「ひざしの子ら」文集	記念号	
国語教育はどうなるか（座談会）	国語教育相談室（小学校）	第208号	
新学習指導要領国語科の解説（座談会）	初等教育資料	⑪	文部省
言語能力中心の新国語科の展開（座談会）	教育科学国語教育	⑫	
表現と理解の国語教育	発表要項		初等教育シンポジウム
〈連載〉ひとつの凧（自伝随想）⒃～	草の葉	第116号～第118号	

昭和53年（一九七八）	⒅ 実践一道の不変の条理	国語教育科学	特集号	二百号記念
	言語能力の重視と授業形態の改造	授業研究	①	
	有効適切な移行措置の具現を	教育科学国語教育	② 臨時増刊	
	私の年賀状（国語教師への期待）	教育科学国語教育	②	
	〈寄贈研究誌から問題を拾う〉	教育科学国語教育	①〜⑪まで	明治図書
	・読解・鑑賞指導における相補的関連の問題	教育科学国語教育	①	
	・古典にたいする感心を深め、指導の充実を	教育科学国語教育	②	
	・進歩に適応する問題点の指摘を見逃すまい	教育科学国語教育	③	
	・新生面の開発に役立つ問題点の指摘を	教育科学国語教育	④	
	・手を尽くして指導した研究記録の価値	教育科学国語教育	⑤	
	・地域性に立つ研究活動の強化を	教育科学国語教育	⑥	
	・表現指導の改善に関する問題の所在	教育科学国語教育	⑦	
	・理解指導の改善に関する問題の所在	教育科学国語教育	⑧	
	・新国語科の授業改造をめぐる問題点	教育科学国語教育	⑨	
	・研究紀要にみる成果を現場に生かそう	教育科学国語教育	⑩	
	・学ぶことの多い問題のかずかず	教育科学国語教育	⑪	
	国語科における文学指導の改善充実を	教育科学国語教育	⑫	

昭和54年（一九七九）	国語科指導の方向と強調点	指導と評価	④	
	表現指導の基本問題と方法的考案(5)	実践国語研究	②③	
	国語科教育の新しい実践の方向（誌上講演）	実践国語研究	④⑤	
	垣内松三著作集の意義	教育科学国語教育	⑥	
	表現指導の基本問題と方法的考案(6)	実践国語研究	④⑤	
	表現指導の基本問題と方法的考案(7)	実践国語研究	⑥⑦	
	表現指導の基本問題と方法的考案(8)	実践国語研究	⑧⑨	
	表現指導の基本問題と方法的考案(9)	実践国語研究	⑩⑪	
	表現指導の基本問題と方法的考案(10)	実践国語研究	⑫①	
	〈連載〉ひとつの風（自伝随想）(19)～(23)	草の葉	第119号～第123号	
	謝恩顕彰会へのお礼の言葉	「成蹊会誌」	第47号	
	国語科教育の実践的前進のために	「記念研究誌」		北海道国語教育連盟三十周年
	光りの教科書のために	「記念アルバム」		光村図書創立三十周年記念
	夏の日の思い出（随想）	「記念誌」		成蹊中・高等学校三十年史
	揺れる私の言語心象（随想）	ことばと文化	第90号	
	単元研究のための教材研究法	教育科学国語教育	①	
	国語教育における「能力」と「活動」の問題	国語教育相談室（小学校）	第224号	
	そこには、そこのよさがある（随想）	森	冬期号	

〈寄贈研究誌から問題を拾う〉	教育科学国語教育	①〜⑫まで	明治図書
・確かな表現力と理解力を育成する問題	教育科学国語教育	①	
・授業改善の前提として実態調査を活発に	教育科学国語教育	②	
・集積・整序による価値の再認識	教育科学国語教育	③	
・国語教室の創造には現場的発想が必要	教育科学国語教育	④	
・有効な評価法の実践的提案を	教育科学国語教育	⑤	
・教材研究の新味ある実践的提案を	教育科学国語教育	⑥	
・細部まで手を尽くす表現指導を	教育科学国語教育	⑦	
・表現・理解を通じて論理性への関心が薄い	教育科学国語教育	⑧	
・何をめざす授業の改善なのか	教育科学国語教育	⑨	
・国語科読書指導はどうなっているのか	教育科学国語教育	⑩	
・文章表現能力をつける指導の実践的工夫	教育科学国語教育	⑪	
・国語教育の根底にかかわる研究に学ぶ	教育科学国語教育	⑫	
表現指導の基本問題と方法的考案(11)	実践国語研究	②③	
表現指導の基本問題と方法的考案(12)	実践国語研究	④⑤	
表現指導の基本問題と方法的考案(13)	実践国語研究	⑥⑦	
表現指導の基本問題と方法的考案(14)	実践国語研究	⑧⑨	

年	題目	掲載誌	号	発行
昭和55年（一九八〇）	表現指導の基本問題と方法的考案⒂	実践国語研究	⑩⑪	
	表現指導の基本問題と方法的考案⒃	実践国語研究	⑫①	
	「ことばのいのち」	「ＮＨＫ人生読本」（放送）	3月26・27・28	三回連続
	基礎学力の育成	初等教育資料	⑤	文部省
	言葉の教育の新生面	「小学新国語」編集趣旨書	昭和55年版	光村図書
	三つの条件の実践的調和を	授業研究	⑨	
	「指導過程論」の遺産から何を学ぶか	教育科学国語教育	⑪	
	〈連載〉ひとつの風（自伝随想）㉔～㉖	草の葉	第124号～第126号	
	〈寄贈研究誌から問題を拾う〉	教育科学国語教育	①～⑫まで	明治図書
	・基礎的な調査・研究の強化と活用を	教育科学国語教育	①	
	・話し言葉の指導を埋没させてはならない	教育科学国語教育	②	
	・統一研究の中での実践的特質に注目したい	教育科学国語教育	③	
	・確かな表現力を育てる着実な手立てを	教育科学国語教育	④	
	・理解指導にかかわる効率的な手法の考案を	教育科学国語教育	⑤	
	・本来的な関連指導の実践的成果を	教育科学国語教育	⑥	
	・教材研究の方法論的提言と実践的提案を	教育科学国語教育	⑦	

・国語科における音読・朗読指導の改善強化を	教育科学国語教育	⑧	
・主体的な学習法の実証的提案を	教育科学国語教育	⑨	
・表現力を志向した理解指導の問題	教育科学国語教育	⑩	
・主題の実践化をめざす学校ぐるみの協力研究を	教育科学国語教育	⑪	
・注目に値する実践的個人研究のかずかず	教育科学国語教育	⑫	
80年代の国語教育に期待するもの	国語教育近代化	①	
表現指導の基本問題と方法的考案⒄	実践国語研究	②③	
ここに本格の実践的研究をみる	国語教材研究科学	記念号	創立二十周年
創設の主旨とKZRの使命	草の葉	記念号	二十周年
これからの表現指導の基本的な考え方	『国語科における表現指導の開発』	所収	
国語「関心・態度の評価観点」と学習態度づくり	授業研究	⑧	
指導と評価の実践的統一を	教育科学国語教育	⑨	
言語環境の充実を―とくに教育計画の中で	ふじさわ教育	48号	藤沢教育文化研究所
わかる喜びを／教える楽しみを	「文化放送こくご教室」		
観点の明確な調和のある教材研究	『国語科の教材研究法』	所収	
〈連載〉ひとつの風（自伝随想）(27)〜	草の葉	第127号〜第131号	

年	題目	掲載誌	号	発行所
昭和56年（一九八一）	〈寄贈研究誌から問題を拾う〉(30)	教育科学国語教育	①～⑫まで	明治図書
	・授業に直結した有効な評価法の実証研究を	教育科学国語教育	①	
	・国語科教育の一貫性に立つ実践課題	教育科学国語教育	②	
	・国語科教育におけるゆとりと充実の問題	教育科学国語教育	③	
	・確かな言語能力をつけるための授業改善	教育科学国語教育	④	
	・「言語感覚を養う」ための実践的課題	教育科学国語教育	⑤	
	・理解の考え方に立つ説明的文章の指導について	教育科学国語教育	⑥	
	・理解の考え方に立つ文学的文章の指導について	教育科学国語教育	⑦	
	・国語教材研究における新生面の開発を	教育科学国語教育	⑧	
	・詩歌教材の指導に実践的新風を	教育科学国語教育	⑨	
	・改善と強化の必要な語句・語彙の指導	教育科学国語教育	⑩	
	・思考力の育成と言語学習の問題	教育科学国語教育	⑪	
	・特性と共通性をふまえた実践課題の交流を	教育科学国語教育	⑫	
	〈連載〉ひとつの風（自伝随想）(31)～	草の葉	第132号～第135号	

昭和57年（一九八二）	(34) 主題把握の指導をめぐって	実践国語研究	④⑤ 第25号	
	新国語科教育の実践的確立のために	国語教育相談室	第249号	
	表現指導をめぐって	小学校の国語科教育	第2号	
	文化放送国語教室の理念（講義） —国語の学力をつけるために		4・2	文化放送
	一言の重み、いろいろ（随想）	高校生の文学	⑧	
	〈寄贈研究誌から問題を拾う〉	教育科学国語教育	①～⑫まで	明治図書
	・古典の学習法の改善と指導の強化	教育科学国語教育	①	
	・子どもが主体的に学ぶ授業の研究	教育科学国語教育	②	
	・実効のある表現（作文）の指導の実践的研究	教育科学国語教育	③	
	・確かな理解力をつけるための方法的改善	教育科学国語教育	④	
	・常時指導に生かせる評価法の研究を	教育科学国語教育	⑤	
	・さらに、実践に密着した表現力指導法の考案を	教育科学国語教育	⑥	
	・国語科教育にかかわる学究の研究に学ぶ	教育科学国語教育	⑦	
	・主体的な学び方を深める授業づくり	教育科学国語教育	⑧	
	・言語事項の有効な指導法の工夫を	教育科学国語教育	⑨	
	・国語科学習指導の改善と充実のために	教育科学国語教育	⑩	
	・視点の明確な底深い教材研究を	教育科学国語教育	⑪	

	・読解における「書く活動」の意義と方法的改善	教育科学国語教育	⑫	
	授業における能力志向と人間志向	実践国語研究	別冊1982版	「国語科授業の実践記録」
	親が子どもにできる言葉教育―インタビュー―	灯台	④	第三文明社
	〈連載〉ひとつの風（自伝随想）(35)～(38)	草の葉	第136号～第139号	
	基礎基本指導研究に示唆するもの	授業研究	⑧臨時増刊第241号	
	実践的新生面の開発として短作文の指導に注目したい	実践国語研究	第35号	
	国語教育研究校の研究テーマと実践の動向	教育科学国語教育	⑨臨時増刊第307号	
	垣内先生から学んだ最大なもの	教育科学国語教育	⑫臨時増刊	
	史的事実が語るもの	月刊国語教育研究	⑫	日本国語教育学会編
昭和58年（一九八三）	大村はま国語教室の教育的秘奥	『大村はま国語教室』	第3巻栞	筑摩書房
	読解から発展する表現の指導	国語教育相談室（中学校）	第278号	光村図書
	〈寄贈研究誌から問題を拾う〉	教育科学国語教育	①～⑫まで	明治図書
	・入門期の指導研究に新しい照明を	教育科学国語教育	①	
	・実践研究における協力と継続の力を	教育科学国語教育	②	
	・国語教育の史的事実から何を学ぶか	教育科学国語教育	③	
	・理解指導の強化、とくに説明的文章教材指導法の改善を	教育科学国語教育	④	

	・さらに、力点を明確にした説明的文章指導の工夫を	教育科学国語教育	⑤	
	・中学校における国語指導の実践課題は何か	教育科学国語教育	⑥	
	・学究による指導原理の究明を	教育科学国語教育	⑦	
	・基礎的な国語力の定着をめざす指導の強化を	教育科学国語教育	⑧	
	・史的研究の意義の確認と成果の摂取を	教育科学国語教育	⑨	
	・楽しく読ませる文学の学習指導を	教育科学国語教育	⑩	
	・短詩型教材の指導に新風を	教育科学国語教育	⑪	
	・観点を明確にした表現指導法の探求を	教育科学国語教育	⑫	
	〈連載〉ひとつの風（自伝随想）(39)～(42)	草の葉	第140号～第143号	
	ことばと心	わかば	第46号	文化放送機関誌
	見事な実践研究の前進	北海道国語教育連盟機関誌	第122号	
昭和59年（一九八四）	〈寄贈研究誌から問題を拾う〉	教育科学国語教育	①～③まで	明治図書
	・言語事項の基本研究と指導法の改善を	教育科学国語教育	①	
	・国語科の授業改善に新風を	教育科学国語教育	②	
	・各種研究誌からの恩恵—本欄担当12年を終わるに際しての	教育科学国語教育	③	

	所感―読みの指導における「言語事項」の役割	小学校国語科教育	第13号	明治図書
	わが一道精進の源泉〈回想〉	創立百十周年記念誌	⑥	市川小学校
	〈国語教育時評〉	教育科学国語教育	④〜⑫まで	明治図書
	・実践の新風	教育科学国語教育	④	
	・「授業技術」をめぐる問題の所在	教育科学国語教育	⑤	
	・「話しことば指導」の現実と課題	教育科学国語教育	⑥	
	・「国語教育理論」をめぐる提言に注目	教育科学国語教育	⑦	
	・国語科表現指導に実践的活力を	教育科学国語教育	⑧	
	・国語科読書指導の実践的行方と課題	教育科学国語教育	⑨	
	・国語教材研究をめぐる現下の課題	教育科学国語教育	⑩	
	・授業研究に、衆知による新風を	教育科学国語教育	⑪	
	・研究会の在り方はこれでよいのか	教育科学国語教育	⑫	
	〈連載〉ひとつの風（自伝随想）(43)〜(46)	草の葉	第144号〜第147号	
昭和60年（一九八五）	〈国語教育時評〉	教育科学国語教育	①〜③まで	明治図書
	・国語教育の歴史的研究と問題点	教育科学国語教育	①	
	・「言語事項」に関する実践指導の効率化の問題	教育科学国語教育	②	
	・実践を深めるための二つの提言	教育科学国語教育	③	
	言葉のもの離れ現象が気になる	「教育新聞」	2・11	
	気になる挨拶言葉の埋没現象	「教育新聞」	3・11	

謙虚に『実語』の生きた裏付けを	「教育新聞」	4・4	
〈戦後国語科授業論史〉	教育科学国語教育	④～⑫まで	明治図書
・第1回　序・授業論史考察の意義と立場	教育科学国語教育	④	
・第2回　新教育の出発と国語授業	教育科学国語教育	⑤	
・第3回　初期の単元学習論と国語の授業	教育科学国語教育	⑥	
・第4回　新教育の理念に支えられた授業	教育科学国語教育	⑦	
・第5回　経験志向の授業論と実践的前進	教育科学国語教育	⑧	
・第6回　国語授業における感性・生活性の恢復	教育科学国語教育	⑨	
・第7回　国語授業論にかかわる新生活面の開拓	教育科学国語教育	⑩	
・第8回　経験学習の反省と能力主義の提唱	教育科学国語教育	⑪	
・第9回　系統学習の提唱と授業研究論の台頭	教育科学国語教育	⑫	
詩指導と人間形成	小学校の国語科教育	一九号	
国語教育研究校の動向と実践的特色	教育科学国語教育	⑪　臨時増刊	全国特色ある国語教育研究校85年版
〈連載〉ひとつの風（自伝随想）(47)～(50)	草の葉	第148号～第151号	

昭和61年（一九八六）	〈戦後国語科授業論史〉	教育科学国語教育	①〜③まで	明治図書
	・科学的国語教育志向と授業論	教育科学国語教育	①	
	・科学的な国語授業研究の進展	教育科学国語教育	②	
	・授業研究論の飛躍的な進展	教育科学国語教育	③	
	〈授業に生きる教材研究　教材研究を読んでの感想	教育科学国語教育	④〜⑫まで	明治図書
	・「幸福」反応の予想と叙述の重視に特色をみる	教育科学国語教育	④	
	・「トロッコ」主題把握をめぐる「学び」と「教え」の活性化	教育科学国語教育	⑤	
	・「走れメロス」形象性と思想性の体験的統一を	教育科学国語教育	⑥	
	・「坊ちゃん」教材提示の意味の確認を	教育科学国語教育	⑦	
	・「オツベルと象」教材研究と指導研究の限界を	教育科学国語教育	⑧	
	・「敦盛の最期」授業実践に役立つ本格の教材研究	教育科学国語教育	⑨	
	・「故郷」何を教えるかを究明する教材研究	教育科学国語教育	⑩	
	・「最期の一句」固有の使命の自覚に立つ教材研究を	教育科学国語教育	⑪	
	・「少年の日の思い出」先行文献等に学びつつ独自性を	教育科学国語教育	⑫	

昭和62年（一九八七）	国語教育研究校の全国的動向と特色	教育科学国語教育	⑪臨時増刊	全国特色ある国語教育研究校86年版
	読書の興味や価値の体験的自覚を	月刊国語教育研究	⑨	
	実践国語教育の開拓者―西原慶一先生から学んだもの	国語の教師	第17号	
	読み方教授に見る実践的秘奥	教育科学国語教育	③臨時増刊	特集「入門芦田恵之助」
	〈連載〉ひとつの風（自伝随想）(51)～(54)	草の葉	第152号～第155号	
	〈授業に生きる教材研究　教材研究を読んでの感想〉	教育科学国語教育	①～⑫まで	明治図書
	・「春はあけぼの、うつくしきもの」授業に生かすために何を引き出すか	教育科学国語教育	①	
	・「鉄棒」詩教材をめぐる体験的所思	教育科学国語教育	②	
	・「吾輩は猫である」読書教材の研究法について	教育科学国語教育	③	
	・「夕焼け」詩教材研究への新味あるアプローチ	教育科学国語教育	④	
	・「レモン哀歌」人間志向と能力志向をめぐって	教育科学国語教育	⑤	
	・「少年の日の思い出」教材研究を読んでの感想	教育科学国語教育	⑥	
	・「幸福」新味ある教材価値の開発	教育科学国語教育	⑦	
	・「走れメロス」教材研究と指導研究	教育科学国語教育	⑧	

	に一応の限界を			
	・「故郷」創意ある豊かな味得に役立つ教材研究を	教育科学国語教育	⑨	
	・「大阿蘇」素直に、詩的価値を味得させるために	教育科学国語教育	⑩	
	・「トロッコ」生徒の鑑賞体験を豊かにするために	教育科学国語教育	⑪	
	・「夕鶴」体験的識見を広く共通の利益のために	教育科学国語教育	⑫	
	教育新世紀をめざす国語教育研究校の動向	教育科学国語教育	⑪　臨時増刊	全国特色ある国語教育研究校87年版
	ふるさと房総の昔語りを	千葉教育	7月号	
	楽しいことばの学習―確かな国語の力を育成するために―	しんあい	⑫	文化放送教育センター月報
	「国語教科書作り」をめぐって⑴「二葉国語」の時代とその周辺	草の葉	第157号	
	「国語教科書作り」をめぐって⑵「光村国語」の時代とその周辺	草の葉	第158号	
	〈連載〉ひとつの凧（自伝随想）(55)～(58)	草の葉	第156号～第159号	
昭和63年（一九八八）	楽しいことばの学習⑶―的確に読む能力を育成するために―	しんあい	②	文化放送教育センター月報
	〈授業に生きる教材研究　教材研究を読んでの感想〉	教育科学国語教育	①～⑫まで	明治図書

・「朝のリレー」「詩」を楽しく味読させるための教材研究を	教育科学国語教育	①
・「少年の日の思い出」「逆」にもまた真ありか	教育科学国語教育	②
・「坊っちゃん」読み味わう楽しさの体験的自得を	教育科学国語教育	③
・「幻の錦」論理的思考の増幅をめざす教材研究を	教育科学国語教育	④
・「潜り橋」確かに読む技法の習得と清新な知見の開発を	教育科学国語教育	⑤
・「フシダカバチの秘密」創意ある力点の明確な教材研究を	教育科学国語教育	⑥
・「日本語の特色」教材の特性に即した的確な教材研究を	教育科学国語教育	⑦
・「日本語の特色、日本人の表現」「題材」と「指導」への傾斜に注意を	教育科学国語教育	⑧
・「ユーモア感覚のすすめ」特質を生かした主体的な教材研究を	教育科学国語教育	⑨
・「イルカは知能が高いか」特色ある創意と力点の明確な研究提案を	教育科学国語教育	⑩
・「日本語の特色」論理的教材の研究と指導における生活的適応の配慮を	教育科学国語教育	⑪
・「日本の犬と西洋の犬」説明的・論	教育科学国語教育	⑫

理的教材研究の大事な観点について 清新かつ着実な国語教育研究校の成果	教育科学国語教育	⑪　臨時増刊	全国特色ある国語教育研究校88年版
〈国語の教育課程はこう変わる・小学校〉 戦後国語教育課程の変遷	教育科学国語教育	④～⑨まで	明治図書
・(一)国語科学習指導要領「試案」の草創期をめぐって	教育科学国語教育	④	
・(二)実践に直結した第二次「試案」の特色	教育科学国語教育	⑤	
・(三)国語科学習指導要領「試案」から「基準性」へ	教育科学国語教育	⑥	
・(四)人間形成をめざす調和と統一のある教育課程を	教育科学国語教育	⑦	
・(五)ゆとりのある充実した国語教育課程を	教育科学国語教育	⑧	
・(六)史的流れで何が問題となり何が望まれているか	教育科学国語教育	⑨	
言語環境について思う	「教育新聞」	コラム円卓⑥	
言葉の道の大先達	国語の教師	復刊第二号	
「紀要」第一集の発刊に寄せて	国語教育研究所「紀要」		
〈連載〉ひとつの凧（自伝随想）(59)～(61)	草の葉	第160号～第163号	

昭和64年 平成元年 （一九八九）	〈授業に生きる教材研究　教材研究を読んでの感想〉	教育科学国語教育	①〜③まで	明治図書
	・「生きることの意味」説明的教材研究で大事な二面の補説	教育科学国語教育	①	
	・「ことばの力」説明的教材の研究においても言表美の指摘を	教育科学国語教育	②	
	・「新しい文体の誕生」学習主体の体験的認識に着目した新味	教育科学国語教育	③	
	〈国語教育時評〉	教育科学国語教育	④〜⑫まで	明治図書
	・清新な国語科教育の創造を	教育科学国語教育	④	
	・新学習指導要領と移行措置をめぐって	教育科学国語教育	⑤	
	・言語生活の現実認識に立って提言や提案を	教育科学国語教育	⑥	
	・音声言語教育の清新な実践的確立を	教育科学国語教育	⑦	
	・子供の書いた教育文化遺産に注目しよう	教育科学国語教育	⑧	
	・生涯学習の基礎・読書指導の活性化を	教育科学国語教育	⑨	
	・「言語の教育としての立場」の自覚と実践の徹底を	教育科学国語教育	⑩	
	・前向きの条理ある相互認識と協力を	教育科学国語教育	⑪	
	・気になる国語科での思考力育成の問題	教育科学国語教育	⑫	

平成2年（一九九〇）	先導的な国語教育研究校の実証的成果	教育科学国語教育	⑪ 臨時増刊	全国特色ある国語教育研究校89年版
	向山洋一国語読み方資料を超えるもの 教材開発ツーウエイ	教室ツーウエイ	①	
	〈連載〉ひとつの凪（自伝随想）(62)～(65)	草の葉	第164号～第167号	
	〈国語教育時評〉	教育科学国語教育	①～⑫まで	明治図書
	・実践人としての自負と精進を	教育科学国語教育	①	
	・若い国語教師への要望二つ	教育科学国語教育	②	
	・国語科では個性化教育をどう具現するのか	教育科学国語教育	③	
	・「愛」に満ちた楽しい国語教室づくりを	教育科学国語教育	④	
	・国語教育誌学の実践的構築を	教育科学国語教育	⑤	
	・言語表現教育は、こんな調子でよいのか	教育科学国語教育	⑥	
	・手ぬるい音声言語教育の実践的開発	教育科学国語教育	⑦	
	・読書力を育てる教育風土の開発	教育科学国語教育	⑧	
	・自由な創見に満ちた文献の魅力	教育科学国語教育	⑨	
	・「辞書」活用の実証的研究成果の累積を	教育科学国語教育	⑩	
	・しなやかな国語の教育と個性志向	教育科学国語教育	⑪	
	・未開拓な面の多い作文教材の整序を	教育科学国語教育	⑫	
	国語教育研究校にみる能力志向の実証	教育科学国語教育	⑪ 臨時増刊	全国特色ある国語教育研

	成果			究校90年版
	〈連載〉ひとつの凧（自伝随想）(66)～(69)	草の葉	第168号～第171号	
平成3年（一九九一）	〈国語教育時評〉	教育科学国語教育	①～③まで	明治図書
	・魅力ある古典教育の教科を	教育科学国語教育	①	
	・現状の読解指導で確たる読書力が育成されるのか	教育科学国語教育	②	
	・国語教育フォーラムに注目を	教育科学国語教育	③	
	対談・授業技術を語る⑦「音読指導」を考える（須田実と）	実践国語研究	10―11月号No.102	
平成4年（一九九二）	対談・授業技術を語る⑧「板書・ノート指導」を考える（須田実と）	実践国語研究	12―1月号No.104	
	対談・授業技術を語る⑨「学習課題の展望」を考える（須田実と）	実践国語研究	2―3月号No.105	

3 講座・事典・辞典・年鑑・全集・特集等に発表の論考

発行年	発表題目・事項	講座・辞典その他名称	発行所	類別
①〈講座・シリーズ〉				
昭和28年	学習指導の一般目標	西原慶一ほか編『国語教育実践講座』全12巻	牧書房	講座
昭和29年	作文指導計画の実際（中学校）	波多野完治他編『作文教育講座』(1)全6巻	河出書房	講座
昭和31年	話し方指導について	時枝誠記編『国語教育講座』(1)全8巻	明治図書	講座

昭和31年	国語実践の確立と人間形成	時枝誠記編『国語教育講座』⑴全8巻	明治図書	講座
昭和31年	文学教育における鑑賞指導	時枝誠記編『国語教育講座』⑵全8巻	明治図書	講座
昭和32年	国語教育における指導の問題	輿水実編『国語指導法大系』第1巻	明治図書	講座
昭和32年	学習の抵抗と排除の方法	『基礎学力体系』	明治図書	講座
昭和32年	説明文の指導について	倉沢栄吉他編『読解指導の研究』1	東洋館出版	シリーズ
昭和33年	この本を読む人のために	J・W・マックスパデン著　桑原義男訳『開拓の勇者』	新紀元社	シリーズ
昭和33年	聞く生活とその指導	西尾実編『国語教育のための国語講座』第6巻全8巻	明治図書	講座
昭和33年	文法指導の機会と方法	『続日本文法講座』4	明治書院	講座
昭和34 35年	「あかりの歴史」の指導	共編『国語教材研究講座』全6巻	朝倉書店	講座
昭和34 35年	「信号」「映画」「最後の晩餐」の指導	共編『国語教材研究講座』全6巻	朝倉書店	講座
昭和35年	国語科の指導計画の作成の方法⑵	石井庄司他編『講座国語教育』全10巻（飛田多喜雄編者代表）	牧書房	講座
昭和35年	学習指導要領における読書指導⑹	石井庄司他編『講座国語教育』全10巻	牧書房	講座
昭和43年	戦後作文教育の歴史—終戦から現在まで—	森岡健二他編『作文講座』第1巻	明治書院	講座
昭和43年	文章範例「風の道」	森岡健二他編『作文講座』別巻1	明治書院	講座
昭和43年	教材研究法の確立	全国大学国語教育学会編『講座国語教育の改造』第2巻	明治図書	講座
昭和45年	「読むこと」（読解・読書・古典）の指導	『中学校新指導要領の指導事例』国語科編1	明治図書	シリーズ
昭和46年	指導法上の問題点とその改造	全国大学国語教育学会編『国語教育実	明治図書	講座

		践の改造』Ⅱ		
昭和47年	国語評価の基本的な考え方	『中学校新指導要領の評価事例』国語科編1、2、3、4 共通	明治図書	シリーズ
昭和47年	中学校国語科教育の史的展望	『中学校国語科教育講座』第1巻	有精堂	講座
昭和48年	文学的文章の特質と指導のねらい	飛田多喜雄監修『中学校・国語科教育指導の研究とその実践』全3巻	葵書房	講座
昭和49年	高等学校国語教育の史的展望	『高等学校国語科教育研究講座』第1巻	有精堂	講座
昭和49年	国語科読解・読書指導の基本的な考え方	『中学校国語科指導細案』(1)(2)(3)	明治図書	シリーズ
昭和49年	書くこと（作文）の指導について	『中学校国語科指導細案(4)』	明治図書	シリーズ
昭和49年	国語科古典指導の基本的な考え方	『中学校国語科指導細案』(5)	明治図書	シリーズ
昭和54年	国語科改善の歴史的経緯	『新国語科教育講座』	明治図書	講座
昭和54年	国語科のめざす学力	『新国語科教育講座』	明治図書	講座
昭和54年	国語教材研究の史的展望	『新国語科教育講座』	明治図書	講座
昭和55年	国語科指導方法と評価論	全国大学国語教育学会編『国語教育・整理と展望』	明治図書	叢書
昭和64年	新教育課程と国語科の方向	飛田多喜雄監修『新学習指導要領中学校国語科のキーワード』(1)～(7)	明治図書	シリーズ
②〈特集単行本〉				
昭和26年	中学校の国語科の計画	『国語科学習指導要領の実践計画』	六三書院	特集単行本
昭和27年	学校における文学教育	『国語科文学教育の方法』	教育書林	特集単行本
昭和27年	国語単元の展開法	『言語教育と文学教育』	金子書房	特集単行本

昭和28年	指導案の書き方	『国語科学習指導の方法』	教育書林	特集単行本
昭和29年	国語教師論	『現場の国語教育』	春秋社	特集単行本
昭和30年	国語科の学習指導要領はどのように改訂すべきか	『国語教育の諸問題』日本教育学会編	光風出版	特集単行本
昭和32年	国語学習の系統化	『国語の系統学習』	東洋館	特集単行本
昭和32年	読解の基礎学習の確立	『国語指導の実際』西尾実編	筑摩書房	特集単行本
昭和34年	飛田多喜雄指導　千葉県成田小学校著	『系統的作文指導教育の実践』	明治図書	特集単行本
昭和37年	ことばと生活(1)　聞き方について	『現代国語』（高校教科書）	実教出版	特集単行本
昭和40年	説明教材の特質と指導法	『現代国語の読解指導』	明治図書	特集単行本
昭和40年	話し合いの進め方	『現代・話し方の科学』	至文堂	特集単行本
昭和42年	授業課程における問題点とその克服	『能力差に応ずる国語指導』	明治図書	特集単行本
昭和43年	西原慶一先生の人と業績	『近代国語教育の歩み』Ⅰ	新光閣	特集単行本
昭和43年	国語科読書指導の改善	『中学校新国語指導書総説論』	光村図書	特集単行本
昭和43年	リポートの文章	『文章表現のハンドブック』	至文堂	特集単行本
昭和44年	国語科教育の史的展開	『小学校国語科教育法概論』	有精堂	特集単行本
昭和44年	国語科教育の目標	『中学校・高等学校　国語科教育研究』	学芸図書	特集単行本
昭和44年	第一章　国語科の改訂による　新しい方向	『中学校国語科指導要領の展開』	明治図書	特集単行本
昭和44年	第二章　中学校国語科の目標	『中学校国語科指導要領の展開』	明治図書	特集単行本
昭和44年	新しい国語教育の方向	『ＰＴＡ全書』（冒頭文）	研学社	特集単行本
昭和44年	協力によって基本的指導過程の確立をめざしたい	『国語教育における輿水理論』	明治図書	特集単行本

昭和44年	国語教育方法論史における輿水理論	『国語教育における輿水理論』	明治図書	特集単行本
昭和46年	国語科教育における教師像	『国語科教育における人間像』	明治図書	特集単行本
昭和48年	国語科における読書指導	『国語科教育学研究』	明治図書	特集単行本
昭和50年	評価機能を生かした読解・読書指導の個別化	『読解指導の個別化』	明治図書	特集単行本
昭和50年	類型的指導過程を受けとめる基本態度	『国語科類型的指導過程の活用』	明治図書	特集単行本
昭和51年	戦後授業過程論の文献解題	『国語教育学研究』第2巻	明治図書	特集単行本
昭和51年	作文指導の個別化	『作文指導の個別化』	明治図書	特集単行本
昭和52年	作文の基本課程	『学習指導法の類型と実践』（国語科編）	学習研究社	特集単行本
昭和53年	理解の学習指導	『小学校国語科教育概説』	有精堂	特集単行本
昭和52年	小学校国語科教育課程の変遷	『学習指導要領の展開』	明治図書	特集単行本
昭和53年	国語科教育の研究課題	『表現と理解の国語教育』	泰流社	特集単行本
昭和54年	国語教育の史的展望―中・高	『国語科教育法概説』	有精堂	特集単行本
昭和54年	国語教育の目標と内容	『中学校・高等学校　国語科教育研究』	学芸図書	特集単行本
昭和55年	言語教育の史的変遷	『言語の教育としての国語科授業』	明治図書	特集単行本
昭和55年	観点の明確な調和のある教材研究	『国語科の教材研究法』	明治図書	特集単行本
昭和56年	教育者と文章	『教育者のための文章教室』	蒼丘書林	特集単行本
昭和56年	国語科読書指導	『新版　国語教育学研究』	学芸図書	特集単行本
昭和56年	国語科の教材研究法	『国語科教材研究の観点』	明治図書	特集単行本
昭和57年	能力志向と文学指導の問題	『機能的読解力の指導』	明治図書	特集単行本
昭和57年	学習の基礎として働く能力	『基礎学力としての作文力』	明治図書	特集単行本

昭和59年	中等国語科教育の史的変遷	『旧制中等学校教科内容の変遷』	教科書研究センター	特集単行本
昭和62年	国語学力論の史的考察	『思考力を育てる国語教育』藤原宏先生退官記念論文集編集委員会編	明治図書	特集単行本

③〈全集・大系〉

昭和31 33年	解説	『中学校文学全集』全30巻	新紀元社	全集
昭和33年	「志賀直哉集」の読書指導	『新日本少年少女文庫』	ポプラ社	全集
昭和45年	解説	日本文学シリーズ『あかつき名作館』全12巻	暁教育図書	全集
昭和45年	石森延男先生の人と作品	あかつき名作館『石森延男集』	暁教育図書	全集
昭和50年	『読み方教授』注解・解題・解説	『近代国語教育論大系』第5巻　大正期Ⅱ	光村図書	大系
昭和50年	『国語教授法精義』注解・解題・解説	『近代国語教育論大系』第5巻　大正期Ⅱ	光村図書	大系
昭和50年	『創作的読方教授』注解・解題・解説	『近代国語教育論大系』第7巻　大正期Ⅳ	光村図書	大系
昭和50年	『文芸教育論』注解・解題・解説	『近代国語教育論大系』第7巻　大正期Ⅳ	光村図書	大系
昭和50年	『読み方の自由教育』注解・解題・解説	『近代国語教育論大系』第7巻　大正期Ⅳ	光村図書	大系
昭和50年	『読方教育の鑑賞』注解・解題・解説	『近代国語教育論大系』第7巻　大正期Ⅳ	光村図書	大系
昭和51年	『表現の読み方』注解・解題・解	『近代国語教育論大系』第11巻　昭和	光村図書	大系

	説	期Ⅱ		
昭和51年	『社会に生きる読み方教育新機構』注解・解題・解説	『近代国語教育論大系』第11巻　昭和期Ⅱ	光村図書	大系
昭和51年	『素直な読方教育』注解・解題・解説	『近代国語教育論大系』第11巻　昭和期Ⅱ	光村図書	大系
昭和52年	国語教育を導く不変の条理	『垣内松三著作集』第6巻	光村図書	著作集
昭和52年	「言語心象を語る」について	『垣内松三著作集』第8巻	光村図書	著作集
昭和53年	解説「綴方への道」をつらぬくもの	『石森延男国語教育選集』第1巻	光村図書	選集
昭和56年	国語科教育課程史の資料的重み	『国語教育史資料』第5巻	東京法令	資料大系
平成6年	国語科教育基礎論(3)学力論	（野地潤家と監修）『国語教育基本論文集成』（全30巻・別巻1）巻3	明治図書	集成

④〈事典・辞典の項目〉

昭和32年	「学級新聞の指導」他	『国語教育辞典』共編	朝倉書店	辞典
昭和35年	国語科と読書指導	『読書指導事典』	平凡社	事典
昭和41年	会議・座談会・討論会	『家庭百科大事典』3　言語生活	暁教育図書	辞典
昭和42年	「話すことのいろいろ」の解説 ・一対一の通じ合い＝（問答、質問、対話、会話、応対と応答、相談、話し合い） ・一対他の通じ合い＝（お話、報告、談話、発表、声明、朗読、説明、解説、講演、講義、討議、	『玉川児童百科大事典』11　国語	玉川大学出版部	事典

昭和46年	討論、会議） ・機器を使っての話す聞く＝（インターホン、トランシーバ、電話、メガホン、マイクロホン） 「基本的用語」の解説 項目＝（課題作文、記述、構成、構想、口頭作文、自己表現、自由選題、取材、主題、処理、推考、生活綴方、生活文、評価、表現、表現語い、文集、文体、文話）	『作文指導事典』井上敏夫他編	第一法規	事典
昭和46年	言語教育と文学教育	『小学校国語科指導事典』	第一法規	事典
昭和48年	読むことの教育の史的展開 項目＝（方法論的観点からの考察、素読中心の読むことの教育、分段法による読むことの教育、注釈主義の読むことの教育、センテンスメソッドによる読むことの教育、形象理論による読むことの教育、芦田式七変化の教式による読むことの教育、行的認識による読むことの教育、解釈学に基づく読むことの教育、その後の読むことの教育の動	『読解・読書指導事典』	第一法規	事典

	向）			
昭和50年	国語科教育の部 項目＝（ノートの指導、説明文の読解、報告文の読解、文学教育、詩教材の指導）	『授業研究大事典』広岡亮蔵編	明治図書	事典
昭和53年	解義・解題 項目＝（学習指導要領、国語教科書、近代国語教育論大系、標準語教育、聞くこと、話すこと）	『国語学大辞典』国語学会編	東京堂	辞典
昭和54年	表現の指導計画	『新国語科指導法事典』輿水実編	明治図書	事典
昭和55年	解義・解説等 項目＝（垣内松三、芦田恵之助、国語科の目標、国語の力、サクラ読本）	『文学教育事典』日本文学教育連盟編	労働教育センター	事典
昭和56年	解説（垣内松三、西原慶一）	『作文指導法事典』	第一法規	事典
昭和63年	解説等 項目＝（解釈学的国語教育、片上伸、千葉春雄、近代国語教育の教材史、国語学力、国語教育、国語の力（再稿）、西原慶一、保科孝一、人間形成としての国語教育） 資料＝（国語教育主要文献目録）	『国語教育研究大辞典』編集代表	明治図書	辞典

⑤〈年鑑〉

昭和46年	国語教育—中学校	『国語年鑑』昭和46年版国立国語研究所編	秀英出版	年鑑
昭和47年	国語教育—中学校	『国語年鑑』昭和47年版国立国語研究所編	秀英出版	年鑑
昭和48年	国語教育—中学校	『国語年鑑』昭和48年版国立国語研究所編	秀英出版	年鑑
昭和46年	第一部「課題と展望」—四、作文	『研究年鑑』第1集国語教育研究所編	明治図書	年鑑
昭和47年	第一部「課題と展望」—四、作文	『国語教育研究年鑑』72年版国語教育研究所編	明治図書	年鑑
昭和48年	第一部「課題と展望」—四、作文	『国語教育研究年鑑』73年版国語教育研究所編	明治図書	年鑑
昭和49年	第一部「課題と展望」—四、作文	『国語教育研究年鑑』74年版国語教育研究所編	明治図書	年鑑
昭和50年	第一部「課題と展望」—四、作文	『国語教育研究年鑑』75年版国語教育研究所編	明治図書	年鑑
昭和51年	第一部「課題と展望」—四、作文	『国語教育研究年鑑』76年版国語教育研究所編	明治図書	年鑑
昭和52年	第一部「課題と展望」—四、作文	『国語教育研究年鑑』77年版国語教育研究所編	明治図書	年鑑
昭和53年	第一部「課題と展望」—二、表現	『国語教育研究年鑑』78年版国語教育研究所編	明治図書	年鑑
昭和54年	第一部「課題と展望」—二、表現	『国語教育研究年鑑』79年版国語教育研究所編	明治図書	年鑑

		研究所編		
昭和55年	第一部「課題と展望」―二、表現	『国語教育研究年鑑』80年版国語教育研究所編	明治図書	年鑑
昭和56年	第一部「課題と展望」―二、表現	『国語教育研究年鑑』81年版国語教育研究所編	明治図書	年鑑
昭和57年	第一部「課題と展望」―二、表現	『国語教育研究年鑑』82年版国語教育研究所編	明治図書	年鑑
昭和58年	第一部「課題と展望」―二、表現	『国語教育研究年鑑』83年版国語教育研究所編	明治図書	年鑑
昭和59年	第一部「課題と展望」―二、表現	『国語教育研究年鑑』84年版国語教育研究所編	明治図書	年鑑
昭和51年	国語科授業研究の総括と研究課題	『授業研究年鑑』76年版教育情報センター編	明治図書	年鑑
昭和53年	国語科授業研究の総括と研究課題	『授業研究年鑑』78年版教育情報センター編	明治図書	年鑑
昭和55年	国語科授業研究の総括と研究課題	『授業研究年鑑』80年版教育情報センター編	明治図書	年鑑
昭和56年	国語科授業研究の総括と研究課題	『授業研究年鑑』81年版教育情報センター編	明治図書	年鑑
昭和57年	学校教育編3教育課程「国語教育」	『日本教育年鑑』83年版	ぎょうせい	年鑑
昭和58年	学校教育編3教育課程「国語教育」	『日本教育年鑑』84年版	ぎょうせい	年鑑
昭和60年	学校教育編3教育課程「国語教育」	『日本教育年鑑』86年版	ぎょうせい	年鑑
昭和60年	表現領域の総括と課題	『国語教育研究年鑑』85年版	明治図書	年鑑
昭和61年	表現領域の総括と課題	『国語教育研究年鑑』86年版	明治図書	年鑑

昭和61年	教育改革と国語科教育どこが問題か	『国語教育研究年鑑』86年版	明治図書	年鑑
昭和62年	表現領域の総括と課題	『国語教育研究年鑑』87年版	明治図書	年鑑
昭和63年	国語教育研究・実践の総括と研究課題　総論	『国語教育研究年鑑』88年版	明治図書	年鑑
⑥〈掛図・録音〉				
昭和43年	（企画・編集・録音）	ソノ国語教育ライブラリイ（中学校・全6巻）	日本ソノ出版KK	録音
	・朗読のしかた（一年）	飛田多喜雄編「話しことばの指導とテスト」(1)		
	・朗読のしかた（一年）	飛田多喜雄編「話しことばの指導とテスト」(2)		
	・用件やことがらの確実な聞きとり方（一年）	飛田多喜雄編「話しことばの指導とテスト」(3)		
	・朗読の味わい方	飛田多喜雄編「話しことばの指導とテスト」(4)		
昭和50年	国語科読書指導の問題	『中等新国語指導書』	光村図書	解説書
昭和51年	小学校用作文掛図（全二級）小学校用	飛田多喜雄監修	全国教育図書	掛図
昭和52年	言語事項指導掛図（全三級）小学校用	飛田多喜雄監修	全国教育図書	掛図
昭和55年	表現・理解・言語事項の関連について	56中学国語指導書　総説編	光村図書	解説書

昭和56年	小学校用作文掛図（全二級）新版	飛田多喜雄監修	全国教育図書	掛図

4 教科書編集関係

年代	教科書名	学校	発行所	備考
昭和7年	市川郷土読本　上巻	小学校用	三共出版社	責任編集
昭和7年	国語読本教授細目　全6巻	小学校用	京成社	責任編集
昭和8年	市川郷土読本　下巻	小学校用	京成社	責任編集
昭和25年	小学国語の本　一、二年用各二巻	小学校用	二葉株式会社	西原慶一　他編
昭和25年	共同募金「学習指導の手引」	小学校用	中央共同募金委員会	金田一春彦・飛田多喜雄編
昭和25年	共同募金「学習指導の手引」	中・高等学校用	中央共同募金委員会	金田一春彦・飛田多喜雄編
昭和26年	小学国語の本　全13巻	小学校用	二葉株式会社	西原慶一　他編
昭和26年	共同募金の教育計画	小学校用	中央共同募金委員会	金田一春彦・飛田多喜雄編
昭和26年	共同募金の教育計画	中・高等学校用	中央共同募金委員会	金田一春彦・飛田多喜雄編
昭和26年	「小学国語の本」教師用指導書	小学校用	二葉株式会社	西原慶一　他編
昭和28年	改訂「国語の本」全13巻	小学校用	二葉株式会社	西原慶一　他編
昭和28年	ROMAZI NO HON　全3巻	小学校用	二葉株式会社	松村明、森岡健二、飛田多喜雄編
昭和30年	新訂「国語の本」全13巻	小学校用	二葉株式会社	西原慶一、飛田多喜雄　他5名編
昭和31年	新編「国語の本」全13巻	小学校用	二葉株式会社	西原慶一、飛田多喜雄　他5名編
昭和31年	中学標準国語　全6巻	中学校用	教育図書	今泉忠義、飛田隆、飛田多喜雄他4名編

昭和33年	新編「国語の本」全13巻	小学校用	二葉株式会社	吉田精一、西原慶一、飛田多喜雄　他編
昭和33年	改訂版「中学標準国語」	中学校用	教育図書	今泉忠義、飛田隆、飛田多喜雄他5名編
昭和34年	国語○年生　全12巻	小学校用	二葉株式会社	武者小路実篤、輿水実、飛田多喜雄他編
昭和34年	国語（綜合）中学○年生　全6巻	中学校用	二葉株式会社	武者小路実篤、輿水実、飛田多喜雄他編
昭和37年	こくご・国語　全13巻	小学校用	二葉株式会社	武者小路実篤、輿水実、飛田多喜雄他編
昭和37年	中学国語　全3巻	中学校用	教育出版	武者小路実篤、輿水実、飛田多喜雄　他7名編
昭和39年	こくご・国語　全13巻	小学校用	教育出版	武者小路実篤、輿水実、飛田多喜雄　他7名編
昭和38年	中等新国語　全3巻	中学校用	光村図書	石森延男、遠藤嘉基他
昭和40年	小学新国語　全12巻	小学校用	光村図書	石森延男、遠藤嘉基他
昭和43年	小学新国語　全12巻	小学校用	光村図書	石森延男、遠藤嘉基他
昭和43年	中等新国語　全3巻	中学校用	光村図書	石森延男、遠藤嘉基　他
昭和46年	小学新国語　全12巻	小学校用	光村図書	石森延男、井上靖　他18名編
昭和46年	中等新国語　全3巻	中学校用	光村図書	石森延男、井上靖　他18名編
昭和48年	現代国語　全3巻	高等学校用	光村図書	石森延男、井上靖、臼田甚五郎　他16名編
昭和50年	小学新国語　全12巻	小学校用	光村図書	著作者（他20名）
昭和50年	中等新国語　全3巻	中学校用	光村図書	著作者（他20名）
昭和51年	新版現代国語　全3巻	高等学校用	光村図書	著作者（他12名）
昭和52年	55年版　小学新国語　全12巻	小学校用	光村図書	著作者（他22名）
昭和53年	56年　中等新国語　全3巻	中学校用	光村図書	著作者（他23名）
昭和54年	57年版　国語　Ⅰ	高等学校用	光村図書	著作者（他14名）
昭和55年	57年版　国語　Ⅱ・現代文	高等学校用	光村図書	著作者（他14名）

昭和56年	57年版　現代文	高等学校用	光村図書	著作者（他14名）
昭和56年	57年版　国語表現	高等学校用	光村図書	著作者（他14名）
昭和56年	57年版　古典（漢文）	高等学校用	光村図書	著作者（他14名）
昭和57年	58年版　小学校用国語教科書　全12巻 かざぐるま（一上） ともだち（一下） たんぽぽ（二上） 赤とんぼ（二下） わかば（三上） あおぞら（三下） かがやき（四上） はばたき（四下） 銀河（五上） 大地（五下） 創造（六上） 希望（六下）	小学校用	光村図書	著作者（他22名）
昭和58年	59年版　国語　全3巻	中学校用	光村図書	著作者（他26名）
昭和59年	61年版　小学校用国語教科書　全12巻	小学校用	光村図書	著作者（他22名）
昭和59年	62年版　国語　全3巻	中学校用	光村図書	著作者（他26名）
昭和61年	平成元年版　小学校用国語（全12巻）	小学校用	光村図書	監修者（他2名）

5 「作文集」審査・選評など

当年月	種別	内容
昭和29年	読売つづり方コンクール	読売新聞社主催、全国小・中学校つづり方コンクール作品、東京都予選審査員。（第4回） 引き続き、第5回～第25回（昭和50年）までその任にあたる。
昭和37年	安全に関する作文	文部省・日本学校安全会主催、「全国、安全に関する作文」に関し、第3回（昭和37年度）より中央審査委員として審査にあたり、引き続き第21回（昭和58年度）までその任にあたる。
昭和37年	愛国作文	愛国学園発行「愛国新聞」掲載の生徒作品につき、昭和37年より毎月選評を担当した。それらの作文は批評とともに収録され、毎年「愛国作文集」として、単行本の形で発行されている。 1　雲と上　昭和37年 2　雲と高原　昭和38年 3　青い渚　昭和39年 4　木々の春　昭和40年 5　落ち葉　昭和41年 6　山のこだま　昭和42年 7　一本土手　昭和43年 8　川面の輝き　昭和44年 9　洗心の庭　昭和45年 10　花ふぶき　昭和46年 11　青春の足跡　昭和47年 12　萌ゆる若草　昭和48年

13	ヒマラヤ杉	昭和49年	
14	なでしこの花	昭和50年	
15	筑波根の風	昭和51年	
16	大河の流れ	昭和52年	
17	緑の大地	昭和53年	
18	広がる年輪	昭和54年	
19	夜明けの空	昭和55年	
20	学舎の四季	昭和56年	
21	歳月の栞	昭和57年	
22	遥かなる道	昭和58年	
23	希望の朝	昭和59年	

6　序文・書評・推薦の言葉

年代	文種	内容	備考
昭和15年4月号	書評	純粋なる「と」の力系的展開を語る書　垣内松三著『言語形象性を語る』	「コトバ」
昭和24年7月号	書評	釘本久春著『国語教育論』	「実践国語」
昭和27年8月1日	推薦文	待たれる書—新平家物語への愛着心—吉川英治著『新平家物語』	「出版朝日月報」
昭和33年	書評	阪本一郎著『教育基本語彙』—「はじめて手にする教育・国語教育界の金字塔」	「はくぼく」
昭和34年	序文	飛田多喜雄指導・千葉県成田小著『系統的作文指導の実践』	明治図書
昭和38年7月8日	書評	時枝誠記著『改稿　国語教育の方法』	「週刊読書人」
昭和40年1月号	書評	大橋精夫著『現代教育方法論批判』	「教育科学国語教育」

昭和40年12月	推薦文	輿水　実著『国語スキル学習入門』	三省堂
昭和43年	序　文	神藤吉重著『国語教室の発見』	煥平堂
昭和47年	序　文	佐藤　茂編『おたまじゃくし』（児童詩集）	成蹊印刷部
昭和47年	書　評	高田　亘著『作文指導入門』	明治図書
昭和48年	推薦文	樺島忠夫著『文章工学による新しい作文』	秀学社
昭和49年	序　文	熊本県中学校国語教材研究会編『教材研究』第7集	新研社
昭和51年	序　文	釘宮　静編『国語科の転換』	文理社
昭和52年	序　文	神藤吉重著『続国語教室の発見』	煥平堂
昭和53年	記念文	印旛国語同好会編『ひざしの子ら』第2集	
昭和53年	序　文	斉藤喜門著『ひとり学びを育てるノート・レポート学習』	明治図書
昭和53年	紹介文	『垣内松三著作集』刊行の意義	「教育科学国語教育」
昭和54年	序　文	小泉　弘教授退官記念論集『国語と教育』	小泉弘教授退官記念論文編纂刊行会
昭和54年10月号	書　評	お茶の水女子大学言語教育研究室編『言語表現の教育』	「国文学」学燈社
昭和56年	推薦文	国語教育課程史の資料的重み　『国語教育史資料』第5巻	東京法令出版
昭和56年	推薦文	国語教育研究者のために『実践国語教育』復刻版	教育出版センター
昭和57年4月号	書　評	時代の要請に答える研究資料―『国語教育史資料』全6巻	「教育科学国語教育」
昭和57年2月号	序　文	本格の国語教育実践理論の書　西村正三著『国語への道』	札幌市円山小学校
昭和59年	書　評	大内善一著『戦後作文教育史研究』「実践国語教育情報」	教育出版センター
昭和59年5月	推薦文	『輿水實自選著作集』全12巻、別巻1巻	教育出版センター
昭和62年5月	推薦文	国語実践の達人・芦田秘奥の宝庫『芦田恵之助国語教育全集』全25巻	明治図書
昭和62年8月	紹　介	「倉沢国語の魅力」『倉沢国語教育全集』12巻	角川書店
昭和62年10月	序　文	市川郷土読本復刻再刊の序文「再刊に寄せる言葉」	

昭和63年12月	祝文	北海道国語教育連盟　創立四十年を祝って　「北海道国語教育連盟機関誌」第132号

あとがき

この「飛田多喜雄先生略歴と著作目録（三訂版）」は、以下の経緯を経て編集されたものである。

まず、昭和五二年一一月一五日、飛田多喜雄先生の古希を記念して「飛田多喜雄先生略歴と著作目録」が、「飛田多喜雄先生古希記念会」から出版された。標題紙には「飛田多喜雄先生略歴と著作目録（昭和五二年一〇月現在）」と記されている。また「あとがき」によれば、編集は以下の三名が担当した。齊藤喜門（お茶の水女子大学附属中学校）、大里正安（東京都育英小学校）、飛田良文（国立国語研究所）。

次いで、昭和五九年一一月一五日、飛田多喜雄先生の喜寿を記念して「飛田多喜雄先生略歴と著作目録（改訂版）」が、「飛田多喜雄先生喜寿記念会」から出版された。標題紙には「飛田多喜雄先生略歴と著作目録（昭和五九年一一月現在）」と記されている。また「あとがき」によれば、「今回は、それを原本にし、さらに以後の事項を加え増補したものである。」と記され、編集は以下の五名が担当した。齊藤喜門（都留文科大学教授）、増田信一（東京学芸大学附属大泉中学校教諭・同大学講師）、安藤修平（北海道静修短期大学助教授）、花田修一（お茶の水女子大学附属中学校・同大学講師）、飛田良文（国立国語研究所言語変化研究部長）。

そして、本稿「飛田多喜雄先生略歴と著作目録（三訂版）」は、平成二一年八月一日、飛田多喜雄先生を開祖と仰ぐ「国語教育実践理論研究会」の五十周年（注、飛田多喜雄先生が興されたのは「国語教育実践理論の会」で、先生の没後、新生の「国語教育実践理論研究会」を立ち上げ、両会を合わせて通算五十回となった）を記念して編集したものである。作業は改訂版を原本にし、以後の事項を加え増補した。編集は安藤修平が中心となり増補原稿を作成し、増田信一、花田修一、飛田良文が協力して完成したものである。「最終版」とせず、「三訂版」としたのは、誤謬や発見が予想され、更なる改訂が行われることを慮ったからである。

なお、最終稿の段階で入力・校正の作業に相原貴史 相模女子大学教授の協力を得た。記して感謝の意を表する。

平成二一年七月

安藤修平
花田修一
増田信一
飛田良文

飛田多喜雄先生の思い出

国語教育実践理論の開拓者　飛田先生

江部　満
（明治図書『教育科学・国語教育』編集長）

飛田先生に初めてお会いしたのは、今から五三年前である。私が明治図書に請われて入社した翌年、二八歳。月刊誌『教育科学・国語教育』の創刊を提案した時であった。三月の午後、社長室へ呼ばれた。（社長は二代目藤原政雄氏）

顔を出すとそこに飛田先生がおられた。第一声、「この若造が月刊誌を提案したのか、しかも一人でやると言うのか、元気がいいな。社長やらせれば、ダメならクビにすればいいんだから」と。私はその覇気に驚いてただ頭を下げていた。実は前日にも社長は国語教育界の指導者を五人も招いて、顧問を要請していたのだが、私が教育出版界には戦前、戦後ともに、未だに専門編集者が育っていない、私はその実現に一人立ちしたい、顧問を置かないがぜひ応援していただきたいとお願いしていたのだ。皆さん顔を見合わせていたが、当時の東京教育大の石井庄司先生は、「みんなで応援するよ、しっかりやれよ」と激励してくださった。

創刊号は昭和三四年三月一日発刊。巻頭には当時の国立国語研究所長の西尾実氏が「教育科学としての〝国語〟」と題して、創刊を祝ってくれた。飛田先生は「国語人の告知板」で次のような忙しさを披露していた。

「このところ文部省の小・中学習指導要領国語科の編集で忙しい日々を送った。委員会としては、かなり討議を重ね、これならばということで結論として今回発表されたようなものになったのであるが、出たものに対して是とするもの、これではよくわからないと批判するものさまざまである。しかし実践の批判はこれからだと思う。」と書かれていた。

私は雑誌創刊のねらいをふまえて、事前にプランの相談など一切しないで独自の学習をふまえ、特集を組み立ててきた。その結果、社長の予想通り三千部程度の普及で、目標の一万部には遠かった。そんな折、ここが問題だ、ここが抜けていると批判的助言を必ず直接してくださったのが飛田先生だった。もうおひとり夜学時代の恩師、古田拡先生もいた。

雑誌が創刊されたのが昭和三四年四月、その頃は勤評反対闘争が日教組主導で全国的に展開されており、教育界はストライキの繰り返しで騒然としていた。わが社でも多聞にもれず勤務評定反対でストライキの繰り返し中だった。社長も私もその対応に追われつかれ果てていた。当時の民教連はわれわれの言うことを聞かぬ出版社は「つぶせ」という方針だったようだ。数年後には月刊誌の執筆拒否という全国運動にまで拡大。雑誌を出し続けたいなら「われわれの要求」を認めよと要求をひろげた。その先頭に立っていたのが国分一太郎氏らだった。各大学の教育系教授たちも同調したが、中には明治図書をつぶしてはならぬと応援に駆けつけてくれた人たちもかなりいた。社長は明治図書の解散を役員会議で打ちあけた。私は決意した。この際、執筆人を総入れ替えにするという方針を打ち出した。日教組の中でも自分の要求を通すために、子どもを犠牲にしてはならぬとストライキを拒否したのに、斎藤喜博氏が所属する群馬教組、埼玉県川口市教組などがあった。

その頃、飛田先生は大変心配され会社にしばしば駆けつけ、明治図書をつぶしてはならぬと激励された。

飛田先生とのご縁が深くなったのは、昭和五九年一一月に喜寿を迎えられた先生のこれまでの業績を記念して、個人全集を刊行できた頃だった。国語科教育方法論大系全十巻に及ぶ大作は、個人全集としても異色のものだった。解説を担当されたおひとり、花田修一氏（当時はお茶の水女子大附中）は、「教育は技術である。これが国語科教育における先生の基本思想の柱の一つとなっている。」と高く評価されていた。全十巻の構成は、第一巻国語科教育の実践理論、第二巻国語学力論と教材研究法、第三巻表現教育の理論、第四巻表現指導の方法、第五巻理解教育の理論、第六巻文学教育の方法論、第七巻機能的読解指導方法、第八巻鑑賞指導の方法、第九巻授業研究と指導技術、第十巻国語科教育の実践史、となっている。

飛田先生の「新しさ」は、常に授業技術の改善に注目していることである。例えば吉本均教授（当時広島大）の「授業の演出とは何か――授業のドラマ的展開」に注目している。「授業を成立、展開させる原動力は、教えると学ぶとの統一のドラマを成立させることだ、という吉本氏の説に賛意を示していることである。さらには現場からの提案である中沢政雄氏との『完全習得をめざす読解指導の展開』や『完全習得をめざす作文指導の展開』などを紹介し、瀬川榮志著の『言語行動観に立つ国語科教育』、須田実編著『国語科わかる発問の授業展開』を紹介している。とりわけ刮目すべきことは、として飛田先生は「向山洋一氏を中心とする現場の若い研究者たちが、すぐれた実践の〝追試〟と〝教育技術の法則化〟を実証的かつ意欲的に提案し、主張していること」と述べている。私が驚いたのは、つづけて飛田先生は「学会をはじめ多くの研究者は、固執せず前向きに、この運動と実践理念の究明に進んで手を伸ばすべきだ」と主張されていたことである。教育技術の法則化運動に多くの反対が出されていたころの論考だけに、私は飛田先生の「新しさ」に改めて驚いたわけである。

飛田先生は「もともと教育活動は、授業という導き（学び）の営みなしには成立しないのであるが、その授業そのものを対象とした研究は、国語科の場合、従来あまりなされなかった」と「国語科教育方法論大系」あとがきで述べられていたが、授業研究と指導技術の研究の先駆者でもあったわけである。

飛田先生の生涯を通しての実践・実証的研究の累積は、国語科研究の在り方を示すものとして不変であると今、改めて深く思う次第である。

飛田多喜雄先生の思い出

北川　茂治
（鹿児島国際大学名誉教授）

私が成蹊高校の国語科の教員として就任したのは昭和四〇年の春だった。その前年に、お招きいただいていたのだが、私に不都合なことがあって、一年遅れの赴任になってしまった。なんの業績がある訳でもない私を一年も待って迎えてくださったのはありがたかった。大学を出て八年間、東北地方の県立秋田高校に勤務して、再び東京に戻り、あこがれていた成蹊高校に職を得たのだから、ありがたかった。

就任した当日、国語科の研究室で主任の飛田隆先生から国語科の先生方を紹介された。飛田隆先生は飛田多喜雄先生を「いとこ」に当たると紹介された。飛田多喜雄先生にお目にかかったのはその時が初めてだった。先生のことはほとんど存じ上げなかった。後で伺ったのだが、先生は同じ成蹊の小・中学校の御経験があり、中学校では長く教頭先生を勤めてこられたということだった。その年度、先生は新一年生の学年主任でいらっしゃった。私は初年度なので、学級担任にも校務担当にも当てられなかった。

管理棟の二階に英語科、国語科、数学科の順に研究室があって、そこに国語科の教員は控えている。ゆるやかな勤務条件である。これは旧制高校以来の伝統であろうか、高校の教員は自分の授業時間を勤めていれば、出校・下校の時間は自由で、担当の授業が終わればいつでも帰宅してよい、一週一日の研究日があるなど、公立高校ではとても考えられないような条件であった。

成蹊高校には進学校という雰囲気が全然感じられなかった。各学年の生徒は八クラス約三二〇人で、そのうち約六割が内部推薦というかたちで成蹊大学に進学する。しかし三、四割の生徒が外部受験生なのだから、少しは進学校らしさがあってもよさそうなものだ。前任校が公立高校で、しかも典型的な進学校であったから、自然と比較してみてしまう。

国語の授業については担当の教師の裁量に任されていた。教科書こそ学年共通であったが、指導計画も指導方法も担当の教師の裁量に任されていた。前任校では、学年ごとの担当者会議で学期の指導計画や指導範囲を決めていた。中間・期末のテストも学年統一で行うことにしていて、担当者が自由に裁量できるところはほとんどなかった。前任校とは全く異なるので、戸惑いを感じるほどだった。

初年度に担当したのは高三の現代国語と高二の古典だった。教室に出てみると、高校生の国語学力の水準が高く、特に高三の中には優秀な生徒が多いことが分かった。学習指導については全て私に任されている。指導計画も教案も自分の授業の分は自分で作らなければならない。自由も感じるが、同時に責任の重さも感じた。

五月下旬に中間テストがあった。私にとっては成蹊高校で初めてのテストである。教えた期間はほぼ二か月間であった。今は、どんなテスト問題を出したかは全然覚えていない。飛田多喜雄先生は私のテスト問題を御覧になって、「思考力の問題ばかりだ」と指摘された。先生から御指導いただいたのは、これが最初である。いわれてみればその通りである。確かに読解問題、思考力問題ばかりである。基礎的な言語知識や言語事項に関することには、ほとんど触れていない。テスト問題は日常の授業内容を反映しているというが、全くその通りであろう。すぐに先生の御指摘は、国語の指導内容をもっと広くせよということだと分かった。私は大学受験に向くような能力の向上ばかり考えていたのであろう。国語の学力を育てるのにそれでよいのか、という御指摘だということに気が付いた。

改めて学習指導要領を読み返してみた。高校から始め中学校の学習指導要領を読み直した。指導内容は多彩である。言語事項に関することも多い。そんなことは学習指導要領を見るまでもないことだったが、実際に確かめたことで、私が狭く偏った学力観を持っていたことが反省されたのである。そして気付いたことは、飛田多喜雄先生が中学校の学習指導要領の作成協力者であり、解説書も作成協力者であることだった。それまでは飛田隆先生が高等学校の学習指導要領の作成協力者であることは知っていたが、飛田多喜雄先生が中学校の学習指導要領の作成に関与されていたとは知らなかった。先生は国語教育界の代表的な方なのだ。私は改めて先生の御指摘の重さを噛みしめた。

翌年、私は学級担任になり、同時に校務として教務係になって、一階の教務室の常駐になった。国語科の先生方とお会いする機会がぐっと減ってしまった。教務係になって生徒と接触する機会が急に多くなった。生徒からいろいろと情報が入る。もちろん教科に関係することが多い。先生方の授業について、どういう指導をされているか知らされる。問題を持ち込まれることもある。ある時、飛田多喜雄先生の授業について苦情を訴えてきた生徒がいた。発表学習ばかりで先生は何も教えてくれないというのである。学習テーマは何か歴史に関することのようだった。先生には何かお考えがあるのだと言ってやったが、生徒は不満げであった。それから二週間くらい経って、同じ生徒が同級の二人と連れ立ってやってきた。先生の授業の意図が分かった、調べ学習は苦労したが、それを先生は確かに認めてくださったし、自分たちのグループの発表を大変褒めてくださったといって喜んでいた。先生がどれだけ確かな御指導、様々な指導方法を実践していらっしゃるかを知った。

月一回の学科会議の後などに何度か、両飛田先生から垣内松三先生のことについてのお話を伺った。私は『国語の力』という著書のことは知っていたが、読んではいなかった。両先生とも若い頃、垣内松三先生の御指導を受けられたことや垣内先生のエピソードを話してくださった。垣内先生の著書を読まなければならないという思いに駆られた。遅まきであったが、丁度その時分になって飛田多喜雄先生の『国語教育方法論史』を本格的に読み始めた。

先生は指導方法について教えを乞えば、いつでも御指導くださった。その御指導は、中核になるところを示唆してくださる、つまり課題にヒントを与えてくださるという御指導だった。しかしそれが貴重なヒントだったことは後になって分かった。古典の授業について御指導いただいたことがあった。

私は古典の指導には多少自信があった。前任校でも生徒たちから「古典の先生」と呼ばれ、古典の専門家のように思われていた。しかし、成蹊でも古典指導に力を入れているのに、生徒が乗ってこない。なんとか授業を改善しなければならないと思った。進学校と違って、古典に関する学力を問われる機会がないせいかもしれないが、古典の学習にあまり興味、関心を示さない。

先生は、私が大学受験目当ての指導をしているせいではないか、詳しすぎる文法的指導や現代語訳に重点を置いて解釈ばかり重視するというような指導ではないかという点を指摘された。古典を読む意義が分かるような指導でなければいけない。古典を読む意義を発見させることである。教師自身が古典を学習する意義を認識していなかったら、生徒に古典を学習する意義を考えさせることはできない。それをどのように課題にしていくかについては自分で考えなければならないということであった。それからしばらくして、先生は『教育科学国語教育』に論文を発表されているとおっしゃった。それは中学校向けの古典教育論であったが、中学、高校といわず全ての古典教育論に通ずるものだ。拠るべき古典教育論の原点を教えてくださった。

高校三年生が飛田先生の授業について感想を語ってくれたことがあった。『舞姫』の授業についてである。この作品は漢語が多く文語体であることもあってか、丁寧に指導してくださった、先生はいつも文学作品を大切にして、いとおしむように読まれる、先生の文学作品に対する、そういう態度にはいつも感服させられると述べていた。そして、主人公の生き方について考え、作品を読み直しては、皆で話し合いをした。活発な話し合いだった。最後に、主人公は太田豊太郎なのに、どうして『舞姫』という標題なのかという課題を出された。いろんな意見が出て、すごく充実した話し合いだったと熱っぽく話してくれた。生徒が感激して話すのを聞いて私は衝撃を受けた。先生の授業を受けた生徒たちはどんなに充実感を味わっただろう、私も先生のような授業をしなければならない、という思いが胸を突いて出てきた。

先生のお宅には何度か伺ったことがある。初めての時だったと思う、先生のお宅で行われたＫＺＲ（国語教育実践理論の会）の新年会の席だった。ＫＺＲの会の方々を紹介してくださった。活気ある研究会だと思った。ＫＺＲの方々にはその後いろいろお世話になった。万国博のあった年の三月、私が九州旅行をした時、先生は前もって福岡のＫＺＲの方々に連絡してくださった。福岡ではＫＺＲの方々に歓迎会をしていただき、観光案内までしていただいた。先生の御配慮といい、福岡の方々の御好意といい、身に余るものだった。

昭和四五年、先生は高校から大学にお移りになった。

「うん、そうか、そうか」

紀伊萬年
（光村図書出版株式会社顧問）

飛田先生の忘れられない表情や仕種がある。それが、教科書編集会議での発言などよりも強く印象に残っている。

もっとも、教科書編集会議で先生とご一緒したのは五、六度程度、その殆どが全ての編集委員の先生方が集まった全体会議のときだったから、印象が乏しいのも無理からぬ話である。それでも、一度か二度、私が担当していた文学部会にご出席いただいたことがある。それは小学校教科書の文学教材選定会議だったが、児童文学者、現場教師、大学の先生方が丁々発止とやりあい、収拾がつかなくなっていた。現場教師などは、児童文学者や大学の先生方の意見に圧倒されてしまい、ただ目を見張っているだけ、そこへ口煩いのが取柄の編集部が入るものだから、会議はまさに狂喜乱舞の状態になった。ところが、そんな中にあって先生はそれぞれの意見に耳を傾け、ときに頷き、首を傾げ、しきりにメモを取るなどして、どちらかといえば平然として聞き役に回られていた。途方にくれていた司会の私は、縋る思いで先生の発言を求めたところ、実に明快な一言が返ってきた。発言の詳細は忘失してしまったが、驚くことに、先生の一言で、狂喜乱舞した会議が凪いだ湖面のような静けさを取り戻したのであった。会議のあとで先生に感謝の気持ちを伝えたところ、「うん、そうか、そうか」と満面に笑みを浮かべて頷かれた。忘れられないのは、満面に笑みを浮かべて「うん、そうか、そうか」と頷かれたその姿である。

それ以来、先生は私や他の編集部員のアイドル？　がごとき存在になった。当時、編集部には、私を含めて上司も手に負えないやんちゃが四、五人もいただろうか。私もその中の一人、いや筆頭格だったが、そういう連中が不遜にも先生を「ター坊」と愛称で呼ぶようになっていた。もちろん先生の居ないところでの話だ。編集部員が編集委員の先生方を愛称で呼ぶことなどめったにない話、言い訳がましいかもしれないが、先生はそれだけやんちゃな編集部員に愛されていたのである。ところが、なぜか黙っているわけにもいかなくなってしまい、勇気を出して告白すると、先生は、ほんの一瞬だが、満面に笑みを浮かべて、「うん、そうか、そうか」と頷かれた。

いつだったか、私は先生の親衛隊員の一人ですよと伝えると、またまた満面に笑みを浮かべてそうかそうかと頷かれた。しかし、そんなある日のこと、先生は私の顔を見ると「君は、ぼくの親衛隊員だったね」と念を押すように訊ねられた。もちろんですよと応えると、先生は笑みを浮かべられたが、いつもと違ってどことなく寂しげであった。もしかすると、そのときの先生の心のうちには人間関係における理不尽なこと、あるいは編集部の対応のあり方などに釈然としないものがあったのかもしれない。今にして思えば当時の編集担当の人間は熱心がゆえに編集委員の意見を疎かにする傾向があり、私も幾人かの先生からその不満を聞いていた。編集委員と編集者、その立場の違いは、ときに大きな意見の相違を生むことがある。どっちにしても良い教科書をつくろうと懸命になったゆえの相違である。すぐに修復できる問題でもあるし、ときに長引き大きな亀裂を残す場合もある。おそらく亀裂の最中に出くわしたのかもしれないが、

「君は、ぼくの親衛隊員だったね？」

確かめるように訊ねられた先生の声は今でも耳朶にこびりついている。

先生とさらに打ち解けて話すようになったのは、私が「近代国語教育論体系」の編集を担当してからである。

「近代国語教育論体系」の編集委員は四人、いずれも日本の国語教育界をリードする先生方であった。それぞれ

「うん、そうか、そうか」

がよく発言し、一つの記憶がさらにもう一つの記憶を呼び、またさらに次の記憶を喚起するといった体の会議がつづいた。たくさんの経験と記憶を持っておられる先生方ばかりであったから話は尽きることがない。もっとも堅苦しい会議ではなかったから、聞いている私には随分と面白く、まさに近代国語教育の歴史を伝承されているような心地がしたものであった。しかし、先生は他の先生方の話にじっと耳を傾け、あるときは頷き、またあるときは口元を綻ばせておられた。発言を求めるとこれまた実に明解な声が返ってくる。その発言が直截簡明、一切の無駄がない。ときおり、学者とよばれる先生方の頭脳の蓋を開けて、どれだけの知識が蓄えられているのか開けて確かめてみたいことがあるが、先生もまたそんなお一人であった。

直截簡明といえば、先生の文章もまたそうであった。先生から「一つの風」と題した小冊子を頂いたことがある。読んで何と分かりやすい文章であるかと感心した。当時の国語教育界では新指導要領で実施される「理解と表現の関連」が話題になっていた。しかし、説明会などに足を運んでその論旨を拝聴しても、私にはどなたの発言も難解でストンと腑に落ちてくれなかった。「理解と表現の関連」というのは、べつに取り立てて言うことでもなく、至極当たり前のことではないかと思っていたのだが、国語教育界にあっては、至極当たり前であっては困るのか、どなたに訊ねても、いや訊ねれば訊ねるほどことさら難解な返答を頂いて混乱したものであった。ところが、先生の「一つの風」を読んで、まさに目から鱗、まことに呆気なくストンと腑に落ちてくれた。それはそれは分かりやすい言葉でさらりと書いてあった。名文とは平易で分かりやすい文章のことだ。それを先生の論というよりもエッセイで教えていただいたようにも思った。

また先生の門人を思う気持ちにも胸打たれたことがある。門人の一人に前会長の安藤修平氏がおられる。私は安藤氏が付属中学校の教員時代から存じ上げており、現在でもお付き合いをさせていただいているが、その安藤氏が付属中学校を辞めて女子短期大学に転出された時期があった。学者としてはもちろんのこと学校経営というよりも国語教育分野でもその理念、方法を貪欲に学んでおられたときであろうが、飛田先生には学校経営というの本道を極めて欲しいという思いが強くあったのかもしれない。そんなある日、編集会議のために来社された先生は、わざわざ私のデスクまで足を運ばれ、なんとも嬉しそうな表情で安藤先生が文部省の主任教科調査官に内定したと告げてくれたのであった。

「よかっただろう、な、よかっただろう」

先生は笑顔で何度もおっしゃった。心から嬉しそうな笑顔とその声には、安藤先生を想う心のありようが直截に響いてきて、へんに感激したものであった。そんな師弟関係は、おそらく安藤先生お一人にとどまらなかったのではないか。実に多くの先生方が、先生の指導や強力な後押しで学者としての新たな道を拓かれたにちがいない。それがおそらく先生がご逝去して十八年余り経た今日になって先生の業績や人間性を見つめ直す契機となったのではないか。私自身、先生の業績をもっと評価すべきという意見だから、このたびの企画は実に嬉しく受けとめている。もしあっちの世界へ出かけることができるなら、ちょいと行って先生にこの嬉しさを伝えたいものである。すると、先生は、ほんの一瞬だが、満面に笑みを浮べ「うん、そうか、そうか」と頷かれるはずである。

編集後記

我が国語教育実践理論研究会の会祖飛田多喜雄先生の教えを受け継ぎ、その学びの一層の発展を期して企画した記念論文集『飛田多喜雄先生に学ぶ』が出来上がった。本書に載せられた学びの対象は、飛田多喜雄先生の広く国語教育全般にわたるご研究を反映して多岐であり、学びの内実は、会員の経験や問題意識、関心などを反映して多様である。編集委員会の非力さゆえの悔いも残るが、国語教育を慈しみ、その実践的研究を大事にされた飛田多喜雄先生の教えをしっかりと受け止め、根付かせ発展させていこうとする会員の思いはいずれの論考にも満ち溢れている。

本書は大きく二部構成とした。そのうち、第Ⅰ部には会員による論文・実践研究を集めた。掲載にあたっては、その内容から「理論を中心に」「実践を中心に」に分け、後者は個人による論考を校種ごとに小学校・中学校・高等学校・大学の順に並べたのち、各地区で行われた共同研究の成果を並べた。第Ⅱ部は資料編として飛田多喜雄先生の「略歴と著作目録」とゆかりの方々のお話を掲載し、先生のご業績とお人柄をより一層確かなものとするよう努めた。

野地潤家先生には特別寄稿「国語教育史上の位置と業績」を賜り、本書の骨組みを与えていただいた。また、飛田多喜雄先生ゆかりの江部満、北川茂治、紀伊萬年の各氏には心温まる文章をお寄せいただき、花を添えていただいた。こうした会員以外の皆様からの支えのあることは飛田多喜雄先生の御人徳をしのばせるとともに、本書の充実に欠かせぬものであった。ご子息の飛田良文氏には第二部の編集を始め、お写真の選択等多くの面でご支援を賜った。改めてこれらの方々にお礼を申し上げたい。

なお、会員及び地区関係者の執筆者は次のとおりである。（執筆順）

安藤　修平　言語・教育研究集団主宰
巳野　欣一　奈良県国語教育研究協議会会長
澤本　和子　日本女子大学人間社会学部教授
植西　浩一　奈良教育大学附属中学校教諭
米田　猛　富山大学人間発達科学部教授
長崎　秀昭　弘前大学教育学部准教授
河合　章男　大妻女子大学・日本女子大学非常勤講師
益地　憲一　関西学院大学教育学部教授
相原　貴史　相模女子大学学芸学部教授
花田　修一　日本教育大学院大学教授
増田　信一　放送大学客員教授
佐田　壽子　奈良県宇陀市立榛原小学校教諭
阿部　藤子　お茶の水女子大学附属小学校教諭
清水左知子　元公立小学校教諭
岡田　一伸　北海道教育大学附属札幌小学校教諭
貴戸　紀彦　札幌市立栄東小学校校長
川畑　惠子　奈良教育大学附属中学校教諭
八尋　薫子　奈良教育大学附属中学校教諭
井上　昌典　奈良県葛城市教育委員会教育指導課指導主事
森　顕子　東京学芸大学附属竹早中学校教諭
宇都宮紀雄　佐賀県立鳥栖高校・香楠中学校教諭
牟田　泰明　佐賀大学文化教育学部附属中学校副校長
富永　保　佐賀県嬉野市立塩田中学校教諭
宮嵜　信仁　佐賀県太良町立大浦中学校教諭
野田　光子　元専修大学松戸高等学校教諭
小坂　茜　大妻女子大学講師
宝代地まり子　京都女子大学非常勤講師
宗我部義則　お茶の水女子大学附属中学校教諭
狩野　恭子　東京都新宿区立西戸山小学校教諭
吉永　安里　東京学芸大学附属小金井小学校教諭
宮脇　康一　東京都墨田区立第四吾嬬小学校教諭
張元　文子　東京都八王子市立別所中学校教諭
伊藤　慶美　東京都東久留米市立第二小学校教諭

編集後記

長井　薫　東京都世田谷区立芦花小学校教諭
竹内　里美　東京都西東京市立谷保第一小学校教諭
古谷　理恵　東京学芸大学附属竹早小学校教諭
市原　優子　日本女子大学附属豊明小学校教諭
菊池真理子　穎明館中学高等学校教諭
荻野　聡　東京学芸大学附属国際中等教育学校教諭
平間　詩乃　東京都練馬区立開進第三小学校教諭
芥川　元喜　お茶の水女子大学附属小学校教諭
岡田　博元　お茶の水女子大学附属小学校教諭
藤枝　真奈　東京都世田谷区立松沢小学校教諭
大井　育代　鳴門教育大学附属中学校教諭
井上　京子　徳島県那賀町立鷲敷小学校校長
津守　美鈴　徳島県美馬市立脇町中学校校長
北原　一世　徳島県板野郡松茂町立松茂中学校教頭
折目　泰子　徳島県鳴門市立鳴門中学校教頭
後藤　涼子　徳島県板野郡上板町立松島小学校教頭
藤島小百合　鳴門教育大学附属小学校教諭
大塚みどり　徳島県美馬市立美馬中学校教諭
佐藤　浩美　徳島県阿波市立市場中学校教諭
米田　直紀　鳴門教育大学附属小学校教諭
阿部　佳代　徳島県徳島市立加茂名中学校教諭
森　美帆　徳島県鳴門市立撫養小学校教諭
川嶋　英輝　札幌市立山鼻小学校教頭
村上　智樹　札幌市立幌南小学校教諭
吉見　聖一　札幌市立美園小学校教諭
府川　孝　神奈川県小田原市立富士見小学校教諭
永井　直樹　神奈川県小田原市立矢作小学校教諭
柴田　敏勝　神奈川県小田原市国府津小学校教諭
坂田　慎一　佐賀県立三養基高等学校教諭
鶴田　晋子　佐賀県唐津市立第一中学校教諭
原口　真　佐賀大学文化教育学部附属中学校教諭
吉岡　浩一　佐賀大学文化教育学部附属中学校教諭
村上　博之　関東学院小学校教諭
笹間ひろみ　千葉県柏市立田中北小学校教頭
桑原　辰夫　千葉県野田市立福田第一小学校教頭
梅津　健志　千葉県柏市立柏第一小学校教頭
飛田　良文　国際基督教大学名誉教授

なお、本書の編集には次の者があたった。
相原貴史　小林邦子　澤本和子　宗我部義則　竹内里美　長井薫　平間詩乃　巳野欣一　益地憲一　森顕子
最後になったが、溪水社の木村逸司氏・西岡真奈美氏には短期間でしかも多くのご無理をお願いしたにもかかわらず、立派な本に仕上げていただきました。心より感謝いたします。

（編集委員会代表　益地憲一）

〈研究会紹介〉

国語教育実践理論研究会　略称（ＫＺＲ）

一九六一年　飛田多喜雄氏を中心に、「国語教育実践理論の会」として設立。
一九八六年　第十五回博報賞（国語教育団体賞）を受賞。
一九九二年　斉藤喜門氏が会長となり、「国語教育実践理論研究会」と改称。
一九九七年　安藤修平氏が会長就任。
二〇〇六年　澤本和子氏が会長就任。現在に至る。

なお、これまで行った研究集会は以下の通りである。

回数	（通算）	開催日	会場	参加者数	研究テーマ
一	一	一九六一（Ｓ三六）年八月二〇～二三日	成蹊大学箱根寮	一五名（発表一四）	読む学習指導の実践と理論
二	二	一九六二（Ｓ三七）年八月　六～　九日	成蹊大学箱根寮	三二名（発表一二）	読むことの学習指導過程の実践
三	三	一九六三（Ｓ三八）年八月一六～一九日	成蹊大学箱根寮	一七名（発表一〇）	前年度継続
四	四	一九六四（Ｓ三九）年八月　六～　九日	成蹊大学箱根寮	二四名（発表一三）	「作文指導過程」の確立をめざして

五	
六	
七	
八	
九	
一〇	
一一	
一二	
一三	
一四	
一五	
一六	
一七	
一八	
一九	
二〇	
二一	
二二	
二三	
二四	
二五	
二六	
二七	
二八	
二九	
三〇	

五	一九六五(S四〇)年八月 九～一二日	成蹊大学箱根寮	一八名(発表一六)	前年度継続
六	一九六六(S四一)年八月 五～八日	成蹊大学箱根寮	一六名(発表一一)	前年度継続
七	一九六七(S四二)年八月 八～一〇日	成蹊大学箱根寮	二一名(発表一〇)	文学教育の研究
八	一九六八(S四三)年八月 四～七日	成蹊大学箱根寮	二二名(発表一二)	文学教育における教材研究・指導過程
九	一九六九(S四四)年八月一七～二〇日	学大小金井小寮「一宇荘」	二四名(発表一九)	前年度継続
一〇	一九七〇(S四五)年八月 七～一〇日	成蹊大学箱根寮	二六名(発表一七)	前年度継続
一一	一九七一(S四六)年八月 八～一一日	学大小金井小寮「一宇荘」	一八名(発表一五)	国語科における読書指導
一二	一九七二(S四七)年八月 八～一一日	学大小金井小寮「一宇荘」	二五名(発表一六)	前年度継続
一三	一九七三(S四八)年八月 七～一〇日	学大小金井小寮「一宇荘」	三三名(発表二一)	前年度継続
一四	一九七四(S四九)年八月 四～七日	成蹊大学箱根寮	三六名(発表二五)	国語科指導技術の開発
一五	一九七五(S五〇)年八月 七～一〇日	成蹊大学箱根寮	三七名(発表二五)	前年度継続
一六	一九七六(S五一)年八月 六～九日	成蹊大学箱根寮	三五名(発表二三)	前年度継続
一七	一九七七(S五二)年八月 六～九日	成蹊大学箱根寮	四六名(発表二四)	国語科における表現指導
一八	一九七八(S五三)年八月 四～七日	成蹊大学箱根寮	四九名(発表二五)	前年度継続
一九	一九七九(S五四)年八月 四～七日	成蹊大学箱根寮	三五名(発表二〇)	前年度継続
二〇	一九八〇(S五五)年八月 二～五日	太宰府「国民年金保養センター」	四五名(発表二〇)	国語科における理解指導法の開発
二一	一九八一(S五六)年八月 七～一〇日	成蹊大学箱根寮	四二名(発表二三)	前年度継続
二二	一九八二(S五七)年八月 二～五日	成蹊大学箱根寮	三八名(発表一五)	前年度継続
二三	一九八三(S五八)年八月 二～五日	札幌「手稲ランド研究センター」	四九名(発表二三)	教材研究
二四	一九八四(S五九)年八月 三～六日	成蹊大学箱根寮	四七名(発表二二)	前年度継続
二五	一九八五(S六〇)年八月 三～六日	成蹊大学箱根寮	四〇名(発表一四)	前年度継続
二六	一九八六(S六一)年八月 二～五日	犬山「入鹿荘」	五八名(発表二三)	前年度継続
二七	一九八七(S六二)年八月 一～四日	成蹊大学箱根寮	五一名(発表二二)	国語科言語事項の指導
二八	一九八八(S六三)年八月 一～四日	那覇「青年会館」	五五名(発表一九)	前年度継続
二九	一九八九(H 一)年八月 一～四日	成蹊大学箱根寮	五七名(発表一九)	前年度継続
三〇	一九九〇(H 二)年八月 一～四日	学大小金井小寮「一宇荘」	六〇名(発表二〇)	前年度継続

三一	三一	一九九一(H 三)年八月 一～ 四日	奈良いこいの村大和高原	六四名(発表一八)	説明的文章の表現・理解の指導
新生一	三二	一九九二(H 四)年八月 一～ 四日	学大小金井小寮「一宇荘」	四一名(発表二三)	前年度継続
新生二	三三	一九九三(H 五)年八月 一～ 四日	札幌「メルパルク札幌」	五一名(発表二〇)	前年度継続
新生三	三四	一九九四(H 六)年八月 二～ 五日	狭山市「智光山荘」	五〇名(発表二四)	前年度継続
新生四	三五	一九九五(H 七)年八月 一～ 四日	唐津「虹の松原ホテル」	五四名(発表二二)	「交信する子ども」を育む国語科教育
新生五	三六	一九九六(H 八)年八月 一～ 四日	湯河原「万葉荘」	五八名(発表一九)	前年度継続
新生六	三七	一九九七(H 九)年八月 三～ 六日	湯河原「万葉荘」	五一名(発表二〇)	前年度継続
新生七	三八	一九九八(H一〇)年八月 三～ 六日	札幌「ライフォート札幌」	五七名(発表一八)	前年度継続
新生八	三九	一九九九(H一一)年七月三一～八月三日	徳島「眉山会館」	五三名(発表一六)	ひとりひとりの子どもが「言葉の力」を身につけるには
新生九	四〇	二〇〇〇(H一二)年八月 一～ 四日	柏「れいたくキャンパスプラザ」	四六名(発表一四)	前年度継続
新生一〇	四一	二〇〇一(H一三)年八月 一～ 四日	柏「れいたくキャンパスプラザ」	五一名(発表一五)	前年度継続
新生一一	四二	二〇〇二(H一四)年八月 二～ 五日	佐賀「はがくれ荘」	五五名(発表一六)	前年度継続
新生一二	四三	二〇〇三(H一五)年八月 二～ 五日	奈良「いこいの村大和高原」	七一名(発表一五)	「読みの学習」を再構築する
新生一三	四四	二〇〇四(H一六)年八月 二～ 五日	札幌「ライフォート札幌」	四五名(発表一七)	前年度継続
新生一四	四五	二〇〇五(H一七)年七月三〇～八月一日	東京「晴海グランドホテル」	六七名(発表一六)	前年度継続
新生一五	四六	二〇〇六(H一八)年八月 五～ 七日	東京「晴海グランドホテル」	五八名(発表一七)	前年度継続
新生一六	四七	二〇〇七(H一九)年八月 四～ 六日	東京「晴海グランドホテル」	六二名(発表一七)	子どもの読みから始める教材研究法の開発
新生一七	四八	二〇〇八(H二〇)年八月 二～ 四日	唐津「虹の松原ホテル」	五九名(発表一五)	前年度継続
新生一八	四九	二〇〇九(H二一)年八月 一～ 三日	東京「晴海グランドホテル」	六〇名(発表一三)	前年度継続
新生一九	五〇	二〇一〇(H二二)年七月三一～八月二日	箱根湯本「ホテルおかだ」	五九名(発表一三名予定)	言語活動を支える書くことの学習

※「草の葉」三〇周年記念号を基礎資料として作成した。

二〇一〇・七　文責・相原貴史

飛田多喜雄先生に学ぶ

平成22年７月29日　発　行

編　者　国語教育実践理論研究会
　　　　飛田多喜雄先生記念論文集編集委員会

発行所　株式会社　溪水社
　　　　広島市中区小町１－４（〒730-0041）
　　　　電　話（082）246-7909
　　　　ＦＡＸ（082）246-7876
　　　　E-mail: info@keisui.co.jp

ＩＳＢＮ978－4－86327－108－1　C3081